后人类的后真相

胡泳 著

郑州大学出版社

图书在版编目(CIP)数据

后人类的后真相/胡泳著.— 郑州：郑州大学出版社，2023.2
ISBN 978-7-5645-8706-2

Ⅰ.①后… Ⅱ.①胡… Ⅲ.①社会人类学—研究 Ⅳ.① C912.4

中国版本图书馆 CIP 数据核字（2022）第 083970 号

后人类的后真相
HOU RENLEI DE HOU ZHENXIANG

策划编辑	郜 毅	封面设计	陆红强
责任编辑	郜 毅	版式制作	九章文化
责任校对	吴 静	责任监制	李瑞卿

出版发行	郑州大学出版社	地　　址	郑州市大学路40号（450052）
出 版 人	孙保营	网　　址	http://www.zzup.cn
经　　销	全国新华书店	发行电话	0371-66966070
印　　刷	唐山玺诚印务有限公司		
开　　本	655 mm × 965 mm　1/16		
印　　张	27	字　　数	366千字
版　　次	2023年2月第1版	印　　次	2023年2月第1次印刷
书　　号	ISBN 978-7-5645-8706-2	定　　价	88.00元

本书如有印装质量问题，请与本社联系调换。

目 录

上篇　后人类

界限的悖论
我们都是越界人，活在时代更替的夹缝中。晕眩，是在夹缝中生存的基本感受。

界限的消失：活在时代的夹缝里 / 4

解读互联网时代的悖论 / 31

变化速度比变化方向更重要——纪念阿尔文·托夫勒 / 48

生活抵触随机运动吗？——《爆发：大数据时代预见未来的新思维》推荐序 / 56

漫说"黑天鹅"——《黑天鹅：如何应对不可预知的未来》推荐序 / 60

"人类世"的开端不能成为地球的终结——《倒计时：对地球未来的终极期待》译者序 / 63

自我的发现

互联网是一间认同实验室,可以培育和提炼一种同时行动的能力,一种经常发展多重性的平行身份的艺术。

幸福在哪里?——兼怀约翰·肯尼思·加尔布雷思 / 68

网络个体化,个体网络化 / 81

在不安全的世界里,你的焦虑不足虑 / 85

过度私人化导致孤独 / 92

孤独的人都是不会独处的人 / 96

网上的自我发现之旅 / 101

数据化的人

"不论iPhone因为什么而震动,都不如此刻你的眼神交流更有价值。"宁愿选择人的怪癖,而不要数字化的完美。

"网红"的兴起及走向 / 122

"文化针灸"模式的粉丝行动主义 / 132

不论手机为何而响 / 140

由"全民狂拍"开启的数据革命 / 145

自动化到来后,新闻人的价值何在? / 152

后人类境况

我们需要以非常不同的方式生活,而这需要非常不同的思考。也许像启蒙运动一样,我们所需要的是心灵的另一次革命,也即人类意识的范式转变。

承认并庆祝人的境况——《数字化生存》中文版问世20年译者感言 / 160

旧制度与数字大革命——《公地》文丛总序 / 174

在互联网时代如何思想——在2017互联网思想者大会上的开场演讲 / 181

呼唤启蒙2.0：人类意识的范式转变与革命 / 190

下篇　后真相

矛盾的海洋

人们往往从同一来源获得救赎或陷入沉沦。重要的是批判性地看待互联网从乌托邦到反乌托邦的变化：过去的技术乐观主义是否有道理，而目前的技术恐惧症是否有理由？

作为隐喻的互联网——从赛博空间到敞视监狱 / 206

未来是湿的——《未来是湿的：无组织的组织力量》译者感言 / 237

认知盈余作为一种可能——《认知盈余》译者序 / 255

世界如此多姿多彩——《万物皆无序：新数字秩序的革命》导读 / 264

互联网是一片矛盾的海洋 / 275

赛博风潮

即使观察到赛博空间的流行对人的现实损害，我们也应该防止简单的"妖魔化"，更多注重现象背后社会和教育的整体语境，正是这种语境界定了如此之多的当代生活。

娱乐经济正当道 / 280

大众文化并非洪水猛兽——《坏事变好事：大众文化让我们变得更聪明》
　　导读 / 283

如何与孩子谈论网络游戏？/ 291

切勿同青少年的生活方式作战 / 296

认知困境

我们应该将当下的认知困境视为知识民主化痛苦进程的必然部分，并且相信，既然神殿的祭司们不再控制我们对知识的汲取，我们将比以往更加需要那些批判性思考的技能。

我们为什么愿意相信谣言 / 302

网络主权的诞生、发展及辨析 / 308

互联网并不是性别中立的——论网络公共空间的性别伦理 / 321

我们需要什么样的网络意见领袖？/ 334

回声室效应：真相还是神话？/ 346

反思和选择

技术不会决定我们的未来。我们如何部署和使用技术，才会决定我们的未来。

互联网内容走向何方？——从UGC、PGC到业余的专业化 / 358

知乎：中国网络公共领域的理性试验田 / 366

分裂的微信：产品哲学向左，十亿用户向右 / 378

我们缘何进入由平台控制的世界？/ 388

后真相与政治的未来 / 413

上 篇

后人类

界限的悖论

我们都是越界人,活在时代更替的夹缝中。晕眩,是在夹缝中生存的基本感受。

界限的消失：活在时代的夹缝里

儿童与成人界限的消失；男人与女人界限的消失；英雄与凡人的融合；工作与休闲的模糊化——我们都是越界人，活在时代更替的夹缝中。这个越界的经验，是世界上无数受技术与媒体影响、身份含混模糊、经历生活与工作流动、感受代际震荡的群体与个人的共有经历。

我2008年的著作《众声喧哗：网络时代的个人表达与公共讨论》一书，[①]主要讨论在共有媒体（各种基于数字技术、集制作者/销售者/消费者于一体、消解了传统的信息中介的媒体系统）的作用下公私界限消融的问题。例如，一个常见的情形是，人们的私有空间成了媒体聚焦之所，同时，整个世界方方面面的事又不必要地展现在家里。我提出，在共有媒体中，公与私的区分既不是决定性的，其各自的本质也不是固定化的，而是充满了流动性和多变性。

我从这个议题开始着迷于界限的消失问题，这种消失意味着社会处于一种"透明"的状态。界限的消失可能是多种原因所致，但媒体对这个现象的产生具有独特的推动作用。这并非因为笔者持技术决定论或媒体决定论的观点，仅仅是想在分析过程中将媒体这一变量单独抽离出来，以之观照曾经区隔分明的诸多界限，是怎样因为技术造就的场景交叉而走向模糊、失序的。

[①] 胡泳：《众声喧哗：网络时代的个人表达与公共讨论》，桂林：广西师范大学出版社，2013年［2008年］。

不是所有人都喜欢看到这样的结果，一直以来，存在对新媒介的各种怀疑和讥讽，因其缔造了混杂斑驳的环境而使人无所适从。这种怀疑甚至在柏拉图（Plato）的著作中就已经出现。在柏拉图的《斐德罗篇》（*Phaedrus*）中，苏格拉底（Socrates）和斐德罗（Phaedrus）就文字和口语做了一番对比。① 苏格拉底对文字持批评态度，认为与世代相袭的口语传统相较，文字有诸多不足：它只会提醒人们他们已经知道的东西，它会导致记忆力的下降，它脱离说话人和听话人的灵魂。此后，许多人把苏格拉底在《斐德罗篇》末尾对文字的批评当作一种预言，把它泛化为对新媒介的担忧。

传奇的政治传播学者保罗·拉扎斯菲尔德（Paul Lazarsfeld）则说："阅读允许一个人详细研究印刷材料，可以一读再读，而在听广播时却无法做到这一点。"他批评的是那时的新媒介——收音机。② 但其实，后来是电视真正激发了媒介批评家们的不安。

用克莱·舍基（Clay Shirky）的话说，近半个世纪以来，媒介批评家们面对电视给社会带来的影响不断地绞着他们的双手，连手掌心都快搓破了。③ 从"傻瓜盒子"（idiot box）或"蠢材显像管"（boob tube）等为电视起的恶劣绰号，到建筑学家弗兰克·劳埃德·赖特（Frank Lloyd Wright）的蔑称"眼睛口香糖"（chewing gum for the eyes），直到 1961 年，美国联邦通信委员会（Federal Communications Commission）主席牛顿·米诺（Newton Minow）终于在一次演讲中，为电视找到了一个终极隐喻：

---

① 柏拉图：《斐德罗篇》，王晓朝译，载《柏拉图全集》第二卷，北京：人民出版社，2003 年（柏拉图作于约公元前 370 年）。

② Lazarsfeld, Paul F. (1940). *Radio and the Printed Page: An Introduction to the Study of Radio and Its Role in the Communication of Ideas*. New York: Duell, Sloan, and Pearce.

③ 克莱·舍基：《认知盈余》，胡泳、哈丽丝译，北京：中国人民大学出版社，2011 年，第一章。

"茫茫荒原"(vast wasteland)。[1]我们的社会会不会因此而退步?毕竟社会成员在这个"茫茫荒原"上浪费了那么多的时间。

电视常常被看作无可救药之物。电视的著名抨击者尼尔·波兹曼(Neil Postman)说,"如果电视开始走下坡路,而不是蒸蒸日上,我们所有的人都会活得更好"。[2]可是,文化精英主义者尽管说话毫不留情,他们的抱怨却无人倾听——在过去五十年中,人均看电视的时间每年都在增长。这样看来,电视很容易和毒品画上等号:明明有害,但人们还是欲罢不能。政治理论家、著名外交官乔治·F.凯南(George F. Kennan)就谴责电视是"反社会的",称其拥有"某种毒品般的、带麻醉性和催眠性的能量"。[3]

仔细地考量这个过程会发现,今日我们对互联网的诸多批评,都可以在早先对电视的批评中找到影子。例如,1977年,玛丽·温(Marie Winn)做了一些引人注目的有关电视对孩子和家庭的影响的研究。在这些研究中,她对电视给孩子们施加的令人上瘾的影响持强烈的批评态度。她写道:"电视的体验令参与者把真实的世界完全清除出去,而进入一种愉悦和被动的精神状态之中。"2002年,她更新了自己的研究,出版了《插着电源的毒品:电视、电脑和家庭生活》一书。在这里,电视和电脑同被视为"插着电源的毒品"。[4]

---

[1] "The Scathing Speech That Made Television History." *Time*, https://time.com/4315217/newton-minow-vast-wasteland-1961-speech/.

[2] Postman, Neil (1985/2006). *Amusing Ourselves to Death: Public Discourse in the Age of Show Business*. New York: Penguin Books, 159.

[3] Stephens, Mitchell (1998). *The Rise of the Image, the Fall of the Word*. New York: Oxford University Press, 26.

[4] Winn, Marie (2002). *The Plug-In Drug: Television, Computers, and Family Life*. New York: Penguin Books.

儿童与成人界限的消失

在对电视的批评之作中，有一部美国学者约书亚·梅罗维茨（Joshua Meyrowitz）写的《消失的地域：电子媒介对社会行为的影响》（*No Sense of Place: The Impact of Electronic Media on Social Behavior*），这本1985年出版的书主要分析电视对于美国的影响。① 这里的"电子媒介"主要是指电视，而非我们现在惯认为的网络。

梅罗维茨这本书的核心是"场景论"，亦即"电子媒介最根本的不是通过内容来影响我们，而是通过改变社会生活的'场景地理'来产生影响"。他认为，电子媒介打破了物理空间和社会场景的传统关系。场景通常是以"谁在哪儿"来定义，它隐含的现实问题是，每个人在不同的场景下，其行为类型是不同的。然而电子媒介的发展将许多不同类型的人带到相同的"地方"，使得人类的交往行为具有了新的中介，人们能够在不改变所处"地方"的情况下进行多种社会交往行为，于是许多从前不同的社会角色特点变得模糊了。②

梅罗维茨提出，电子媒介"使得曾经各不相同的社会场景相互交叉"。以前我们会有阶级权力等级等的划分，是因为不同群体的人生活在不同的场景，有着不同的生活经历，而现在，"场景相互交叉"了，这势必引起社会舞台与社会行为的重组，产生三大社会现象，即"儿童与成人概念的模糊，男性气质和女性气质概念的融合，政治英雄与普通市民的等同"。③

首先来看第一个现象。儿童与成人概念的模糊所导致的界限消失，

---

① 约书亚·梅罗维茨：《消失的地域：电子媒介对社会行为的影响》，肖志军译，北京：清华大学出版社，2002年［1985年］。
② 同上，第6页。
③ 同上，第5页。

与一种童年界定物密切相关，它就是：秘密。梅罗维茨认为电视是"秘密展示机"（secret-exposing machine），①不仅排除了童年与成年社会中的重大差别，让孩子暴露在各种图像和信息面前，呈现人类历史上与时共存的暴力、愚蠢、纷争、烦恼，人体上生老病死的弱点，因而提早瓦解了儿童的天真童稚；而且，它还让孩子们知道了所有秘密中最大的秘密，即"关于秘密的秘密"。

哀叹电视让我们"娱乐至死"的波兹曼，同时还写过一本《童年的消逝》（*The Disappearance of Childhood*, 1982），这并非偶然。波兹曼说，直到最近，儿童与成人最重要的区别是，成人拥有某些儿童不宜知道的讯息。当儿童渐渐长大，我们按发展阶段逐步透露这些秘密，例如很多父母都难以启齿的"性启蒙"就是其中很大的一个秘密。

波兹曼强调："我并不是说儿童在早年时，对成人世界的东西是全然无知的。我只是说，自中古世纪以降，只有活在当代社会的儿童才会知道这么多成人世界的秘密。当他们有机会去接触过去潜藏于成人世界的讯息时，这些儿童就已经被逐出儿童世界了。"

在这种情况下，就连儿童的好奇心也没有存在的必要。波兹曼认为，好奇心只有在儿童的世界与成人的世界有所区隔时才会出现，儿童必须通过发问，寻找进入大人世界的途径。而现在，儿童根本无须问任何问题，就被塞满一大堆答案。②

伴随着儿童的天真和好奇心的瓦解的，是成人权威的下降。这个下降系基于父母监控能力的下降。在电视出现之前，父母可以掌握他们的孩子正在阅读的东西，通过书籍和印刷媒介，成年人可以隐藏许多不容孩子目睹的残酷现实，或者至少可以对他们何时获得这些知识实施某种

---

① Meyrowitz, Joshua (Jan 9, 1988). "Is TV Keeping Us Too Well-Informed?" *TV Guide*, 4-6.
② Postman, Neil (1982). *The Disappearance of Childhood*. New York: Vintage Books, 90.

控制。随着年龄的增长,孩子们可以阅读的东西随之增多,他们由此得以逐步对成人的问题展开探索。电视则不仅在监控上困难得多,而且过早地将成人生活的后台打开给孩子看。梅罗维茨认为,正是为此孩子们喜欢电视,因为它能"延展自身的经验"。

波兹曼把电视视为令童年不再的罪魁祸首。他总结,电视以三种方式,彻底腐蚀了儿童与成人之间的区分线。这三种方式皆同电视无分别的可接近性相关:第一,电视不要求其观众学习才能捕捉它的形式;第二,电视不要求观众具备复杂的心智和行为;第三,电视也不会对观众进行分类、区隔。[①]电视呈现信息的方式,是让每个人都有机会观看它,所以,电视根本不管观众是成人还是儿童。由此,电子媒介根本无法禁止任何秘密。当然,如果没有秘密,童年的概念也就不可能存在了。

众所周知,波兹曼在反对电子媒介的同时,对印刷媒介给予近乎盲目的礼赞。而童年的生发,竟也同印刷媒介息息相关。波兹曼指出,"童年"的概念直到欧洲文艺复兴时才被提出,而在这之前的中世纪,"童年"是不存在的。由于15世纪中叶印刷术的发明创造了一个全新的符号世界,这个符号世界要求儿童作为一种社会角色与成人相分离,因此儿童便从成人的世界中被驱逐出来了。[②]

波兹曼认为印刷品对人类非常重要。他说,印刷品有效地创造出我们的现代个体(individuality)观念;而且,正是这种"被强化的自我感"导致了"童年的绽放"。[③]印刷品要求读者必须先花一段时间训练读写能力,结果随后就有了学校的发明,来控制儿童的"旺盛精力",并培养他们"安静、静止、沉思,以及对于身体功能的精确调节"。"自从有了印

[①] Postman, Neil (1982). *The Disappearance of Childhood*. New York: Vintage Books, 80.
[②] 同上,第20页。
[③] 同上,第28页。

刷术，未成年人必须通过学习识字、进入印刷排版的世界，才能变成成人。为了达到这个目的，他们必须接受教育。"[1]

印刷术创造了"成年"（adulthood）的新定义，成年人指有能力阅读的人，相对地，儿童则指缺乏阅读能力的人。波兹曼说："发生的事情很简单，识字的人（literate man）被创造出来了。……随着印刷术发挥作用，很明显，一种新的成年方式得到发明；从此，'成年期'必须靠个人努力争取，它是一个象征性的，而非生物性的成就；从此，年轻人必须通过学习阅读，进入印刷品的世界，才能成为'成人'。"[2]

波兹曼写道："我们与成年联结在一起的所有特征，几乎都是（或曾经是）有一个完全具有读写文化的要求所产生或扩展而成的。这些特征包括一种自我克制的能力、一种对被延迟满足的容忍、一种能进行概念式与序列式复杂思考的能力、对于历史连续性与未来的专注、对于理性与等级制度的高度评价。"[3]在这里，读写能力已经在某种程度上被神化了。

无论如何，我们承认，儿童和童年的概念是社会建构的结果。17世纪以后，童年的概念普遍得到承认，儿童越来越成为受尊重的对象。他们需要与成人世界分离并受到保护，童年应该有特别的服装，已是约定俗成的事实，儿童的语言也开始与成人话语有所区别。社会要求儿童接受长期的正规的教育，父母演变成了监护人、看管人、保护者、养育者、惩罚者、品德和品位的仲裁者。社会开始收集内容丰富的秘密，不让儿童知道有关性关系的秘密，也包括有关金钱、暴力、疾病、死亡和社会关系的秘密。[4]

隐藏在读写能力之后的一个矛盾是，它让一个人得以有机会去获知

---

[1] Postman, Neil (1982). *The Disappearance of Childhood*. New York: Vintage Books, 36.
[2] 同上，第36页。
[3] 同上，第99页。
[4] 同上，第49页。

某些秘密，但是它同时也成为阻碍一个人获知秘密的门槛。一个人必须先接受严谨的学理教育，才能读懂书籍中的深奥秘密。相比之下，电视是一种敞开大门的技术，不存在物质、经济、认知和想象力上的种种约束。在电视媒体盛行的时代，成人的世界被毫无保留地向儿童开放，结果儿童原本十分珍视的"读写、教育、羞耻心"则变得一文不值，这直接造成了"儿童"概念趋于消失。

6岁的儿童和60岁的成人具备同等资格来感受电视所提供的一切，于是，"成人化"的儿童出现，"儿童化"的成人现象也日益严重起来。在电视时代，人生可以分为三个阶段，一端是婴儿期，另一端是老年期，中间可以称之为"成人化的儿童"期。而所谓"成年儿童"的定义是，一位在知识、情感能力发展上尚未完全的成人。

儿童和成人不仅在心智上慢慢接近，在外在形式上也越来越相似。无论是语言、穿着、游戏、品位、需求、欲望还是残暴程度，儿童都变得成人化，成人也变得儿童化。归根结底，是电子媒介本身的特性，而不是观众的特性，导致儿童与成人的分界模糊，制造了所谓的成人似的儿童。

一方面，《童年的消逝》认为，电子媒介导致了童年的消逝，消解了儿童和成年之间的界限，从而破坏了成年人的权威；另一方面，还有一种大相径庭的观点认为，在电子媒介的使用上，出现了越来越宽的代沟，即年轻人与父辈对新科技的体验不同，在这种情况下，童年与成年人的界限不仅没有消失，反而被加强了。

的确，如果我们深入研究青少年文化就会发现，很多由技术催生的新文化形式，最先是被年轻人所接受的。例如，电子游戏主要面向儿童和青少年市场；而流行音乐——无论是摇滚乐还是说唱乐——也是如此。伦敦大学的大卫·帕金翰（David Buckingham）说："事实上，以儿童和青少年文化为代表的新兴'后现代'文化，常常把成年人排除在外：它们依赖特定的文化理解能力、对特定媒介文本的经验，而只有年轻人才拥有这些能力和经验。……当全世界的儿童越来越多地共享全球媒介文化时，他们与父母的沟通就可能越来越少。"①

这是一种新型的代沟。结果就是成年人失去了对青少年的"保护"，围绕着童年而建立起来的樊篱不仅越来越容易被翻越甚至踏平，同时逃出去的青少年还可能树立自己的樊篱而把成年人隔离在外。从这点上说，电子媒介不仅界定了变化中的当代童年，同样，对于"成年期"也是如此。

男人与女人界限的消失

韩国人气偶像男团拥有不亚于女团的美丽外表。修长的睫毛、高挺的鼻子、精致的小嘴等让粉丝们为之着迷。韩国一位整形专家说，高人气偶像男团的外貌都具备花美男条件，可以给人留下俏丽温柔的形象，看起来形似女艺人。

梅罗维茨没有讨论男女外表的混同，他在意的是男性气质和女性气质的融合。他认为，电视融合了男女的信息系统，导致男女气质的差异减小，共通的成分增多。"一旦男性和女性共享大量的信息，而这种共享是显而易见的，那么他们可能开始使用相同的语言，讨论相同的话题，并且期望相同的权力和特权。"②这将导致"更多追求事业的女性和更多家庭导向的男性，以及更多工作导向的家庭居所和更多家庭导向的工作场所"。③

在这个意义上的男女界限消失对女人似乎是个利好消息。因为随之而来的是女性对社会性别（gender）的甄别，以及自身权利意识的提升。

---

① Buckingham, David (2000). *After the Death of Childhood: Growing Up in the Age of Electronic Media*. Cambridge, UK: Polity.
② 约书亚·梅罗维茨：《消失的地域：电子媒介对社会行为的影响》，肖志军译，北京：清华大学出版社，2002年［1985年］，第165页。
③ Meyrowitz, Joshua (1995). "Mediating Communication: What Happens?" In Downing, John, Mohammadi, Ali & Sreberny-Mohammadi, Annabelle (Eds.) *Questioning the Media: A Critical Introduction* (2nd ed.). Thousand Oaks, CA: Sage, 39-53.

社会性别是在20世纪70年代女性主义第二次浪潮中出现的概念。其基本前提，就是强调性别的社会文化建构性，主张人的性别角色是社会化的结果。在性别机制的规范之下，男性和女性发展出经限定的、社会认可的气质、角色和社会地位。

在《男性统治》(*La domination masculine*, 1998) 一书中，布尔迪厄 (Pierre Bourdieu) 从社会习性 (habitus) 入手，分别分析了规范下的男女两性的行为模式与角色要求，如何不仅把女性变成受害者，也把男性变成受害者，尽管可能是在一种更隐蔽的意义上。[1]男性统治下，女性的作用主要体现在为男性服务上，以物的形式存在于男性秩序的世界中。"她们首先通过他人并为了他人而存在，也就是说作为殷勤的、诱人的、空闲的客体而存在。人们期待她们是'女人味儿的'，也就是说微笑的、亲切的、殷勤的、服从的、谨慎的、克制的，甚至是平凡的。而所谓的'女性特征'通常不过是一种满足男人真实或假想的期待的形式，特别是在增强自我方面。"[2]

"身体秩序和社会秩序的规律性，通过将妇女从最高级的任务中排除出去，将低级的位置分配给她们，教她们如何保持体态，将艰苦、低级和琐碎的任务交给她们。"[3]进而，"通过禁止或阻止不当举止，尤其与异性关系方面的不当举止，鼓励与其性别相符的做法"，[4]塑造她们的气质。

这里布尔迪厄谈到工作任务的配置问题，有许多女权主义的微观理论对此予以支持。比如社会交换理论认为，男性占有了份额较女性大得多的政治、经济、文化和知识资源。资源较多者，即拥有更多权力，也就处在决策者地位，从而能决定任务配置。角色理论则指出，女性的家庭与工作

---

[1] 皮埃尔·布尔迪厄：《男性统治》，刘晖译，北京：中国人民大学出版社，2012年。
[2] 同上，第82页。
[3] 同上，第31页。
[4] 同上，第32页。

的双重角色一旦发生冲突，工作角色往往要服从家庭角色，女性因此丧失了大量的工作和升迁机会，致使女性开展事业的动力降低。女性比较集中的职业由于缺勤率高、精力投入少，因此变得价值较低，报酬也较低。

布尔迪厄特别强调，妇女之所以具有现在的社会地位，是许多无意识的极小"选择"的结果。而这无意识的极小的选择，是妇女受男性中心观念无意识的作用和影响所做出的选择。在此，女性的"社会习性"导致既定社会关系（男性统治）的巩固与再生产。根据布尔迪厄，被统治者之所以不断再生产固有的男性中心的社会关系，是因为"象征权力"的运作方式使得被统治者以统治者的价值观为自己的内在价值。布尔迪厄得出一个让人气郁的结论：男性统治经久不衰，女性与男性是不谋而合的共犯。

然而男性果真就由此成为胜利者了吗？用黑格尔在《精神现象学》里提到的"主人与奴隶"的辩证关系来看，看似全然独立的主人实质上是依附的奴隶。[①] 为了确定自己的男性身份并得到社会的认可，男人必须威武善斗。在《男性统治》中，布尔迪厄指出："男子气概既被理解为生殖的、性欲的和社会的能力，也被理解为斗争和施暴的才能（尤其在报复中）。"[②] 男性秩序要求男性表现其男子气概，但布尔迪厄毫不留情地说，这种表面上的勇敢其实"植根于一种懦弱的形式中"，[③] 他们害怕自己被逐出所谓的强者的世界。其实男性本身也是"统治表象的囚徒和暗中的受害者"，[④] 是"扮演男人的孩子"。[⑤]

[①] 黑格尔：《精神现象学》上卷，贺麟、王玖兴译，北京：商务印书馆，1979年，第121—131页。
[②] 皮埃尔·布尔迪厄：《男性统治》，刘晖译，北京：中国人民大学出版社，2012年，第58页。
[③] 同上，第60页。
[④] 同上，第57页。
[⑤] 同上，第84页。

男子气概是在与女人的对立中形成的，甚至是男性恐惧自己身上存有女性气质的结果。其实我们现在都明白，男性与男子气概之间并没有必要的联结，两者亦非与生俱有。借着服饰、妆扮、教育、媒体，特别是大众消费社会中广告的作用，两性的对立原则被固定下来。

以电视为代表的媒体是建构性别概念的主要来源。以美容瘦身广告为例，美貌被建构成神话，并慢慢内化为整个社会的价值观，进而成为大众的信仰。女权主义者深恶痛绝地指出，女人在日常生活中便是在进行一场持续不断的选美：为男性打扮自己，美容瘦身，深恐自己的相貌和身材达不到男性的审美标准。所以，女权主义者要颠覆对美的看法，把美和性别、种族、阶级这些因素并列在一起，主张不同的身体、肤色、个头、体重都可以被认可。

生理上的性别并非决定性地构成社会性别，社会性别是出生后由社会与个人自我意识互动塑造出来的。换言之，出生时生理是男性，不必然要发展出社会对男性角色期望的特质，譬如勇敢及阳刚。而社会对角色的定型要求会为个体带来不必要的压抑。最新的性别理论认为，性别是个程度渐进的连续概念，也即存在一个"性别光谱"，每一个人不管出生时的生理性别为何，都可以发展出独特的"性别"——处于性别光谱的某一点，因此性别可以多如繁星，不再是男/女两性截然二分，彻底打破了两性的界限。

瑞典已有幼儿园实验让幼童在一个无性别区分的环境下成长，弃用han（他）、hon（她），而改用中性的代名词hen，追求"性别平等"。[①]在另一方面，2014年2月13日，脸书（facebook）首度在美国开放用户自定义

---

① Tagliabue, John (Nov 12, 2012). "Swedish School's Big Lesson Begins with Dropping Personal Pronouns." *The New York Times*, https://www.nytimes.com/2012/11/14/world/europe/swedish-school-de-emphasizes-gender-lines.html.

性别选项，不再局限于"男性"或"女性"两种，可选择50余种性别，包括"跨性别"（transgender）、"双性"（intersex）、"性别流动"（fluid）等。①

从西方的情况来看，主流文化花了好几个世纪才认识到性别不是二元的，不是每个人的性别都符合他们出生时被分配的性别，或符合任何一种性别，或一种静态的性别。所以，在一些工作场所，如大学和公司，过时的二元代词开始被抛弃。

看一看佛蒙特大学（University of Vermont）的班级名册。你会看到常见的东西——姓名、学生证和年级，但你也会看到其他东西。在一些名字旁边，附有一些代词："he"或者"she"，但也有不分性别的"they"或者"Ze"。

它们在纸上可能看起来只是多了几个字，但对一些学生来说，名册上的代词意味着很多。这是为了减少变性人和性别不符者被误认的情况——用与他们的性别认同不相符的代词来称呼。十几年前，佛蒙特大学成为全美第一所让学生能够在校园数据系统中输入代词的学校。现在，至少有几十所学院和大学给予学生这种选择。在一些学校，代词是各种活动空间文化的一部分。人们把它们放在自己的电子邮件签名中，在会议上用他们的名字和代词介绍自己。这些代词在课堂上和校园活动中经常被分享。②

这样的政策在一些美国校园的增长构成一个更大的趋势的一部分，该趋势也在工作场所和立法者的雷达上显示出来。一些州已在驾照上加入性别中立选项。许多公司现在将性别认同和表达纳入他们的非歧视政策。

---

① Herbenick, Debby & Baldwin, Aleta (Feb 15, 2014). "What Each of Facebook's 51 New Gender Options Means." *The Daily Beast*, https://www.thedailybeast.com/what-each-of-facebooks-51-new-gender-options-means.
② Yarmosky, Jessica (Mar 21, 2019). "'I Can Exist Here': On Gender Identity, Some Colleges Are Opening Up." NPR, https://www.npr.org/2019/03/21/693953037/i-can-exist-here-on-gender-identity-some-colleges-are-opening-up.

例如，金融服务和投资巨头TIAA为其面向客户的顾问推出了新的性别认同意识指南。该指南包括："永远不要假设某人的性别身份"和"要意识到一个人的代词可能会随着时间的推移而改变。它们也可能根据环境而改变"。

更值得注意的是，它在指南中写明："通过询问客户喜欢的名字和代词和/或分享你的名字和代词，为性别包容创造空间（'你好，我的名字是Jane，我的代词是she/her。很高兴见到你'）。"

在推行这类政策的企业，代词出现在电子邮件签名、员工名片、Slack档案和员工目录中。有一些企业甚至提供专门的关于性别认同和代词使用的教育培训。①

关于带性别的代词是否进步，或者我们是否最好放弃所有带性别的代词的辩论仍在继续。随着语言和习俗的演变，很难说我们会在哪里落脚。但就目前而言，带性别的代词仍然根深蒂固。不过在年轻一代的身上已经发生了改变。2017年的一项研究发现，20%的美国千禧一代将自己置于LGBTQ谱系的某处，12%的人认定自己为变性人或性别流动者。②年轻的员工也更有可能熟悉"he"或"she"以外的性别代词。2019年1月，皮尤（Pew）的一项研究发现，35%的Z世代说他们知道有人使用非二元性别代词，如"they"。③性别素养已逐渐开始变成第二天性。

---

① MacLellan, Lila (Jun 24, 2019). "Those She/Her/Hers at the End of Email Messages Are More Than a Passing Trend." *Quartz*, https://qz.com/work/1647596/gender-pronouns-in-the-workplace-are-not-a-passing-trend.

② "Accelerating Acceptance: GLAAD Study Reveals Twenty Percent of Millennials Identify as LGBTQ." GLAAD, Mar 30, 2017, https://www.glaad.org/releases/accelerating-acceptance-glaad-study-reveals-twenty-percent-millennials-identify-lgbtq.

③ "About a Third of Gen Zers Say They Know Someone Who Goes by Gender-Neutral Pronouns." Pew Research Center, Jan 14, 2019, https://www.pewresearch.org/social-trends/2019/01/17/generation-z-looks-a-lot-like-millennials-on-key-social-and-political-issues/psdt_1-17-19_generations-15/.

较此更进一步，美国女权主义理论家唐娜·J.哈拉维（Donna J. Haraway）提出"赛博格女性主义"（cyborg feminism），引入了一个跨界的隐喻——赛博格。20世纪60年代，美国航空航天局（NASA）的两位科学家曼弗雷德·克林斯（Manfred Clynes）和内森·S.克莱恩（Nathan S. Kline）曾经提出一种大胆的设想：通过机械、药物等技术手段对人体进行拓展，可以增强宇航员的身体性能，形成一个"自我调节的人机系统"，以适应外太空严酷的生存环境。为了阐明这一观点，他们取了"控制论"（cybernetics）与"有机体"（organism）两词的词首，造出"赛博格"（cyborg）一词。[①]

哈拉维给"赛博格"的定义是："一个控制有机体，一个机器与生物体的杂合体，一个社会现实的创造物，同时也是一个虚构的创造物。"赛博格模糊了人和机器的界限，也模糊了自然与非自然的界限。哈拉维认为，既然我们都已经接受了身体的技术化，接受了通过生命科学的参与来改变身体，我们就已经是生物技术的存在了。她于1985年发表《赛博格宣言：20世纪晚期的科学、技术和社会主义的女性主义》，建构出一个反讽的文化政治神话。[②]在哈拉维看来，赛博格是一个没有神话的社会里脱颖而出的神话主角。

哈拉维对西方论述中充斥的"对立的二元论"（antagonistic dualisms）深恶痛绝。她认为，二元论系统性地帮助了对妇女、有色人种、自然界、工人和动物等实行宰制的逻辑和实践，所有这些都是被作为他者来对待的。这些二元论包括自我/他者、文化/自然、男/女、文明/野蛮、对/错、真理/幻象、整体/局部、神/人等等。而高技术却带来了打破这样的二元

[①] Clynes, Manfred & Kline, Nathan S. (Sep 1960). "Cyborgs and Space." *Astronautics*, http://web.mit.edu/digitalapollo/Documents/Chapter1/cyborgs.pdf.

[②] Haraway, Donna (1985). "A Manifesto for Cyborgs: Science, Technology, and Socialist Feminism in the 1980s." *Socialist Review* 15 (2): 65-107.

论对立的机会。

对哈拉维来说,赛博格是她用以重新塑造女权主义的工具。"赛博格更严肃地考虑性和性体现的局部性、流动性和间或性。社会性别未见得是个全球认同问题,即使它有深厚的历史广度和深度。"她争论说,一个赛博格并不需要稳定的、本质的身份,女权主义者应当在"亲和性"而非认同的基础上形成同盟军。"亲和性"意味着个人可以通过选择构建自己的群体。通过这种方式,群体可以打造出"从他者意识、差异性和特殊性中产生的后现代主义认同",以此来对抗排他性的西方认同传统。也就是说,哈拉维是反对一些女权主义者所提倡的认同政治的,因为它将被排斥的人变成了受害者。与其坚持认同,还不如让认同混乱。

从一开始,赛博格就意味着对僵化界限的拒斥。赛博格是自然有机体与技术手段的结合,它使原本自然而然的身体具有了"拼合""嵌入"的特点,转而成为一种"新的合成生命体"。基于此,女性可以将信息技术和生物技术的逻辑运用于自身,"重新书写"自我的身体。这种赛博格的身体超越了简单的肉体性,超越了性和性别的约束,因而是超越了自然的身体,也是以主体为中心的身体。这里的主体,是多元的、丧失清晰边界的、相互冲突的和非本质的。

在本体论上,赛博格提出的问题是:我们到底是谁?"谁的身体?哪一个身体?怎样的身体?是人的身体还是非人的身体?是基于硅的身体还是基于碳的身体?这都是至关重要的。"对于身体永远占据中心地位的女性而言,这些问题的解答能够帮助她们终结历时长久的恐惧、焦虑与孤独,因为在赛博格社会中,男女两性的区分是没有意义的,女性不必作为男性的附庸,其存在意义也不在于生育孩子——因为复制可以替代繁殖。当然,也可以选择不生孩子,而永久保留自己的生命,即实现永生。所以哈拉维说:"我宁愿成为一个赛博格,而不是成为一个女神。"

在影片《超体》（Lucy, 2014）中，女主角露西最后变成了什么？当她以一条短信宣告"我无处不在"，难道说她变成了女神？抑或，她甚至超越了神，成为一种完全不同的东西？她的身体虽不在了，但却通过一个USB而无处不在，更有甚者，即便没有USB，她也到处都是？这个科幻场景符合哈拉维的终极梦想，身份统一的人类主体已经转变成技科学（technoscience）的杂交后人类，"再现"变成"模拟"，"资产阶级的小说"让位于"科幻"。

英雄和凡人的融合

梅罗维茨所分析的第三种现象，即政治英雄与普通市民的等同，也是由电视肇其端的。这在大卫·哈伯斯塔姆（David Halberstam）所著的《掌权者：美国新闻王国内幕》（The Powers That Be, 1979）一书中，[①]有着生动的描述：

> 在得克萨斯州的约翰逊城，一群哥伦比亚广播公司的电视记者为林登·约翰逊（Lyndon B. Johnson）的电视回忆录进行采访。……"你们这些家伙，"他脱口而出，"你们这些新闻界的家伙。正是因为你们，政治已变得面目全非。你们破坏了我们国会成员和城市机构之间的全部联系和机能。你们呈现在我们面前的是些陌生的人"……"除了你们之外任何机器都无法创造出一个特迪·肯尼迪（Ted Kennedy）。他们全是你们的，你们的产品。"

梅罗维茨说，在社会上没有充斥电视之前，政治领袖们被当作一种

---

① 大卫·哈伯斯塔姆：《掌权者：美国新闻王国内幕》，尹向泽等译，成都：四川文艺出版社，1988年。

"神秘的存在",遥处普通公民之上,很容易控制有关他们是谁以及他们做了什么的信息。①然而,电视改变了一切。一方面,如果不在媒体上抛头露面,政治领导人对公众的吸引力就会缩水;但是如果过度曝光,他们就会彻底失却这种力量。这是因为过度曝光会减少领导人的神秘感,使他们成为凡夫俗子。由于有关各种社会问题的信息的即时性,普通公民现在得以仔细打量和检查其领导人的形象及言辞。这就是梅罗维茨所言的双刃剑:电子媒介给政治权威展示自身提供了非常重要的舞台,但同时这些权威也失去了印刷环境下神秘的光环,因为人们可以清晰地看到具体的人。而一旦政治权威的形象与普通人接近起来,任何完美都将不复存在。

波兹曼指出,电子媒介比印刷媒介更亲密,更个人化和更富有表现力。印刷媒介展示了经过修饰的有风格的讯息,而电子媒介则展示了自发的和"自然"的讯息。其实这个"自然"是打引号的,因为电视带给我们的是高度包装。波兹曼痛斥说,为了包装自己,美国政治家原本可以表现才干和驾驭能力的领域已经从智慧变成了化妆术;甚至神父们、医生和律师们、教育家和新闻播音员们,也都不再关心如何担起各自领域内的职责,而是把更多的注意力转向了如何让自己变得更上镜。②

换句话说,所有的现实都变成了一场表演,而且必须以这种方式来看待和体验。政治尤其如此,在电视时代,政治几乎完全是关于光学和娱乐的。由此,政治新闻中的象征形式被彻底改变。在电视时代,政治

---

① Meyrowitz, Joshua (1995). "Mediating Communication: What Happens?" In Downing, John, Mohammadi, Ali & Sreberny-Mohammadi, Annabelle (Eds.) *Questioning the Media: A Critical Introduction* (2nd ed.). Thousand Oaks, CA: Sage, 39-53.

② Postman, Neil (1985/2005). *Amusing Ourselves to Death: Public Discourse in the Age of Show Business*. New Introduction by Andrew Postman. New York: Penguin, 98.

判断力从评估个人的政治主张，变成对政治人物形象直觉的、情绪化的评估。在更广泛的层面，人们对社会名流的评估也是如此，因为唯有直觉和情绪才是注意力的先决条件。

"在我们的社会中，成功就意味着公众注意的认可。"克里斯托弗·拉什（Christopher Lasch）写道。[1]这种认可的过程迅速而经常，基于真正成就的真正的成功不再是获得公众注意的要件了。注意力的要求如此之高，连那些符合客观标准的衡量的成功人士都不断寻求更多的认可，例如，大亨们一反过去的隐遁，频频在媒体中出镜。如今，商业成功的标志是麦当娜（Madonna）式的知名加上盖茨（Bill Gates）式的富有。唐纳德·特朗普（Donald Trump）成为自我推销的典范。似乎，只要无人关注，所有的伟绩都会烟消云散。

在电视的脱口秀中，人们渴望暴露自己所有的一切，不和的家庭、受压抑的童年、婚姻、婚外情、性创伤，把电视变成了杂耍和论坛的混合物。这造就了查尔斯·德伯（Charles Derber）所称的"名人的民主化"，即普通人可以通过把自己的错误、罪行、创伤和悲剧等等公之于众而获得巨大的注意力。[2]与此同时，名人杂志刊登偷拍的明星卸妆照片，向公众传递一个信息：名人和我们没有什么两样。

在自恋的时代，没有什么人会取得真正的成就。迪伦·伊文思（Dylan Evans）在《卫报》（The Guardian）上评论说："现在，如果某个人的才能远胜于我们，我们不会祝贺他——我们羡慕他，但怨憎他的成功。似乎我们并不想要我们仰慕的英雄，而宁愿要我们可以认同的英雄。如果阿喀琉斯（Achilles）今天还在的话，所有的大字标题谈论的都会是他的

---

[1] Lasch, Chirstopher (1979). *Culture of Narcissism: American Life in an Age of Diminishing Expectations*. New York: Norton, 10.

[2] Derber, Charles (2000). *The Pursuit of Attention: Power and Ego in Everyday Life*. New York: Oxford University Press.

脚踵。"①

在中国的互联网上,屌丝的逆袭,精英的倒掉,嘲弄经典的恶搞,是网民最乐于消费的快餐。有关马云的段子"永远不要忽视一个屌丝的决心和力量!今天你对我爱搭不理,明天我让你高攀不起!",成为最新心灵励志鸡汤,原因是它完美地表达了草根对英雄的逆袭梦想。《新周刊》说得好:在网络文化里,要区分神圣与卑微、严肃与戏谑、伟大与渺小,是很麻烦的事情,因为它们常常以彼此混杂、互相冒充的形式出现。②

凡此种种的符码混合,在文化意义上,令雅俗的分野也土崩瓦解。有人说,或许在人类历史上还从来没有看到过,大众的俗趣味对精英的雅趣味取得如此巨大的优势。布尔迪厄在谈论高尚品位对低俗品位的压倒时说:"对下层的、粗糙的、通俗的、唯利是图的、卑屈的——也就是自然的——乐趣的否认,建构了一种文化场域的神圣性,意味着对那些满意于升华的、高雅的、公正的、慷慨的、卓著的、一点都不亵渎的享受的人的优越性予以了肯定。"③现在,我们看到的是一个相反的过程,不难理解俗趣味逆袭雅趣味成功时,大众所感觉到的那种瓦解"文化神圣性"所带来的巨大的快感。

工作与休闲的模糊化

当19世纪的思想家谈论进步的时候,主要是指工作时间减少、工资增加,两者都被视作进步的基本条件。进入20世纪,很多社会学家,如因《孤独的人群》(*The Lonely Crowd*, 1950)而闻名的大卫·里斯曼

---

① Evans, Dylan (Jul 21, 2005). "Mozart Redeems My Mediocrity." *The Guardian*, https://www.theguardian.com/music/2005/jul/21/mozart.
② 《屌丝传:从精神胜利到自我矮化》,《新周刊》2012年6月15日。
③ Bourdieu, Pierre (1979/1984). *Distinction*: *A Social Critique of the Judgment of Taste*. Trans. Richard Nice. Cambridge, MA: Harvard University Press, 7.

（David Riesman），都坚信随着技术的进步，人们的闲暇时光将极为充裕。他们甚至担心人们无法应付这些自由时间。

1967年，法国社会学家杜马斯蒂埃（Joffre Dumazedier）出版《迈向闲暇社会》（*Toward a Society of Leisure*），指出与19世纪中叶相比，工作时间已大为缩短。周工作时间从大约75小时（工作6天，每天13小时）减少到约45小时。杜马斯蒂埃认为，闲暇在普通人的日常生活中占据重要的位置，它构成了"生活"的核心成分，与更大的课题如工作、家庭及政治等具有深刻而微妙的联系，因此有必要对这些课题进行重新审视和框定。[1]他是最早在学术框架下研究闲暇的学者之一。

实际发生的情况是什么呢？1993年，美国社会学家朱丽叶特·B.肖尔（Juliet B. Schor）出版《工作过度的美国人：闲暇的意外衰减》（*The Overworked American: The Unexpected Decline of Leisure*），该书的副题显示，闲暇并没有像社会学家预计的那样如期到来。[2]相反，过去20年中，人们的闲暇在减少，而工作时间在增加。需要注意的是，肖尔这里所说的工作是付酬工作与不付酬的家庭劳动的总和。

虽然工薪阶层的收入增加了，但他们为此付出了时间。到20世纪90年代末，已婚并育有子女的双职工一年新增的工作时间达151个小时。肖尔形容说，这就好像是工业革命重返美国。[3]2001年的一项哈里斯测验表明，美国人的周工作时间（包括家务劳动和受教育的时间）由1973的41小时上升到50小时，同时，闲暇时间由26小时下降到20小时。[4]

---

[1] Dumazedier, Joffre (1967). *Toward a Society of Leisure*. New York: Free Press.
[2] Schor, Juliet B.(1993). *The Overworked American: The Unexpected Decline of Leisure*. New York: Basic Books.
[3] Schor, Juliet B. (Sep 2, 2002). "Why Americans Should Rest." *The New York Times*, https://www.nytimes.com/2002/09/02/opinion/why-americans-should-rest.html.
[4] Dolliver, Mark (Oct 1, 2001). "Accounting for Free Time." *Adweek*, https://www.adweek.com/brand-marketing/accounting-free-time-52092/.

从20世纪90年代开始，知识界关心的话题从"闲暇的丰足"转变为"时间的匮乏"。时间压力导致的紧张、慢性疲劳等问题吸引了社会的广泛注意。在《新闻周刊》(Newsweek)1995年的一项调查中，每四个人中就有一个人声称自己"身心俱疲"。[1]

人们一度对工作时间的起始与终止有明确的意识，但高科技的出现打破了工作与闲暇的界限。传真机、计算机和手机的发明使人们更易于把工作带回家，闲暇时间也被这些现代技术手段切割得支离破碎。闲暇现在由"偷来的片刻"组成，社会学家称之为夹在各种活动之间的"时间三明治"。当人们成为过度工作的牺牲品，其闲暇时间的质量也会大打折扣。一个恶性循环开始了：长时间的工作损害了闲暇，减少了闲暇对人们的吸引力，从而使他们更加倾向或屈从于长时间的工作。

总体来看，闲暇时间的减少存在两大原因：第一，工作成为现代宗教，人们用自己所从事的工作来界定自身；第二，新消费主义盛行，对物质的欲望似乎永无止境。

从第一点原因来看，工作变成新式消遣，构成了一个普遍趋势。根据联邦快递于2003年进行的一项调查，有67%的美国人希望拥有自己的企业，而有56%的美国人表示，如果机会合适，他们将会离开目前的职位而自行创业。创业的首要原因是"希望从事自己热爱和激赏的工作"，其次是自己做自己的老板，再次是自雇带来的灵活性。[2]

人们曾经把工作当作苦役，而把业余时间的个人爱好当作乐趣。而

---

[1] Gini, Al (2013). *Why It's Hard To Be Good*. New York: Routledge, 140.
[2] Levere, Andrea (Jul 1, 2005). "The Power of Entrepreneurship: Country Needs Policies that Promote Homegrown Businesses." https://www.stlouisfed.org/publications/bridges/summer-2005/the-power-of-entrepreneurship-country-needs-policies-that-promote-homegrown-businesses.

现在，工作就是乐趣之所在。工作就像是一种新的宗教，工作伦理则像一种新的道德。

成年人用在工作、找工作或者其他形式的经济活动上的时间最多。这是因为工作的性质发生了变化，工薪阶层挣钱的压力也越来越大。美国劳工统计局的数字表明，2004年5月，2070万员工把部分本职工作带回家中完成，约占非农业工人的15%。大约1/4的人有加班费，他们当中一半左右的人每周花费8个小时或更长时间在家工作。另外3/4的人在没有加班费的情况下，一周平均在家里额外工作7个小时。[①]而与工薪阶层相比，自由职业者工作的时间更长。然而，个体经营者或希望自己当自己老板的人群还在迅速地增长。

而所谓的新消费主义的最大特点是：人们从就近比较到上下比较——不再用同等经济地位的群体，而是用收入水平最高的20%的人群作为参照物，来界定自己对消费品和生活方式的期望值。此前，较为普遍的目标是获得舒适而体面的中产阶级生活，现在，人们对致富和奢华有更为迫切的追求。20年前的奢侈品现在成了必需品：更新潮的家用电器，更大的房子，更好的汽车，等等。

推动这股新消费主义的有三种力量：首先，社会贫富差距拉大，财富越来越多地聚集到20%的人口中。这种财富的向上分配使处于社会—经济金字塔尖的少数人得以大肆张扬自己的消费模式，因此影响了剩余的80%的人口的消费观念。

其次，从20世纪90年代开始，商业化的媒体出现了一个明显倾向，即把上层社会的生活方式当作一种文化典范宣贯给普通受众，社会大众的消费欲望脱离了社会现实，强有力地为电视、电影、报刊上的名流和

---

① U.S. Bureau of Labor Statistics (Sep 23, 2005). "Work at Home Summary." https://www.bls.gov/news.release/homey.nr0.htm.

虚构人物所引导。

最后，女性就业率大幅度上升。以美国为例，1950年，妇女在劳动力市场上的总参与率为34%。该比率在1960年升至38%，1970年为43%，1980年为52%，1990年为58%，到2000年达到60%。劳动力中的妇女人数从1950年的1800万增加到2000年的6600万，妇女在劳动力中的比例从1950年的30%增加到2000年的近47%。[1] 随着中产阶层的妇女越来越多地进入层级制机构中工作，与拥有更高经济地位的人有了更为频繁的接触，她们更容易接受这些人所传递的消费信号。

工作与闲暇的此长彼消也反映在工作场所与家庭的空间关系流变上。家庭与工作场所的人为割裂与区隔，是工业革命给家庭生活带来的重要影响之一。在工业革命之前，对在自家土地上耕作的农民和在家庭小作坊劳作的人们来说，不存在上班的概念。然而，工业革命带来的大工厂、专业分工与城市化，彻底改变了大部分人的生存状态，人们必须离开家庭，进入一个被"监视"的工作场所进行工作。这改变了农业社会的旧的时间感，"日出而作、日落而息"的自然界节奏让位于以钟表的发明为标志的机械时间观，工人的工作时间被精确到小时、分、秒，几班倒的做法也出现了。历史学家E.P.汤普森（E.P. Thompson）描述了早期现代时间感的变化，所有社会活动甚至人们的内在时间都与工业生产的节奏相匹配。[2]

到了后工业化时代，互联网、移动通信和宽带设施的发展导致了工作地点的重新安置，在这一过程中重塑了工作的特性。这方面出现的四个重要变化是：在家远程工作的上升；移动工作的增加；知识工作在城

---

[1] U.S. Bureau of Labor Statistics (2002). "A Century of Change: The U.S. Labor Force, 1950-2050." https://www.bls.gov/opub/mlr/2002/05/art2full.pdf.

[2] Thompson E. P. (Dec 1967). "Time, Work-Discipline and Industrial Capitalism." *Past and Present* 38(1): 56-97.

市中心及其高科技"集群地"的汇聚；国际性劳动分工的形成。对这些变化，有的人用充满诗意的语言来描述。例如，在以写作《虚拟社区》(*The Virtual Community: Homesteading on the Electronic Frontier*, 1993) 而知名的霍华德·莱因戈德（Howard Rheingold）的笔下，到处都是田园般的"电子小屋"，远程工作的专业人士充分享受高科技带来的好处，摆脱了每天上下班的烦恼，保持了和家人的接触，在工作中获得了更大的自主权。

事情其实没有这么简单。可以拿到传统工作地点以外从事的工作主要有两类：一是重复性的、低技术的数据输入和文案工作，二是高度复杂的"符号分析"工作如撰写报告等。从事前一种工作的人收入不高，没有福利，也很少受法律保护，不会享受到传统工作场所提供的社会关系、培训、个人晋升。对他们而言，与其说是生活在惬意的"电子小屋"中，不如说是在高科技的"血汗工厂"里挥汗如雨。

与之相对照，从事后一类工作的专业人士往往受过完备的教育、能够自我做主，在远程工作中享有相当程度的创造性，也拥有较高的社会地位。但归根结底，这些人和前一类人也不能被完全区分开来，两者都面临着工作/生活的平衡问题。在家工作加重了劳动负担，因为"在家"，所以需要同时承担工作与家务的双重负担；同时，原本可以全身心放松的下班时间，也因为工作进入了家庭而延长了实际工作的时数，使人长期处于超负荷的工作状态之中。个人如果缺乏良好的时间管理和自律能力，往往会把自己的生活弄得一团糟。

虽然信息技术一直被指可以促进知识工作者在工作和生活间达成平衡，但现实情况却是，远程工作者所感受到的压力与挫折感与日俱增。这源于通信和信息技术所导致的不间断的生产，人们现在拥有了"24/7"的时间观。乔纳森·克拉里（Jonathan Crary）精彩的著作《24/7：晚期资本主义与睡眠的终结》(*24/7: Late Capitalism and the Ends of Sleep*,

2014）①分析了当代全球资本主义系统无休止的需求。这本书的核心论点是清醒和睡眠的界限正在被侵蚀，与之相伴的是一系列其他重要界限的消失，比如白天与黑夜、公共与私人、活动与休息、工作与休闲。电子邮件、社交媒体、在线娱乐、网上购物的流行、无处不在的视频都在吸引着人们的注意力，人们进入了一种无眠状态，人类生活进入了一种普遍性的无间断状态中，受持续运作的原则支配。不限时间地点的网上工作本来被看作一种自由，现在却发现它只是一种新的奴役机制。

我们都是越界人

在我们这个技术不断被开发、消费不断被升级和人性不断被开采的世界中，人类生活中一些十分重大的界限越来越模糊了。我想借用"liminality"一词来说明当下的生活境况。

"liminality"取自拉丁文的 *limen*，本是 threshold（门槛）之意。在人类学范畴里，首先是研究民俗学的法国学者阿诺尔德·范热内普（Arnold van Gennep）在20世纪初经由对不同种族文化的仪式的共同观察，提出一个典型的"人生经历仪式"（rites of passage，也称"通过仪式"）包含三个部分：①rites of separation（分离仪式），同本来的身份/群体相分离；②rites of transition（过渡仪式），位处过渡，或许格格不入；③rites of incorporation（融合仪式），投入新的身份/群体。范热内普用了"limen"一词作为通过仪式的中心观念。因此，过渡的仪式称 liminal rites，分离的仪式称 pre-liminal rites，最后阶段的融入仪式称 post-liminal rites。中文可分别译为越界前仪式、越界仪式，及越界后仪式。②

---

① 乔纳森·克拉里：《24/7：晚期资本主义与睡眠的终结》，许多、沈清译，北京：中信出版社，2015年。
② van Gennep, Arnold (1909/2019). *The Rites of Passage* (2nd ed.). Chicago: University of Chicago Press.

对于重大界限消失后的生活,"liminality"表达了不前不后的中间段落。在这个段落里,人脱离了原来的身份,又未曾完成新身份,是身份、角色、自我意识、对外关系都难以确定的尴尬时刻。美国人类学家维克多·特纳(Victor Turner)把过渡时期的处境归纳为"离开身份系统",[①]人在这时不属于任何身份类别之内;原属不同阶段及身份的个人,在越界处境中彼此都拉平了,大家变得无所依恃,过去显示所属身份/地位的饰物都被脱去,人好像成了无名氏。

我们都是越界人(liminal people),活在时代更替的夹缝中。这个越界的经验,是世界上无数受技术与媒体影响、身份含混模糊、经历生活与工作流动、感受代际震荡的群体与个人的共有经历。对这个经验,我们需要一种新的社会学叙述,来承载和容纳其间的模糊性、失序性与无所适从性。

对于本文所讨论的许多问题,笔者并没有答案。界限的模糊化造成了一种"晕眩"感,原本历历分明的世界,现在,在一种缺乏历史性与时间感的境况下,变得因无法驻足凝视而统统化作一闪而过的模糊光影。晕眩,是在夹缝中生存的基本感受。

[①] 维克多·特纳:《仪式过程:结构与反结构》,黄剑波、柳博赟译,北京:中国人民大学出版社,2006年。

解读互联网时代的悖论

当代社会面临九大悖论：才智悖论、工作悖论、生产力悖论、时间悖论、财富悖论、组织悖论、代际悖论、个体悖论以及公平悖论。如果矛盾和令人惊讶的悖论成为未来的一部分，我们无须沮丧，而是应把悖论作为生活的一部分加以接受。

管理哲学家查尔斯·汉迪（Charles Handy）以"组织与个人的关系""未来工作形态"的新观念而闻名于世。他把世界上的问题分为两种，一种是"收敛性问题"，即可以找到"唯一答案"的问题；一种是"发散性问题"，即无法找到唯一答案的问题。①

平庸的商人通常为了寻找固定答案而奔波，然而，真正的商业问题都是发散性的，没有固定的答案，这正是商业的困难之所在，也是其魅力之所在。

商业问题的答案不是非此即彼的，它们常常具有悖论性和两难性。汉迪总结了当代社会所面临的九大悖论：才智悖论、工作悖论、生产力悖论、时间悖论、财富悖论、组织悖论、代际悖论、个体悖论以及公平悖论。②而这九大悖论，在互联网时代都出现了新的变量，因而变得更难以破解，需要人类的崭新思维。

---

① Handy, Charles (Jan 1980). "Through the Organizational Looking Glass." *Harvard Business Review*, https://hbr.org/1980/01/through-the-organizational-looking-glass.
② Handy, Charles (1994). *The Empty Raincoat: Making Sense of the Future*. London: Hutchinson.

才智悖论

现代企业当中最重要的生产工具叫作知识,但是这个知识是很难被机构所拥有的,知识往往在机构当中的个人手里,并且个人可以把它带走。大家知道《罗辑思维》的罗振宇有个说法叫"U盘化生存",本来U盘插在一个机器里,然后我拔下,我走了。有一次我跟罗振宇一起参加柳传志组织的西山会议,柳传志说,你从你自己的角度当然拔了就拔了,可是很多人拔了之后还是得插到一个系统去,而我们就是那个系统。可以看到这里的一种冲突,组织跟个人在知识——也就是在才智——这一领域里的争夺。

才智有很多有意思的特性,例如说它是这样一种东西,分享以后并不失去,给了别人但你还有。比如,我给大家讲完课之后,课程内容并不因为我给听课人讲了就从我这里消失,它们还在我身上,没准我还从听众那里又获得了更多的东西。

对于组织来讲,才智还有一件棘手事,可以通过著名的"乔伊法则"(Joy's Law)来表示:"无论你是谁,大多数绝顶聪明的人都在为另外一个人工作",太阳微系统公司(Sun)的创办人比尔·乔伊(Bill Joy)如是说。这条法则在高科技产业内广为人知。[1]

乔伊提出这样的观点,是因为他不喜欢比尔·盖茨对"微软是一个智商垄断者"的沾沾自喜。他认为,与其吹嘘自己聚集了业界所有顶尖人才,不如"创造一种生态环境,让世界上所有最聪明的人在你的花园中为你的目标劳作。如果你完全依赖自己的员工,你将无法满足所有客户的需求"。[2]

---

[1] Lakhani, Karim R. & Panetta, Jill A. (Jul 2007). "The Principles of Distributed Innovation." *Innovations: Technology, Governance, Globalization*, Summer 2 (3): 97-112.

[2] Karlgaard, Rich (Nov 9, 2007). "How Fast Can You Learn." *Forbes*. https://www.forbes.com/forbes/2007/1126/031.html?sh=269bd844730c.

乔伊法则道出了现代企业面临的一个基本问题：在任一特定活动范围内，大多数相关知识都存在于任一组织的边界之外，因而组织的主要挑战是如何找到获取组织以外的知识的途径。

仅仅着眼于组织的内部智慧池，存在若干问题。首先，不管你麾下多么人才济济，你都可能发现，最复杂的技术问题往往是由不相干领域的专家解决的。其次，公司不可能长期雇用一堆专业人才，只是为了某一天可以派上用场。最后，囿于组织的束缚，曾经聪明的人有可能变得不那么聪明。

虽然才智已被公认为公司和国家的新的财富和财产形式，但它的表现却完全不像传统的财富或财产形式，很难对其加以衡量。几乎无法重新分发它，也不能阻止人们获得它。有效地拥有他人的才智也是个天方夜谭。所以，智慧的企业家如张瑞敏，要在海尔打造创客文化，他的箴言是："不是让所有员工成为创客，而是让愿意成为创客的人成为员工。"

工作悖论

老板雇佣我们工作的时候，实际上是通过发薪水刺激我们工作，所以对于老板来说，不能容忍两个东西：第一个东西叫作懈怠，这是一个经济学专用术语。研究工作的时候一定要研究怠工，工人可能是积极地怠工，也可能是消极地怠工，总而言之，如果工人怠工的话老板就会蒙受损失，所以必须处理懈怠问题。

其次要处理的另一个问题，常常会在项目管理中出现。大家可能在工作当中都有过做项目的经历。这种经历常常是这样的：我是老板，我布置你做一个项目，你明明可以在五天内完成，你却告诉我说这事要十天才能完成，五天我是做不完的。为什么呢，你要给自己留点时间，万一到了五天做不完呢，万一中间出了岔呢，所以你会在这里面留一个时间，这个时间我们在有关工作的研究当中把它叫作"浮时"，就是浮动的时间，英语叫buffer。就是说你跟老板之间永远会有这样的博弈。

在工人和老板博弈的情况下，工人常常被定位为"员工"，以执行重复和空洞的任务。这造成一种后果：当这些工人变得冗余时，无法成为创造性的和有韧性的企业家。更加糟糕的是，随着组织再造、精益到骨髓，它们失去了允许创造力或变革的容量盈余。这就是我们今天所看到的：充满压抑的组织，仿佛患了厌食症一般，只有一个过短、过窄的隧道视野，而不能感知外界的变化。它们唯一知道的是一遍又一遍地做同样的事情，却期待不同的结果。

如何走出工作的悖论？关键是要让员工自己和自己博弈，而不是和老板博弈。或者说，市场才是真正的老板。企业必须打破层级制，让市场来决定员工的薪酬。在中国，正在积极探索互联网时代管理模式的著名企业海尔集团，把这种做法叫作——不是老板付薪，而是用户付薪。

生产力悖论

我们知道生产力的一个基本的定义是，用更少的人来完成更多更好的工作。所以所有机构的目的都是不断地提高效率，但是效率的极限在哪里？有没有可能出现一种情况，只有少数人在一个地方通过高效的工作获得很好的回报？同时却有相当多的人被这列效率列车给甩掉，被企业不断追求高效的行为给甩掉，可是这些人最后还是要在这个社会里生存。

所以生产力悖论要讨论的是效率的极限在哪里，如果总有不能够实现效率的人，拿他们怎么办？有些企业会搞末位淘汰，那么，末位淘汰掉的人怎么办？这些人会去哪里，他们会干什么，这是这一悖论要处理的问题。

那些被此过程排除在正式工作之外的人，不得不寻求各种生存方式，无论是通过参与非正规经济或非法经济，还是不得不自己做那些本来他们付钱让他人做的事情。传统上，经济通过将无价格的工作转化为有价值的（因此可测量的）工作而增长。但是，生产率的提高有效地减少了工作量，尽管经济保持增长。所以给工作定价最终会破坏工作，导致"强迫性的闲置"。

如果考虑到自动化和机器人，生产力的提高更是工作的大杀器。我们已经看到自动化导致一些蓝领岗位的消失，如果服务机器人在不久的将来大行其道，低价值的服务工作也会消失。作为生产力提高的副产品，失业和低就业将会成为社会面临的严重问题。

时间悖论

在当今社会，时间是稀缺商品和具有决定性意义的竞争因素，因而等同于金钱。但是时间是一种矛盾的货币：有的人会为了节省时间而付出金钱，有的人会为了节省金钱而投入时间，被堵车的人就是这样的人。举个非常简单的例子，你买不起北京的房，只好住在燕郊，住在燕郊你所付出的代价就是时间，因为你上班可能要三个小时。

现在我们感受时间不再具有一个简单的连贯的方式。每个人面对时间的方式，依据他在这个社会当中所处的不一样的位置，常常会出现不同的情况。有些人没有时间做他们想做的事；另外一些人有太多的时间，不知道拿它们怎么办。

组织越来越希望雇更少的人，但工作更长的时间。而人们则加班工作来赚取足够的钱以维持高消费的生活方式。他们认为这将给他们的生活带来意义，可同时，他们却缺乏时间来欣赏这种意义。

花钱节省时间的人，可能希望可以少工作几年，以便以后有更多的休闲。我们往往会说，我现在辛苦是为了将来活得好。但这在根本上是个错误。很多人误以为我可以通过现在付出时间来获得将来的享受，其实不是，你现在付出了时间以后，可能就是付出了时间，然后你也丧失了将来享受的机会。这就是时间的悖论问题。可能每个人都需要时时地问一下自己,你这么忙是为了干什么,你到底忙什么呢?

我们汉语这个"忙",其实就是心死了。太忙了,心就死了,你没有把你的心保持为一种开放丰富的状态。

财富悖论

财富悖论的含义是通过经济刺激促使人们购买越来越多的产品和服务,实际上会导致需求减少。这一悖论同消费主义这台生产机器有关系,消费主义的特点就是不断促进消费,你的消费构成了机器的润滑油,你不消费机器就停摆了。不停的消费刺激造成了很多现象,例如说我们常常在一个产品还没有到它的生命周期完结的时候就把它扔掉,所以我们处于一个随用随弃的社会。

大家手里拿着iPhone,其实iPhone 13可能用着还很好,但是苹果（Apple）出来iPhone 14了,你换不换呢？苹果公司告诉你一定要换,因为增加了新功能。这样整个消费机器不停运转,就会造成一个始料未及的后果：通过生产和消费,挣到钱以后,从全球的观察来讲,一个地方一旦富裕了,出生率一定是下降的。为什么现在中国放开二孩也没有那么大的影响,因为我们的社会在财富的积累上跟几十年前已经不可同日而语。出生率下降对于消费机器来讲是个坏消息,因为未来的潜在顾客在减少。

所以富国就会做一件事情,即帮助穷国进入消费机器。想一想中国是怎么进入全球化进程的：西方发现中国这么大的市场,不卖给中国东西简直太亏了,一定要让中国买东西,让它能够尽快进入整个全球化的消费大机器。这个过程一步一步展开,中国现在就变成了世界第二大经济体。

此外,为什么所有的商家都那么看重年轻人？因为老年人比例的增加减少了参与维持经济的消费的资源。所以消费主义是歧视老年人的。

还有,虽然经济增长取决于更多的人想要更多的东西,但越来越多的人最想要的东西是集体性的,例如清洁的空气、安全的环境,这些都不能由个人以任何价格买到。而因为没有具体客户,组织也不能生产它们。

组织悖论

组织的悖论,最大的表现在于组织必须学会极端化生存。我所谓的极端化生存,是指一个组织既得有偏向这个极端的能力,同时又得有偏向另外一个极端的能力。比方说,你可能同时得是地方的又是全球的;你的领导或者你的经理人,可能同时既需要是企业家,像一个创业公司那样思考,同时又必须是一个团队领导者;你可能同时需要集权和分权,同时需要整合和差异化,同时需要大众市场和所谓的利基市场,这些都把组织弄到一个精神分裂的状态。

段永朝先生最喜欢的一句话是荷兰人类与文化哲学学者约斯·德·穆尔(Jos de Mul)在《赛博空间的奥德赛》(*Cyberspace Odyssey: Towards a Virtual Ontology and Anthropology*, 2010)一书里引用的,叫"精神分裂者的春天到来了"。[①]可是精神分裂者如何管理企业呢?说实话,没有人知道现在该如何管理了。越来越明显的是,组织无法通过在冲突的策略之间进行选择来有效地运作。

阿尔弗雷德·马克斯(Alfred A. Marcus)在其著作《大赢家与大输家:长期商业成功与失败的四个秘密》(*Big Winners and Big Losers: The 4 Secrets of Long-term Business Success and Failure*, 2006)中发现,很少有

---

① de Mul, Jos (2010). *Cyberspace Odyssey: Towards a Virtual Ontology and Anthropology*. London: Cambridge Scholars Publishing, 159.

组织是长期的赢家——在10年期间，只有约3%的公司表现优于其行业平均水平。获胜组织的首席执行官如何做到这一点？他们在管理那些对其成功至关重要的悖论方面做得最好。为了实现竞争元素之间的适当平衡，他们将竞争趋势编织在一起，而不是在强调悖论中的一个极端的同时忽略另一个极端。例如，为了管理实现短期盈利能力和维持长期竞争优势之间的内在紧张关系，一方面要推动敏捷性与迎接变化的开放性，另一方面要关注执行力与业务重点。抓住悖论的一端而猛烈变革企业固然是必要的，但如果对另一端弃之唯恐不及，反弹早晚会以难以预期的方式出现，直到令前边的努力付诸东流。

这导致一种新型组织的出现，这些组织将不断变化的人和群体分组管理，而不是像传统上那样雇用他们。

代际悖论

代际悖论是我每天都会遇到的，因为我在北大教书，我遇到的学生全是一茬茬的年轻人。我一开始从"80后"教起，教到"90后"，现在教到"00后"，这些年轻人不断地冒出来，所以老师每天要处理代际问题。代际问题的一个最大的悖论在于，每一代人都认为自己与上一代人不一样，且理直气壮地宣称这种不一样是完全正当的，与此同时却计划着下一代过和自己一样的生活。

如果你是一个"80/90/00后"的父母，当你的孩子企图标新立异的时候，你马上会说你怎么能这样呢，这样做是有风险的。然后你企图把自己人生的历程和理想加到自己孩子身上，强迫他/她按照你说的方式来做。所以父母在这样说的时候完全忘记了他们自己对上一代的观点看法，每一代都会重复进行这个过程，所有犯过的错误都会再犯。这是人类一个非常有意思的东西，我们一直都是这么过来的。

就新的一代来说，终身的职业生涯已不复存在。由于年轻人的工作起始时间越来越晚,青春期和成年之间就出现了一个差距,我们似乎不能填补它。与此同时,就成年人的精力而言,他们的工作又结束得太早,从法定退休之后到最终老去,存在另外一个差距,这也需要找办法来填补。

前者,可以称之为延长的青春期,现在的25岁,相当于从前的18岁。对父母来说,孩子们长得太快是一种常见的抱怨。现在不再是这样的。青少年并不急于拥抱所谓的成年人的乐趣。如同出生率下降一样,这也是富裕的结果。分析发现,如果青少年来自较大的家庭或收入较低的家庭,他们更有可能参加成人活动。这反映了所谓的"生活史理论",即小时候暴露在不可预测的贫困环境中,会导致更快的发育,而在稳定的环境中成长并拥有更多资源的儿童,往往有一个缓慢的发育过程。

推迟成年对社会意味着什么?我们是否会走向一种无助的、被呵护的、不愿工作的青少年文化?或者鉴于我们比上一代人活得更长,也许多潇洒几年也没什么不好?青少年晚熟,可能既有好处,也有坏处,现在还难以说清。

后者,可以称之为延长的退休期,它凸显了目前的工作模式的问题。我们习惯于把一切都包在中间。在我们最努力工作的时候,我们也在养育我们的孩子,同时有些人在照顾年长的亲属。然后在60~65岁时,我们说,"中奖了:是时候退休和休闲了"。很多人期待着退休,这并不令人惊讶。当你努力工作的时候,不工作看起来很有吸引力。可是,一旦人们退休,他们就必须弄清楚如何处理自己的问题。在人生的前50年里,有很多的指导原则——人们大致知道他们应该什么时候结婚、工作、生孩子等等。但是到了退休年龄之后,就没有什么东西可写了。对非常多的人来说,有这样一张空白的画布可能是很难的。

如果我们改变工作方式,让每一个人可以工作得更久呢?这样一来,更长的寿命是一个真正改善每个人生活质量的机会。

个体悖论

个体的悖论实际上处理的问题是个体跟集体的关系、别人跟你的关系。因为这个世界常常既需要个人的主动性，也需要同他人合作来共同做事情，所以这两种能力需要某种程度的平衡和搭配。瑞士的心理学家荣格（Carl Jung）认为，为了真正成为个体的自己，我们必须与他人在一起。这个观点非常耐人寻味。[①]

"我"需要"我们"才能成为完美的"我"。如果对汉迪和荣格的想法加以补充，可以说，由于当今世界的复杂性，"我"只有在"我"是完整的情况下才能成为真正的"我们"的一部分。

今天，我们前所未有地看到，消费者和员工向品牌商和雇主呼吁，他们是个体，而不是数字。但同时，越来越多的事情只有依靠合作才能达成。个人主义者需要用团队和社群精神来中和，而太过从众的社会则需要鼓励个人主义和创造性。对组织来说，团队合作被提升到非常重要的位置，但同时又期望团队中的每个成员能够保持自我激励。

比如，开源软件是建立在合作集体的基础上的，没有这个基础，它们就不会存在。然而，集体软件开发离不开关键的个人参与者的活动，在这个过程中，可以观察到"参与不平等"的行为，或是开发努力集中于少数开发者的情形。案例研究表明，社区的结构和组织可以增强个人之间的互动，导致成功的开发结果。

技术对个人互动扮演重要的角色。现在，每个人都类似一台总机，身处各种联系和网络之间。人们保持联系，但作为个人而存在，而不是扎根于工作单位和家庭的大本营。每个人都经营着一个独立的个人社区网，并在多个子网络之间快速切换。事实上，新的信息通信技术正在帮

---

① Pinnow, Daniel F. (2011). *Leadership-What Really Matters: A Handbook on Systemic Leadership*. New York: Springer, 13.

助每个人将他或她自己的社区个性化。这是社区性质的复杂的、根本的转变。

由于个人网络变得日益重要，巴里·威尔曼（Barry Wellman）总结出一种"网络化个人主义"（network individualism）理论，它描述了对社区和家庭纽带的重视程度的下降，并得到了互联网、社交网络和个人通信设备等技术的支持。[①]经典的社会安排模式围绕着等级制的官僚机构或像家庭和工作团体一样紧密结合的社会群体而形成，但网络化个人主义却代表着新的社会安排，正利用信息通信技术的发展所提供的手段，向连接的个人转变。虽然这种转变在互联网出现之前就已经开始了，但社会性网络的发展大大促进了这种转向。

网络化的个人属于不同群体的成员，他们在其中寻求不同的东西；例如，他们可能在一个群体中寻求情感支持，而在另一个群体中获得工作帮助。这些群体可以是分散在全球各地的，而这些网络的组合使个体成为一个高度个性化的、网络化的人。由此形成的网络化个人主义新世界以更松散、更灵活的网络为导向，实现按需救助。在网络化的个人世界里，个人才是焦点，而不是家庭、工作单位、邻里和社会团体。

公平悖论

公平在人类历史上扮演的角色非常重要，并且越来越重要。这个问题的复杂性在哪里呢？公平的观念是不一样的，你认为的公平不见得是我认为的公平。到底是机会平等还是结果平等？我们的先贤早就争论过这个问题。我们可以说，这个人做了这件事，因此得到了他应得的那一份，这个叫公平。成就越多，奖赏越多，这是一类人的公平观；另一类

---

① Wellman, Barry (Jun, 2001). "Physical Place and Cyber Place: The Rise of Personalized Networking." *International Journal of Urban and Regional Research* 25(2): 227-52.

人却说，真正的公平观应该是按照个人有没有需要，来分配其所需要的东西。

要注意这两种公平观是完全不同的，是互相打架的，每一方都会认为自己无比正确，而对方有大问题。所以就导致，由于人们的公平观不一样，社会被撕裂，产生非常剧烈的冲突。

资本主义作为现代经济的动力，取决于上述第一种公平观，因为那些实现最大成就的人得到的回报最大。然而，不受限制地追求这种回报的社会，会被视为一个不公平的社会，它将面临那些认为自己被剥夺了提升机会（甚至可能是生存机会）的人的反对。

为了解决公平问题，很多人主张对我们的社会进行相当彻底的重新配置。政治经济学家托马斯·皮凯蒂（Thomas Piketty）就是一个代表，他写了一本轰动全球的著作《21世纪资本论》（*Capital in the Twenty-First Century*, 2014）。[1] 他写到，"我们必须超越国家层面的再分配和国际层面的再分配之间的对立。特别是，每个国家，地球上的每个公民，都应该拥有从跨国公司和世界上的亿万富翁那里获得的部分税收"，因为"每个人都应该有最低限度的权利"来获得"医疗保健和教育"，而且，"富国的繁荣"也取决于穷人。

他接着说："历史上所有财富的创造都是由一个集体过程生发的：它们取决于国际分工、世界范围内自然资源的使用以及自人类诞生以来的知识积累。人类社会不断地发明规则和制度，以构建自己的结构，并分割这些财富和权力，但总是建立在可逆转的政治选择的基础上。"

他认为，"所有的财富都源于集体"，"只有在它为共同利益服务的情况下，私有财产才被建立（或应该被建立）"，"并且在一套平衡的制度和权利的背景下，使限制个人积累成为可能，使权力流通，并使财富分配

---

[1] 托马斯·皮凯蒂：《21世纪资本论》，巴曙松等译，北京：中信出版社，2014年。

更加公平"。然而皮凯蒂忘记了，如果平等是通过再分配获得的，就基本上是通过暴力获得的。也许是有组织的暴力，也就是国家征税。我们的确需要推翻不平等的制度和既定的权力，可不幸的是，没有人以任何方式保证，替代的新制度和新权力将永远是平等的和解放的。

说到公平，还有一个很有意思的现象，那就是人们在公平和平等主义方面总是谈得很好，然而，当它真正受到考验，人们必须做一些事情或放弃一些东西时，他们并不特别愿意。这一点在我们的孩子身上体现得最为明显，如果你告诉大多数富裕阶层，他们的孩子的学校将得到与最贫穷的学校相同的资助，那就会引发很大的抗议。

资本主义与市场经济息息相关。而市场经济依靠的是参与者的信念，即由此产生的结果是公平的。如果没有对公平的信念，经济主体就不会参与生产性的交换。更重要的是，政府作为政治行动者，会过度监管和扼杀市场。

判断一个社会的制度，必须看其帮助人类繁荣的能力。过度的收入和财富不平等强烈地表明，太多的人无法过上富有成效、充实的工作生活。这反过来表明，我们的许多制度未能适应新的经济现实。在这种情况下，必须采取有力的改革方案。放眼全球，旧的社会契约正面临着巨大的压力。到处都在寻求系统性的替代方案。然而，就连皮凯蒂也承认，"要就替代制度达成一致，使之有可能在社会、经济和政治平等方面取得真正的进展，同时尊重个人权利，包括与众不同的权利，真的太难了"。

悖论管理

现代社会的挑战和困境正在推动理论家和管理者倡导一种更具建设性的处理悖论的方法。正如汉迪所说："我们需要一种新的思维方式来思考我们的问题和我们的未来。如果矛盾和令人惊讶的悖论成为未来的一部分，我们不应沮丧。把悖论作为生活的一部分而加以接受，是管理悖论的第一步。"①

法国欧洲工商管理学院（Insead）的管理学教授保罗·埃文斯（Paul Evans）写有《二元的领袖：在悖论中生存》一文，认为"一个组织要想富于效率，就必须拥有相互矛盾，甚至是彼此排斥的特性"。②在此情况下，领导力意味着需要创造性地利用彼此对立的力量。随着我们迈入新世纪，在二元、困境和悖论的世界中生活和学习的影响，只会日复一日地变得更加明显。

对张力的创造性利用，可以体现在三个层面上：领导者个体、团队合作和组织结构。在个体层面，无法应付"影子自我"（shadow self）将阻碍领导。何谓"影子自我"？这是荣格的术语，指自我为迎合外界期望而压抑的那一部分。我们不自觉地隐藏这一面，与我们的人格面具（我们想要向他人展示的一面）刚好相对。③

领导者悖论的个体层面在于，一方面要深信自己，另一方面也要保持怀疑，以使自己不致丧失现实感。这就需要调入影子自我。成功可能会培养无情的、阳刚的、自我驱动的一面，但是真正的领导力发展，意味着承认并允许柔和的、关怀的、女性化的一面也表现出来。任何人类素质走向极端都会变得病态。果敢无疑是一种美德。但是，如果不以反思的方式来平衡，就会导致冲动，预示着灾难。

因此，领导人不应该害怕自己身上的悖论。对领导者的研究表明，他们往往能够很好地应对甚至发展自己的矛盾之处（想想乔布斯的例子）。

---

① Handy, Charles (1994). *The Empty Raincoat: Making Sense of the Future*. London: Hutchinson, 17.
② Evans, Paul (2000). "The Dualistic Leader: Thriving on Paradox." In Chowdhury, Subir (Ed.) *Management 21C: Someday We'll All Manage This Way*. London: Prentice Hall-Financial Times, 66-82.
③ "The Jungian Model of the Psyche." *Journal Psyche*, http://journalpsyche.org/jungian-model-psyche/.

他们在人生中学习表达和发展自己的影子自我。

在团队合作中，缺乏建设性辩论也会阻碍领导，因为意见太一致，容易僵化，从而丧失创新的能力。在以纪律著称的芯片霸主英特尔工作，第一门要学习的课程不是服从，而是"如何吵架"。①英特尔（Intel）将"建设性冲突"（constructive confrontation）视为自己的决策哲学之一，由此造就了英特尔兼具纪律与创意两种极端特质的奇特场面。

这一哲学由英特尔的传奇领导人安迪·格鲁夫（Andy Grove）首创，在"建设性冲突"的具体实践当中，工程师不遗余力地讨论和辩驳各种想法，能够存活下来的想法被视为最好。一位高管回忆说："如果参加会议，最好带着数据；最好有自己的主张；如果无法捍卫自己的主张，那么就无权坐在那儿。"②包括乔布斯在内，格鲁夫在硅谷有许多门生，包括乔布斯在内，都采用了这种方法。

让冲突具有建设性，英特尔的做法包括：界定冲突本质、有效针对冲突进行沟通、明确达成协议与执行。③对于冲突和建设性这两种相悖的力量，合理的利用之道是，先建设，后对抗。"建设性冲突"的最终目标是解决问题，而不是把矛头指向个人。

讨论时集思广益，执行时方向一致。若一个议题必须在会议中做出决定，英特尔也有"不同意但可执行"的机制。所有人都需要有共识，虽然你表达反对，但有最正确的数据支持的解决方案被作为公司最后的决策之后，你必须百分之百执行，不能再表达不满或是推诿不动。④

---

① 旷文琪：《如何"做建设性的冲突"》，《商业周刊》第967期。
② Staley, Oliver (Mar 22, 2016). "Silicon Valley's Confrontational Management Style Started with Andy Grove." *Quartz*, https://qz.com/645327/silicon-valleys-confrontational-management-style-started-with-andy-grove/.
③ 旷文琪：《如何"做建设性的冲突"》，《商业周刊》第967期。
④ 《英特尔的建设性对抗和鼓励冒险》，《21世纪经济报道》，2005年4月27日，http://finance.sina.com.cn/leadership/jygl/20050427/07221554017.shtml。

亚马逊公司（Amazon）也要求员工"提出不同意见但配合"（disagree and commit）——在规规矩矩地执行一项决定之前，用直率得近乎使对方感到疼痛的反馈去攻击同事的观点。这是避免"共识陷阱"的一种方法，在这种陷阱中，缺乏共识会导致不作为。

细加考察，太阳微系统公司创始人之一斯科特·麦克尼利（Scott McNealy）早在1983年至1991年之间的某个时段就使用了该短语，他提出："要么同意并配合，要么不同意也配合，要么走开。"[①]这一原则也被说成源起于格鲁夫，原因如上述。亚马逊在2010—2011年的某个时候将"有骨气；不同意也配合"作为其领导原则之一，并写入了贝佐斯（Jeff Bezos）2016年致股东的信中。[②]

而这种建设性冲突需要在组织中结构化。在高科技初创公司中，我们常常发现一种"联合创始人"现象，也就是说，如果人们查看这些公司的领导结构，就会发现不是一个人担任领导，而是一个二人组、三人组或高层团队。比如，硅谷的创业先驱惠普公司，如果两位创始人威廉·休利特（William Hewlett）和戴维·帕卡德（Dave Packard）没有技术与管理的互补型领导才能，就不会存在并繁荣。

继承这一传统，很多后起的创业领导人都并非孤胆英雄，其成功依赖截然不同的创始伙伴之间的紧密合作关系。仍以英特尔为例，英特尔的领导是个著名的三人组，而他们又发明了一种叫作"two-in-one-box"的制度，以互补的二人组为关键领导职位配备人。这种独特的管理结构有个形象的称呼——"两个萝卜一个坑"。英特尔高级副总裁虞有澄是这样描述这种机制的运行的：

---

① Southwick, Karen (1999). *High Noon: The Inside Story of Scott McNealy and the Rise of Sun Microsystems*. NJ: John Wiley & Sons.
② "2016 Letter to Shareholders." The Amazon Blog, https://blog.aboutamazon.com/company-news/2016-letter-to-shareholders.

这是一种非常独特的安排。我们这么做的原因是这个岗位太大了，一个人没有完成任务所需的全部技能。我也经常和别人共享一个职位。怎么看待它呢？这就像打网球。我是一个网球迷。如果玩双打，我们两人就得分工，比如我打右手，管右路来球，你管左路来球。关键是来了一个位置不清的中间球怎么办，您必须和搭档通好气，告诉他"这个球我来接"。另一个人就明白了，不会和你撞在一起。有时一个球打得很远，你可以告诉他，让他去接。这需要非常流畅的沟通。有时一个球不是打到你这边的，可是你搭档倒下了，这时你就要替搭档接球。例如有一个一般不归我管，归伙伴管的人来我这里汇报工作，假如伙伴这时恰好不能工作，我们就称之为"接起丢了的球"。我们就是这么工作的。[①]

结构化的目的，是为了在组织高层鼓励不一致，让领导者坚定而自信地接受他们之间的矛盾。

为了有效，人和组织必须具有相互矛盾甚至相互排斥的属性。虽然矛盾和悖论可以在一定程度上减少，但它们不会消失，也不能完全解决，直到一种新的秩序形式从时代的动荡中涌现出来。悖论就像天气，要学会与之相处，很多时候找不到解决办法。可以做的是，减轻其最糟糕的方面，而享受其最好的方面，并以之作为前进道路上的线索。

如同伟大的作家斯科特·菲茨杰拉德（F. Scott Fitzgerald）所说："测试智力是否一流，就要看头脑在同时容纳两种相反意见的情况下，是否仍能运转。"[②]

---

① 《虞有澄：掌握英特尔技术命脉的华人》，《华声报》，2000 年 10 月 9 日，http://tech.sina.com.cn/it/2000-10-09/38459.shtml。

② Fitzgerald, F. Scott (1936). "The Crack-Up." *Esquire*, https://www.esquire.com/lifestyle/a4310/the-crack-up/#ixzz1Fvs5lu8w.

变化速度比变化方向更重要
——纪念阿尔文·托夫勒

变化的速度与变化的方向有非常不同的含义，有的时候，前者比后者更重要。

出卖未来

1970年，阿尔文·托夫勒（Alvin Toffler）的著作《未来的冲击》（*Future Shock*）问世。[1] "未来的冲击"这一说法是否由托夫勒发明尚存疑问（尼尔·波兹曼认为是自己和另一位同事率先使用的），[2] 但他确实第一次用该词雄辩地论证了后工业时代的一种生存状态：当社会发生巨大的结构性变革，并且这种变革进展太快，以至于人们来不及适应时，他们就会被变革压倒，被压力击溃，孤独无依，迷失方向。其中很重要的一个表现是"信息超载"，即人们可能没有能力对狂轰滥炸的信息加以心理上的处理。

托夫勒相信，大多数社会问题本质上都源于"未来的冲击"。用一句话概括这种冲击，就是"在太短的时间内发生了太多的变化"。在书中，托夫勒搜集了来自全球各个角落的分散的事实，得出结论说，科学、资本与通信的汇聚所导致的太多、太快的变化，已然催生了一个完全不同

---

[1] Toffler, Alvin (1970). *Future Shock*. New York: Random House.
[2] Postman, Neil (1988/1992). *Conscientious Objections: Stirring Up Trouble about Language, Technology and Education*. New York: Vintage Books, 162.

的社会。这个社会的异化程度日益加深,核心家庭趋向解体,毒品使用增加,犯罪率上升,正是因为人们对未来冲击给社区、机构和国家所造成的巨大挑战被迫进行心理回应。

虽然听起来不无晦暗,但从语气上来说,托夫勒的书更像是一个好奇的知识分子在沉思未来,而不是情绪消沉的世界末日预报。在《未来的冲击》一开头,托夫勒就写道:

> 本书旨在论述,当人们陷入变化的汪洋大海时,他们会发生何种情况。它旨在说明,我们适应——或不能适应——未来的种种状况。
>
> 论述未来的著作,已大量问世。然而,它们大多是有关明日世界的危言耸听之作。与之相反,本书着重描述的是明天的"轻松"面,或与人性相关的诸方面。此外,它还着重说明,为了走向明天,我们应当采取哪些步骤。它涉及普通的和日常的种种事情——我们购买和扔弃的产品,我们离开的地方,我们供职的公司,在我们生活中穿梭而去的人们。它描绘友谊和家庭生活的未来。它探讨新奇的亚文化群和生活方式,以及一系列其他主题,从政治到游乐场到高空跳伞和性。
>
> 而把所有这一切联系起来的是那股奔腾咆哮的变化潮流,无论在书中抑或在现实中,都是一样。今天,这股潮流是如此势不可当,它已经在颠覆我们的组织,改变我们的价值观念,动摇我们的根基。变化是未来侵入我们生活的一种过程,因此,我们有必要不只是从历史的大视角,更是从活生生的个人所经历的变化的角度,来对其加以审视。[①]

---

① Toffler, Alvin (1970/1990). *Future Shock*. New York: Random House, 1.

未来学由此诞生。《未来的冲击》销出600万册，被翻成十几种语言，将托夫勒带到全世界的聚光灯下。它和1980年出版的《第三次浪潮》(*The Third Wave*)及1990年出版的《权力的转移》(*Powershift*)一起，构成托夫勒的"未来三部曲"，刺激了对未来预测的巨大需求。

可能最全身心拥抱未来学的就是以硅谷为代表的高科技行业了。由于硅谷的巨大影响，托夫勒一手播撒的未来学种子遍地开花。按照流行的说法，如果你在一家现代公司里做管理人员，而没有花时间像一个未来学家一样思考的话，那就意味着失职。

未来主义的发明者当然不是托夫勒夫妇[海迪·托夫勒（Heidi Toffler）开始作为研究者和编辑，后来作为共同作者，加入了"未来三部曲"]。H.G.威尔斯（H.G. Wells）、儒勒·凡尔纳（Jules Verne）和乔治·奥威尔（George Orwell）都可以称为未来学家。也许现代意义上的未来学是伴随着原子弹的爆炸而诞生的，因为在那以后，人类突然获得了想象力，推测他们生活的世界可能没有未来。兰德公司（Rand）的研究者赫尔曼·卡恩（Herman Kahn）运用可靠的科学原则，详尽预测了热核战争的可能结果。他的著作，例如1962年出版的《关于不可思议的事情的思考》(*Thinking about the Unthinkable*)，为新兴的未来学奠定了基础。

然而，未来学深入人心，却必须归功于托夫勒夫妇。托夫勒在《未来的冲击》一书中写道："一台运转良好的、用以创造和散布时尚的机器现在已成为现代经济稳固的组成部分。"未来成为时尚。信息的大量买卖，其中包括对于未来主义的买卖，也许是我们时代著名经济故事的最后章节之一。

信息时代的圣言妙谛

位于加利福尼亚州门罗帕克市的未来研究所所长保罗·萨福（Paul

Saffo)是当今美国最活跃的未来学家之一。他把未来学家分为两类：一类是"预测者"(forecaster)，另一类是"幻想家"(visionary)。预测者帮助人们拓宽对事物可能性的认识，而幻想家则是那些对未来做过认真幻想，并努力使幻想成真的人。①

作为预测者，托夫勒的预测准确度相当高。克隆、个人计算机的普及、互联网的发明、有线电视以及远程工作都一一实现。他也是最早意识到知识（而不是劳动力或原材料）将成为最重要的经济资源的学者之一。他发明了"产消合一者"(prosumer)这一说法，洞察了生产和消费合一的趋势。

预测者并不亲力亲为，但会对亲力亲为者产生巨大影响。托夫勒影响了一代又一代的政治领导人、企业家、技术人士。特德·特纳（Ted Turner）因阅读托夫勒获得启发，在1980年创办了CNN。而对史蒂夫·凯斯（Steve Case）来说，《第三次浪潮》就像"一道闪电"，使他对网络空间产生了迷恋，并最终导致他共同创建了美国在线（AOL）。②

然而预测未来是一门不严格的科学，正如爱因斯坦（Albert Einstein）所说，"$E=mc^2$ 也毕竟是一个局部现象"。那些喜爱做出预言的人很快就会认识到这是一项多么困难的工作。在2010年的一次采访中，海蒂·托夫勒（Heidi Toffler）警告NPR的记者："任何告诉你他们知道将要发生什么的人，他们说的任何话都不要相信！"③

托夫勒并不想做高蹈的书斋未来学家，他想获得对现实的第一手感

---

① Krantz, Michael (Jul 15, 1996). "Cashing in on Tomorrow." *Time*, http://content.time.com/time/magazine/article/0,9171,984837,00.html.
② 参见 https://tofflerassociates.com/about/the-toffler-legacy/。
③ Arnold, Chris. (Jun 30, 2016). "'Future Shock' Author Alvin Toffler Dies at 87." NPR, https://www.npr.org/sections/thetwo-way/2016/06/30/484161975/future-shock-author-alvin-toffler-dies-at-87.

觉。他1928年生于纽约，是波兰移民后裔，从很早的时候起就想写作诗歌和小说。他在纽约大学获得英语学位，然而他对真实世界的渴望竟然驱使他去做了一个焊接工和修理工。和他所仰慕的作家一样，托夫勒相信体验是写作的源泉。他说："斯坦贝克（John Steinbeck）去摘葡萄了，而杰克·伦敦（Jack London）做了水手。"

他和在大学里结识的写作伙伴和生活伴侣海迪从纽约搬到克利夫兰，后者在当时是美国制造业的中心。两人在不同的工厂做工，亲身体验了体力活对产业工人来讲意味着什么。一次在卸钢梁的时候发生了意外，托夫勒折断了一根椎骨。繁重的工作之余，托夫勒继续创作诗歌和小说，却最终发现自己两项都不擅长。但他不肯放弃自己的作家梦想。1954年，唯一的孩子出生后，他说服克利夫兰的《工业与焊接》（*Industry and Welding*）杂志雇他当一名记者。

托夫勒回忆杂志编辑对他说："你获得这份工作是因为你知道如何焊接。现在，证明给我你知道如何写作。"接下来，他写了13本著作，2005年，获得美国记者与作家协会终身成就奖。

20世纪60年代中期，感受到快节奏的社会变化给人们带来的焦虑，托夫勒决定花五年时间研究这些变化的内在原因。每个历史时期都有它的圣言妙谛，我们的时代被命名为信息时代，这个时代很早就在悄悄侵袭工业时代，但这一变化并没有对公众意识产生巨大冲击，直到托夫勒成为这个时代的大祭司。

成名后，托夫勒建议他的读者，"不要关注我写的细节，而更多关注总体性的主题"。这个主题就是：变化的速度与变化的方向有非常不同的含义，有的时候，前者比后者更重要。

走向奇点

自从阿尔文·托夫勒发表《未来的冲击》以来，世界的许多方面都在经历着加速变化，已经成为当今时代极具影响力和众所公认的描述。托夫勒谈到"永恒性的死亡"，工作、朋友、配偶、房屋、财产以及其他一切能使人类生活稳定的事物都变得不稳定，成为暂时性的，可抛弃且可以互换。增长和变化的指数曲线已成为时代标志。

正如詹姆斯·格雷克（James Gleick）在他的书《更快：万事万物都在加速》(*Faster: The Acceleration of Just About Everything*, 1999)[1] 中写到的：现代人沉迷于时间、速度和效率。我们将越来越多的信息和日益增加的活动压缩到越来越短的时间单位中。我们按照无数种方式管理和安排时间，甚至放松时光也包括在内。我们以越来越高的精度测量时间，并找到节省时间的办法。我们将更多的生产力投入生活，哪怕在管理、协调、衡量和核算时间的过程中，我们被奴役了也在所不惜。我们与时钟赛跑，力图战胜时间，只因为我们生活在速度时代。

增加速度和变化率会把人类的意识缩小到当下。我们没有时间把各种碎片拼接在一起，我们感到被匆匆的生活所扫荡。可以说托夫勒是第一个认识到这一点的人，他于是鼓吹"把未来作为一种生活方式"。

加速变革的哲学得到了宇宙论和进化论的当代诠释的支持。例如，雷蒙德·库兹韦尔（Raymond Kurzweil）[2] 和汉斯·莫拉维克（Hans Moravec）[3] 都认为，生命和心智的信息复杂性在整个地球历史上都呈指数级增长，这反映了宇宙复杂性加速增长的趋势。他们预见这种趋势在未来还将继续。按照这种论证的逻辑，在不远的将来，变化的步伐和复杂性的增长

---

[1] Gleick, James (1999). *Faster: The Acceleration of Just About Everything*. New York: Vintage Books.

[2] Kurzweil, Raymond (1999). *The Age of Spiritual Machines: When Computers Exceed Human Intelligence*. New York: Penguin.

[3] Moravec, Hans (1999). *Robot: Mere Machine to Transcendent Mind*. Oxford: Oxford University Press.

将发生得如此之快,以至于典型的人类大脑将无法理解。当其时,我们将经历沃那·文奇(Vernor Vinge)所说的技术奇点(technological singularity),只有经过技术增强的头脑或人工智能才能理解并紧跟它。①

在这个意义上,"加速"并不简单地指更多的运动,而是指不同的运动。就像你把一系列图片快速移动,画面就会动起来一样,社会过程的加快如果超越了一定的速度,这些社会过程自身就会发生一定的转化。所以,对托夫勒"变化速度比变化方向更重要"这一命题,需要从两方面理解:第一,加速的情形无处不在,我们周围的世界,以及我们自身,都难逃它的影响;第二,加速具有改造事物的能力,不只是量的增加,更导致质的改变,具有真正的物质的、精神的和社会的后果。

一个有意思的事情是,财富的增加和教育水平的提高带来了时间紧张感。也就是说,收入越高、教育水平越高,就越容易被速度挤压。最典型的例子即那些驶入快车道的创业者,他们担心,如果他们不能跟上发展速度,最终将成为路旁遗骸。我们也可以说,每天的速度节奏在模仿投资和创新周期。微芯片和光纤的功率每年翻一番。我们被劝说升级笔记本电脑、移动电话和应用程序,以跟上不断发展的狂潮。速度带来速度,是一个值得探讨的课题。

在《未来的冲击》里,托夫勒警告说,人们可能"注定会出现大规模的适应性崩溃"。②但他显然低估了人类的适应性能力。不断加速的变化似乎并没有像《未来的冲击》所预测的那样,令社会崩溃,让人们发

---

① Vinge, Vernor (1993). "The Coming Technological Singularity: How to Survive in the Post-Human Era." In Landis, Geoffery, A. (Ed.) *Vision-21: Interdisciplinary Science and Engineering in the Era of Cyberspace*. NASA Publication CP-10129, 11-22, https://ntrs.nasa.gov/archive/nasa/casi.ntrs.nasa.gov/19940022856.pdf. 亦可参见雷蒙德·库兹韦尔:《奇点临近:当计算机智能超越人类》,李庆诚等译,北京:机械工业出版社,2011年。

② Toffler, Alvin (1970/1990). *Future Shock*. New York: Random House, 2.

疯。托夫勒说，这可能是因为年轻一代已经变得更加适应变化，而把变化当成了他们的文化。

今天来看，《未来的冲击》的正确之处在于，它为认真对待变化的加速提出了令人信服的论点。这本书的价值在于教导人们，对未来最好的防御是思考它，想象不同的场景，并试图避免措手不及。

托夫勒自己说："我们这些探索未来的人就像那些古老的地图绘制者一样，正是本着这种精神，我在这里提出了未来冲击的概念和适应范围的理论——不是作为最终的说法，而是提示对加速的推力所创造的充满危险和希望的新现实的第一近似值。"[①]

[①] Toffler, Alvin (1970/1990). *Future Shock*. New York: Random House, 6.

生活抵触随机运动吗?
——《爆发：大数据时代预见未来的新思维》[①] 推荐序

人类的日常行为模式不是随机的，而是具有"爆发性"的：我们的工作和娱乐及其他种种活动都具有间歇性，会在短期内突然爆发，然后又几乎陷入沉寂。幂律也主宰着人类的真实活动的节奏吗？

预测人类行为是一个经久不衰的梦想。科学家乃至伪科学家们为了解开人类行为之谜，已经努力了数百上千年。美国东北大学（Northeastern University）教授艾伯特–拉斯洛·巴拉巴西（Albert-laszlo Barabasi），作为全球复杂网络研究权威，"无尺度网络"（scale-free network）概念的提出者，畅销书《链接：网络新科学》（*Linked: The New Science of Networks*, 2002）的作者，似乎有足够的资格，也来尝试实践一下这个梦想。

原因很简单，巴拉巴西拥有此前的追寻者所不具备的利器，那就是：当今世界的数字化，已然通过互联网、社会化媒介、电子邮件和移动电话等，将我们的社会变成了一个巨大的实验室。人类在这个实验室中留下的电子踪迹，比如打上时间印迹的文本、声音和图像，互联网搜索，社交网络中的种种关系等加在一起，合成了史无前例的海量数据集，记录了我们的活动、我们的决定以及我们的生活本身。

这使得下述想法听上去就激动人心：对这些电子踪迹的分析，会不

[①] 艾伯特–拉斯洛·巴拉巴西：《爆发：大数据时代预见未来的新思维》，马慧译，北京：中国人民大学出版社，2012年。

会对人类行为的秘密提供深刻的洞见？巴拉巴西穷根溯源，宣布自己找到了被长期认为是完全偶然的人类行为之下的有序模式：他将这一模式命名为"爆发"（burst），就是说，我们的工作和娱乐及其他种种活动都具有间歇性，会在短期内突然爆发，然后又几乎陷入沉寂。用巴拉巴西的比喻来说："长时间休息之后就会出现短时间的密集活动，就像贝多芬音乐中悦耳的小提琴声被雷鸣般的鼓声打断一样。"

巴拉巴西在结语中论断道："当我们将生活数字化、公式化以及模型化的时候，我们会发现其实大家都非常相似。……我们都具有爆发式，而且非常规律。看上去很随意、很偶然，但却极其容易被预测。"

这个论点与前些年的一本热门书《黑天鹅》（*The Black Swan: The Impact of the Highly Improbable*, 2007）恰成鲜明的对比。《黑天鹅》的作者塔勒布（Nassim Nicholas Taleb）认为人类行为是随机的，都是小概率事件，是不可以预测的。也因此，塔勒布相信，没有什么比一种随机的智慧对我们的生存更加重要。塔勒布其实反对长期流行的一种见解：前人的经验会给予后人教益。该见解符合中国的传统史观：以史为鉴，可以知兴替。

如今，恰如时尚的流行风随水转，巴拉巴西提出，93%的人类行为是可以预测的。你的生活只是看上去随机而偶然；但实际上，无论你访问网页还是访问女友，都是以爆发的方式完成的，因而也是可预测的。这其中的关键在于，无论在自然界还是人造世界，许多事情遵循幂律分布：一旦幂律出现，爆发点就会出现。

幂律在巴拉巴西的上一本畅销书《链接：网络新科学》中已被谈论得很多，现在大家都熟知巴拉巴西在研究网络时的一项重要发现：互联网是由少数高链接性的节点串联起来的。极少数节点拥有海量点击，而绝大多数网站只有寥寥可数的人造访。幂律决定了网络的结构和网络的走向。

现在巴拉巴西要证明，幂律也主宰着我们的真实活动的节奏。为什么会存在爆发模式？因为我们工作任务太多而时间却太少。当我们遇到这种情况时，我们的应对之道是确定优先次序。我们会先干最紧要的事情，忘掉其他次序靠后的事情。一旦某件事情被忘掉，那它被忘掉可能不是一时半会儿，而是经年累月。幂律就在这种优先次序的排定中产生。

巴拉巴西说："时间是我们最宝贵的不可再生资源，如果我们尊重它，就必须设定优先级。一旦优先级设定了，幂律规律和爆发的出现就不可避免。"巴拉巴西把爆发看成某种生命的推动力：生命远不是流畅或随机的，而是在所有时间尺度内都是爆发的——从几毫秒到几小时的细胞活动；从几分钟到几周的人类活动；从几周到几年的疾病来袭；还有从几千年到几百万年的进化过程。爆发是生命奇迹的必要因素，表明生物为了适应和存活会进行不懈的斗争。

这样来看，偶然性中还是存在某种神奇的规律。"其兴也勃焉，其亡也忽焉"，中国人的历史智慧，说的不就是历史的爆发性吗？所以，巴拉巴西的看法与塔勒布相反，而与中国史家相近：如果了解人的过去，那么其未来就不会存在多少令人惊讶之处。

作为一个科学家，巴拉巴西的颠覆是大胆的。他批评科学家们仍默然接受人类行为科学的基本范式：我们的行为实际上是随意的、不可预测的、偶然的、无法确定的、不可预知的，以及无规无序的。但这一假定的唯一问题在于，它完全错了。生活如此抵触随机运动，渴望朝更安全、更规则的方向发展。

人类知识的脆弱性

巴拉巴西在本书中试图论证的是，对于幂律的认知最终会导致对人类行为的精准预测。但他似乎并不能完全驳倒塔勒布式的世界观。

一方面，我们当然知道，人类是习惯的产物，所以，人类的所作所为有很多是可以预测的；另一方面，人类的生活中又充满波动性和分叉点，在这个意义上，个体的生活和群体的行动又是不可预测的。

当把随机性等同于不完全的信息时，塔勒布实际上提出了人类知识的脆弱性问题，这和前启蒙时代的思想家是一脉相承的，他们相信人类的理解具有不可靠性。相比之下，巴拉巴西更像一个启蒙后的科学家，高估自己的知识，低估不确定性（也就是低估未知事物的范围）。

最终的问题还在于，使人类行为完全可预测是不是一件可欲之事。试想，如果人类世界也像自然现象一样，可以被理解、量化、预测和控制，那将是一件多么可怕的事情！我们已经用认知自大毁坏了自然，如果按照巴拉巴西理论的潜台词，人类能够从我们的经验中学习的话，那么，面对人类行为的问题，我们更需要认知谦卑。当然，在塔勒布看来，人们是不会具有这种认知谦卑的，所以，"黑天鹅"总会跳出来毁掉许多长久的努力。

漫说"黑天鹅"
——《黑天鹅：如何应对不可预知的未来》[①] 推荐序

不介意自己看上去像一个傻瓜，拥有少见的敢于说"我不知道"的勇气。

在发现澳大利亚的黑天鹅之前，欧洲人认为天鹅都是白色的，"黑天鹅"曾经是他们言谈与写作中的惯用语，用来指不可能存在的事物。但随着第一只黑天鹅的出现，这个不可动摇的信念崩溃了。纳西姆·尼古拉斯·塔勒布在《黑天鹅》一书中论说"不确定性和偶然性"，黑天鹅的存在寓意着不可预测的重大稀有事件，它在意料之外，却又改变一切。作者由此提出"黑天鹅的逻辑"：你不知道的事比你知道的事更有意义。

苏格拉底说，唯一真正的知识是知道自己的无知，如果他说的是对的，那么，塔勒布就是世界上最伟大的老师之一。他教给我们一个道理：即使你看到了一百万只白天鹅，也不要轻易说"所有的天鹅都是白的"。在充斥着各种不确定性的21世纪，没有什么比一种随机的智慧对我们的生存更加重要。

所谓"随机"不是别的，就是指不完全的信息或不完全的理解。如果我看到一名怀孕的女性，她的孩子的性别对我来说是纯粹的随机问题（两种性别各50%的可能），但对她的医生不是，他可能已经为她做过超

[①] 纳西姆·尼古拉斯·塔勒布：《黑天鹅：如何应对不可预知的未来》，万丹等译，北京：中信出版社，2008年。

声波检查。所以随机是一个认识论问题，随机的程度因观察者而异。

从观察获得的任何知识中都有陷阱。以一只火鸡为例，它每天有人喂食，每次喂食都令它确信人类是多么为它的利益着想……然而感恩节前的几天，一件意料之外的事情发生在它身上，喂它的那只手变成了拧断它脖子的那只手。在此，火鸡遭遇的黑天鹅事件对杀鸡人来说并不意外。

你可以看到，黑天鹅现象是笨人的问题。某种东西在过去一直起作用，直到它出乎意料地不再起作用。我们从经验中获得的知识可能会误导我们——错误地把对过去的一次天真观察当成某种确定的东西或者代表未来的东西，是我们无法把握黑天鹅现象的唯一原因。

所以，做火鸡就意味着满怀"认知自大"（epistemic arrogance），就是说，人们在自以为拥有的知识方面非常自大。我们当然知道得不少，但我们有一种内在的倾向，以为我们比实际上知道得多一些。确实，我们的知识在增长，但它受到自信过头的威胁，同时疑惑、无知和自负也增加了。

认知自大有双重影响：我们高估自己的知识，低估不确定性（也就是低估未知事物的范围）。归纳问题（the problem of induction）是一切问题之母，简单来说就是对某一事情的观察并不能够料定这一事情会在未来再次发生，不管观察的次数有多少。总会有黑天鹅证伪我们有关天鹅的"知识"。归纳问题告诉我们：我们并不能够真正地从经验中学习。

这就使得知识大成问题，如果不是说完全不可能的话。虽说如此，人类仍然相信经验会给予我们教益。此情可以原谅：获取知识的确没有更好的路径。然而，行进在这条路径上之前，我们必须把握归纳问题为我们的知识断言所设定的局限。

可是，这种关键性的自省意识在紧要关头却常常是付之阙如的。为此，让我们引进"认知谦卑"，不介意自己看上去像一个傻瓜，拥有少见的敢于说"我不知道"的勇气。这并不意味着如此说的人缺乏自信,只是他对自己的知识持怀疑态度,念念不忘人类的认识错误。丹·吉尔伯特(Daniel T. Gilbert)在一篇著名论文《精神系统如何相信》中指出,我们并不是天生的怀疑主义者,需要额外的精神努力才能不相信。[①]为了不被不可预测的黑天鹅压垮,就让我们付出额外的努力吧。

---

① Gilbert, Daniel T. (Feb 1991). "How Mental Systems Believe." *American Psychology* 46 (2): 107-119, https://dtg.sites.fas.harvard.edu/Gillbert%20%28How%20Systems%20Believe%29.PDF.

"人类世"的开端不能成为地球的终结
——《倒计时：对地球未来的终极期待》[①]译者序

我们是如何走到这一步，把自己生存的星球变成一个大赌局的？我们又能不能够把人类开启的这些全球变化，引向不至于挖掉我们站立的基础的方向？

伦敦大学学院的科学家认为，1610年前后，人类开始主宰地球，并造成无法弥补的损害。[②]

作物和物种在该年发生了不可逆的转移，这种转移又肇始于1492年欧洲人来到美洲，开拓了全球贸易，以前所未有的规模把物种转移到新的大洲或大洋，并导致地球的全面调整。

除了物种改变，大气构成也发生显著变化：大气中二氧化碳的含量在1610年出现明显下降，这体现在南极冰芯中。

很多历史学家认为，美洲新大陆向欧洲输送农产品和煤炭的便利性是工业革命的两个关键，工业革命后来又进一步推动全球环境变化的浪潮。地球同步低温时代终结，从此开始了全球性的长期变暖。

诺贝尔化学奖得主保罗·克鲁岑（Paul Jozef Crutzen）和密歇根大学

[①] 艾伦·韦斯曼：《倒计时：对地球未来的终极期待》，胡泳等译，重庆：重庆出版社，2015年。
[②] Devlin, Hannah (Mar 11, 2015). "Was 1610 the Beginning of a New Human Epoch?" *The Guardian*, https://www.theguardian.com/science/2015/mar/11/was-1610-the-beginning-of-a-new-human-epoch-anthropocene.

生物学家尤金·F.斯托莫（Eugene F. Stoermer）把人类主宰地球的时期称为"人类世"（the Anthropocene）。[1] 所谓人类世的意思是，人类自身就是一种地质力量，就像陨星撞击一样，可以改变整个地球。现在，我们甚至可以得出结论：人类是这个星球上最强大的力量，比水、风或者板块的位移对环境造成的影响还要大。

人类成为这样的力量的结果，是地球的命运产生了"倒计时"。这个比喻是记者艾伦·韦斯曼（Alan Weisman）提出来的，他用调查报道的笔法，写了一部对地球的可持续未来持深刻怀疑态度的力作《倒计时：对地球未来的终极期待》（*Countdown: Our Last, Best Hope for a Future on Earth?*, 2003）。他旅行20余个国家，遍访各路科学家、普通人和政策制定者，询问一个对于地球来说可能是最重要也最难回答的问题：在不致使这个星球倾覆的情况下，地球到底能容纳多少人口？地球的生态系统要保持多么强劲，才能保障我们的持续生存？我们能明白有哪些物种对人类生存是必不可少的吗？我们如何才能设计一个不依靠无止境的增长也能实现真正繁荣的经济？读罢这本呕心沥血之作，相信读者自己会试图寻求答案。

韦斯曼在书中引用过美国生态学家埃尔利希夫妇（Paul R. Ehrlich and Anne H. Ehrlich）讲过的一个寓言故事，给译者留下了深刻印象。

这个故事讲述的是，有位旅客注意到一个机修工正从他将要乘坐的飞机机翼上敲出铆钉。机修工解释说航空公司将因此获得一大笔钱。同时，机修工也向这位震惊的旅客保证，飞机上有上千颗铆钉，敲出一颗，飞机也绝对是万无一失的。事实上他已经这样做了一阵子了，也没见飞

---

[1] Crutzen, Paul J. & Stoermer, Eugene F. (May 2000). "The 'Anthropocene.'" *Global Change Newsletter* 41: 17-18, http://www.igbp.net/download/18.316f18321323470177580001401/1376383088452/NL41.pdf.

机掉下来。

明眼人一看便知，这则寓言的重点在于，我们根本无从知晓，究竟哪一颗铆钉才是导致飞机失事的最后一根稻草。因此，对于乘客而言，哪怕敲掉一颗铆钉都是疯狂的行为。然而如此显而易见的道理，在事关地球命运的大问题上却被人们视而不见。埃尔利希夫妇严正指出，在地球这艘大型宇宙飞船上，人类正在以越来越快的速度敲掉一颗颗的"铆钉"："生态学家并不能预言失去一个物种的结果，正如乘客无法估计飞机失去一颗铆钉会有什么后果一样。"

人口生态学家经常提到"荷兰谬误"（Netherlands Fallacy）：人口密集、靠填海生存的荷兰拥有极高的生活标准，但并不能由此证明人类可以在非天然的人工环境中健康发展。就像所有其他人一样，荷兰人需要的也是一整套生态系统所能提供的东西；只不过幸运的是，他们可以用自己的金钱从别处购买那些东西。

换言之，所有"高级"的、"文明"的欧洲人对这个星球的依赖度，其实跟相当原始的菲律宾渔民或是亚马逊狩猎/采集者没什么两样。事实上，维持欧洲人高生活水准的资源，来自遥远的地方，远到欧洲人无法看到。他们使用欧元能够买到所有的进口物品，并觉得这是天经地义、理所当然的。他们忘记了，富国之所以能够飞得更高，是因为借助了与其相距遥远的国家的翅膀，而后面这些国家，似乎还拥有足够多的"铆钉"。

然而，如今，这些国家里的人们正在把铆钉更快地敲掉。决定究竟哪一颗铆钉比另一颗更重要，就像是在全球生物系统里玩俄罗斯轮盘。没有人知道，哪一种生物，或者多少种生物，是维持地球最低限度生态系统所必需的。

在英国科学家提出1610年"人类世"论证之前，1964年曾经被认为是人类开始对地球的地质状况造成持久影响的年份，因为那一年代的核试验产生了非常明显的放射性沉积物。尽管我们很幸运，地球功能的诸多方面还没有被核爆从根本上改变，但我们拥有毁灭地球的能力这一点，早已经毋庸置疑了。

同样在那个年代，人类第一次离开地球那么远，可以转身拍摄一张有关自己星球的照片。"阿波罗8号"的宇航员比尔·安德斯（Bill Anders）拍摄了一张地球照片，它从月球的地平线（月平线？）上冉冉升起，与周围的暗黑空洞相比是如此鲜活明亮。突然，人类意识到我们的地球原来如此珍贵、如此独特，以至于韦斯曼认为，这张照片点燃了一场大众环境运动。蕾切尔·卡森（Rachel Carson）在彼时出版了《寂静的春天》(*Silent Spring*, 1962)，联合国则宣布了第一个"地球日"（Earth Day）。地球，突然开始占据人类的头脑，仿佛我们从司空见惯中忽然警醒一样。

可是，从那时起到现在，我们所做的事情，究竟把地球倒计时的时针往回拨了几许呢？似乎很多事情指向相反的方向：大气在持续变坏，主要的食品源被置于生物工程项目之中，人口炸弹的引信并未拆除……恐怕就是这些，让韦斯曼在原书的副标题"地球未来最后和最好的希望"的后面，加了一个大大的问号。

我们是如何走到这一步，把自己生存的星球变成一个大赌局的？我们能不能够把人类开启的这些全球变化，引向不至于挖掉我们站立的基础的方向？作者的语气急迫、恳切、不乏悲观，然后又怀有深厚的希望。掩卷深思，如果我们不能够具有同一艘船的伙伴意识，那么恐怕无论什么希望最终都会化为乌有。

自我的发现

互联网是一间认同实验室，可以培育和提炼一种同时行动的能力，一种经常发展多重性的平行身份的艺术。

幸福在哪里？
——兼怀约翰·肯尼思·加尔布雷思

一旦人们不再为物质需求（更不是物质欲望）所羁绊，生活满意度的最大因素来自工作、个人关系、休闲和精神追求的一种健康的均衡。

私人富足与公共污秽

提出"富裕社会"概念的美国自由派经济学家约翰·肯尼思·加尔布雷思（John Kenneth Galbraith）于2006年去世，享年97岁。他一生著有30余部作品，1958年出版的《富裕社会》(*The Affluent Society*，一译《丰裕社会》），堪称其中最著名的。[①]它迫使一个国家重新审视自己的财富价值观，因而被视为可以和《有闲阶级论》(*The Theory of the Leisure Class*)、《孤独的人群》(*The Lonely Crowd*)、《权力精英》(*The Power Elite*)等相媲美的美国现代思想经典。

深具历史感的加尔布雷思写到，在历史上的大多数时间内，"冻饿和疾病"威胁着几乎每一个人。"贫困是一个世界上无处不在的事实。然而我们明显摆脱了它。"的确，在第二次世界大战之后的美国，人们一扫对大萧条卷土重来的恐慌，经济呈现一派繁荣之势。整个20世纪30年代，美国平均失业率高达18.2%；[②]在大萧条期间，失业率在1933年5月攀升

[①] 约翰·肯尼思·加尔布雷思：《富裕社会》，赵勇等译，南京：江苏人民出版社，2009年。
[②] Samuelson, Robert J. "Great Depression." *The Concise Encyclopedia of Economics*, https://www.econlib.org/library/Enc1/GreatDepression.html.

到25.6%的峰值。① 而到了50年代，平均失业率低至4.7%（1952—1960年）。② 从1900年到1950年，汽车拥有量从13 000辆跃升到4400万辆，预期寿命从49岁上升到68岁。从1940年到1960年，没有浴缸和淋浴的家庭比例从约40%下降到约12%。③ 1950年，只有9%的美国家庭拥有电视；到1959年，85.9%的家庭都看上了电视。④

然而，在这种富裕当中，加尔布雷思却看出了问题。他写道："开着桃木内饰、配备空调、动力转向和刹车功能的汽车出游的家庭，穿过了坑坑洼洼、垃圾遍地、建筑破败、广告林立和到处拉着乱七八糟电线的城市，到达了被商业艺术遮蔽不见的乡村。"书中提出一个二元命题："私人的富足和公共的污秽"（private opulence and public squalor），意思是说，美国市场上虽然充斥着消费性商品，但社会服务却相当贫乏，发展起来的经济并未适当地满足社区需求。

关于私人富足，加尔布雷思认为，经济学向来关心短缺，而现在，基本需要已得到广泛满足，消费者变得厌烦充裕，被下一步想要的一些华而不实的东西弄得糊里糊涂。在此情况下，消费者容易接受广告和推销的宣传，人为地产生某些兴趣和偏好。这样一些兴趣和偏好是通过唤起人们最低级的本能、欲望和不安定感而蓄意制造的。他对消费主义大

---

① Iacurci, Greg (May 19 2020). "Unemployment Is Nearing Great Depression Levels. Here's How the Eras Are Similar—and Different." CNBC, https://www.cnbc.com/2020/05/19/unemployment-today-vs-the-great-depression-how-do-the-eras-compare.html.
② Romer, Christina D. & Romer, David H. (2002). "A Rehabilitation of Monetary Policy in the 1950s." *The Digest*, No. 6, https://www.nber.org/digest/jun02/rehabilitation-monetary-policy-1950s.
③ Samuelson, Robert J. (Feb 17, 2019). "John Kenneth Galbraith's 'The Affluent Society' Revisited." *Investor's Business Daily*, https://www.investors.com/politics/columnists/affluent-society-revisted-john-kenneth-galbraith-robert-samuelson/.
④ "Television in the United States." Britannica, https://www.britannica.com/art/television-in-the-United-States/The-late-Golden-Age.

肆攻击，指责消费者借贷过度，严厉批判大企业对于社会和市场的过度控制，强调私人财富的过度累积会牺牲公共利益。

关于公共贫困，加尔布雷思坚持说，至关重要的公共服务（公路、学校、卫生、低价住房、警察等）得不到资助，是因为存在一种传统的（虽然是不合理的）观点，即只有私营部门才能生产财富。然而，在一个富裕的社会里，恰恰是对这些服务的需求在不断增加：人们一旦有了栖身之处，就需要干净的街道；企业不仅需要物质投入，更需要受过教育的劳动力。

私人富足和公共贫困形成鲜明反差，是加尔布雷思终生坚持的看法，直到2000年他接受记者采访时还说："我们担心什么？我们担心我们的学校。我们担心我们的公共休闲设施。我们担心我们的法律秩序和公共住房。所有这些影响我们生活质量的因素都处于公共部门的范围内。我们不担心汽车的供应。我们不担心食品的供应。私营部门生产的东西供应充足，而依靠公共部门做的事情却存在广泛的问题。如同我在《富裕社会》中讲到的，我们生活在一个肮脏的街道和干净的住宅并存、破烂的学校和昂贵的电视共存的世界中。"①

为此，加尔布雷思主张，财富发展的同时要兼顾社会均衡发展，保证效率与社会公正的平衡力量（countervailing power），政府要提供住房、教育、交通和社会福利等公共产品。对加尔布雷思在《富裕社会》中痛斥美国经济政策，要求少强调生产，多注意公共事业的理论，一直众说纷纭。加氏本人身体力行，帮助约翰逊总统（Lyndon B. Johnson）完成了"大社会"（Great Society）计划。他深信国家必须在市场中扮演积极角色，希望在富裕社会里将社会平衡置于经济增长之前，为此毫不含糊地要求

---

① Pal, Amitabh (Apr 13, 2000). "John Kenneth Galbraith Interview." *The Progressive Magazine*, https://progressive.org/magazine/john-kenneth-galbraith-interview/.

帮助低收入阶层。约翰逊政府提出"对贫穷开战"的口号，成千上万的大学生被指定阅读《富裕社会》，加尔布雷思的观点对20世纪60—70年代的政府广泛扩张起了重要作用。

然而到了80年代，以撒切尔（Margaret Thatcher）、里根（Ronald Reagan）为代表的"小政府"粉墨登场，里根的一句名言成为这个流派的旗帜："政府不是问题的答案，而是问题的根源。"[1]加尔布雷思提倡的所谓"新社会主义"，包括住房、医疗和交通设施的公有化，在自由经济高奏凯歌的今天，已经被视为过时的东西。在他去世之时，没有多少经济学同行把他归入一流经济学家之列。

加尔布雷思的"富裕社会"的确忽视了一些事实。首先，他低估了消费者追求地位、满足欲望的动力，广告和推销进一步发掘了这些动力，而不是造就了它们。正像一些经济学家所指出的，20世纪60年代以后的美国人在富裕以后，却似乎变得比以前更勤劳、更辛苦、工作时间更长了，因为他们要努力满足他们新的更高的欲望。所以，经济学仍然必须和短缺相周旋，把短缺作为一个基本的情况。

其次，加尔布雷思对私人富足与公共贫困的现象做了有力的阐发——在社会中，私有资源通常干净、有效率、维护得很好，而且质量不断提高；而公共空间则肮脏、过度拥挤，而且不安全——但其结论却失之片面：我们应该将更多的资源转到公共部门。很多私营部门的商品和服务值得欢迎，而大量公共部门的商品和服务与其说是社会平等的建筑师，不如说是制造社会分裂的机构。加尔布雷思从未提出，一个混合经济最终应在什么时候、什么地方被恰当地混合。

然而，加尔布雷思的遗产仍然不可轻视。在很多地方他目光如炬，

---

[1] "First Inaugural Address of Ronald Reagan." Jan 20, 1981, https://avalon.law.yale.edu/20th_century/reagan1.asp.

例如，他提前十年预告了环境保护运动的到来。他问道："增加了的生产和增加了的效率果真能够平衡它们对空气、水和乡村空间的影响吗？"他对是否要接受"国民生产总值"作为衡量幸福的指标和"国民生产总值增长率"作为衡量社会进步的指标也抱有深深的怀疑。

这些看法对于开始追求"绿色GDP"的中国尤为重要。在杨鹏那篇广为传播的《中国社会主要矛盾正在发生根本性转变》的文章中，其所持的"今天中国的主要矛盾是公众日益增长的公共品需求同公共品供给短缺低效之间的矛盾"的论点，也很容易让人窥见加尔布雷思的影子。[①] 至少，对于所有中国学人，加氏那种安抚苦难者、折磨舒适者（"尤其是当他们舒适地、满足地甚至幸福地犯错时"）的精神，可以永为典范。"让所有心怀关怀的人联合起来吧，"加尔布雷思说，"富裕的仍然富裕，舒适的仍然舒适，但穷人会成为政治体系的一部分。"[②]

物质繁荣：一场空洞的胜利

《富裕社会》这本书有一个不同寻常的信息，不是约翰·梅纳德·凯恩斯（John Maynard Keynes）的诱人信息——经济可以通过消费实现繁荣和充分就业，它也没有抒发美国人对优裕生活的自豪之情，而是断言，美国已经变得如此繁荣，以至于人们实际上不再需要甚至不能从更多的生产中受益。在普遍富裕的情况下，当更多的产品被生产出来的时候，社会福利不会有明显的提高。下面这段话，可以被用来概括加尔布雷斯的核心想法：

[①] 杨鹏：《中国社会主要矛盾正在发生根本性转变》，《中国青年报》2005年11月16日，http://finance.sina.com.cn/review/zlhd/20051116/09542123222.shtml。

[②] Noble, Holcomb B. & Martin, Douglas (Apr 30, 2006). "John Kenneth Galbraith, 97, Dies; Economist Held a Mirror to Society." The New York Times, https://www.nytimes.com/2006/04/30/obituaries/john-kenneth-galbraith-97-dies-economist-held-a-mirror-to.html.

为了所生产的商品而进行的生产已不再是非常紧迫的。商品供应中的边际增量（或减量）的意义很小。我们之所以还保持紧迫感，只是因为我们的态度不是源自今天，而是远及经济学诞生时的世界。一种站不住脚的消费需求理论，一种过时的、错误的，甚至有些危险的将生产与军事力量相提并论的做法，以及一种将自由派和保守派都捆绑在生产的重要性之上的既得利益体系，都强化了这些态度。……人们失业的时候，社会并没有错过他们未生产的商品。这里的损失是微不足道的。①

这一论点有两个变种。比较极端的假设——姑且称之为"强富裕"——是指生产（或消费）的边际效用对大多数美国人和整个美国来说为零。较不极端的假设——可以称为"弱富裕"——是指额外的生产/消费不再是"紧迫的"（加尔布雷思使用了十几次这个词），也即对大多数美国人而言，生产/消费的边际效用非常低，低于资源和时间的其他用途的边际效用。在此，"强富裕"是一个大胆的、标志性的主张。"弱富裕"不那么具有革命性，但仍然相当反传统。加尔布雷思的任务在于说服他的听众相信"弱富裕"的想法，甚至进而相信"强富裕"的想法，以便他们愿意将资源转移到他建议的但为人所忽略的用途上。

加尔布雷思在他的回忆录中解释说，他是在哈佛大学休学术假外出旅行时，得出上面关于富裕的惊人结论的。通过走访印度，他第一次看到了真正的贫穷。

> 很少有人能忘记他们对印度的第一印象……阴影中……是那些幸运地拥有屋顶的人的小屋……也可以看到那些轻便床或绳床，人

---

① Galbraith, John Kenneth (1958). *The Affluent Society*. New York: New American Library, 157.

们在没有任何形式的遮盖下生活和睡觉……到处都是垃圾堆……几天后,我和我的妻子看到一个婴儿。憔悴不堪,半躺着,在路边的白色长凳上排泄。这个婴儿显然病得很重……在其他地方,哪怕是在南布朗克斯,人们都会急忙叫救护车。因此,一个人在接触印度时会眼神呆滞。①

面对这种令人麻木的贫困,加尔布雷思以一种新的眼光看美国。《富裕社会》的两个核心章节:"生产的最高地位"和"依赖效应",解释了他的中心假设。加尔布雷思承认,"可以肯定的是,我们经常被告知,生产不是一切。有人不遗余力地提醒我们,生活有其精神的一面",但这些提醒很快就被遗忘,或者干脆束之高阁了:"我们把生产作为衡量我们成就的标准。"因而,对今天的大多数人来说,"听到对这种[生产不是一切]态度的质疑,第一反应是'还能有什么呢?'生产在我们的思想中占有如此大的比重,以至于我们只能假设,如果它被降级到一个较小的角色,就会出现某种真空"。他的结论是,一旦人们想清楚美国人生产的东西的性质和他们生产这些东西的原因,就"不能再……假设福利在全面的较高的生产水平上比在较低的生产水平上来得更大"。

加尔布雷斯深信,美国人对生产(同样也对消费)的"非理性"固守,导致了这个国家生产过度。"我们以自豪的心情看待一些最轻浮的商品的生产。""我们没有倾向于把生产像太阳和水一样视为理所当然。相反,它继续衡量着我们文明的质量和进步。"

加尔布雷思知道,要说服人们相信美国社会已经变得真正富裕,他面临着一场艰苦的战斗。他写道:"生产和需求之间的直接联系是由现代

---

① Galbraith, John Kenneth (1981). *A Life in Our Times: Memoirs*. Boston: Houghton Mifflin, 326.

广告和销售制度提供的。""它们的核心功能是创造欲望——把以前不存在的欲望变成现实。"

无论如何，加尔布雷思低估了欲望在人们心目中的分量。大多数美国人认识到他们的生活水平按照全球标准来衡量是非常高的，但他们并不认为消费的边际效用是零，或接近零。他们觉得，手头有更多的钱可以花，是一件非常好的事情，因此值得花很长时间工作，来挣得这些开销。当他们的钱不如别人多的时候，他们觉得遗憾；而且他们十分愿意借钱来获得想要的东西。他们想要更好的汽车、更大的房子和更多的商品；希望更多地旅行，更经常地外出就餐，并随处消费更多的服务。

作为后发国家，中国在很多地方以美国为榜样。从收入水平上来看，中国人的富裕程度确实大大提高了。贫困规模和贫困程度明显减少。寿命在延长，死亡率走低，更多的年轻人开始享受曾经是特权的高等教育。放眼世界，发展前景似乎也很乐观：科技不断地提升人们的生活，生育控制降低了人口增长。有人说，从现在起再过100年，发展中国家的人们也许会生活得像今天发达国家的人一样好，而发达国家的人们的生活水平赛过今天的国王。

从物质条件上看，我们从来没有这么好过，但我们的感觉并没有更好。"生活水平"和"生活质量"并非同义词，客观条件或环境与主观感受之间不存在必然的联系。美国学者的研究发现，客观条件对主观满意度的解释力只有17%左右。[①]因此感觉幸福才是真的幸福。

而物质繁荣并没有使人类感觉更幸福。研究幸福问题的美国学者理查德·伊斯特林（Richard Easterlin）说："经济增长的胜利并不是人性战

---

① Oskamp, Stuart (1984). *Applied Psychology*. Englewood Cliffs, NJ: Prentice-Hall. 转引自易松国、风笑天：《城市居民家庭生活质量主客观指标结构探讨》，《上海社会科学院学术季刊》1999年第1期。

胜物欲的胜利，而是物欲战胜人性的胜利。"①他认为现代人并不比300年前的人更幸福，尽管我们相对富裕，而他们相对贫穷。他还相信美国人并不比印度人更幸福。

幸福感与占有物质的多少是否存在正比，一直是幸福研究的重要课题。在调查中，大多数人都认为幸福的首要因素是经济状况，甚至排在家庭和健康之上。那么，在我们拥有了很多东西之后，为什么还是感觉不幸福？因为我们的欲望和收入同比增长。这就是心理学家称为"享乐踏车"（hedonic treadmill）的东西，为了满足我们的享乐欲望，我们就得不停地踏下去。我们总是以为能够"买到"更好的生活。我们希望下一次购买最终能够把我们带进"希望之乡"。

这倒应了伏尔泰的一句话：幸福是一种幻觉，而苦难是真实的。②幸福意味着你能够实现自己的梦想和解决自己的问题。物质富裕可以帮助你做到这一点，但它也驱使你做更大的梦并为你带来更复杂的问题。

人们通常认为物质的进步能够带来物质的满足。列宁曾经设想商品极大丰富的情景，就像在宾馆餐厅里取用糖一样：它总放在桌上，你想取用多少就会取用多少，并不因此多吃多占。③凯恩斯说："终有一天，经济问题会退隐幕后，我们的心灵和头脑会被真正的问题所占据……它们包括生活，人类关系，创造，行为和宗教。"而当那一天到来时，"我们将摆脱诸多缠绕人类两百年的伪道学原则，抛弃对金钱那种占有式的

---

① Easterlin, Richard (1996). *Growth Triumphant: The Twenty-First Century in Historical Perspective*. Ann Arbor, MI: University of Michigan Press, 154.
② Quoted in Moon, Youngme (2011). *Different: Escaping the Competitive Herd*. New York: Crown Business, 60.
③ de Long, J Bradford (Mar 1998). "Book Review of *Growth Triumphant: The Twenty-First Century in Historical Perspective* by Richard A. Easterlin." *Journal of Economic Literature* 36(1): 278-280.

热爱，而把金钱仅仅当作一种生活享受和实现的工具"。①

伊斯特林认为列宁和凯恩斯都错了：物欲从来不会餍足，也从来没有逃离人们的中心视线。所以他将人类消除物质贫困的成就称为"一场空洞的胜利"，②因为驱使人们去争取更大物质胜利的心理压力从未稍减。这些年的社会发展证明伊斯特林是对的。人们的生活，从一个欲望走向另一个欲望，而不是从一种享受走向另一种享受。

中国虽然经历了几十年的高速增长，但我们并没有处理好物质发展和精神提升的协调。就像美国人一样，我们渴望而不是唾弃我们的边际消费，为之拼命工作，为之举债，并抱怨我们没有足够的钱来维持生计，抱怨从来没有富裕的感觉。事实上，没有哪一句话能够比下面的这句更形象地概括中国几十年发展的社会场景与群体心态：端起碗来吃肉，放下筷子骂娘。

生活还有其他乐趣，应该适可而止了

为什么生产和消费如此之多，以至于我们的额外产出几乎毫无价值？加尔布雷思认为，我们被历史、经济学家以及麦迪逊大道所欺骗，以为我们需要更多的生产。他在95岁的高龄还对这种欺骗耿耿于怀，尖锐地问道：是否存在这样一个临界点，在达到该临界点之后，一个国家——如美国和西欧的一些国家——的生产就已经足够了，就应该适可而止了？③

竞争力研究的全球领先者瑞士国际发展管理学院（IMD）早就指出，

---

① Keynes, J. M. (1971-1989). *The Collected Writings of John Maynard Keynes*, vol. 9. London: Macmillan, 329.
② Easterlin, Richard (1996). *Growth Triumphant: The Twenty-First Century in Historical Perspective.* Ann Arbor, MI: University of Michigan Press, 11.
③ 加尔布雷思：《今昔随想》，《读书》2003年第2期。

有许多因素决定一国或地区的竞争力水平。其中，一个非常重要的因素当然是一国或地区的价值体系。国家或地区并不只是竞争产品和服务，也竞争教育和价值体系。随着国家或地区的发展，价值体系也在演化。它们走过了如下描述的四个阶段：

努力工作：人们把自己全部奉献给国家或地区的共同目标并且工作很长时间（比如韩国）；

财富：尽管人们努力工作，他们更关注提高自己的收入（比如新加坡）；

社会参与：人们对努力工作不太感兴趣，对于影响他们的社会更加投入（比如20世纪60年代末的美国和欧洲）；

自我实现：人们更关注发展他们的私人生活，而不是追求社会变革（比如今天的美国和欧洲）。[1]

以上描述的四个阶段随时间自然演化，同时也是一个从集体的看法到个人的看法的过程。这个过程很难逆转，但是可以控制。比如日本，正从集体价值向个人价值转型，这也暗示了政治、社会和经济体制的深层次的变革。正是为此，世界第三大经济强国日本继续遭遇所谓的"中年危机"，并且这一危机比预期中的要持久和剧烈。

加尔布雷思在提出前面的问题之后也讲到日本。他说，日本也许最典型地表明了"适可而止"的政治意义。政府为收入增长和产出增加所做的工作已经很充分了。人们享受着满意的饮食、舒适的住房，没有去工作的迫切需要，虽然从GNP的计算来讲增长很慢甚至停滞。"在这样

---

[1] International Institute for Development Management (IMD) (1996). *The World Competitiveness Yearbook 1996*. Geneva.

一个社会中，对经济停滞，甚至包括失业的广泛讨论都被轻松地一带而过，并且，实际上，事情各个方面都已经足够好了，生活还有其他的乐趣，而不是一味地追求更多的物质消费。我们和某些日本人误解了这样一个事实，一个像日本那样经济成功的国家已经不再需要不停地倒腾了，应该适可而止了。"

加尔布雷思承认，他这种观点还没有被人接受。2002年末，在为中央电视台制作《2002世界经济年度报告》时，我曾经采访日本小泉内阁最高经济顾问堺屋太一。回想起来，堺屋太一的想法与加尔布雷思有相合之处。他认为，日本经济不振，人口减少，但这时日本反而有发展机会。为什么呢？因为人们开始向生产效率高的产业集中，生产效率低的产业逐渐被抛弃，结果人均生产效率得到提高，食品费用降低，人民可以将钱用于工艺品和美术品。在历史上这也是有先例的。比如说15世纪在意大利东部半岛人口大幅减少时，恩格尔系数下降，人们投资于文化艺术，建设教堂，因此文艺复兴得以实现。所以，如果日本人拿出勇气和智慧，他们的将来是乐观的，尽管他们的现在是悲观的。

我们中国呢？为了过上一种我们从未有过的较为富裕体面的生活，我们无疑处在价值体系的初级阶段：每个人都为挣更多的钱努力工作，并且愿意为集体的目标而奋斗。我们也的确因为这种努力，享受了几十年持续的增长。然而，在对GDP增长的一片喝彩声中，我们忽视了太多的东西。

我们看到，中国人的心态是如此浮躁，这种浮躁的心态会影响很多人的幸福感，实际上也会使生活的质量下降。甚至是眼下的疫情，也没有能够带来一个强制性突破原有价值体系的契机，人们对于金钱、工作和传统价值的认知的重新调整依然遥遥无期。

我们很难发现幸福的魔方，世界上最伟大的哲人思考这类问题已经上千年。亚里士多德（Aristotle）说过："幸福是生命的意义与目的，是人类生存的全部目标和终点。"①不过,抛开哲学沉思,有关幸福问题的答案似乎很平凡:一旦人们不再为物质需求(更不是物质欲望)所羁绊,生活满意度的最大因素来自工作、个人关系、休闲和精神追求的一种健康的均衡。

为什么我们不能把生产力提高之益转化为更多的闲暇?这种释放出来的自由时间可以被用来干许多事情:享受家庭人伦之乐;熟悉我们的邻居;参与社区活动;欣赏艺术;进行哲学和伦理思辨;开展体育锻炼;继续学习,接受再教育;或者,简单地亲近大自然。这些事情能不能为我们带来幸福也未可知,但至少能使我们过上更加完满、更加均衡,也更加有意义的生活。

---

① 转引自泰勒·本-沙哈尔:《幸福的方法:哈佛大学最受欢迎的幸福课》,汪冰等译,北京:中信出版社,2013年,第3章。

网络个体化，个体网络化

我们正迎来一个有机而个人化的未来，它有着同样重要的两翼：网络个体化、个体网络化。

"长尾"虽然有趣，但头部才是金矿

伴随着互联网的流行，网络科学也从少数人的研究领域变成了大众希望了解的流行内容。语言学家、生物学家和计算机科学家都在试图建立有关人类互联的统计模型和理论。他们做得好的时候，会弄出极为漂亮的网络运行图；做得不好的时候，则像是用唬人的分析手法在忽悠。畅销作家们也在赶这趟车，因为谈论网络科学似乎既时髦又可以招揽听众。理查德·科克（Richard Koch）和格雷格·洛克伍德（Greg Lockwood）的著作《超级联络：利用网络的力量与弱联系的优势》（*Superconnect: Harnessing the Power of Networks and the Strength of Weak Links*, 2010）[1]就是在这样的情况下出现的。

科克在20世纪90年代因提出"80/20法则"而知名，这个法则是说，20%的投入会得到80%的产出。[2]当然这也不是他的发明，该法则建立在19世纪末20世纪初的意大利经济学家帕累托（Vilfredo Pareto）的理论之上。帕累托最初在1906年观察到意大利20%的人口拥有80%的财产，他

---

[1] 中文版译作《超级人脉：从泛泛之交到人脉王》，理查德·科克、格雷格·洛克伍德著，周为等译，中信出版社，2012年。

[2] Koch, Richard (1997). *The 80/20 Principle: The Secret of Achieving More with Less*. London: Nicholas Brealey Publishing.

循此做了相关推演,而科克把这个法则应用在商业上,变成了商业畅销书的题目。

"80/20法则",更通俗的叫法是"二八定律",也因发明者的缘故而被称为"帕累托法则"。这一法则在人类社会的很多方面有广泛的应用。如80%的劳动成果取决于20%的前期努力,20%的人做了80%的工作,80%的销量来自20%的客户,或者20%的维基人贡献了80%的维基条目,等等。

毫不奇怪,科克和他的合作者在《超级联络》一书中再次谈到"二八定律",指出网络市场的真实情况是所谓的幂律分布,其特性是少部分事物拥有高的集中度,而大多数其他事物则只占有相对很少的比例。幂律分布遵循的正是80/20模式,80%的现象或者结果由20%的人或原因产生。所以,在其他人高呼网络民主化的时候,科克和洛克伍德认为,实际上,互联网可能带来更大的品牌轰动和更高的品牌集中。

例如,在互联网上,谷歌(Google)被链接到其他网站或网页的次数,要比几乎所有其他网站构成的"长尾"多几百万次——相比之下,其他网站的链接少得可怜。换句话说,网络趋向于集中,一些联络枢纽非常重要,但大多数联络枢纽几乎无关紧要。《超级联络》引用网络科学家艾伯特–拉斯洛·巴拉巴西和雷卡·艾伯特(Reka Albert)的研究结论说,网络中的连通性不是随机的或者民主的,也不是分散分布或广泛共享的,而是垄断式的。因此,虽然"长尾"是很有趣的,但绝大多数收入集中在头部。这是企业必须学会的一个教训:尽管你可以采用长尾战略,你最好还是有一个头部战略,因为这里是全部收入的所在。

离开你的正常枢纽,探索跨界和交叉的地方

《超级联络》对网络科学做了简明扼要的普及工作。网络是由三个关键成分构成的,它们自古以来就以这样或那样的形式存在着,然而却在

最近的几十年产生了巨大的变化。第一个出现的网络元素是紧密联系。紧密联系由我们与周边的人的强联系构成——例如,我们长久相伴的朋友、家人和同事。紧密联系对于我们的情感幸福而言是必不可少的,但仅有紧密联系却是远远不够的。一个违背本能的现实情形是,如果我们过度地依赖紧密联系,甚至具有某种危险性。那些完全或主要依赖紧密联系的人往往是孤立的,他们不了解很多有价值的信息,而且无法改善他们的生活。在贫困社区,处处都要依赖紧密联系,而富人或中等收入的群体则不是这样。

与之相对的第二个网络元素是弱联系,它的力量仅仅是最近几十年才变得显著。弱联系是我们与谈不上是朋友的相识者之间的联系。他们包括朋友的朋友、疏远的邻居,或是过去曾经紧密联系但现在几乎失去联系的人,也包括我们每天偶然遇到或将要遇到的陌生人和认识的人。他们构成了我们生活的背景,但在网络世界里,弱联系大量存在,而且是最强大和具有创造性的力量。我们常常会发现,偶然间获得的信息可以改变我们的生活,与我们不甚熟悉或刚刚认识的人,有可能给我们带来巨大的幸福。与强联系相比,那些我们常常遗忘的友好的熟人和疏远的联系会带来知识、机会和创新,使我们的生活更加精彩而充实。

第三个网络元素由联络枢纽构成。可以把它想象为许多弱联系或紧密联系的汇聚地。不同群体的人们因为共同的目的联系起来,包括家庭、企业、社团、族群和国家。人们可以在生活中加入各种各样的枢纽,也有权塑造和改变枢纽,或者启动属于我们自己的枢纽。

两位作者竭力主张的是,离开你的正常枢纽,虽然它能够提供安全与熟悉感,而在你的网络中经由常常被忽视的联系,去探索那些跨界和交叉的地方。选择可以广泛接触不同的人和主意的工作、活动与场所,将自己的生活变得更为有趣、更加自我导向,也因之更能够创造价值。

最终，个人必须学会面对一个巨大的范式转变：无论工作、生活或休闲，我们曾经主要靠组织来联络——企业、专业协会、俱乐部社团和旅游公司等。然而，我们现在的联络，正越来越多地依靠个人活动、网上联系与自发的网下会晤，以及与熟人、朋友的朋友和陌生人之间的偶然碰面。个人积极地规划自己的生活，独立于现有机构或组建非正式的团体，社会变得更具流动性，更加不可预测，自由发展，无拘无束。我们正迎来一个有机而个人化的未来，它有着同样重要的两翼：网络个体化，个体网络化。

在不安全的世界里，你的焦虑不足虑

在焦虑的时代里，我们比从前更加认识到心灵失去控制的可能性。然而，焦虑也可以帮助我们唤醒现实，走向个人成长。

焦虑：既是个人的，也是时代的

焦虑无处不在。有时候，焦虑会围绕着一件特别的东西来包围你——你会担心自己的工作、健康、社交生活、婚姻等等。

有时候，焦虑无缘无故地袭来，催生一种无法解释的绝望的恐惧感，无论当事人多么努力，也不能将其摆脱。

甚至就在你感到幸福时你也会焦虑：因为你担心失去现有的一切。

现在的焦虑之所以普遍，是因为它具有双重性：既是个人性的，也是时代性的。

如果把焦虑视作一种病，从患者的角度来看，焦虑始终是绝对个人的。它是个怪物，能够运用非常愚蠢的技巧，让你生活中哪怕是微小的选择，简直都跟生与死的抉择一样可怕。在此意义上，焦虑是极其主观性的东西，很难代入时代来思考。

然而不可否认的是，我们这个时代是一个数量巨大且越来越多的人患有焦虑症的时代。

紧张的生活事件——无论是失去工作、家庭成员死亡还是结束一段关系，都构成了个人焦虑的原因。然而发生变化的是，这些事件对整代人来说，正在构成持续性的存在。日益增加的工作不安全感，住房压力，经济和收入的不稳定，离婚率的升高，社会团结和社区的解体，以及生活在风险社会之中我们所面临的气候变化、环境破坏、病毒侵袭和冲突不断的未来,已经将压力——焦虑之源——变成了一种生活方式。

知道你周围的人也在焦虑,你当然只会更焦虑。

普遍焦虑的原因

焦虑增加的一个原因是我们知道得太多了。所知越多越焦虑。

无数的研究发现在线文化和焦虑之间存在联系。在在线文化中,检查手机是睡觉前做的最后一件事,也是如果半夜醒来去洗手间,会做的第一件事。在社交媒体上,充斥着各种警报和忠告,有关股市、经济和就业的末日新闻,惊悚的社会事件,以及他人的成功故事。

智能手机使我们24小时待在职场与社交场上,你会情不自禁地检查是否有状态更新、是否有新的讯息,生怕错过了某种机会或者事情。这导致了"错失恐惧症"(FOMO, fear of missing out),一种由患得患失所产生的持续性的焦虑。

患上这种病症的人总会感到,别人在自己不在时经历了某些特别有意义的事情,可能是结交了新的社会关系、获取了从未有过的新奇经历、赶上了某个重大机会。错失恐惧症也意味着一种后悔症,一个人因而总是痛责自己:"要是那一刻我在就好了!"(在中国的微信群里,如果别人发红包而你没抢到,会有一句半开玩笑半认真的调侃:错过了好几亿。)

焦虑增加的另一个原因是我们的自我意识太强了。这是弗洛伊德式心理学兴起所导致的。我们的先民们有时也会神经不宁,但却不会像当代人一样对焦虑及其治疗寝食难安。直到20世纪初,弗洛伊德(Sigmund Freud)把焦虑视为"最多样和最重要的问题汇集在一起的节点,一个其解决必然会点亮我们的心理存在的谜团"。[1]

---

[1] Quoted in Smith, Daniel (Jan 15, 2012). "ANXIETY; It's Still the 'Age of Anxiety.' Or Is It?" *The New York Times*, https://archive.nytimes.com/query.nytimes.com/gst/fullpage-9C06E2D91E31F936A25752C0A9649D8B63.html.

不过，仅仅是我们的焦虑被大量诊断和治疗，并不意味着我们比我们的祖先更焦虑。它可能只是意味着我们得到了更好的处理——不过这点也很难讲，如果你不停地对别人进行心理分析，那么就很难分清谁是病人，谁是分析师了。

不管怎么样，这个事实只能说明，个体和文化比从前更加认识到心灵失去控制的可能性。

当然，你也不能否认我们的时代比以往速度更快，生活更复杂。但我们对不确定性其实不必萦怀，特别是因为焦虑的一个主要特征是递归性。焦虑始于一个担忧，你越专注于这个担忧，它就越强大，然后你就越来越担心。（如果开始问：你还爱我吗？然后爱的疑虑就开始像滚雪球一样增大。）

你可以做的最好的事情是学会放手：完全无须担心。如果你相信焦虑已成定局，那么你有可能在战争开始之前就放弃搏斗。

焦虑之为市场

焦虑增加的第三个原因是因为有人贩卖焦虑，催生了繁荣的焦虑市场。

大约在20世纪70年代末，精神分析学家罗洛·梅（Rollo May）就注意到有关焦虑主题的论文、书籍和研究的爆炸式增长。"焦虑，"他写道，"走出了黯淡的专业办公室，进入了市场。"[1]

这个市场由于有了互联网而空前增大。正如"错失恐惧症"所显示的，在线焦虑增加，离线焦虑更甚，由此，通过网络试图安抚焦虑者，或者相反，竭力刺激焦虑者，变成了一门有利可图的生意。

---

[1] Quoted in Smith, Daniel (Jan 15, 2012). "ANXIETY; It's Still the 'Age of Anxiety.' Or Is It?" *The New York Times*, https://archive.nytimes.com/query.nytimes.com/gst/fullpage-9C06E2D91E31F936A25752C0A9649D8B63.html.

话说到此，在中国，你可能马上就会想起一个现象：知识付费。短短几年间，知识付费就从增长智识、提高素养、促进知识生产的诸多光环之中，跌落到"精神保健品"的指责陷阱里。不得不说，知识付费的拥趸者和批评者，各有各的焦虑。

在一侧，信息时代的社会成员，大都患有"知识焦虑症"——一种在几何式增长的知识面前深感无知、迫切想要学习却无法自如接受知识的焦虑感。知识付费允诺为此提供一条捷径。

在另一侧，传统的知识精英怀有一种无法守住知识之门的焦虑，或者说，一种迫切想在旧的知识权威瓦解之际，经由新的手段建立新的权威的焦虑。

如果遵循治愈焦虑的黄金法则，两边都不妨放手。急于用速成知识充实自己的人需要认识到，知识如牛奶，保鲜期很短。就连在大学里，如果你在第一年的学习中选择了一门技术课程，你所学到的大半知识，在第四年的时候可能已经过时了。结论是，少担忧知识够用不够用，多寻找与自己的兴趣一致的机会。

知识不重要，知性的连续性才重要——它是头脑的一种持久的特性，一种智力上的习惯。如同芝加哥大学安德鲁·阿伯特（Andrew Abbott）教授对学生所谆谆告诫的："你们不是在巢里张着嘴等着老师来喂已经半消化了的食物的小鸟。教育并不在于内容。它甚至不在于能力。它是一种心灵的习惯或者思维方式。"[1] 如果缺乏这样的心灵习惯，那倒是实堪忧虑的。

对于瞧不起当下的知识付费，将其类比为"精神保健品"的批评者，可以说，他们的这个类比是不恰当的。很多时候人们为知识付费所花的钱，是一种安慰剂。它不见得对焦虑症有治疗作用，但的确有安慰作用。

---

[1] Abbott, Andrew. "Aims of Education Address 2002." https://college.uchicago.edu/student-life/aims-education-address-2002-andrew-abbott.

这类产品的存在合理性是毋庸置疑的。

即便今天的社会的确存在某种认知困境,也应当将其视为知识民主化痛苦进程的必然部分,并由此相信,既然人类对于知识的汲取不再受到限制,我们将比以往更加需要那些批判性思考的技能。

如果没有任何可能性,人就不会焦虑

"焦虑袭来,让别人感觉就像一个溺水的人抓着你一样",阿内斯·尼恩(Anaïs Nin)如此形容。"你很想救他,但你知道他将用他的恐慌扼杀你。"[1]尽管这种痛苦似乎无处不在,可焦虑到底是什么?虽然这么多人坦承焦虑,但焦虑的性质,却仍然像影子的实质一样,难以捉摸,令人窒息。丹麦哲学家索伦·克尔凯郭尔(Søren Kierkegaard)在他1844年的《焦虑的概念》(*The Concept of Anxiety*)[2]中,将焦虑解释为自由的眩晕效应,瘫痪的可能性,一个人自身存在的无边界——其实质乃是一种存在主义的选择悖论。他写道:"[焦虑]完全不同于恐惧和类似的概念,它们指的是确定的东西,而焦虑则是自由的实现,是可能性的可能性。"

这提示我们,焦虑具有双重力量,既可以是破坏性的,也可以是生成性的,取决于我们如何对待它。就像尼恩在她的反思中,观察到情绪过剩对写作却是必要的一样,[3]克尔凯郭尔认为焦虑对创造力是必不可少

---

[1] Nin, Anaïs (1971). *The Diary of Anaïs Nin, 1944–1947*. Gunther Stuhlmann (Ed.). New York: Harcourt Brace Jovanovich, 185.

[2] Kierkegaard, Søren (1844/1980). *The Concept of Anxiety: A Simple Psychologically Orienting Deliberation on the Dogmatic Issue of Hereditary Sin*. Reidar Thomte (Ed. & trans.). Princeton, NJ: Princeton University Press.

[3] "有些东西总是诞生于过度:伟大的艺术诞生于巨大的恐惧、巨大的孤独、巨大的抑制、不稳定,而艺术总是平衡它们。"见 Nin, Anaïs (1978). "A New Center of Gravity." In Hinz, Evelyn J. (Ed.) *A Woman Speaks: The Lectures, Seminars and Interviews of Anaïs Nin*. London: W. H. Allen, 5。

的。也许对有关创造力和焦虑之间关系的最持久和深思熟虑的解释,来自罗洛·梅的《焦虑的意义》:[1]

> 只有强调克尔凯郭尔总是在结合创造谈论焦虑,我们才可以理解他关于内疚和焦虑之间关系的想法。因为有可能创造——创造自己,愿意成为自己,并且在所有数不胜数的日常活动中创造(它们是同一过程的两个阶段)——所以人才会有焦虑。如果没有任何可能性,人就不会焦虑。现在,创造和实现一个人的可能性,总是涉及消极和积极的方面。总是涉及破坏现状,破坏自己内部的旧模式,逐步破坏自己从小到大所坚持的东西,并创造新的和原创性的生活形式和方式。如果一个人不这样做,就是拒绝成长,拒绝利用自己的可能性;就是推卸对自己的责任。因此,拒绝实现自己的可能性就会对自己产生愧疚。但创造也意味着破坏一个人环境的现状,打破旧的形式;意味着在人际关系和文化形式中产生新的和原创的东西(例如,艺术家的创造力)。这样,每一次创造力的体验都有可能对环境中的其他人或自我内部的既定模式造成侵害或否定。形象地讲,在每一次创造力的体验中,过去的东西被杀死,现在的新东西可能会诞生。因此,对克尔凯郭尔来说,负罪感总是伴随着焦虑:两者都是体验和实现可能性的方面。他认为,越是有创造力的人,越是有潜在的焦虑和内疚。

我们会发现,焦虑是建立在我们的神经系统中的,它是我们的一部分。我们可以把焦虑看作一种早期预警信号,提醒我们注意威胁和机会。焦虑影响所有人,而不仅仅是那些表现出焦虑的人。很多时候,看起来

---

[1] May, Rollo (1950/1996). *The Meaning of Anxiety*. New York: W. W. Norton, 44.

最适应的人其实也正在处理他们自己的焦虑。这样来看，焦虑可以是生活中健康的一部分，只要你对这种感觉有所认识而不是一味否认。

如果你把你的焦虑作为积极变化的催化剂，它可以带来极大的好处。如同克尔凯郭尔所认定的，焦虑可以帮助我们唤醒现实，对它加以正视，就可以将其引向个人成长。而如果我们逃避它，让自己被当今世界提供的许多杂念所干扰，那么随着岁月的流逝，我们往往会变得更加麻木和沮丧。

人们能做的最好的事情是更仔细地和有意识地选择自己接触的东西。保持意识是一个真正的挑战。

过度私人化导致孤独

摆在现代人面前的一大困境是：如何在成为自主个人的同时，与他人联系在一起。否则，人将无法摆脱自身的孤独，不得不在"大众社会"的支配下去面对自己的生活。

地理学家大卫·哈维（David Harvey）曾经写到，"创造和重塑我们的城市以及我们自己的自由……是我们最宝贵但最被忽视的人权之一"。[1] 这种自由，尤其体现在一个城市的公共空间中。以身体不受约束的流通为标志的公共空间，可以产生一种由许多关系的可能性所激发的新节奏，然而，我们见到的是，在越来越多的城市当中，公共空间被私人化了。

当空间被控制时，特别是当公众不清楚什么是合法或可接受的活动边界时，我们倾向于自我监督，监控我们的行为，限制我们的互动，尤其在与安保人员发生尴尬的对抗之后。所以，社会学家理查德·桑内特（Richard Sennett）将私人化的公共空间称作"死气沉沉的公共空间"，[2] 因为公共空间的本质是欢聚、自发、相遇，是的，还有必不可少的混乱，它们在私人化的过程中悉数被剥离出来。

由是，都市社区的基本特性，即公共活动和情操被压缩了，社区在整体上主要是为了鼓励个人追求而组织起来的。然而，这种过度私人化

---

[1] Harvey, David (Sep-Oct 2008). "The Right to the City." *New Left Review* 53: 23-40, https://newleftreview.org/issues/ii53/articles/david-harvey-the-right-to-the-city.

[2] Sennett, Richard (1992). *The Fall of Public Man*. New York: W. W. Norton, 27.

严重影响了一个社区在公共问题上采取共同行动的能力。那些半封闭世界的成员只关心自己及同伴，对其他群体的问题采取漠视态度。比如农民工进城满足了城市的服务需求和劳动力需求，但对城市居民来说，流动人口的居住权、教育权、社会保障权等从来与己无关，甚至用两句话来指责外来农民工：无所不为（指脏活累活），无恶不作（指违法犯罪）。

过度私人化也会影响个人的幸福感。芬兰社会学家埃里克·艾拉特（Eric Allardt）认为，人类有三种主要需求：占有、交往和存在。占有指物质上的需求。交往可以被理解为一种社会归属感，依恋对自己的生活有着重要意义的人。存在，意味着对一种强有力的、稳定的文化认同的需求，个人被联入一个价值和意义体系，能够找到自己的精神家园。[①]

社会学家罗伯特·韦斯（Robert S.Weiss）通过实证调查，区分了社会关系在增进个人幸福方面的四种作用。[②]第一，社会关系能增进人与人之间的亲密感。我们必须能够自由而下意识地表达个人的亲密感情。要实现这一点，必须拥有充满信任和理解、能够随时接触到的社会关系。缺乏这种关系的个人的幸福感非常低，而情感的孤独和孤立会给心理健康带来很大的负面影响。第二，社会关系也发挥着社会整合的功用。同那些能够分享关心的事情、体验、信息和主意的人交往，能使我们感到自己是生活的一部分。没有社交的人往往对生活缺乏动力和乐趣。第三，社会交往能够证明我们自身的价值：有能力完成主要的生活角色。否则人就会堕入自卑，把自己看作废物。最后，在我们遇到生活问题时，社会关系能够成为帮助的来源：可以是服务上的，如帮助照看孩子；也可以提供必要的资源，例如可靠的知识。缺少这种帮助，人会陷入焦虑，

[①] Allardt, Eric (1976). "Dimension of Welfare in a Comparative Scandinavian Study." *Acta Sociologica* 19 (3): 227-39.

[②] Weiss, Robert S. (Jul-Aug 1969). "The Fund of Sociability." *Transaction/Society* 36-43.

害怕受伤。

过度的私人化的最直接的恶果是孤独。德国哲学家汉娜·阿伦特（Hanna Arendt）认为孤独是公共空间和私人空间同时被挤占的结果："在现代，与其他人的'客观'联系以及从中得到保证的现实的被剥夺，已经成为一种大量的孤独现象，在这一现象中，孤独表现了它最极端且最反人性的形式。产生这一极端性的原因在于大众社会不仅破坏了公共领域，而且也破坏了私有领域，不仅剥夺了人们在这一世界中的位置，而且还剥夺了他们的私人家庭生活……"①

产生社会反常状态的另一个重要因素是价值和意义的冲突、弱化或匮乏。文化认同与个人的关系好比水和鱼，它引导个人行为趋向某种方向，因而限定了我们做出的选择。然而，在现代社会，个人选择成了至高无上的法则：人人都要自主决定一切。美国民调专家丹尼尔·扬克洛维奇（Daniel Yankelovich）把选择的兴起归结为"富裕效应"削弱了传统的束缚："人们开始认定怎样生活以及同谁一起生活是个人的选择问题，没有什么规范可以约束。"②因此，婚姻、家庭、孩子、工作、社区甚至国家的限制都成为不必要的了。

选择的勃兴意味着纽带的松懈。德国社会学家拉尔夫·达仁道夫（Ralf Dahrendorf）几十年前就指出选择与纽带之间存在的张力。他把西方文化的历史变迁看作平衡选择与纽带的努力。选择提高了个人主义和个人自由；纽带增加了社会的凝聚力和稳定性。在那些联系个人以及联系人与机构的纽带刻板僵硬的社会中，个人的自由选择权是有限的。当

---

① 汉娜·阿伦特：《人的条件》，竺乾威等译，上海：上海人民出版社，1999年，第46页。
② Yankelovich, Daniel (1994). "How Changes in the Economy Are Reshaping American Values." In Aaron, Henry J., Mann, Thomas E. & Taylor, Timothy (Eds.) *Values and Public Policy*. Washington, D.C.: Brookings, 20.

人们奋力扩大选择范围时,把他们约束在一起的纽带就会动摇。①

所以,摆在现代人面前的一大困境是:如何在成为自主个人的同时,与他人联系在一起。否则,人将无法摆脱自身的孤独,不得不在"大众社会"的支配下去面对自己的生活。

---

① Dahrendorf, Ralf (1979). *Life Chances: Approaches to Social and Political Theory*. London: Weidenfeld and Nicolson.

孤独的人都是不会独处的人

信息时代的孤独的问题在于，一整代人是在时刻与他人连接之中成长的，只有在未连接的状态下才懂得独处。而阅读与欣赏都离不开独处。思考和创造也是如此。

孤独感与虚拟生活如影随形。早期互联网上著名的流行语"在网上，没有人知道你是一条狗"，固然道出了网络的自由性，但也暗示了屏幕的背后，其实有无数条"孤独的狗"。本杰明·巴伯（Benjamin R. Barber）使用的是另外的隐喻：他把虚拟生活比喻成一只只鸟栖身于鸟笼中，因切断了与外界的联系而陷入孤独。"不排除栖息在屏幕前的这些形形色色的孤独者会发展出某种形式的社区，依靠他们的指尖同互联网划定的新世界相连。但这种'社区'里的政治还没有现身。"巴伯把互联网传播讥笑为"匿名的、从屏幕到屏幕的交往"。[1]

巴伯的断言今天看来有些像笑柄。他低估了人们借助虚拟空间扩大交往的能力，也未能理解一种崭新的交往方式的诞生。他肯定不曾读过雪莉·特克尔（Sherry Turkle）的书。

网上的自我

"我把我的大脑分开。我这样做的时候越来越熟练。我能够看到自己

---

[1] Barber, Benjamin R. (1998). *A Passion for Democracy: American Essays*. Princeton, NJ: Princeton University Press, 268.

变成了两个人、三个人甚至更多。当我从屏幕上的一个窗口跳到另一个时，我的大脑会一部分一部分地开启。……现实生活不过是众多窗口里面的一个，而且它通常还不是最好的。"一个美国大学生如是说，他所流连的网络世界，为他提供了平行的身份和平行的生活。他在"网络泥巴"（MUD）[①]游戏中扮演四种不同的角色："我的大脑不停地开开闭闭。"

另一个玩家说："你既是又不是你所扮演的角色，这是同时的事情。"还有一位说："你是你假装是的那个人。"[②]

以上是研究网上个人认同的先驱、美国麻省理工学院教授雪莉·特克尔在《屏幕上的生活：互联网时代的认同》（*Life on the Screen: Identity in the Age of the Internet*, 1997）中所描述的场景。对于MUD的玩家，特克尔除了在互联网上观察，还在真实生活中长期访谈和追踪，率先触及了虚拟环境中自我的多重性与断裂性问题。她发现，人们在这种环境中，获得了表达多种多样，往往是未曾开掘过的自我的层面的机会，他们把玩自己的身份，试验新的认同。

何谓"自我认同"？简而言之，自我认同就是对自我独特性的认识，一种把自我同环境区分开来的感觉。美国心理学家埃里克森（Erik H. Erikson）将其归结为对"我是谁"这一问题给出满意回答的能力。[③]我们的自我认同在青少年时期开始形成，但这种形成是一生的过程，始终对我们的生活构成挑战。在青少年这一发展阶段不能够形成自我认同感的人与实现了自我认同的人相比，缺少自尊心。

---

① MUD 的全称是 Multi-User Dungeon，意为"多人地牢游戏"，它允许一组用户建立一个游戏会话。其名称是由"地牢和龙"（Dungeons & Dragons）——一种参加者在其中扮演不同角色的游戏——发展而来的。中文简称"网络泥巴"或"泥巴"。
② Turkle, Sherry (1997). *Life on the Screen: Identity in the Age of the Internet*. New York: Touchstone, 12-13.
③ Erikson, Erik H. (1968). *Identity: Youth and Crisis*. New York: Norton.

埃里克森就自我的发展提出了一个社会心理学模型，和弗洛伊德一样，他假定人生的特定阶段会产生特定的需求。如果这些需求被满足了，那么个体就会顺利发展到下一阶段；如果未得到满足，那么发展就会停滞和倒退。但对弗洛伊德来说，这些需要本质上是肉体的，而埃里克森更强调社会和文化的影响。他把社会心理学的发展分成八个阶段，个体在每个阶段都会面临一个与之有关的重要冲突。但是，我们不应把这些阶段看成按严格的顺序进行。例如，埃里克森认为成人早期所面临的核心问题是建立一种亲密的人际关系，而如果一个人无法度过青春期的同一性危机，他在这个过程中就会失败，最后导致孤独。然而，在真实生活中，人们经常带着各种不足进入下一个阶段。不能够完全完成那些"阶段"，他们就尽可能做好能做的事情。他们会利用手边任何能够得到的东西去获取他们所迷失的部分。

特克尔笔下的MUD为我们提供了戏剧性的例子，表明新技术怎样在个人的自我准备中发挥作用。她说："我发现网络空间的体验，即在各种网络语境下扮演自我——在多个窗口中，也许甚至是在同一时间内——的体验，构成了一种思考自我的具体化的方式，不是把自我看成单一的，而是把它看成多重的。这表明只有一个自我的感觉可能是一种幻觉……我们能够维持一个自我，是因为我们学会了在各种自我状态间流畅地转移。以这种自我观来看，心理健康不等于实现一种单一状态，而是有能力自如转换许多状态，并在状态的转换空间内反思我们的诸多自我（ourselves）。屏幕上的生活为这种心理实践提供了崭新的语境。一个人有了评论自我的复杂性和矛盾性的新空间。所以，网络空间的体验鼓励我们去发现和找到一种新的谈论多重自我的方式，并不再把建构单一自我，而是把处理多重自我归于心理健康的话题。"[1]

---

[1] Davis, Joseph E. (1999). "Interview with Sherry Turkle." *The Hedgehog Review*, Autumn 1(1):71-84.

特克尔相信互联网提供了温暖、安全、理解和空间（这很像一种心理治疗的体验），也可能创造了一种环境，使过去的某些因素得以改写。如此，网上的认同能够帮助个人实现心理的成熟。

独处与孤独

在《屏幕上的生活》一书中，特克尔赞扬虚拟生活带来的人们探索多重自我的可能性，并暗示这或许是克服孤独的一种办法。该书初版于1995年，十几年之后，她似乎对虚拟生活与孤独的关系又有了新的认识。2011年，特克尔出版了新书《群体性孤独：为什么我们对科技期待更多，对彼此却不能更亲密？》(*Alone Together: Why We Expect More from Technology and Less from Each Other*)，显出了她自己的矛盾心理。[①]她一方面赞赏科技，另一方面又觉得对科技的过度使用，重新建构了我们的亲密关系。在一个"永远在线"的环境中，世界转得越来越快，人们惶惑于一种感觉：我甚至都无法跟上我自己的生活。在信息的数量与速度都令人目眩以后，你开始注意到，人们提问时希望得到便捷的回答，你自己也开始提出可以获得便捷回答的问题。问题可以一路"往下笨"，为了让所有的回答都便捷。

这本书的题目让人震惊：生活在信息时代的人，真的是"一起孤独"吗？在充斥着智能手机和平板电脑的现代生活中，我们常常见到一种景象：一个人不停地在电子设备上点击，仿佛时刻等着别人的批准和验证。特克尔起了这样一个意味深长的书名，目的是警示人们：如果你不曾学会独处，你将会永远孤独。

独处不是孤独。从外表看，两种状态很类似，但实际上，两者差别

[①] 雪莉·特克尔：《群体性孤独：为什么我们对科技期待更多，对彼此却不能更亲密？》，周逵、刘菁荆译，杭州：浙江人民出版社，2014年。

巨大。孤独是一种消极状态，感觉自己与他人隔绝。某种东西似乎失去了，即便与很多人在一起时也是如此。它意味着某种残酷的惩罚，不足、不满、隔阂灌注其中，它是由某种外在的力量强加给你的。

而独处却是你自己的选择，是单独一个人也不感到孤独的状态。独处，就是与己为伴。利用独处，我们可以反思，搜寻自己的内心，因为内心的和平来自内心的丰富。独处，是一种刷新内心的时刻、一个更新自我的机会。墨西哥诗人帕斯（Octavio Paz）说："生活就是离开我们所曾是，以便接近我们所将是。独处，是人类状况的最深刻的事实。"[1]

信息喂养我们，他人启发我们，实践会改善我们的表现，然而我们仍然需要静悄悄的时光，想清事情，发掘原创性的答案，同新的发现一起浮现。

信息时代的孤独的问题在于，一整代人是在时刻与他人连接之中成长的，只有在未连接的状态下才懂得独处。而阅读与欣赏都离不开独处。思考和创造也是如此。如果一整代人都忘记了如何独处，他们将既不会在情感上自制，也不会在智力上自治。

孤独的人都是不会独处的人。独处失败，就会孤独。

---

[1] Paz, Octavio (1961). *The Labyrinth of Solitude*. New York: Grove Press, 195.

网上的自我发现之旅

自我具有多重性,这在虚拟体验中可以充分发现。本文将虚拟世界视为一个人类认同实验室,从人格心理学和自我心理学出发,试图通过厘清人们的真实生活与虚拟生活的关系,讨论网上交往是否有助于发现真正的自我。

在互联网时代思索人类认同

传统的社会心理学把有关个人认同的假设归纳为四点:①认同存在于对世界的参照之中;②它在人际关系中获得肯定;③它是相对稳定的;④它既是社会的也是个人行动的产物。在解构主义兴起之后,这些假设都受到了质疑。[①]上述说法的核心是认同的形成预设了个人情境会呈现出自身的现实意义,这种情境特别包括最直接的人际关系,即把个人同他者联系起来的关系。然而现实意义本身就是多元的(你属于哪个族群,你在家庭中的地位,你的性别和社会阶层为何,等等),在这种多元的现实下,怎么可能假定个人的自我是始终如一的呢?

对自我的多重性,后来的学者已经有了很多的描述,如"多变的自我""饱和的自我""灵活的自我"等等。[②]罗伯特·杰·里夫顿(Robert

---

[①] Figueroa-Sarriera, H. (1999). "In and Out of the Digital Closet." In Gordo-Lopez, Angel J. & Parker, Ian (Eds.) *Cyberpsychology*. New York: Routledge.

[②] Lifton, Robert Jay (1993). *The Protean Self: Human Resilience in an Age of Fragmentation*. New York: Basic Books; Gergen, Kenneth J. (2000). *The Saturated Self: Dilemmas of Identity in Contemporary Life*. New York: Basic Books.

Jay Lifton)在《多变的自我》一书中指出，随着传统文化的瓦解，在自我问题上人们出现了三种反应，有的坚持自我的统一性，有的回到宗教激进主义，还有的则承认了自我的分裂。①他认为最后一种反应是危险的，会导致一种"缺少道德内容和可支撑的内在形式的流动性"。他看到还可能有第四种方向，即健康的多变的自我，能够在不同的自我间自如地转换，但这种转换建立在内聚力和道德前瞻上。这样，自我既是多重的，又是整合的。②

里夫顿提出了理论架构，而网上社区则把这种理论化作现实。研究网上个人认同的先驱、美国麻省理工学院教授雪莉·特克尔描述了个人在"网络泥巴"中诠释自己生活的不同方式。在她看来，虚拟体验有三种作用：第一，作为一种逃避；第二，作为实现某种程度的社会流动的方法；第三，作为一种抵抗的手段。③有些人表示他们受不了令人窒息的现实，所以遁入网中，这是马克·斯卢卡（Mark Slouka）这样的社会批评家所严厉指责的。④有些人则在网上实现现实中无法接近的梦想，例如在"网络泥巴"中创造所有物，并赋予自己更高的社会地位。在这种创造当中他们获得了特权。最后，有些人把虚拟生活看作抵抗常规性的组织和社会生活的手段，因为他们可以动手建设替代性的世界。

特克尔发现许多人因为探索不同的角色而扩大了他们的情感范围。大型多人在线角色扮演游戏（MMORPG）的玩家普遍报告说他们在玩游戏的时候怀有很强的情感，以至于8.7%的男性和23.2%的女性在一项调

---

① Lifton, Robert Jay (1993). *The Protean Self: Human Resilience in an Age of Fragmentation.* New York: Basic Books, 192.
② 同上，第229—232页。
③ Turkle, Sherry (1997). *Life on the Screen: Identity in the Age of the Internet.* New York: Touchstone.
④ Slouka, Mark (1995). *War of the Worlds: Cyberspace and the High-Tech Assault on Reality.* New York: Basic Books.

查中说他们在线上举行过婚礼。①其他研究者发现玩家对游戏的喜爱同其社会组织直接相关，包括玩家之间短暂的接触，乃至高度组织化的群体活动。②

特克尔认为，通过用积极的方式使用"自我实现的预言"，互联网可以帮助人们改变自己。依靠在网上建立强有力的认同，人们最终得以改变他们的"真实生活"。

人们的真实生活与虚拟生活的关系是一个深刻的课题。随着人们在虚拟空间中停留时间的延长，有些人开始挑战真实生活的优先性。特克尔引述一个"网络泥巴"玩家和聊天室用户的话："当没有身体的自我能够拥有那么多不同的体验时，为什么要给有身体的自我那么高的地位？"③在能够获得不同性别和不同生活的情况下，人们觉得虚拟生活同真实生活一样真实，又有什么好奇怪的呢？对于玩家来说，是不是真实已不再具有有效的区分。

"第二人生"游戏④从命名上就反映了玩家的这种想法。它最初的设计灵感来自尼尔·史蒂芬森（Neal Stephenson）1992年的一本科幻小说《雪崩》（*Snow Crash*），小说描写的是在未来社会，人类的大部分时间在一个虚拟实境（Metaverse）里度过，为地理空间所阻隔的人们可通过各自的"化身"（avatar）相互交往。⑤"第二人生"赋予玩家绝对的自由，你

---

① "An Ethnography of MMORPG Weddings." The Daedalus Project: The Psychology of MMORPGs, 2003, http://www.nickyee.com/daedalus/archives/000467.php.
② Nardi, Bonnie & Harris, Justin (2006). "Strangers and Friends: Collaborative Play in *World of Warcraft*." Proceedings of the 2006 20th Anniversary Conference on Computer Supported Cooperative Work.
③ Turkle, Sherry (1997). *Life on the Screen*: *Identity in the Age of the Internet*. New York: Touchstone, 14.
④ "第二人生"是一款MMORPG游戏，在一个三维空间中构建虚拟的线上世界，将人类生活的各种场景、细节和体验完全复制到互联网上。
⑤ Stephenson, Neal (1992). *Snow Crash*. New York: Bantam Books.

可以成为任何人，做任何事情，创造任何东西，甚至有能力改变自己在现实生活中的命运。玩家们以化身的形态在这里生活、工作、交友、恋爱，甚至结婚生子。化身既可看上去像人一样，也可能是与人类完全无关的虚幻之物。你可以选择自己是男还是女，身材是胖还是瘦，穿着什么样的衣服，你也可以拥有多个注册身份。当你对自己的化身不再满意时，你可以将其改头换面。"第二人生"可说是真正将游戏的社交功能发挥到了极致。在这里人们可以变化自己的角色身份，按照新的形象展开第二种人生，在一个想象的空间中自由地释放自我。①

一位称自己"在第一人生中是北京的程序员"的"第二人生"玩家说：

> 我不知道别人进入虚拟世界的感觉如何，我进入这个虚拟世界，有一种重生了一次的感觉。与许多其他大型多用户游戏不同，在"第二人生"中，玩家完全依据自身所好，选择如何、何时以及跟谁进行互动。玩家以化身的形态在游戏中游玩行走，一举一动都是在一个社会性的空间中。
>
> 每次在"第二人生"中游玩，都能深刻感觉到个人主义文化，以及古典自由主义的烙印。用户在一片荒野里自谋生路，但是也存在为数众多的志愿者，他们维护公共秩序，帮助新到的用户。大量的用户热衷于有关"第二人生"组织形式的民主讨论，理性而富有激情。②

eBay的创始人和董事长皮埃尔·M.奥米迪亚（Pierre M. Omidyar），

---

① 了解"第二人生"当中的种种，可参见瓦格纳·詹姆斯·奥（Wagner James Au）的"新世界笔记"博客（http://nwn.blogs.com），他对这一游戏进行了多年的实地追踪，并撰写了专著：*The Making of Second Life: Notes from the New World*. New York: HarperCollins, 2008。
② 对"第二人生"北京玩家的访谈，2006年11月。

同时也是"第二人生"的投资人，认为玩电脑游戏长大的一代已经模糊了游戏和真实生活的界线。①然而，真实生活并不那么容易被抹掉。特克尔同时还说过："真实的观念会反击。在屏幕上过着另一种生活的人，还是会受到他们现实自我的欲望、痛苦和必死命运的限制。虚拟社区提供了戏剧性的新脉络，让人可以在互联网时代思索人类认同。"②

在将虚拟世界视作人类认同实验室的同时，必须记住，建设和重建认同的过程有时无伤大雅，所有进入虚拟世界的人都对此心照不宣；但在另外一些情况下，也可能产生严重的后果。例如，性别认同游戏非常常见。史蒂夫·西尔伯曼（Steve Silberman）是《连线》（*Wired*）的一位男性作者，曾使用Rose的假名在网上活动。他非常惊讶地发现假装成一名女性时，他所受到的关注和骚扰都异乎寻常。③线上的性别变换被很多人视为很有争议的一件事。在网上，大量对话总是以询问对方的性别开始，这显示了多数人把互联网上的变换性别看作不正常和不道德的。

"第二人生"的化身背后会潜藏很多谜团，性别是其中之一。一位45岁的男性玩家在博客里写道：

> 让我告诉你们虚拟性爱的三种春药。我用"第二人生"作为一

---

① Hof, Rob (Nov 26, 2006). "Second Life's First Millionaire." *Business Week*.
② Turkle, Sherry (1997). *Life on the Screen: Identity in the Age of the Internet*. New York: Touchstone, 267-268.
③ Amichai-Hamburger, Yair (2005). "Personality and the Internet." In Amichai-Hamburger, Yair (Ed.) *The Social Net: Understanding Human Behavior in Cyberspace*. New York: Oxford University Press, 39. 另见 Curtis, Pavel (1997). "Mudding: Social Phenomena in Text-Based Realities." In Kiesler, Sara (Ed.) *Culture of the Internet*. Mahwah, NJ: Lawrence Erlbaum Associates, 121-142, https://pdfs.semanticscholar.org/79b8/93a15ea0d6bb4cb59fe197423b00eef92277.pdf。

个个案，它们是：匿名、美貌和安全。

匿名使你有能力以假面示人。你的年龄、你的长相、你的社会地位、你的银行存款，许多人，大部分人，在"第二人生"中都不提供第一人生的基本情况。你可以随意行动。

美貌在这里是被赋予的。想象一个人人都是超级模特的世界。想象一下，当人们面对模特和影星经过处理的媒介形象时所怀有的那种自惭形秽，你就知道这里多么好了。

当然一个虚拟世界也不会带来身体威胁。你可以尽情调情，而不必去管是否送错了信号。你可以打扮得很大胆，展开真实生活中不可能的自我表达。……在"第二人生"中没有意外的怀孕，也不会有性病。

他说，这就是为什么可以在"第二人生"中进行很多健康的性试验。在总结了这三大好处之后，他又提出了"人类获得的一个伟大礼物"：中年妇女现在可以同她们年轻的姐妹们站到同一起跑线上了。她们身上通常有年轻女孩所不具备的性和情感的成熟。这种特性在文本交谈中成为主要的区分因素。

作为45岁的男人我很难不被20岁和30岁的女孩所吸引。这是我的生物基因决定的。在"第二人生"当中，所有的女人都选择这个年龄段，而所有女人都同样迷人。在化身的面纱后面，存在着一系列的女性身份。突然，我开始渴望中年女人了。

然而，当这篇文字被转载到"新世界笔记"博客上的时候，第一条玩家评论就是：

他以为藏在女性化身背后的是女人，真是笑死我了！①

这类情形的长期影响是什么，目前我们尚不知道。已经发生过男人化装成女人在电控空间里被人追求，以及成人伪装儿童诱拐他们的事情。2004年12月，住在亚特兰大郊外的幼儿教师詹妮弗·考宾（Jennifer Corbin）被她的丈夫枪杀，原因是她爱上了一位叫作克里斯的网友，他们是在玩MMORPG游戏 *EverQuest* 的时候相识的。两人没有见过面，没有通过电话，也没有交换过照片。詹妮弗的丈夫通过电子邮件发现了妻子的秘密，然后枪杀了詹妮弗，而詹妮弗在死前不久才发现自己爱上的克里斯原来是一个叫安妮塔的女人。②

如果这类欺骗性的故事越来越多的话，人们也许会失去对网络交往中其他人提供的信息的信任。角色扮演游戏允许参与者"设置"性别、外貌和年龄等，一个人因此（在很多情况下也被要求）投射出一个表演性的自我。在此情况下，互联网作为认同实验室的作用也不能被夸大。一个人可以改换自己的身份，但其他人未必信其装扮。

认同的多重性

瑞典的两位作者亚历山大·巴德（Alexander Bard）和詹·索德维斯特（Jan Soderqvist）提出了"网络精英"（netocrat）的概念，他们说：

> 网络精英对自我实现和同他们的真实自我建立联系毫无兴趣。

---

① http://nwn.blogs.com/nwn/2006/06/sex_and_the_sl_.html#comments.
② van Sant, Peter (Feb 3, 2007). "Love and Lies." CBS News, https://www.cbsnews.com/news/love-and-lies/. 调查性作家约翰·格拉特把这个真实的犯罪故事写成了小说，见 Glatt, John (2007). *The Doctor's Wife: A True Story of Marriage, Deception and Two Gruesome Murders*. New York: St. Martin's.

这类概念在他们的眼里，是旧日的废话，是一种迷信。他们既不相信，也不想相信被他们视为消逝了的年代的社会建构。相反，他们致力于培育和提炼一种同时行动的能力，一种经常发展多重性的平行身份的艺术。……旧日的个人看上去像虚弱无力、单向度的可怜人，而不是理想的人。

受到德勒兹（Gilles Deleuze）的影响，他们鼓吹精神分裂分析（schizoanalysis）。在德勒兹与伽塔利（Félix Guattari）合著的《反俄狄浦斯：资本主义与精神分裂症》（*Anti-Oedipus: Capitalism and Schizophrenia*）一书中，两人宣布一个具有自主性和认同，并可以表达自我的主体并不存在。他们的批判矛头直指弗洛伊德，因为弗洛伊德式的精神分析学家企图建立顺从而完整的主体自我。[1]德勒兹与伽塔利反其道而行之，提出了精神分裂分析，对精神分裂症患者大加赞赏，因为只有他们才可以清除那种稳固的结构性的人格主体。巴德和索德维斯特说，这种精神分裂分析可以强化个人在不断变化的环境中不断改变的能力。[2]

网络精英会寻找一个平台作为憩息地，但随即便发现这个目标平台在移动。他们会转移到另一层面上的另一个平台，目的是为自己找到坚实的落脚处，但他们会再次发现那个平台的不可靠。这一

---

[1] Deleuze, Gilles & Guattari, Félix (1983). *Anti-Oedipus: Capitalism and Schizophrenia*. Minneapolis, MN: University of Minnesota Press.

[2] Deleuze, Gilles & Guattari, Félix (1983). *Anti-Oedipus: Capitalism and Schizophrenia*. Minneapolis, MN: University of Minnesota Press; Deleuze, Guattari & Massumi, Brian (1987). *A Thousand Plateaus: Capitalism and Schizophrenia*. Minneapolis, MN: University of Minnesota Press; Deleuze, Gilles (1990). *The Logic of Sense*. New York: Columbia University Press; Deleuze, Gilles (1995). *Difference and Repetition*. New York: Columbia University Press.

过程周而复始——平台在不同的层面向不同的方向移动。然而善于吸纳的个人会很快将在平台间跳来跳去变成一种艺术形式，他们继续对坚实地面的寻求，尽管知道这样做是虚幻的，但他们却为自己的艺术能力而着迷。从一个有意建构和经常修正的虚构式环境中浮现的流动状态代替了对坚实地面的信念。认识到这种虚构的脆弱性会导致幻觉的清晰破灭和意义的流失，但也会带领他们走向对创造性自由的沉醉以及永无止境的可能性。[1]

其实，虽然传统想法把多重人格看作病态，虽然许多学者主张一个完整、统一和内在一致的自我，[2]但多重自我的概念始终存在。威廉·詹姆斯（William James）是最早提出这个概念的人之一。他说："有多少人认识一个人，并在他们的头脑里留下这个人的印象，此人就有多少个社会性的自我。"[3]荣格心理学（Jungian psychology）鼓励人们熟悉多样化的人格面具（persona），将其理解为普遍原型的显现，[4]相信我们如果了解自己的阴影，以及自我中的异性意向（anima 及 animus），将会极大地解放自己。正是因为这些观点，他被逐出了正统弗洛伊德学派，而一个强有力的善于执行的自我（ego）成了心理分析的主流主张。[5]

---

[1] Bard, Alexander & Soderqvist, Jan (2002). *Netocracy: The New Power Elite and Life After Capitalism*. London: Pearson Education, 205-207.
[2] 例如，见 Lecky, Prescott (1945/1994). *Self-Consistency: A Theory of Personality* (Revised edition). New York: Island Press。
[3] James, Williams (1981/1890). *The Principle of Psychology*. Cambridge, MA: Harvard University Press, 190.
[4] Jung, C. G. (1971). "Aion: Phenomenology of the Self." In Campbell, Joseph (Ed.), Trans. R. F. C. Hull, *The Portable Jung*. New York: Penguin.
[5] 虽然弗洛伊德使用的术语"自我"（ego）与通常意义上的自我（self）常被互换使用，但这并不恰当。对弗洛伊德而言，ego 由一系列协调本我的无理需要和超我的坚不妥协之间关系的心理过程所构成。人们对于自己的思考和感受仅仅是 ego 的一个方面。

不过，就是在这里，也有一些学者把对自我的古典理解向前迈进了一步。米兰妮·克莱因（Melanie Klein）认为，除了对自我的传统理解，即把它的角色看作让本我（id）以一种社会能够承认的方式表现出来，自我也会促动一些它可以体验并掌控的富有活力的情境。一种掌控感通过改善控制与合成的功能而达成。① 还有许多心理学家把自我看成是对人格的整体组织，个人因此得以度过冲突和矛盾而仍然保持人格的一致。②

也有论证说，个人把自己看成多层面的集合体，有助于他们更好地面对生活中的变化和压力。帕特里夏·林维尔（Patricia W. Linville）认为个人存在自我表征的复杂性差异。复杂性高的人在自我的各个层面之间所做的区分更多，也会更好地应付紧张的情况。而当那些没有很好地区分自我的各个层面的人遇到类似情况时，他在某一方面受到的影响会殃及他对整个情形的判断，从而使他用消极的眼光看待自己。③

个人的认同也同他从属的群体相关。当人们把自己认同为群体的一部分的时候，他们的表现不同于作为个人的表现。勒庞（Gustave Le Bon）指出当个人成为人群的一部分的时候，会产生"群体心理"（group mind）。④ 在这种心理的作用下，个人似乎对自身的行为失去了意识，会

---

① Klein, Melanie (1961). *Narrative of a Child Analysis*. London: Hogarth Press.
② Hartman, Heinz (1964). *Essays on Ego Psychology*. New York: International Universities Press; Blanck, Gertrude & Blanck, Rubin (1974/1986). *Beyond Ego Psychology: Developmental Object Relations Theory*. New York: Columbia University Press.
③ Linville, Patricia W. (Apr 1987). "Self-Complexity as a Cognitive Buffer Against Stress-Related Illness and Depression." *Journal of Personality and Social Psychology* 52(4): 663-676, https://pdfs.semanticscholar.org/9938/421582f87e2d02eae0a484533a1aad595a87.pdf. 后来有研究挑战林维尔的"自我复杂性"概念。尽管具有多重特性可以让人们活得更健康，但复杂的自我概念也可能使人陷入麻烦。如威廉·詹姆斯所指出的，问题在于我们不能拥有所有我们想拥有的东西。
④ Le Bon, Gustave (1895/1982). *The Crowd: A Study of the Popular Mind*. Atlanta, GA: Cherokee Publishing Company.

做出他作为单个人不会做出的极端举动。根据社会认同理论（social identity theory），社会关系是自我概念中重要的组成部分；当人们发现自己所属的群体比其他群体为优时感觉会更好。[1] 即便是与他人微不足道的联系也会对个体的自我感知产生有力的影响。[2] 个体自尊和群体自尊是相互关联的。

马丁·里亚（Martin Lea）等人报告，当人们同网络上的陌生人交往时，会变得非个人化，他们的群体认同显得更加突出。这种群体认同会导致他们在自己所属群体的基础上，套用老套的观点看待其他人。[3] 这是一个有趣的发现，因为人们本来预计网上的匿名性会阻碍类型化的产生。[4]

由上可知，认同的多重性在研究文献中其来有自。但是，没有互联网所产生的带有保护的环境，个人认同很难得到充分的开掘，个人也难以同时保持多重自我。

人格与网上的行为差异

一个人的人格构成了其情感、认知和行为的来源。它在结构上很像一座巨大的冰山，浮在水面上的只是小小的一个尖。我们只知道和理解

---

[1] Tajfel, Henry & Turner, John C. (1986). "The Social Identity Theory of Inter-Group Behavior." In Worchel, Stephen & Austin, William G. (Eds.) *Psychology of Intergroup Relations*. Chigago: Nelson-Hall.

[2] Tajfel, Henry, Billig, M. G., Bundy, R. P. & Flament, Claude (1971). "Social Categorization and Intergroup Behavior." *European Journal of Social Psychology* 1(2):149-178.

[3] Lea, Martin, Spears, Russell & de Groot, Daphne (2001). "Knowing Me, Knowing You: Anonymity Effects on Social Identity Processes within Groups." *Personality and Social Psychology Bulletin* 27(5):526-537.

[4] Spears, Russell, Postmes, Tom, Lea, Martin & Wolbert, Anka (2002). "When Are Net Effects Gross Products? The Power of Influence and the Influence of Power in Computer-Mediated Communication." *Journal of Social Issues* 58(1):91-107.

我们的人格的很少一部分，大部分深而不知。然而，在网上的交往，伴随着其匿名、高度控制和总能找到类似同伴的特性，创造了一种独特的保护性环境，鼓励人们在其中比在日常生活中更自由地表达自己，对于那些受社会抑制、表达自己有困难的人来说尤其如此。我们因此获得了一个良好的机会，考查个人人格是如何影响网上的行为的。

在人格理论中，人有内向、外向和神经质之分。外向的人友善、寻求同伴、渴望激动人心的事情，敢于冒险，行事冲动；内向的人安静，好思索，喜欢独处，不习惯大的社交场合，不追求兴奋，也许显得有些遥不可及；神经质的人时时处在焦虑之中，情绪外露，对各类刺激总是反应过度。多数学者把内向与外向看作一个连续谱的两端。荣格认为，内向与外向在一个人身上同时存在；虽然一种取向可能占上风，但另一种始终存在，只是可能是无意识的，未得到充分发展。[①]

这种外向/内向、神经质/非神经质的区分与互联网的使用非常相关。这是因为用户是匿名的，不存在物理上的接近性，与交往对象不产生直接接触，对交往的时间和频度有完全的控制，因此他会感到自己身处一个保护性的环境之中。这些因素会帮助内向和神经质的人在线上比在线下获得更充分的表达。亚尔·阿米凯–汉伯格（Yair Amichai-Hamburger）和以利沙娃·本–阿齐（Elisheva Ben-Artzi）在女性内向者和神经质人群中进行的研究证实了这一点。[②] 何塞·古铁雷斯–马尔多纳多（José Gutiérrez-Maldonado）等人对电脑讯息的评估发现，内向的网民在发帖

---

① Eysenck, Hans Jürgen & Eysenck, Sybil B.G. (1975). *Manual of the Eysenck Personality Inventory*. San Diego: Educational and Industrial Testing Service; Jung, C. G. (1939). *The Integration of the Personality*. New York: Farrar & Rinehart.

② Amichai-Hamburger, Yair & Ben-Artzi, Elisheva (2000). "The Relationship Between Extraversion and Neuroticism and the Different Uses of the Internet." *Computers in Human Behavior* 16(4):441-449.

时带有外向的声调。①值得注意的是，内向者在网上的反常行为同荣格的认识是一致的。荣格认为每个人都是由不同的性格成分所组成的，所以，一个外向的人可能不爱表达，一个内向的人则可能很爱表达，这两种相反的力量之间形成平衡最好。互联网或许有助于建立这种平衡，因为它允许个人表达其人格中未得到发展的那一部分。

罗伯特·克劳特（Robert Kraut）等人的研究提出了不同意见。②他们指出那些外向型的、在线下就有很多朋友的用户，参与网络社区的程度比内向者更高，其在网上的孤独感较后者为低。他们将这一现象称为"富者愈富"。但是，非常多的学者认为互联网创造了机会使"穷者变富"。也就是说，互联网的保护性环境使得那些在传统交流渠道中不能充分表达的人可以在网上这样做。③

除了外向/内向的区别，其他一些人格理论也可以用来分析网络用户的情况。例如，有闭锁倾向的人积极避免不确定性，而较少这一倾向的人会更愿意在网上探索认同，并对形成新的关系持更加开放的态度。④从心理控制源（locus of control）来看，外部控制倾向者相信生活事件是外部因素的结果，如机会或运气；内部控制倾向者认为自己有能力控制生

---

① Gutiérrez-Maldonado, José, Mora, Mireia, Garcia, Silvia & Edipo, Patricia (2001). "Personality, Sex and Computer-Mediated Communication Through the Internet." *Anuario de Psicologia* 32(2):51-62.

② Kraut, Robert, Kiesler, Sara, Boneva, Bonka, Cummings, Jonathon, Helgeson, Vicki & Crawford, Anne (2002). "Internet Paradox Revisited." *Journal of Social Issues* 58(1):49-74.

③ McKenna, Katelyn Y. A., Green, Amie S. & Gleason, Marci J. (2002). "Relationship Formation on the Internet: What's the Big Attraction?" *Journal of Social Issues* 58(1):9-32, http://www.jrichardstevens.com/articles/McKenna-onlinerelation.pdf.

④ Amichai-Hamburger, Yair, Fine, Adi & Goldstein, Abraham (2004). "The Impact of Internet interactivity and Need for Closure on Consumer Preference." *Computers in Human Behavior* 20(1):103-117, http://www.angelfire.com/ak4/ad5/escom/ac/lectura4.pdf.

活。①可以从这一点来观察人们在网上披露个人信息的意愿。后一类型的人在披露信息时更少困难，而前一类型的人因为害怕失去控制而更不愿意暴露自己。

依恋（attachment）也是一个重要的维度。有关儿童依恋行为的研究最早是由约翰·鲍尔比（John Bowlby）开展的，②M.D.S.艾恩斯沃思（Mary D. Salter Ainsworth）等人的研究显示了依恋在儿童期以后的重要性，划分出依恋型人格的类型。③辛迪·哈赞（Cindy Hazan）和菲利普·谢沃（Philip Shaver）用依恋理论分析了成年人的爱情关系，提出三种人格类型：安全型（secure）、回避型（avoidant）和焦虑—矛盾型（anxious-ambivalent）。④这一理论可以用来解释网上关系的深浅程度。回避型的网民倾向于形成不具承诺的关系。因为他们不想依赖他人，当关系升温时，他们就开始紧张。而焦虑型的网民有着建立稳定关系的需求，他们是那种会加强自己与其他网友关系的人，并且也更容易沉迷于网络友情。

网上行为与寻求刺激和冒险的人格特质也有关系。寻求刺激者不断追求变化的体验，包括从事危险活动、追求另类的生活方式、拒绝生活的单调性。⑤冒险的倾向也因人而异。⑥寻求刺激和冒险程度高的人更可

---

① Rotter, Julian (1982). *The Development and Applications of Social Learning Theory*. New York: Praeger.
② Bowlby, John (1958). "The Nature of the Child's Tie to His Mother." *The International Journal of Psycho-Analysis* 39(5):350-373.
③ Ainsworth, Mary D.Salter, Blehar, Mary C., Waters, Everett & Wall, Sally (1978). *Patterns of Attachment: A Psychological Study of the Strange Situation*. Hillsdale, NJ: Erlbaum.
④ Hazan, Cindy & Shaver, Philip (1987). "Romantic Love Conceptualized as an Attachment Process." *Journal of Personality and Social Psychology* 52(3):511-524.
⑤ Zuckerman, Marvin (1971). "Dimensions of Sensation-Seeking." *Journal of Consulting and Clinical Psychology* 36(1):45-52.
⑥ Levenson, Rick (1990). "Risk Taking and Personality." *Journal of Personality and Social Psychology* 58(6):1073-1080.

能利用互联网探索他们的人格的不同方面,也对探索网络的极端性感兴趣。反之,寻求刺激和冒险程度低的人对试验认同会表示拒斥,在网上会更谨慎小心。

真实的自我?

人格心理学和自我心理学是不同的。"自我心理学关注主观体验(人们是如何看待他们自己的),人格心理学更关注客观体验(人们实际上是什么样的)。"[①]而关于如何理解自我,做出最重要说明的人之一,是美国心理学家卡尔·罗杰斯(Carl Rogers)。

罗杰斯是人类潜能运动(Human Potential Movement)的领袖之一,该运动寻求取代心理分析和行为主义。罗杰斯认为,在现代生活中,人们放弃了自身的内在个性,替换以一组他们认为会招来他人喜欢的特性。然而,无论他们怎样修饰,也不管他们多么希望取悦他人,都难以满足他们的行为的接受者,后者的需要总是难以把握。"这样,现代人体验到了他的孤独,他的被切断,他和自身的深切存在以及和他人的分离,所有这一切都达到了可能是前所未有的程度。"[②]

罗杰斯认为健康的人们生活在他们自己和他们的体验的相合性当中;他们对生活中的体验保持开放而不是严加防范,而正是防范之心制造了个人与其体验之间的紧张。他断言,人们之所以能够实现这样的状态,是因为他们的父母给予了无条件的爱,使得他们可以通过自己的眼睛去打量这个世界。相反,不健康的人接受的是有条件的爱,它所竖起的壁垒阻碍了个人表达真实的自我,因为他们惧怕失去照顾自己的人

---

① 乔纳森·布朗、玛格丽特·布朗:《自我》,陈浩莺等译,北京:人民邮电出版社,2004年,第3页。

② Rogers, Carl (1980/1995). *A Way of Being*. Boston: Houghton-Mifflin, 166-167.

的关爱。自我概念和实际体验之间的关系如果被扰乱，就会产生心理病症。

罗杰斯的人格结构论包括三种不同的自我：

（1）自我概念（the self-concept）——对自我的主观感知。它包括表达出来的部分，以及由文化和教育所影响的有关自我的自觉信念。

（2）真正的自我（the true self）——代表着大多数人尚未实现的真实的自我。它是我们人格当中藏得最深的部分，能够感觉到对自己什么是好，什么是坏。

（3）理想的自我（the ideal self）——希望成为的自我。它和真正的自我不一定是一致的，中文成语有"志大才疏"一说，就反映了这种情形。重要的是，以上三种不同的自我之间的差距越小越好，如果差距过大，一个人的心理健康就会恶化。[1]

罗杰斯认为，使心理治疗得以成功的最重要的因素是一种能够推动病人成长的环境。这种环境必须具备三个必要条件：

（1）真挚，真实，一致性——治疗师保持对病人的开放，让病人感到自己是可以信赖的。

（2）无条件的正面看法——无论病人说什么，治疗师都加以正面肯定。而且，治疗师显示出对于病人的幸福的真正关心。

（3）移情的理解——用一种能够深入病人的私密世界的方式倾听，以便理解病人的意识层面以下的东西。[2]

虽然罗杰斯强调这三个条件是成长所必需的（不光是治疗师和病人，它们对任何有意义的关系都有效，如父母—孩子、老师—学生），但他却指出，在我们的日常生活中，这些条件是极其罕见的。

---

[1] Rogers, Carl (1961). *On Becoming a Person*. Boston: Houghton-Mifflin.
[2] Rogers, Carl (1980/1995). *A Way of Being*. Boston: Houghton-Mifflin, 115-116.

凯特琳·麦肯纳（Katelyn Y. A. McKenna）等人认为网上安全的保护性环境有可能给网络关系带来正面影响。他们论证说网络交流的独特性在于人们愿意分享与自己有关的信息，谈论内心明白是真的，但以前却难以表达的事情。①麦肯纳等人将此称为"真的我"（real me），这个说法源于罗杰斯1951年的著作《当事人中心疗法》提出的"真正的自我"的治疗理念，在书中，罗杰斯用其指代病人在成功的治疗后找到的那种感觉，即其变得越来越忠实于自己。②

麦肯纳等人把在网上展现真实自我的人同那些在线下关系中展现真实自我的人区分开来。他们指出，在何处展现真实自我将决定人们是在线上还是在线下发展有意义的关系。如果一个人在线上展现真实自我，那么可以预期的是，他也将在线上发展有意义的关系。而且，他们还会努力把这样的关系带到线下，以使之成为一种"社会现实"。③

麦肯纳等人进行的一系列实验显示，那些说自己更容易在网上表达真实自我的人能够更快地形成网上关系，而且这些关系也相当持久。有社交恐惧和孤独感的人在网上比在线下更会表达自己。互联网讨论组的参加者也喜欢把自己的网上朋友带入现实生活。63%的人同网上的朋友通过电话，56%的人互换过照片，54%的人在线下见过面。而且，研究者发现，在网上形成第一印象的人在线下见面的时候，要比直接由线下交往开始友情的人更喜欢对方。研究者认为这说明，建立在互相透露信

---

① McKenna *et al.* (2002). "Relationship Formation on the Internet: What's the Big Attraction?" *Journal of Social Issues* 58(1):9-32.

② Rogers, Carl (1951). *Client-Centered Therapy.* Boston: Houghton-Mifflin.

③ Gollwitzer, Peter M. (1986). "Striving for Specific Identities: The Social Reality of Self-Symbolizing." In Baumeister, Roy (Ed.) *Public Self and Private Self.* New York: Springer-Verlag, 143-159. "社会现实"一词在这里的意思是说，人们努力获取某种认同，但这个目标位于社会现实的层面上。也就是说，声称拥有特定认同并不足够，还必须让他人意识到这种声称。

息的基础上的关系，要比仅仅基于外表吸引力的关系更牢固。

约翰·巴格（John A. Bargh）等人调查了互联网的保护性环境对自我表达的影响。他们发现面对面交流更容易发现实际的自我（actual self），而网上交往更容易发现真正的自我（true self）。与面对面交往者相比，网上交往者在展示真正的自我方面更成功。[①]造成这种状况的一个关键原因是，当人们在远距离交往时，倾向于投射自己的理想自我，而这种理想化的期待会成为自我实现的预言。

巴格等人认为网上交往与面对面交往有四点主要的不同：网上交往的匿名程度更高；可以更自由地讨论个人的禁忌以及较为负面的东西；面对面谈话时使人焦虑的一些因素（比如外表）的重要性降低了；可以对谈话的步调进行更大的控制。这些不同鼓励了更好的自我表达，推动了更坚实的关系。

"真正的自我"的概念对那些在线上比在线下表达得更好的人是很重要的。罗杰斯指出，如果人们不能够表达他们的"真正的自我"，可能会引发严重的心理失调。对于很多内向者、神经质的人或患有社交恐惧症的人来说，互联网可以成为他们生活的重要组成部分，也许是他们唯一能够真正表达自己的地方。他们并不把网络当成"真实世界"的某种替代物，而是可能给予网络生活以相对于真实生活的优先权。

网络的安全性，以及找到类似同伴的轻易性，都可能造就一种环境，使人们得以加强自我概念，并更加轻松地表达自己。然而，真正自我的概念在使用时也要格外小心。罗杰斯的本意是用它指人们尚未发现的自我，而互联网上发生的常常更像是"火车上的陌生人"现象，即人

[①] Bargh, John A., McKenna, Katelyn Y. A. & Fitzsimons, Grainne J. (2002). "Can You See the Real Me? Activation and Expression of the 'True Self' on the Internet." *Journal of Social Issues* 58(1):33-48.

们在向陌生人倾诉秘密的时候感到更安全。① 所以，有必要分辨网上的行为是真正的自我的展示，还是只是在一个看上去安全的环境下分享私密的信息。

---

① Rubin, Zick (1975). "Disclosing Oneself to a Stranger: Reciprocity and Its Limits." *Journal of Experimental Social Psychology* 11(3):233-260.

数据化的人

"不论iPhone因为什么而震动,都不如此刻你的眼神交流更有价值。"宁愿选择人的怪癖,而不要数字化的完美。

"网红"的兴起及走向[①]

2015—2016年见证了"网红"的兴起。其实,作为一种网络现象,网红早在互联网诞生之初就已存在,但在商业力量一路推动下,网红从偶发行为走向产业化,成为重要的经济"风口"。本文从历时性角度梳理了网红发展史,认为中国网红20年的发展是一个由自动自发到商业策划和利用的过程,而未来网红将走向专业化生产的方向。

"网红"的崛起:"新名人"的诞生

名人自古就存在,古代的皇室贵族和英雄人物都是名人的代表,但是近代大众传播和消费主义浪潮的兴起才真正开启了名人时代,尤其是21世纪后新媒体的广泛应用更是进一步拓展了名人的影响力。格瑞姆·特纳(Graeme Turner)认为名人现象与当代流行文化密不可分,名人现象是文化变迁的一个表征。[②]利奥·洛文塔尔(Leo Lowenthal)所总结的从"生产偶像"到"消费偶像"的转变,即反映了这种社会文化变迁。[③]

名人的价值在于其吸引和调动关注的能力,这种能力与产品销售息息相关,也就是说,名人依靠引发关注而产生商业价值。无论是好莱坞明星、体育健将、商业领袖还是如今的网络红人,其风光的社会地位和巨额的经济收益,都对普通人充满了吸引力。正是由于名人名声所带来的巨大影响力,丹尼尔·布尔斯廷(Daniel Boorstin)给出了流传甚广的

---

① 与张月朦合写。
② Turner, Graeme (2004). *Understanding Celebrity*. Thousand Oaks, CA: Sage, 5.
③ 利奥·洛文塔尔:《文学、通俗文化和社会》,甘锋译,北京:中国人民大学出版社,2012年。

"名人"定义：名人很大程度上仅仅是因为"知名"而知名的，而不是因为名人自身的伟大贡献或者其所付出的努力以及其所拥有的才华。① 在如今这样一个图像饱和的社会里，名人风光更被无限放大，对于名人的迷恋和希望成名的幻想更胜以往。

在美国，名人主要来自经济最发达、资源最充沛、机构最集中的洛杉矶和纽约地区。当然，进入名人生产系统只是第一步，如何在人才济济的名人市场中脱颖而出并获得广泛关注才是更为关键的步骤。普通人想要通过这样的机制成名，难度可想而知。然而，出于娱乐的需要，媒体和文化机构试图造就"名声的民主化"。② 加姆森（Joshua Gamson）认为，在过去的二十年中，美国的名人文化逐渐转向普通人，而非过去所熟知的"权力精英"。③

"名声的民主化"是与公域与私域界限的模糊一同发生的，而这又是拜新的媒体应用所赐。随着大众传播技术的发展尤其是互联网的普及，成为名人不再遥不可及，例如，风靡电视业的真人秀就使得很多普通人获得了成名的机会。新的网络技术，更是令自我呈现与公开展示变得难以分辨。名声的门槛大为降低，正如安迪·沃霍尔（Andy Warhol）那句名言所说，"在未来，每个人都能成名15分钟"，④ 其强调的重点并非仅仅

---

① Boorstin, Daniel Joseph (1961). *The Image: A Guide to Pseudo-Events in America*. New York: Vintage, 57.
② Ponce de Leon, Charles L. (2002). *Self-exposure: Human-interest Journalism and the Emergence of Celebrity in America, 1890-1940*. Chapel Hill, NC: University of North Carolina Press, 13.
③ Gamson, Joshua (2011). "The Unwatched Life Is Not Worth Living: The Elevation of the Ordinary in Celebrity Culture." *PMLA* (Publications of the Modern Language Association of America) 126(4):1061-1069, https://pdfs.semanticscholar.org/8d8e/ea6aaabbc6aa5fa67f5c3b0c034ed6891b46.pdf.
④ Guinn, Jeff & Perry, Douglas (2005). *The Sixteenth Minute: Life in the Aftermath of Fame*. New York: Tarcher, 4.

是名声的短暂易逝，更是名声对每个人的可得性。可以说，以网络红人（以下简称"网红"）为代表的新时代名人正在开启一场"新名人革命"，普通人从名人的消费者成为名人的创造者。

名人文化被互联网急剧改变，一批自下而上、自我创造的网络名人诞生了。与传统名人相比，网络名人有着不同的特征。加姆森将互联网名人分为三种：反名人（Anticelebrities）、自我创造名人（Do-It-Yourselfers）以及微名人（Microcelebrities）。[1]

反名人主要是指那些与传统名人形象不同的"新名人"，他们"不走寻常路"，以"反名人"的方式创造"新名人"。比如早期的网红芙蓉姐姐，以其夸张的造型和雷人的语录迅速蹿红，引发全民讨论。芙蓉姐姐当然不是传统意义上的影视名人，但正是其特立独行的反传统行为使得她很快在互联网上获得巨量关注。第二种是自我创造的名人，即自我包装并利用互联网技术自我传播和自我营销的名人。大部分的网红最初都是靠自我营销的，比如papi酱，其在成名之前也经历了长期的探索过程，最终依靠犀利吐槽的短视频成功突围，成为2016年第一网红。第三种微名人与自我创造的名人类似，只不过他们往往在特定的社群中成名，粉丝直接参与其名声的塑造，即今天所谓的垂直类网红。可以把沃霍尔的名言改造一下用以形容这类微名人：在未来，每个人都可以面对15个人成名。

技术赋权的网红成为网络时代名人的代表，并反过来影响传统的名人文化。传统的文体明星、政商名人开始积极拥抱网红，希望以此扩大自己在互联网上的知名度。比如格力董事长董明珠就深谙网红之道，她和雷军

---

[1] Gamson, Joshua (2011). "The Unwatched Life Is Not Worth Living: The Elevation of the Ordinary in Celebrity Culture." *PMLA* (Publications of the Modern Language Association of America) 126(4): 1061-1069, https://pdfs.semanticscholar.org/8d8e/ea6aaabbc6aa5fa67f5c3b0c034ed6891b46.pdf.

的十亿之赌、亲自为格力代言等一系列动作其实都是在吸引关注，将自己的个性和企业品牌联系在一起，并重点突出自我个性，将"董明珠"三个字打造成格力最有价值的名片。影视明星原先只活跃在荧屏之上，甚至需要与粉丝保持距离以保留神秘感。但是在社交媒体出现之后，影视明星的活跃程度不输网红。在直播大热的今天，刘诗诗、刘涛、杨颖等一众明星纷纷加入主播行列，在各个直播平台露脸，将移动直播作为一个新的网络营销和新媒体互动平台，以提升自身的影响力。

网红的演进：商业的力量

网红并不是新现象，早在互联网诞生初期，那些利用互联网平台获得名声的个体就被称为"网络名人"（internet celebrity）。从美国最早报出克林顿性丑闻的《德拉吉报道》（*Drudge Report*）的创办人马特·德拉吉（Matt Drudge），到中国成长于文学网站和论坛上的安妮宝贝、南派三叔等网络作家，都是早期的网络名人。随着互联网技术的不断发展，"网红"这个更形象的说法取代了"网络名人"，而它在不同的时期内也呈现出不同的面貌。

有的网红是因为创造了独特的内容而走红（比如咪蒙），有的是因为独特的个性（比如木子美），有的是因为独特的身世（比如王思聪），还有的是因为卷入某个事件（比如郭美美），或者只是由于某个病毒式视频或者病毒式照片而大红大紫（比如胡戈和犀利哥）。从表现媒介上看，有依靠文字写作创造和维系声名的，如韩寒；有依靠图片展现出位的个性，甚或炫富和审丑的，如罗玉凤；有在微博平台上展现段子手的幽默能力的，如作业本；现在，则产生了崭新的通过IP内容在微信、淘宝、短视频、直播等平台滋生网红的方式，形式十分多元，个性百花齐放。

在笔者看来，网红经历了漫长的发展历程，而在近两年获得井喷式发展，与商业力量的一路推动密不可分。由此，可以从商业参与的角度对网红的历史进行划分。根据商业参与程度的高低，笔者将网红的演进分为以下几个阶段：

萌芽期：无前期策划，以线下变现为主

匿名社区的网络写手代表了网红的萌芽期。写手们主要依靠自身强大的内容生产能力获得名声，其背后并没有专业化的团队和推手，盈利模式单一，主要依靠网络内容线下出版或影视改编变现，即出售作品及作品衍生品，也有不少网络写手转型成为作家、撰稿人、编剧、媒体编辑等。比如今何在出版了《悟空传》等13部作品，参与开发以《悟空传》为蓝本的网络游戏，创作电影小说《天下无双》《西游·降魔篇》。安妮宝贝出版了《八月未央》《彼岸花》《蔷薇岛屿》等小说，在杂志开设专栏，荣登第一、二、三、六届中国作家富豪榜。南派三叔出版了《盗墓笔记》《大漠苍狼》《怒江之战》系列作品，连续四届入选中国作家富豪榜，创办杂志《超好看》，参与《盗墓笔记》网络剧和游戏的开发。

发展期：推手助力，探索多元化变现方式

以芙蓉姐姐、凤姐、杨冰阳（Ayawawa）等草根红人为代表的网红崛起，可以视为网红的发展期。与依靠文字的网络写手不同，这一时期的网红以图片为主，成名也不再靠单打独斗，而是经过了幕后推手的助力。成名之后，这些草根达人开始依靠名声寻求其他渠道变现，由于有了幕后推手的参与，变现模式更加多元，比如转型演艺圈、创立公司、开淘宝店铺等等，但并未规模化和产业化。

繁荣期：团队营销，产业运作

到了以微博、微信为代表的社交媒体时代，网红发展进入繁荣期，以内容见长的段子手和以颜值见长的电商模特成为这一时期的代表。在繁荣期,随着时间的沉淀与粉丝的积累,一批网红脱颖而出,网红开始从现象化走向产业化,专业的经纪公司和网红孵化器在这一时期应运而生。2013年前后,牙仙、楼氏和鼓山三家段子手经纪公司相继成立,"一个以'段子'作为核心竞争力的产业在这三年里发展起来。段子手成为一个稳定的职业,佼佼者年入百万,有成套的商业模式,有行业的规则"。[1]杭州如涵电商则是另一类网红经纪公司——电商红人经纪的代表,其模式包括"供应链+代运营+经纪人"三重功能。供应链端自身组建服装代工厂,对接网红品牌;代运营端在店铺经营、企业资源计划(ERP)管理、产品上新等方面对红人店铺提供支持;经纪人端则直接做网红营销、网红孵化等工作。如涵电商旗下第一网红张大奕,只用了短短一年半的时间,微博粉丝数就从25万涨到400多万;她所经营的淘宝店,在2015年"双11"中,成为网红店铺中唯一一个挤进女装类目榜单的店铺,更创造了单店上亿元的年销售额。[2]

井喷期:资本介入,内容IP化

进入2015年,网红经济获得井喷式发展,最主要的原因就是资本的介入。以网络直播为例,艾媒咨询报告指出,2015年中国在线直播平台数量接近200家,网络直播的市场规模约为90亿,网络直播平台用户数量已经达到2亿,大型直播平台每日高峰时段同时在线人数接近400万,同时进行直播的房间数量超过3000个。[3]直播市场成为资本追逐的风

---

[1] 曾鸣:《段子手军团的崛起》,GQ男士网,2015年5月12日,http://www.gq.com.cn/celebrity/news_1513315cd4428db8.html。
[2]《张大奕这么牛?网红店铺杀入双11女装前十》,亿邦动力网,2016年11月11日,http://www.ebrun.com/20161111/201336.shtml。
[3]《风口下的网红经济:一个资本热点的成长简史》,《21世纪经济报道》,2016年6月13日,https://new.qq.com/rain/a/20160613006943。

口,2016年,资本对该市场的投入超过了100亿元。①经历"千播大战"抢占流量时期,行业加速洗牌,高盛分析师预测,中国网络直播市场规模预计在2020年达到150亿美元,在世界范围内遥遥领先。②艾媒咨询《2019上半年中国在线直播行业研究报告》显示,2019年中国在线直播用户规模将超5亿,作为直播的新兴垂类之一,电商直播在2019年迎来爆发。③资本的介入有助于推动网红经济在产业化的道路上更加成熟与完善。

IP,即Intellectual Property的简称,普遍翻译为知识产权,在创意经济语境下,代表着一种"心智创造",包括音乐、文学、影视等艺术作品,以及一切倾注了创作者心智的、被法律赋予独享权利的"知识财产"。IP的魅力在于其强大的粉丝凝聚力和消费转化力,近年来一批大热的IP影视剧推动了整个泛娱乐产业的发展,吸金能力不容小觑。在资本的参与下,网红IP化成为一大趋势,因为IP化意味着高人气、高流量和高平台黏性。未来将会有越来越多的网红走向IP化,以IP促变现,探索更为多样的盈利模式。

网红的未来:专业的驱动

网红是UGC(user generated content,用户生产内容)的成功者,是对传统PGC(professionally generated content)即专业内容生产机制的反拨,但随着名声的增加和商业资本的介入,原本出于爱好而进行内容生

---

① 钟大年:《解读作为媒介的网络视频直播》,载王晓红、曹晚红主编:《中国网络视频年度案例研究2017》,北京:中国传媒大学出版社,2017年。
② 《网络直播行业如何优化发展》,《中国新闻出版广电报》2019年3月6日,http://www.cac.gov.cn/2019-03/06/c_1124200118.htm。
③ 《揭秘风口上的电商直播:从李佳琦到店老板,人人都是主播》,《新京报》2019年11月3日,https://new.qq.com/omn/20191103/20191103A0HEZ600.html。

产的网红们逐渐将内容自生产转变为半专业甚至专业生产，工作性质也从兼职走向全职。在这个过程中，专业化的运作成为后续发展和变现的保障。

在美国，网红大多具有较为成熟的商业运作模式，其中最著名者莫过于MCN。MCN（Multi-Channel Networks）即"多频道网络"，是YouTube等视频平台上某一类型或某些类型视频的集成商，比如儿童相关内容集中的AwesomenessTV，游戏玩家集中的Machinima，时尚美容相关的StyleHaul，食品和旅游相关的Tastemade，体育相关的Whistle Sports，拉美内容集中的Mit Networks，舞蹈和音乐相关的DanceOn，还有内容更为复合多元的Maker Studios和Fullscreen，等等。MCN的节目内容并非都是原创，它们招募数以万计的独立YouTube视频创作者，从网络名人到默默无闻者都有。每个MCN提供的服务略有不同，但一般它们都承诺给YouTube新秀不菲的收入提成（通常是30%），并可以给他们带来更多点击量和由此产生的收益。"MCN试图解决一个在YouTube短暂历史上一直困扰它的问题——如何组织管理这样一个庞大而且混乱的内容制作环境，从而让观众、创作者和广告商都能受益。"[1]

多样化的UGC带来了流量，但由于资金和条件的限制，内容生产的质量不能保证，并且往往也是不可持续的。MCN公司的出现主要就是保证UGC内容生产者也就是网红能够持续、高质量地生产内容，它们会给网红提供创作资助、创作环境、人力支持和观众发展等多项帮助。与此同时，它们会联系品牌，帮助网红实现内容变现，最后进行广告分成。从生产机制上来说，进入MCN模式的网红已经脱离原先自产自销的UGC模式，进入半专业化甚至全专业化的阶段。

---

[1]《美国网红炼成记：好莱坞与YouTube混战》，《商业周刊》中文版2016年4月26日，http://mobile.bbwc.cn/article/10050165/1/cat_18。

与美国类似，我国的网红在进入第三个时期之后，也走向了专业化生产和产业化运作的阶段。国泰君安2016年5月发表的《网红经济产业地图》报告认为，目前网红经济地图包括上游社交平台、中游网红孵化和下游网红变现渠道。①以微博、微信为代表的社交平台是网红主要的流量来源，是网红产业化运作的基础。中游是各类网红经纪公司和网红孵化器，它们是网红的供给方，这里的供给一方面是指公司内部孵化的"新网红"，另一方面指平台挖掘并包装的已具有一定粉丝基础的"老网红"。国内比较知名的网红孵化公司包括杭州如涵、杭州缇苏等，近期像网红商学院、网红学院这种专门的网红培训机构也快速发展。下游是网红的变现渠道，目前主要有电商、广告、打赏和演艺等。网红电商公司主要通过电商变现，内容类网红主要通过广告变现，直播类主要通过打赏的方式变现。通过上、中、下游的相互配合，形成了完整的网红产业化运作模式。

除了商业模式上的专业化运营，内容型网红也进入了半专业化甚至是专业化的内容生产阶段。比如网红"叫兽易小星"，本名易振兴，早先以恶搞视频走红网络，其创作的《叫兽教你玩游戏》《恶搞中国足球》等恶搞视频，因为针砭时弊，并且十分接地气，广受好评。虽然其在网络上小有名气，但是UGC的生产模式无法保证量产化和规模化，前景堪忧。2011年，易振兴北上创业，与来自土豆的范钧、柏忠春一起成立了影视公司"万合天宜"，从个人视频制作者转型成专业影视公司的合伙人，也带领他的团队走向了专业化影视剧生产的道路。2013年，在中国网络视频还处在起步阶段的时候，易振兴执导的网络迷你喜剧《万万没想到》

---

① 国泰君安证券:《网红经济产业地图（一）：上游社交平台》，2016年5月10日；《网红经济产业地图（二）：中游孵化平台》，2016年5月15日；《网红经济产业地图（三）：下游变现》，2016年5月17日。

在10万多部网剧中异军突起。①《万万没想到》两季在优酷累计播放量超过15亿次,平均每集播放量超过4100万次,号称"网络第一神剧"。②

在直播行业,想要单打独斗成为直播网红已然很难实现了。根据中新网的调查,"目前新入场的个人主播已经很难存活,多数都会抱团加入公会③等组织求发展……公会的专业化包装和运营,可以为主播带来其他收益,例如产品推广、植入广告、电商推广,甚至是各种综艺节目、网络剧和线下商业活动等"。④除了公会组织,各直播平台也会聘请网红培训师,帮助培训主播。"实时监督并当场指正,是培训师对初出茅庐的网络主播最重要的培训内容之一。"⑤

依靠UGC便捷的生产工具,内容生产和传播的门槛降到历史最低点,任何普通人都有可能成为网红,并依靠名声和流量获得巨大的回报。但是自我创造、自我营销的模式是有缺陷的,除了商业运营上的短板,对于内容型网红来说,UGC模式最大的弊端就是内容生产的不可持续性。在一个注意力稀缺的时代,想要长时间获得关注,仅靠个人创作是非常困难的,这也是很多网红昙花一现的原因。因此,在资本的助推下,网红逐渐走上了专业化生产的道路,个人魅力+团队运作+资本推动将成为未来网红的发展方向。也只有依托专业的力量,网红才有可能实现IP化,保持长期的生命力。

---

① 《短视频创业教父:叫兽易小星》,中青在线,2016年5月27日,http://edu.cyol.com/content/2016-05/27/content_12672359.htm。
② 《明星王大锤和〈万万没想到〉的野心》,《好奇心日报》,2014年11月3日,https://www.qdaily.com/articles/3218.html。
③ 公会最早起源于游戏,指玩家在游戏之外通过BBS、QQ群等方式建立起来的玩家组织。直播公会是招募、培养主播的组织。
④ 《秀场直播调查:个人直播难存活,行业现公会化运作》,中国新闻网,2016年7月23日,http://finance.chinanews.com.cn/cj/2016/07-23/7949025.shtml。
⑤ 《教你如何成为网红——每晚指导8名女主播的培训师爆料》,《南方都市报》,2016年7月15日,http://people.pedaily.cn/201607/20160715399666.shtml。

"文化针灸"模式的粉丝行动主义[①]

文化针灸是粉丝行动主义的一种模式,其实质是一种以流行文化联系社会议题的策略,它是自下而上的草根运动。此种策略通过大量粉丝汇聚注意力,并在此基础上,进一步形成对话与动员。

何谓文化针灸?

粉丝组织"哈利·波特联盟"(The Harry Potter Alliance)[②]的创始人安德鲁·斯莱克(Andrew Slack)于2010年在《赫芬顿邮报》(*HuffPost*)撰文,提出文化针灸(cultural acupuncture)这一术语:"在文化中寻找心理能量,并将这种能量导向创造更健康的世界……作为活动分子,我们未必如耐克和麦当劳那样富有,但我们拥有富含意义的信息……通过文化针灸,我们将迎来一个充满乐趣、富有想象力和超级性感的行动主义时代,并且它将会非常有效。"[③]

文化针灸的具体操作方式是,粉丝组织发现虚构的内容世界(content

[①] 与陈天虹合写。
[②] "哈利·波特联盟"系由安德鲁·斯莱克于2005年创立的非营利粉丝行动组织,致力于平等、人权和文化素养。至2018年,网站注册会员超过40万人,全球的地区支部超过70个,组织各地区成员参与义工、筹款等,较受瞩目的是成功驱使拥有《哈利·波特》特许经营权的时代华纳公司(Time Warner)与衍生产品生产商签订公平贸易协定,保障提供原材料的农民的利益。其网站简介写道:"哈利·波特联盟将粉丝变成英雄。我们通过故事的力量让行动主义得以发生,从而改变世界。"见 The Harry Potter Alliance. What we do. https://www.thehpalliance.org/what_we_do。
[③] Slack, Andrew (Jul 2, 2010). "Cultural Acupuncture and a Future for Social Change." *HuffPost*, https://www.huffpost.com/entry/cultural-acupuncture-and_b_633824.

world）①的"公众参与基础"（public engagement keystone），以之作为"接触点、世界观或哲学，使人、行动与机构显形"。这种基础可以服务于行动组织的多重目标，比如为公民的既有体验提供锚定标准，帮助识别和聚集信念与兴趣的同道者，以及在行动主义者之间形成强有力的纽带。

具体来说，行动组织的成员通过请愿、发函、制作视频、筹款等，力图影响法律和公共政策。这些活动通过与他人的接触，悉数在公共领域内传播和运作。就哈利·波特的粉丝而言，他们的政治行为包括：在公共讨论中插入论证，从而引起粉丝甚至其他阅听人对现实世界议题的关注，并以此展开线上、线下的行动，最终令自身的公共主体性得到维护。

文化针灸术构成了粉丝行动主义（fan activism），成为公民参与和政治参与的一种崭新形式。"它是从粉丝文化中浮现出来的，经常是为了回应粉丝的共同兴趣，也经常通过粉丝的现有实践和关系加以构建，并从通俗文化和参与式文化中提取隐喻进行框定。"②这种行动模式的驱动力在于"想象一个更好的世界"（imagine better）。该理念由《哈利·波特》（*Harry Potter*）的作者、本身也是行动主义者的J.K.罗琳（J. K. Rowling）在2008年哈佛大学毕业典礼演说中提出，斯蒂芬·邓肯比（Stephen Duncombe）认为它描述的是一系列的运动，"包括理解欲望和对非理性说话的政治；使用符号和联想的政治；讲述好故事的政治"。③

---

① 根据亨利·詹金斯的定义，虚构作品中的内容世界是人物、环境、情境和价值观的网络，它们构成了商业制作人或草根社区延展一系列故事的基础。Jenkins, Henry (2012). "'Cultural Acupuncture': Fan Activism and the Harry Potter Alliance." In Jenkins, Henry & Shresthova, Sangita (Eds.) "Transformative Works and Fan Activism." *Transformative Works and Cultures*, Special issue, 10。
② 同上。
③ Duncombe, Stephen (2007). *Dream: Re-imagining Progressive Politics in an Age of Fantasy*. New York: New Press, 9.

"文化针灸"的方法是富有想象力和俏皮的，提供了一整套另类隐喻和类比，而这些隐喻和类比本已属于年轻人生活的一部分。这些源自内容世界的隐喻被用来理解范围广泛的当代问题，它们构成批判既有秩序的文化资源，同时也是对陈腐的政治修辞的改写。

我们常常拒绝在粉丝和公民二者间画等号，然而，L.V.祖伦（L.V. Zoonen）却对粉丝的情感承诺与积极公民的认知的两分法提出质疑：一方面我们需要诸如知识、理性、超脱、学识或领导力等公民美德，另一方面我们也需要快乐、幻想、爱情、沉浸、玩耍或模仿。[1]对邓肯比而言，"道德奇观"（ethical spectacle）是弥合这种鸿沟的桥梁，所谓道德奇观，指的是使人愉快，同时具备参与性和嬉戏性的公共展演，在游戏的同时，也直面现实。[2]

费斯克的抵抗与文化针灸

约翰·费斯克（John Fiske）于20世纪80年代末在专著《电视文化》（Television Culture, 1987）中论及抵抗（resistance）——粉丝的反抗并非是为了颠覆社会体系，从而表现出"明显的政治性甚至革命性的意义"，而是为了"拒绝接受主流意识形态所规定的社会身份以及随之而来的社会控制"。[3]他以粉丝模仿偶像麦当娜的时尚衣着和言行为例子，来证明抵抗的解放性意义：对为数众多的少女歌迷来说，麦当娜被视为对父权制价值观的推翻再造，能够赋予她们权力。在《解读通俗》（Reading the Popular, 1989）一书中，费斯克写道："幻想自己被赋权的麦当娜的十几

---

[1] Zoonen, L. V. (2004). *Entertaining the Citizen: When Politics and Popular Culture Converge*. Lanham, MD: Rowman & Littlefield Publishers, 63.
[2] Duncombe, Stephen (2007). *Dream: Re-imagining Progressive Politics in an Age of Fantasy*. New York: New Press, 124-175.
[3] 约翰·费斯克：《电视文化》，祁阿红、张鲲译，北京：商务印书馆，2005年，第240页。

岁少女粉丝可以将这种幻想转化为行为,并可以在社交上采取更有力的方式,从而为自己赢得更多的领地。当她遇到能够和她分享幻想和自由的人的时候,就开始产生团结感和共同抵抗感,这可以支持和鼓励微观社会层面的渐进行动。"①

然而,在讨论文化针灸时,詹金斯认为"哈利·波特联盟"的领袖和成员可能会反对费斯克的观点,因为他们的参与并非传统意义上的"抵抗"——那种抵抗可能是在青少年的世界里使用成人政治的语言和过程,而他们毋宁说是以草根挪用的方式创造了一种新的谈论政治变革的语言。例如,该联盟于2010年11月发起"哈利·波特巧克力公平贸易"运动,目的是保障供应巧克力原材料的农民的权益。他们以《哈利·波特》系列故事中的"巧克力青蛙"(Chocolate Frog,是一种在魔法世界中出售的深受欢迎的甜点)作为动员粉丝的工具:如果剥削农民,便等于违反"巧克力青蛙"故事所象征的意义,那么粉丝在现实世界就应该罢买该产品。最终,这一粉丝行动成功逼使拥有《哈利·波特》特许经营权的时代华纳公司与糖果生产商签订了"公平贸易认证标签合约"(The fair-trade label)。

又如,在约旦河西岸的一个村庄,当地的土地保护者以阿凡达行动主义(Avatar activism)展示特定的政治目的——保护本族群的土地,他们的做法是:将自己的身体涂成蓝色,依托电影《阿凡达》(Avatar)的形象,通过新媒介平台成功吸引公众的注意力。这种形式的粉丝行动主义需要彰显参与者的公民想象(civic imagination),继而激励真实世界的政治行动。②重要的是,在此过程中,年轻人锻造了自身必备的技能和价

---

① Fiske, John (1989). *Reading the Popular*. London: Routledge, 104.
② Brough, Melissa & Shresthova, Sangita (2012). "Fandom Meets Activism: Rethinking Civic and Political Participation." *Transformative Works and Cultures*, 10.

值,从而可以令自己的领域尽可能富于建设性。

从粉丝社群的公民实践到文化针灸

粉丝社群的公民实践(fannish civics)指涉的是,"参与式政治[①]的实践直接建基于现存粉丝社群的实践",实践的形式包括:同人小说、粉丝艺术、同人视频等等。参与者主要来自千禧世代(millennial generation),他们通过新媒介平台如播客、博客等创作及传播同人小说,或通过机械电影技术(machinima)[②]轻松制作同人动画视频,这个"过程"被学者视作公民活动与政治参与。[③]

正因如此,粉丝在根本上可以等同于参与者。如本杰明·伍(Benjamin Woo)所指出的,通过批判和鉴赏自己偏爱的文本,粉丝可以表达其感情、愉悦、承诺或忠诚,以获得粉丝社群的认同。[④]他们在进行文化消费的同时对文化产品投入大量的非物质的和情感的劳动,这种劳动在集体的社会实践中非常明显。如此实践通过共同的方向来表达不同的活动,从而为行动和实践理性提供了基础。例如,《哈利·波特》的粉丝会讨论

[①] 参与式政治指的是"参与式文化同政治及公民参与的交集,政治变革是通过社会和文化机制而非通过既有政治制度来展开的,公民认为自己有能力通过媒介生产和媒介传播表达他们的政治关注"。Jenkins, Henry (2016). "Youth Voice, Media, and Political Engagement." In Jenkins, Henry, Shresthova, Sangita, Gamber-Thompson, Liana, Kligler-Vilenchik, Neta & Zimmerman, Arely, *By Any Media Necessary: The New Youth Activism*. New York: New York University Press, 2。

[②] 机械电影是一种制作动画视频的技术,原本用于电脑游戏里面的过场动画,此方法可以降低粉丝制作动画视频的金钱成本。

[③] Anelli, Melissa (2008). *Harry, A History: The True Story of A Boy Wizard, His Fans, and Life inside the Harry Potter Phenomenon*. New York: Pocket Books; Scott, Suzanne (2010). *Revenge of the Fanboy: Convergence Culture and the Politics of Incorporation*. PhD dissertation, University of Southern California.

[④] Woo, Benjamin (2012). "Understanding Understandings of Comics: Reading and Collecting as Media-Oriented Practices." *Participations* 9(2):183.

和填补作者罗琳和时代华纳公司未交代或完成的叙事空白（void），在讨论过程中，他们既会讨论抽象概念如不平等、歧视、剥削等，也会涉及现实世界中某些国家或地区的特定政策。

要想充分说明这个参与"过程"的内在逻辑，需要引入"公民想象"的概念，也即"就当前社会、政治、经济制度或问题，设想其替代品的能力"。[①]例如，粉丝把自己想象为内容世界的"英雄"主角哈利·波特，代入其组织的"邓布利多军"（Dumbledore's Army），[②]以之思考处理真实世界问题的方法。而"哈利·波特联盟"的出现，满足了青少年粉丝渴望成为英雄的"需求"。通过这种文化针灸术，微观的生活政治与公共政策的"实体"政治之间的桥梁得以建立起来。

从"文化反堵"到"文化针灸"

文化反堵（culture jamming），又称"文化干扰"，首次出现在20世纪80年代中期，其常用定义是"干扰或阻止商业信息的流动"。[③]马克·德里（Mark Dery）于20世纪90年代撰写数篇文章普及这一术语，用来概

[①] Jenkins, Henry (2016). "Youth Voice, Media, and Political Engagement." In Jenkins, Henry, Shresthova, Sangita, Gamber-Thompson, Liana, Kligler-Vilenchik, Neta & Zimmerman, Arely, *By Any Media Necessary: The New Youth Activism*. New York: New York University Press, 29.

[②] "邓布利多军"是《哈利·波特》系列故事中的学生协会，男主角哈利·波特是该协会的领袖。在故事中，他们秘密学习"黑魔法"，目的是对付故事的反派角色伏地魔。"哈利·波特联盟"致力于成为现实世界的"邓布利多军"，通过联盟成员的努力，唤醒整个真实世界，结束诸如非洲苏丹达尔富尔地区的种族灭绝等暴行。Jenkins, Henry (2009). "How 'Dumbledore's Army' Is Transforming Our World: An Interview with the HP Alliance's Andrew Slack (Part One)." http://henryjenkins.org/blog/2009/07/how_dumbledores_army_is_transf.html。

[③] Marilyn, DeLaure & Fink, Moriz (Eds.) (2017). *Culture Jamming: Activism and the Art of Cultural Resistance*. Forward Mary Dery. New York: New York University Press, 7.

括活动主义者批评、颠覆和"阻塞"消费文化运作的一系列策略。[1]从媒体恶作剧和广告模仿到快闪和街头艺术,这些行动试图阻断渗透到人们日常生活中的资本主义主流信息流。通过干扰,原有的信号被打乱,或是被注入令人意想不到的情绪,以此刺激阅听人批判性地思考和挑战现状。

按照詹金斯的总结,文化反堵的模型认为,"大众媒介一方面拥有接近于精神控制的处理权力,但另一方面也容易被颠覆性想象的最基本行为所干扰"。詹金斯的《从文化反堵到文化针灸》一文,分别从理论和实践上,比较德里的文化反堵和斯莱克的文化针灸模型。[2]

在最广泛的意义上,两者都试图"绑架"流行文化的符号为我所用,但文化针灸寻求的是对传播的重定向,而文化反堵则致力于颠覆或阻塞信息的流动(flow)。文化针灸的发起者是粉丝,深挖的是内容世界,再以核心隐喻联系现实世界的问题;而文化干扰者通常部署"祛魅"(disenchantment)的隐喻,目的是寻找唤醒大众的良方,这缘于公众被灌输了太多的迷梦,因而丧失了对现实问题的把握。

如果说文化反堵意味着以创造性的方式反对文化产业,是外向的、更富于战斗性的,那么,文化针灸则是粉丝从内部发起的对文化的改革行动。文化干扰者解构流行叙事,使其致命的诱惑力变得无能,而文化针灸则造就文本盗猎(textual poaching),其策略是通过重组、重写和重混,制造对粉丝社群而言有意义的主题。

---

[1] Dery, Mark (Dec 23, 1990). "The Merry Pranksters and the Art of the Hoax." *The New York Times*, https://www.nytimes.com/1990/12/23/arts/the-merry-pranksters-and-the-art-of-the-hoax.html; Dery, Mark (1993). "Culture Jamming: Hacking, Slashing, and Sniping in the Empire of Signs." *Open Magazine pamphlet series*, http://markdery.com/?page_id=154.

[2] Jenkins, Henry (2017). "From Cultural Jamming to Cultural Acupuncture." In Delaure, Marilyn & Fink, Moritze (Eds.) *Culture Jamming: Activism and the Art of Cultural Resistance*. New York: NYU Press, 133.

余论

粉丝社群以文化针灸模式推动粉丝行动主义，他们既要连接现存的粉丝社群，也要通过挖掘内容世界，吸引公众注意。2013年，系列电影《饥饿游戏》（*The Hunger Games*）上映，粉丝社群希望提升公众对经济不平等议题的意识，他们在线上发起"自拍"运动，鼓励参与者模仿电影主角"高举三指"的手势进行自拍。该手势在电影当中象征的是贫穷地区人民向繁荣的首都及暴虐领袖所展示的抵抗姿态，粉丝行动组织鼓励参与者使用这种文化针灸模式，向经济不平等宣战。他们还在YouTube发布了一段视频，名为"饥饿游戏是真实的"（The Hunger Games are Real），[①]通过粉丝喜爱的角色对白，以及相关数据的呈现，使得粉丝或其他阅听人感受到在内容世界里所发生的"事件"，在现实世界中亦真实发生，借此动员公众关注社会分化的议题。

由此可见，文化针灸的实质是一种以流行文化联系社会议题的策略，它是自下而上的草根运动。此种策略通过大量粉丝汇聚注意力，并在此基础上，进一步形成对话与动员。

在文化针灸的实践中，流行文化是认同形成与赋权的自然之所在，可以提供充裕的有价值的意象与叙事。这些意象与叙事并不被文化针灸者视为对现实的再现，而毋宁说是可以与之斗争的、可以改写和再编码的主题。

---

① https://www.youtube.com/watch?v=BmVJaBuoEYA.

不论手机为何而响

如果你无法成为这场革命的主宰，自己解放自己，而只是在等待技术来解放你，那你最终还是会成为技术的奴隶。

2010年5月，搜狐的张朝阳率领14个男部下（准确地说，是搜狐所有总监级以上男高管）前往青海攀登岗什卡雪峰。他们还拉上了国家登山队队长王勇峰。我问搜狐人士，张朝阳为啥要干这事？他说，你去看Charles的搜狐微博啊，他说了，为的是要逃离城市。

于是我登录搜狐微博，关注了张朝阳，看到他在5月8日发了一条微博曰："北京的车是越来越多了，而且北京承载着全国的压力，几千个驻京办，这一代人对现代化高质量生活的期望还是能开车，开好车，有房住，在繁华市中心住，买了房子使劲装修，而空气恶化、食品安全、肥胖等后现代问题可能要等到下一代才上升为第一优先考虑的问题，而现在，人们似乎不是真正关心，可是十年后社会普遍的健康问题，减寿，甚至癌症的发病率大幅度提高都与现在人们的生活方式有关。我是受不了了，逃了。逃到郊外，逃到山里。"

看完这条微博，我的第一反应是，中国还有多少地方可逃？第二反应是，逃不起的人咋办？（更加糟糕的是，很多人还不想逃呢，等着各种机会往里钻。）第三反应是，难不成就一逃不回头了吗？

抱着这些疑问，接下来的一周，我每天都上搜狐微博去看张朝阳是如何逃的。发现他率领的搜狐登山队有众多队员都开设了微博登山直播，其中不少是我的好朋友，他们一路登一路发。有的时候，你甚至有点搞不清楚,他们是为了去登山呢,还是为了去广播自己的登山。比如这一条:"周围坐着十来个男人,每个人都低头在玩自己的手机,偶尔抬头大家都诡异地一笑。"这情形的确很诡异:置身雪峰美景,不去体验风光,而是埋头写微博。

张朝阳自己说:"微博时代首次登山,每个队员都是即时记者,大家没事儿全在低头看手机,与前方和后方的人七嘴八舌。"他回想起2002年第一次登四姑娘山,要靠有人骑快马从大本营下到小镇上,在一家小旅店门口用电话线拨号到搜狐的服务器(那时搜狐也提供拨号上网服务),把前方的消息发给外界,其时已是八个小时以后了。他感叹道:"八年了,通信变化天翻地覆,希望变化的不只是科技啊。"

变化的当然不只是科技。的确要感谢"彪悍"的手机时代,感谢人人时代的互联网,否则不会有搜狐高管"全员播报的登山",也不会有张朝阳5月13日14:40的那条微博:"雪山峰顶发的微博,应该是微博历史的首次,手都快冻坏了。"激动啊,现场的人激动,看官也激动。

永远在线

曾有人问鲍勃·麦特卡尔夫(Bob Metcalfe),什么是互联网时代的下一个"夺命应用"(killer APP),这位以太网的发明人、"麦特卡尔夫定律"的首创者毫不犹豫地回答:"永远在线"(always on)。何谓"永远在线"?简单地说,就是"随时、随地、随意"联上互联网,达到沟通无所不在、信息无所不在的境地。

"永远在线"意味着"拨号"的终结,"启动"的终结和"登录"的终结。网络连接将像电话连接一样:无论你何时拿起电话,电话里总是传来悦耳的号音,等待着同你交流。还有什么东西比移动互联更能够保证人们"永远在线"呢?无线产品早已和我们的生活紧密相连,从早些年的收音机、电视、直播卫星到汽车的卫星定位系统,到当下的手机、平板、电子阅读器、可穿戴设备，处处可见无线的威力。

当快速成长的互联网遇上快速成长的无线产品，一个崭新的个人通信时代露出了曙光。然而，我最关心的还不是移动数据通信范围的扩大，而是它给我的生活方式带来的影响。一想到当我走下飞机或是登临高山，我可以打一个电话、发一封电子邮件，甚至从互联网上抓一些资料，我就感到这是一种解放。

但它真的像表面看到的那样是一种解放吗？别人能在任何时间任何地点找到我，我的生活会如何被重新界定呢？

数字化自我和模拟化身体的永恒对立

无法中断联系意味着无法逃避。但无线人类的问题比这还要糟糕。他的大脑必须适应无线生活的节奏，每隔几分钟甚至几秒钟就要回应一些新发生的事情。不久他就变成了一架机器，任何事情都做得很快。他买了速度最快的机器，但下载时间稍长就令他感到受了侮辱。他对信息无止无休的奔流上了瘾，想停下脚步，却身不由己。

今天的人们生活在一个交流过度的世界里。网站太多了，微博太多了，短信太多了，比特太多了，而注意力却太少。速度过快、信息耗能过大导致的一个根本问题是，人们的创造性会受到损害。假如你的大脑总是在进行多任务处理，或是对外界事物做出被动反应，漫无目的的头脑游戏就失去了空间，而这本来是创造力之源。而且，如果你消费的信息同你周围的人并无二致，就不会有什么刺激因素激发你的另类思维。你接触不到出乎意料的知识，只能随信息之波而逐流，这股洪水尽管湍急，却没有深度。

没有谁描述这种状态比道格拉斯·拉什科夫（Douglas Rushkoff）更传神的了。他写了《当下的冲击》（*Present Shock: When Everything Happens Now*, 2004）这本书，明眼人一望而知，影射的是未来学家阿尔文·托夫勒1970年的名作《未来的冲击》。拉什科夫断言，如果在20世纪末期，时代的标记是未来主义（futurism），那么，定义21世纪的，就是当下主义（presentism）。所谓当下主义，即过去与未来都不再重要，重要的是紧跟现在发生的事情。

拉什科夫的一个朋友曾给他发短信说："总是忙得不亦乐乎。所有事情都在同步进行。没时间，真的没时间。"托夫勒所预言的未来，很多都实现了，但吊诡的是，我们却没有时间享受它们。在永远在线、万物皆流的现实中，我们的身体和心灵找不到安放之地。

我们活在当下，这个"当下"却像一条鱼一样抓也抓不住。我们数字化的自我和模拟化的身体，被抛入一种永恒的对立当中。这将给人类生活带来怎样的长期影响——无论是生理、行为还是政治、文化——尚无人能够知晓。

回归人的主体性

那一年，搜狐的高管们上了山，又下了山。我看他们的微博，无非感叹心灵的荡涤，精神的力量，信仰的神圣，重生的快感；他们诵《心经》，为中国的孩子们祈福，到玉树援助灾民，被雪山加持。我相信他们所有的这些感受与行动，我只是对这些感受与行动的持久性没有把握，因为信息之流滚滚向前，人们的逐流行动也永无休歇。张朝阳称："我们每个人似乎都受到了雪山的加持而与过去不同。"可是，这种不同包不包括对一个问题的追问呢？

张朝阳的微博说："就在搜狐登山队登顶岗什卡的同一天，一支十人组成的中国民间登山队在攀登尼泊尔境内道拉吉里8167米雪山时，一人遇难，另一人下落不明，关于是否要登山，为什么登山以及怎样登山的问题近期将会成为关注的焦点。"为什么登山？怎样登山？这是登山爱好者在这样的悲剧之后要向自己反复提问的问题。但我的问题比单纯的登山爱好者的问题适用的范围更广：为什么要用微博直播登山？在令人敬畏的雪峰之上，为什么惦念着发出那条微博？

张朝阳们无所逃于天地之间，还是要回归文明。既如此，就既得享受文明的方便与舒适，也要忍受文明的焦躁与污染。无线革命给我们创造的生活也脱不出这个逻辑。这场革命昭示的意义，是回归人的主体性，让人从时空的被动接受者转变为时空的主动掌控者。然则，如果你无法成为这场革命的主宰，自己解放自己，而只是在等待技术来解放你，那你最终还是会成为技术的奴隶。

拉什科夫用了一句简单的话总结这个道理："不论iPhone因为什么而震动，都不如此刻你的眼神交流更有价值。"真正的活在当下，不意味着追赶永无止境的信息洪流，而是重视质量甚于速度，宁愿选择人的怪癖而不是数字化的完美。

我曾经觉得自己的生活好像拉什科夫那个朋友。永远有做不完的事情，永远没有时间。直到我的一个学生跟我说："老师，不要说自己忙，因为忙就是心死。"我恍然大悟。忙，就是心死。心死的表现之一，就是"低头族"。

人行道、地铁上、饭桌上，到处充斥着一群"低头族"。人手一台iPhone、iPad、Kindle，随时都低头盯着手中的方寸屏幕。请问，你能抬起头来吗？

有的时候，这只需一点小小的努力。

由"全民狂拍"开启的数据革命

我们所看到的结果,是一个通过照片实现了更多连接和理解的世界。

推特(Twitter)的联合创始人杰克·多尔西(Jack Dorsey)和Instagram的创始人凯文·斯特罗姆(Kevin Systrom)曾有一段著名的"恩怨情仇"——他们原本是很好的朋友,两人心心相通,多尔西本人也曾是Instagram的投资者。2012年,多尔西找斯特罗姆促膝长谈,希望能促成推特对Instagram的收购,但斯特罗姆说:"我绝对不卖我的公司,因为我要把它一直做大,做到上市。"

多尔西遗憾而归,决定尊重朋友的选择,然而斯特罗姆转头就把公司卖给了脸书。这件事对推特和多尔西都是一个巨大的打击——无论是自尊心还是现实收益。多尔西本来是Instagram上一个很活跃的用户,每天都会po照,但在Facebook收购Instagram之后,他发了最后一张照片,是一辆空荡荡的公共汽车,从此就很少更新了。

用现在的说法,斯特罗姆为了利益不惜友尽,但斯特罗姆有自己的理由:"我实在没法抵御扎克伯格给我开的价格。"想想看,他们都是20多岁的年轻人,突然有人说,用10亿美元买他一个当时其实只有3500万用户、盈利点也不知道在哪里的应用,他能拒绝这样的事情吗?真的很难。斯特罗姆最后投向扎克伯格的怀抱,除了价格考虑之外,还因为扎克伯格从一开始就说:我保证Instagram在我公司里运作独立,我不干涉,你还是老大,你说了算。

斯特罗姆在收购案之后引用了新东家最喜欢的一句口头禅:

"我们所看到的结果，是一个通过照片实现了更多连接和理解的世界。"

这句话就像一个预言。

使用照片的三个阶段

著名设计师达斯汀·柯蒂斯（Dustin Curtis）认为，照片的发展有三个阶段。[①]第一个阶段是个人摄影刚刚开始流行的时候，主要是作为艺术照，比如人像摄影。为什么很多年轻人在结婚的时候一定要去拍婚纱照，因为婚纱照、艺术照很专业，自己是照不出那么好的效果的。因此男孩女孩们摆出浪漫的姿势，穿上漂亮的衣服，把照片当作逝去的青春的纪念，这是对照片很大的需求——人们需要专业的人来提供特别美的照片作为人生留念。

随着时间推移，摄影成本下降，成像质量提高，照片的发展来到第二个阶段——记录人的生活。这时人们开始随时随地拍照片，为的是保存生活记忆。这个时候照片被当作一种记忆的标记，比如，每当你想记住某个时刻、地点或感觉时，都会拿出照相机或者手机来拍摄一张照片。拍的时候你甚至不一定努力尝试使照片看起来更好，只是想确保取景框中有足够的信息，以便对你要记录的东西有一个很好的捕捉。在这一阶段，照片的艺术性没有以前重要了。

照片发展最近来到了第三个阶段：作为交流方式。这个功能也许比前两种都重要。所谓"交流方式"，其实很简单，就是发朋友圈，po图，聊天甩照片，等等——在这个过程中，图片成为同外界交流的方式，吸引别人来点赞、评论，或者更好地理解我们所处的位置、要表达的意思，

[①] Curtis, Dustin (Dec 19, 2012). "Photography's Third Act." https://dcurt.is/photos-for-communication.

以及我们对自己形象的塑造。尤其当我们拥有了美图秀秀、百度美拍这些工具和应用以后，我们日常习惯的行为被改变了——"全民狂拍的时代"终于开启，所有人都在拍照，照片成了一股洪流。

大脑天生爱形象？

据"互联网女皇"玛丽·米克尔（Mary Meeker）发布的互联网趋势年度报告，在2013年，全世界网民平均每天分享的照片总数突破5亿张。[1]仅仅一年以后，这个数字翻了将近4倍，达到18亿张。[2]在2019年，米克尔的报告索性指出"大脑天生爱形象"（our brains are wired for images），以此来解释图像生成和在线共享何以急剧增长。

在社交媒体上，人们越来越倾向于共享图像而不是书面文字，越来越多的人通过编辑后的图像和视频讲故事。对此，米克尔援引斯特罗姆的话："图像语言是我们所有人开始交流的方式——现在我们转了一圈又回到原点。我们正在恢复最自然的状态。"[3]

这种"自然"状态其实源自非自然，比如它可能是由于我们所有人都过着快节奏的24/7生活——发布刚拍摄的照片比在路上书写要快捷得多。共享出来的照片和视频也充满了人为的痕迹，人们不仅会竭尽全力来拍摄"完美照片"，而且会使用滤镜，对照片进行美颜和瘦脸，对视频予以磨皮和美白。很多人不会简单地为自己拍一幅自拍照，而是使用多

---

[1] Fiegerman, Seth (May 30, 2013). "More Than 500 Million Photos Are Shared Every Day." *Mashable*, https://mashable.com/2013/05/29/mary-meeker-internet-trends-2013/.

[2] Edwards, Jim (May 28, 2014). "PLANET SELFIE: We're Now Posting A Staggering 1.8 Billion Photos Every Day." *Business Insider*, https://www.businessinsider.com/were-now-posting-a-staggering-18-billion-photos-to-social-media-every-day-2014-5.

[3] "Key insights from the 2019 Internet Trends Report." Cambridge Wireless, Jun 24, 2019, https://www.cambridgewireless.co.uk/news/2019/jun/24/key-insights-from-the-2019-internet-trends-report/.

种数字化妆术甚至是AI技术来向世界展示自己的"最佳形象"。人们似乎又开始追求照片的"艺术性"了,尽管这种艺术性充满了虚假。

影像发生了爆炸,但价值却不断走低

而在中国,美图秀秀、百度美拍这些美化软件,抖音、快手这些短视频应用,以及各式各样的直播平台所引领的,我们可以称之为"影像的个人数据革命",即日常生活中用户非常频繁地上传和分享图片和视频,这使得这类数据成为用户分享最多的个人类目。将来如果可穿戴设备普及,也许我们还会上传更多的此类个人数据,而且速度会越来越快、展示空间会越来越大。

当文字之外,更加生动的媒介构成我们日常的交流,一条清晰的发展轨迹就会出现在眼前:在这一个人数据革命的开端,爆发的一定是照片应用;其后紧接着走向视频的爆发;然后会是音频——个人电台与播客的红火就是一种征兆,而即时通信的语音功能也是一种音频;苹果的Siri更是用语音来控制界面。总之,声音的信息量在不断地增加,例如,线上音乐分发平台SoundCloud人称"音乐界的YouTube",现拥有超过1.75亿月独立用户,每年有超过1000万创作者被收听,而用户每分钟上传12个小时的音乐和音频。[①]

我们亲历照片的爆炸、视频的爆炸、声音的爆炸——这些事物汇集在无垠无形的互联网空间中,就叫作"大数据"。这些数据可以看作是由个人的身份和行为而产生的经济资产,通过交易这些数据可以换取便利性以及更高质量的产品和服务。

---

① Butcher, Mike (Aug 21 2014). "Soundcloud Launches Ad Platform And Preps Ad-Free Subscription Service." *TechCrunch*, https://techcrunch.com/2014/08/21/soundcloud-launchesad-platform-and-preps-ad-free-subscription-service/.

在一个双向市场机制中，在线平台充当中介，从消费者那里收集数据并将广告位出售给公司。通过分析这些数据，平台可以为各类公司的产品和服务设计个性化的广告策略。从理论上讲，由此，公司在投放产品和服务方面将会更加成功，而消费者那一方，则会收到针对其兴趣量身定制的消费建议。

然而，对平台滥用消费者数据的担忧始终存在。消费者并不总是知道在线平台如何使用其数据，或者数据是否受到充分保护。数据分析可能导致歧视，也可能导致"杀熟"。消费者缺乏对个人数据的自决权可能导致经济价值交换不均。

所以，"全民狂拍"最大的受益者是互联网平台。对消费者而言，拍摄和发布的轻易性实际上降低了影像的价值。一图曾经胜千言，而如今，由于社交媒体的使用，图片可能正变得和一个表情包一样分文不值。照片变得如此普遍，以至于几乎没有任何一张图像能够吸引我们的注意力。照片的大规模定期共享，使得它们已经淡入背景。

眼睛才是最好的照相机

在社交媒体上，我们所关注的不是我们周围的世界，而只是我们手中的设备。换言之，世界已化为三英寸的屏幕。

脸书改进了它的"回忆"（Memories）功能，用户可以通过这个功能回忆与家人和朋友共度的时刻，其中当然包括照片。脸书表示每天有超过9000万人通过"当年今日"功能来回忆他们在脸书分享的重要时刻。[1]

---

[1] 《Facebook 推出"回忆"栏，自己与好友过去重要帖子集合其中》，PC Market，2018年6月12日，https://www.pcmarket.com.hk/facebook%E6%8E%A8%E5%87%BA%E5%9B%9E%E6%86%B6%E6%AC%84-%E8%87%AA%E5%B7%B1%E8%88%87%E5%A5%BD%E5%8F%8B%E9%81%8E%E5%8E%BB%E9%87%8D%E8%A6%81%E5%B8%96%E5%AD%90%E9%9B%86%E5%90%88%E5%85%B6%E4%B8%AD/。

至少这项功能使用户可以查看那些旧照片,但可悲的事情是,由于照片太容易拍摄了,我们平时几乎从来不会回看我们旧日拍摄的照片。虽然有人说,社交媒体上的一切都不会消失,过去的生活会永远存在,只要尝试找到记录生日聚会或毕业典礼的照片即可;但每个人都知道,要想找到不是昨天而是上个月拍摄的照片有多么困难,更不用说几年前的影像数据了。

在照片此前的发展阶段,一张照片曾经对某人或某事有意义。拍照总是意味着捕捉某个特殊的时刻。但由于照片现在的价值降低了,它背后的时刻也显得不那么重要了。

回想一下用胶卷相机拍照的日子。即使是在一个梦想中的假期,我们大多数人最多也只能拍若干张照片。所以每张照片都有丰富含义,因为我们会考虑为什么一个人要站在那里,为什么要拍摄这个而不是那个,以及为什么想记住它。

想想看,如果你有500张照片记录假期,而不是5张真正有意义的照片,那么这是否会改变你回想起真正想要回忆的时刻的能力?同时,新的研究发现,用智能手机拍照是我们越来越痴迷的一种习惯,它实际上阻碍了我们记住自己在相机上捕捉到的景象的能力。更加糟糕的是,人们常常不知不觉地挥舞手机捕捉瞬间,以至于错过了眼前发生的一切。

这让我想起奥威尔的一句话:"要看到鼻子前面的东西,需要不断地斗争。"[①]当人们依靠技术来记住事件时——因此不需要全身心地关注它——这会对他们记住自身的体验存在负面影响。而海量的数码照片数据库也并不能增加记忆。研究表明,数码照片的庞大数量和缺乏组织,

---

[①] Orwell, George (Mar 22, 1946). "In Front of Your Nose." https://www.orwellfoundation.com/the-orwell-foundation/orwell/essays-and-other-works/in-front-of-your-nose/.

阻碍了许多人访问和回忆这些照片。因为，为了记住，我们需要访问照片并与照片互动，而不是仅仅积攒照片。

到了这一步，我们还能说自己进入了一个"通过照片实现了更多连接和理解的世界"吗？

自动化到来后,新闻人的价值何在?

凡是能够自动化的一定会被自动化。在自动化到来后,新闻人的价值何在?是人性让我们区别于机器,而机器最难以取代的就是"人情味"。在自动化时代,稳定的工作、最高的收入一定属于那些能够把数据、人、事物这三个要素比较完美地整合在一起的人。

凡是能够自动化的一定会被自动化

2013年的时候我写了两句话:一句是"凡是能够数字化的一定会被数字化",比如教室、诊室这些以前难以被数字化的地方,现在都越来越被数字化所影响。第二句是"凡是能够智能化的一定会被智能化",大量事物都可以通过装上芯片而变得智能并且联上网,比如智能手机、传感器、无人机、自动驾驶汽车等。今天我想加一句,第三波到来的将会是自动化,凡是能够自动化的一定会被自动化。

数字化是经济威胁,智能化是产业威胁,而自动化是个人威胁。你所面临的威胁再明显不过:机器人要来抢你的工作了!自动化永远比你更快、更廉价、更精准。机器按逻辑行事,而且随着技术的不断迭代更新,将更具生产效率。

人的体能是有限的,而且在开发和运用上已经接近最高点。在提高生产力的平台上,人没有竞争优势。所以,不是人是否被机器替代的问题,而是在哪些地方被替代,以及被替代的程度有多高的问题。

哪些职业可能会被自动化替代?工人被替代的可能性就非常高,而接下来就可能是服务业。服务机器人的到来会使服务业人员遇到很大的麻烦，比如有一天你就餐的餐馆可能是无服务人员的餐馆，家里是扫地机器人。很多人曾经觉得"我们不会有问题，因为我们都是高端人士、高智商人士"，但现在你会很惊恐，因为据说律师、记者、投资人也要被人工智能取代了。原因很简单，技术使消费者能够找到低成本的解决办法，从而避免使用高成本的专业人员。这对消费者来说是好事，但对于律师和会计就是个坏消息。

但是这里面最危险的还不是普通职业人士，而是中层经理人。因为他拿着比较高的工资，而他的工作又不是完全不可替代的。如果我是老板，我会先开掉他。所以，对于哪些工作受自动化影响最严重这一问题，最简洁的答案就是：那些工资最高却又最常规的工作。

有意思的是，现阶段不是机器，而是人——成为人的敌人。不同于可以预知的机器，人的行为是没有逻辑可言的。他们依靠情感行事，导致行为结果无法预料。管理者们不喜欢这种不确定性，他们喜欢的是机器而不是人。所以他们会不断推动机器对人的替代。

随着机器人的应用与发展，越来越多的工作将采用自动化，尤其那些最具重复性的工作。失去工作对雇员不利，但有利的一面是，人类能得到的工作再不会那么单调乏味。

无论你的职业、学位或经验如何，都无法回避自动化的未来。若想在自动化的竞争中占有优势，你应如何充分利用人类独具的特质：创造力、独创性和创业精神？

很多人会被解雇或被迫提前退休，而也会有其他人被赋予能量。获胜者与失败者的区别就在于是适应变革还是恐惧畏缩。获胜者会拥抱自动化，并利用赋能技术克服自身缺点、增强自身优势；失败者则害怕机器人，回避技术。

自动化到来后，人的价值在哪里？

人性让我们区别于机器

借用《圣经》的说法"尘归尘，土归土"，最终的结果一定是：人的归人，计算机的归计算机。所以，我们需要分析人的什么东西是计算机不可替代的。

在日常事务上，人不可能战胜机器人。机器人速度快、成本低，生产效率也高于人类。机器人的体力超过人类已经有一段时间了；现在，机器人的智力也在提升。由廉价的微型超级计算机辅助的自动化将拥有近乎无限的内存。普通机器人的人工智能将很快超越普通人的认知能力。

然而人之所以为人，乃是因为其具有人性。人性的一个很重要的特点就是：说不清，道不明，有很多模糊的东西。而计算机正好相反，计算机要求一切东西都精准化、标准化。人性可能是人类面对机器人的最后一道保障，防止你被机器人贬为多余的人。

在这个意义上来思考，未来真正适合人类的工作可能就是自动化之后剩下的那些。凡是能够自动化的工作你也没必要再去琢磨，因为它一定会被自动化，最终你考虑的工作机会一定是自动化完成后剩下了什么。这些剩下的工作机会的核心就是人情味。

机器最难以取代的是"人情味"

英文里有一个词"human touch"，这个词挺难翻译，可以译成"人情味"，它是个彻彻底底的谜团，不容易衡量，因此常被人忽视。我们说，人类的特点似乎不受技术变化的影响，比如爱、恨、恐惧，以及贪婪等。人的这类特性有史以来始终存在，也将构成解决未来问题的途径。

我们在体能上无法超越机器，所以只能在情感维度上跟机器人较量。如果你像机器一样去思考，那你百分之百会被机器替代，因为你在逻辑性、纯理性方面根本超不过机器，机器的发展速度也一定比你快，所以防止自己被机器取代的更好的办法是发展你的人情味。

这就意味着，未来需要拥有智慧的人。机器有智能，而人类有智慧。情感与逻辑的交融形成智慧。智慧高于人工智能。人们只有变得更人性化而不是更机械化，才能在自动化时代找到自己相应的位置。一句话，你必须培养自己的人情味。

你可能是位医生，他可能是位护工。你们地位有别，教育有异，但你们都是围绕提供周到热情的服务而设计自己的工作的。你们成功的共同特点是，都具有通过提供基于个人才能的服务来谋生的能力。在此，正规教育未必是有利可图的职业的入场券，不那么有名望的工作岗位照样可以有丰厚的利润，只要它们不会轻易被电脑程序复制。那种分散化的非日常性的事务很难被自动化，人们仍然需要有人对此做出反应并解决问题。熟练的服务性工作将会得到很好的报酬，只是将来这种工作没有现在多。

尽管成百上千万人的工作将被机器人夺走，有创意的冒险者还是会找到有利润空间的利基市场。这种小众市场可能不提供享有声望的白领职业，但是它可以提供高于平均水平的收入。这一点值得强调，因为我们的社会过于美化了大学教育，却损害了有实践能力的职业教育。

三类工作：数据、事物、人

很多专业人士面临的不幸情形是，技术将把他们的专业技能商品化（commoditize），这就是即将破坏当今许多被认为是受人尊敬的白领职业的"阿喀琉斯之踵"。

我们可以把社会上的工作分为三类：跟数据打交道、跟事物打交道、跟人打交道。你可以将它们理解为工作的三个要素，工作本质越复杂，这三个要素就越缠绕，而工作的可替代性就越低，反之则会越高。如果你在餐馆里洗碗，你只是对付脏碗筷，那么你一定会被替代掉；如果你是专利律师，你需要钻研这三个要素中的所有问题，钻研数据、钻研人、钻研事物，这样被替代的可能性就比较小。

"数据"主要涉及的是数字。会计师、精算师、分析师和计算机科学家都跟数据打交道。由于数据的本质是数学，所以很容易被一个运算法则予以自动化。那些涉及低级运算的工作很容易被淘汰，比如，准备纳税申报单的会计师的工作职能将来就会变为多余。反过来，那些利用数据创造内容的工作则会成为紧俏商品。

"事物"是指工作所涉及的对象是那些无生命的物体。木匠、飞行员和电工工作的对象就是事物。工作对象是事物的人，可以通过把多种事物整合为一个有用的设备或者服务来为自己寻找生存机会。

"人"的工作，顾名思义，指工作的主要任务是与人互动。低级的互动，如银行出纳员或柜台收银员，会很容易被淘汰；但需要高度人际互动的服务，像心理咨询师或出庭辩护律师，就很难被自动化取代。那些能与其顾客群建立紧密的感情纽带的人将是最不可能被机器人替换掉的。

具体到新闻行业，传统记者是典型的和人打交道的职业，但现在如果你只会跟人打交道，不会跟数据打交道，那你的饭碗就会有一定的危险。

因此，在当下真正能立于不败之地的人是学会怎样利用数据来创造内容的人。比如编代码的计算机科学家就是这类人，因为他们能把原始数据诠释成为意义；再如市场营销人员，如果他懂得怎样将消费者数据转化成销售策略，那他也不会被轻易替代。

新闻行业也是如此，现在的记者要学会跟数据打交道，要能够把原始数据诠释成有意义的结果。所以我的结论是，可能有一部分记者很危险，但另一部分人，如果能够把数据、人、事物这三个因素完美地结合，丢失饭碗的可能性就比较小。谷歌给了英国新闻报业协会70万欧元，让他们研发自动写新闻的人工智能，这个项目的名称简写是RADAR（Reporters and Data and Robots），即记者、数据与机器人，显示了记者、数据与机器人三者之间错综复杂的关系。

人工智能毫无疑问可以使新闻编辑室更具成本效益，因为机器人可以生成比人更多的故事。美联社使用AI将公司营收报道的覆盖范围从300家扩大到4000家公司。[1]路透社的AI收集政府和企业数据，每天以多种语言生成数千个故事。[2]由此，记者十分担心他们会被机器人取代，而有识者则忧虑写作质量会下降，假新闻也会泛滥。

然而，如果新闻编辑室善用自动化系统，其实它可以释放记者的时间与精力，并帮助他们写出角度独特、细致入微的报道。而且，提供有意义的分析或解释，迄今仍然只有人类新闻工作者可以胜任。人工智能可以产生一些新闻故事，但新闻业的很大一部分有关多元化社会和个人见解，需要记者能够从不同角度解释事实。

因此，记者要充分发挥人类人情味的优势，同时要学会数据手段。最终，我们需要让机器人为我们服务，而不是把我们打败。

总想着和机器竞争是没有出路的

凡是能用比较高层次的方式和外界互动的人，将来更不容易被机器取代。因此，如果你特别精通某一事物，可能你得学习怎么在该事物当中加入人的体验；如果你特别善于跟人打交道，那你可能需要增强的是数据处理能力。所以我的意思是，稳定的工作、最高的收入一定属于那

---

[1] Hall, Stefan (Jan 15, 2018). "Can You Tell If This Was Written by a Robot? 7 Challenges for AI in Journalism." World Economic Forum, https://www.weforum.org/agenda/2018/01/can-you-tell-if-this-article-was-written-by-a-robot-7-challenges-for-ai-in-journalism/.

[2] Stray, Jonathan (Fall/Winter 2016). "The Age of the Cyborg." *Columbia Journalism Review*, https://www.cjr.org/analysis/cyborg_virtual_reality_reuters_tracer.php.

些能够把数据、人、事物这三个要素比较完美地整合在一起的人。换言之，这样的人能够将标准化任务（数据、事物和人）与独特的人类特征（主导性和支持性特质）相协调，创造出新事物（产品或服务）。

每个人的职业真的都不保险，除非你是这个社会最顶尖的那群人。所以可以预测，将来人工智能一定会造成这个社会更大的分化，以前导致分割的可能大多是别的因素，但现在，人工智能会造成新的分割线。

但是反过来讲，不是所有不进步的东西都一定没有价值。比如现代航海完全用各种工具精准导航，但依然有一些人在复兴古老的航海术，使用独木舟，依靠星象指引行进路线，凭经验判断洋流走势，以过去那种极为传统的方式做这件事情。他们活得很好，很多人觉得他们了不起。所以，这个事情并不绝对。大数据如果真的帮你预测出你喜欢的电影情节，或者是给你精准匹配男友女友，你可能也会觉得索然无味，而宁愿不被数据和机器人左右。

归根结底，只要你发扬人性当中好的那一面，你就有存活的机会；如果你总想着怎么去与机器竞争，那你肯定没有出路。不要过于担心你无力做到的事情，将注意力集中于你天生的人情味。技术将帮你绕开你不擅长的事情。把功夫用在提升你独有的、能让你发挥创造力的才能上。

审视内心，发现自己的长处，再观察他人，了解经济趋势。让市场告诉你需要做什么。然后，去做你自己，以你自己所有，始于当下。确定你独具的人情味和个人性格特质，根据自己总体的兴趣，专注于一个或几个主要特质。当你精通于所在领域时，你的自信会增加，更多的支持性特质也会随之发展。这样，你的生活会处于平衡状态，你也会有可能向市场提供高需求的创造性产品和服务。

后人类境况

我们需要以非常不同的方式生活,而这需要非常不同的思考。也许像启蒙运动一样,我们所需要的是心灵的另一次革命,也即人类意识的范式转变。

承认并庆祝人的境况
——《数字化生存》中文版问世20年译者感言

重读《数字化生存》,最重要的是回到原点,思考一个核心的问题:什么是互联网?这是一个听上去简单但回答起来很复杂,似乎被回答过但从未获得真正回答的问题。

从科幻书到历史书

在为1996年出版的《数字化生存》(Being Digital)平装本所写的后记中,尼古拉·尼葛洛庞帝(Nicholas Negroponte)写道:"观察翻译成30种语言的《数字化生存》在各国被接受的不同程度,是很有趣的一件事。在有些地方,例如法国,这本书与当地的文化制度格格不入,因此似乎比依云矿泉水还显得淡而无味。在其他国家,例如意大利,这本书则广受欢迎,引起热烈讨论。"[1]是时,《数字化生存》的中文版尚未出版,作者和译者(我和范海燕)都没有想到,这本书会在太平洋彼岸的中国掀起滔天巨浪。

在被称为中国互联网"盗火"阶段的20世纪90年代中后期,尼葛洛庞帝的声望几乎堪比家喻户晓的明星,《数字化生存》成为很多人踏上网络之旅的指路"圣经"。韩寒在《三重门》里写到一位师大毕业的语文老师,"是我们学校最年轻的一个老师,她给我的印象很深,记得上第一节

---

[1] 尼古拉·尼葛洛庞帝:《数字化生存——20周年纪念版》,胡泳、范海燕译,北京:电子工业出版社,2017年,第240页。

课时她说不鼓励我们看语文书,然后给我们讲高晓松——那个制作校园歌曲的。她第一节课给我们唱了《青春无悔》,说我们不要满足于考试之内的死的没用的东西,要在考试外充实自己,这样才能青春无悔。然后她推荐给我们惠特曼的书,小林多喜二的书,还有一本讲知识经济的,还有《数字化生存》"[①]。

中学生韩寒在读这本书,日后成为全国人大常委会副委员长的许嘉璐也在读。2009年5月17日,《光明日报》的一篇报道这样描述:

> 许嘉璐坐在写字台前,悄然合上尼葛洛庞帝的《数字化生存》最后一页。望着窗外阑珊灯火,他思绪万千,强烈地感受到数字化带来的挑战,信息高速公路上时刻存在安全隐患,可能危及国家安全、社会稳定和国民经济发展的大局。[②]

日后,许嘉璐对信息安全的忧患催生了著名的"绿坝·花季护航"上网管理软件。

受到最大影响的是年轻的中国互联网创业者们。美团的王兴在《数字化生存》中译本问世时正念高二,读到《数字化生存》说,互联网的本质是移动比特比移动原子的速度更快、成本更低,从此这个理念深植他的脑海中,成为他后来连续创业始终不渝的法则。王兴回忆,这本书给了他一个巨大的启示:"凡是还没有被互联网改变的行业,都即将被它改变。"[③]

是年,海南出版社想大力推广《数字化生存》,到北京圈子中寻高

[①] 韩寒:《三重门》,北京:作家出版社,2000年。
[②] 雷收麦:《自主创新:不竭的动力》,《光明日报》2009年5月17日。
[③] 王兴在饭否上同笔者的交谈。

人指点，第一个请的就是后来创办凡客的陈年。张朝阳和尼葛洛庞帝的渊源更深，后者曾为他融资。在2013年1月31日的一次沙龙活动中，张朝阳称李彦宏和马化腾的创业都和他有关："1998年我去美国硅谷找人，问李彦宏想不想回国做互联网，他在硅谷说中国搜狐做起来了，于是硅谷一些投资人给了他投资。1999年的我特别火，到深圳受到摇滚歌星式的接待，听众700人中就有马化腾，他听了我的故事激动不已，回去做了QICQ。"[1]由这个故事可知，尼葛洛庞帝堪称中国互联网创业者的一代"教父"。

1997年2月，尼葛洛庞帝首次访华，出面邀请的还是国务院信息办，到1999年1月他二次来访的时候，主要的赞助者已经变成互联网公司了。尼葛洛庞帝访华的这一年，我的《网络为王》[2]作为第一本向中国人全面介绍互联网的专著也在海南出版社出版，亚信的田溯宁买了几千本送给各省的官员，因为他觉得这是最好的可以帮助互联网在中国普及的读本。那时的流行用语叫作"信息高速公路"，田溯宁记得，当他到偏远省份跟地方大员谈应该如何加快建设信息高速公路的时候，对方让他去找交通厅。

即使是了不起的预言家尼葛洛庞帝，也会对中国互联网的发展速度瞠目结舌。一位读者对我说：20年前读《数字化生存》，觉得是科幻书；现在读，觉得是历史书。这堪称对一个未来学家的最高礼赞。

2014年6月25日，尼葛洛庞帝再一次来到北京，参加百度的the BIG Talk。我主持了这场活动。会上，他又被问到之前被多次问到的一个问题：《数字化生存》出版后到现在，哪些预言实现了，哪些未实现？

---

[1]《张朝阳的互联网江湖》，搜狐财经，2013年1月31日，http://business.sohu.com/s2013/zhangchaoyangjianghu/。

[2] 胡泳、范海燕：《网络为王》，海口：海南出版社，1997年。

答案或许可以分为三个部分。首先，实现了的预言是电脑和互联网的普及。尼葛洛庞帝说，他曾一度认识在互联网上的每一个人，这话可能不无夸张，但是这些年来，我们都见证了电脑由"贵族"的拥有物变成平民的消费品，"数字化生存"也由概念变成了一种生活方式。

其次，有关电脑使用的容易程度，有好消息也有坏消息。好消息是，网上的音频、视频质量越来越好，电脑的计算容量越来越大，移动设备使用了触屏技术；坏消息是，人机界面并没有出现大的突破，"老祖母也能轻松自如地玩电脑"的愿望未能实现。在《数字化生存》中，尼葛洛庞帝曾说，电脑业面临的下一个挑战远不只是为人们提供更大的屏幕、更好的音质和更易使用的图形输入装置。这一挑战还将是，让电脑认识你，懂得你的需求，了解你的言辞、表情和肢体语言。[1]将来的电脑将能够观察、倾听，不像一台机器，而更像一位善解人意的仆人。

尼葛洛庞帝知道，今天的电脑离此境界还相差很远。例如，语音识别技术的发展仍然停滞不前。人们对于语音识别技术的期望曾经很高，憧憬十年后能够方便地与互联网终端交流。而现在，尽管我们都知道打字并不是一种理想的界面，却仍然不得不熟悉敲键盘、点鼠标这些非自然生活中的动作。

最后，对互联网使用来说，最重要的是要"永远在线"，而这离不开无线通信。尼葛洛庞帝虽然预测到了触屏、电子书和个性化新闻，但他低估了无线的重要性。无线改变了人们使用电脑和网络的方式，没有一个核心的发射塔，没有一个总的开关，不用这些东西，就可以通过互联网实现各个地方的连接。尼葛洛庞帝为此修正了他的观点，表示中国以及全球互联网最大的机会，在于无线宽带技术的发展，未来的网络公

---

[1] 尼古拉·尼葛洛庞帝：《数字化生存——20周年纪念版》，胡泳、范海燕译，北京：电子工业出版社，2017年，第110页。

司将无一不靠此赚钱。而尼葛洛庞帝所指的无线宽带将基于P2P（peer to peer）也即对等网络技术：现在，流通于互联网上的信息都存储在几个中央单元上，而P2P技术使存储在每台个人电脑上的未经锁定的文件和数据连接到互联网上成为可能。在P2P系统中，比如说属于两个互联网用户的两台电脑，可以不通过大型网站而直接连接。这样的宽带技术并不是遥远的梦，它可能很快使你的网络生活产生意想不到的便捷。这种现象并不是只在大城市中蔓延，它会遍及全球的偏远地区。随着手机、个人数字助理和其他设备融合了Wi-Fi类型的链接，这场运动将无须建立更多基础设施就可以再造和扩展互联网。

尼葛洛庞帝曾经说过，《数字化生存》写作的时间不到6个星期，而当时连网景公司都还没有成立。如今，网景作为一家公司已经消失了，所以《数字化生存》的内容已然非常老旧——或许从网络时间的观点来看，那是一百年前的东西了。不过尼氏并不打算改写这本书，因为"那种感觉就像你重写一封情书一样"。

让历史了解人们在某个时空点上的想法如何，更为重要。只不过，互联网在中国和世界的20年发展历程，让我们了解到时空被压缩得何等厉害。

拒不挥发的民族国家

其实，上面所说的关于尼氏预言准确与否的三点，远不是问题的要害。

2016年是《数字化生存》中文版出版20周年。我请尼葛洛庞帝为20年纪念版写个专序，他开始答应，后来犹豫，说一是他的心思不在这，二是各种邀约实在太多了。他说："你能不能写个序？你比我甚至更有资格。"

我回答说，我当然会写一个译者感言，但能不能请你再考虑一下？那么多中国读者想知道你今天的看法。

我自己也在想知道的人之列。尽管这些年来，我和尼葛洛庞帝在中国至少会过4次面，还在MIT的媒体实验室偶遇过一次，但每次谈的都是技术发展。我直觉尼葛洛庞帝还有别的话要说。

果不其然。尼葛洛庞帝后来拗不过我的坚持，还是写了个短序给中国读者。

> 人们给予我最多的评论是你怎么可能预测得这么准？……但是，与一个真正的、堪称是我有生以来最大的误判相比，这些只是细枝末节，事实上微不足道。25年前，我深信互联网将创造一个更加和谐的世界。我相信互联网将促进全球共识，乃至提升世界和平。但是它没有，至少尚未发生。
>
> 真实的情况是：民族主义甚嚣尘上；管制在升级；贫富鸿沟在加剧。①

如果大家还记得《数字化生存》的结语，它的标题叫作"乐观的年代"。尼葛洛庞帝说，"我们无法否定数字化时代的存在，也无法阻止数字化时代的前进，就像我们无法对抗大自然的力量一样"。② 而在未来的数字化生存之中，沙皇行将退位，个人必然抬头，民族国家则会"挥发"殆尽。

> 就好像樟脑丸会从固态直接挥发一样，我料想在一些全球性的电脑国度掌握了政治领空之前，民族国家根本不需要经过一场混乱，

---

① 尼古拉·尼葛洛庞帝：《数字化生存——20周年纪念版》，胡泳、范海燕译，北京：电子工业出版社，2017年，作者序。
② 同上，第229页。

就已经消逝无踪。毋庸置疑,民族国家的角色将会有戏剧性的转变,未来,民族主义不会比天花有更多的生存空间。①

读到这个判断,我们不由得意识到,尼葛洛庞帝是典型的夫子自道:"谈到预测和发动变革时,我认为自己是个极端主义者。"的确,在这一点上,托马斯·弗里德曼(Thomas Friedman)所谓"世界是平的"不过是拾尼葛洛庞帝的牙慧而已。弗里德曼所发现的那些世界的新奇运行方式,十年前就已经在尼葛洛庞帝的清单上了。

今天,"极端主义者"尼葛洛庞帝不得不承认,无所不在的数字化并没有带来世界大同。然而,他拒绝认输。他仍然相信连接的重要性。连接是其他所有东西的前提条件。在这个相互连接的世界里,物质世界所扮演的角色与历史上相比越来越微弱了。

世界在数字化,然而,你却会不断看到遗留下来的"原子思维"的病理症状。报纸想象纸张是其本质的一部分,电信公司想象距离越长应该收钱越多,国家想象物理边界很重要。在尼葛洛庞帝眼里,这些想象都是病态的。尼葛洛庞帝坚持认为,民族主义是地球上最大的疾病,当它和宗教、经济、贸易等相结合的时候会变得更糟。"民族国家的尺寸是错误的,它们一方面太小了,不能全球化;另一方面又太大,不能本地化",②所以,类似于民族国家的概念构成了连接的一大障碍。

可如今,这个前数字化时代的概念毕竟并没有消亡,不仅如此,它还不断试图把自己的意志加于全球性的互联网上。对此应该怎么办?尼葛洛庞帝的答案是:只需迈出重要的一步——全面、彻底地开放互联网。

---

① 尼古拉·尼葛洛庞帝:《数字化生存——20周年纪念版》,胡泳、范海燕译,北京:电子工业出版社,2017年,第238页。
② 同上,作者序。

"不要试图通过向内看而遏制它,只因这样做的结果会造成隔离而不是连接。"①

充分连接的结果是,国家会同时缩小和扩大。缩小是为了实现本地化,地理的临近性不仅不会无足轻重,反而会加强分量。扩大则是为了实现全球化,建设更高合作程度、更大范围的发展共同体。可这样的世界如何管理呢?尼葛洛庞帝说他也没有良方。他唯一知道的是,法律必须是全球性的。网络法是全球法。

移动比特,而不是原子

尼葛洛庞帝痛恨法律赶不上数字化现实的发展,他打了一个形象的比喻,"我们的法律就仿佛在甲板上吧哒吧哒挣扎的鱼一样。这些垂死挣扎的鱼拼命喘着气,因为数字世界是个截然不同的地方。大多数的法律都是为了原子的世界,而不是比特的世界制定的"。②

比特与原子是尼葛洛庞帝在《数字化生存》一书中提出的著名的对立结构。它简要描述了软件与硬件或是信息技术与其他一切事物之间的分别。比特没有颜色、尺寸或重量,能以光速传播。它就好比人体内的DNA一样,是信息的最小单位。为了说明比特的神奇,尼葛洛庞帝讲了一件轶事,当年正是这件轶事打动了我,促使我决定把《数字化生存》译成中文:

> 20世纪90年代中期的一天,美国某集成电路制造公司的总部,来了一个中年男人。

---

① 尼古拉·尼葛洛庞帝:《数字化生存——20周年纪念版》,胡泳、范海燕译,北京:电子工业出版社,2017年,作者序。
② 同上,第278页。

"我是麻省理工学院的教授,来参观你们公司。"他说。

"好的,请登记。"前台小姐礼貌地说,"顺便问一下,您随身携带手提电脑了吗?"

"当然。"男人从包里拿出一部PowerBook,这是苹果公司生产的笔记本电脑,看起来有点旧了。

"那么这个也要登记。"前台小姐拿出本子开始记录,"它值多少钱?"

"我想,"男人回答,"大约值100万到200万美元吧。"

"这不可能!"前台小姐大吃一惊,"这玩意儿最多值2000美元。"她写下了这个数字,然后才让男人进去。

"当然,你说的是原子的价值,也就是这台机器本身。"男人心想,"而我所说的价值,是它里面的'比特'。原子不会值那么多钱,而比特却几乎是无价之宝。"

为了更进一步说明比特的神奇,尼葛洛庞帝接下来讲了另外一个故事:他到加拿大宝丽金公司(Polygram)参加一次高级经理人研习会。为了让大家对未来一年的计划有一个整体概念,公司展示了许多即将发行的音乐作品、电影、电子游戏和摇滚乐录像带。不幸的是,部分包裹被海关扣了下来。同一天,在旅馆的房间里,尼葛洛庞帝却利用互联网把比特传来传去,送到麻省理工学院和世界其他地方,同时接收各地来的东西。他骄傲地宣称,"我的比特完全不会像宝丽金的原子那样,被海关扣留"。[1]

尼葛洛庞帝把上面这些有关比特的经历写在《数字化生存》的开头

---

[1] 尼古拉·尼葛洛庞帝:《数字化生存——20周年纪念版》,胡泳、范海燕译,北京:电子工业出版社,2017年,第21—22页。

章节，用来阐释自己对未来的设想："移动比特，而不是原子。"（Move bits, not atoms.）它一下子就攫住了我，1996年的春天，我站在北京北四环一家台湾（地区）版权代理公司的几大排书架前，读这本书读得入了迷。

比特替代原子；个人化双向沟通替代由上而下的大众传播，接收者主动地"拽取"（pull）信息替代传播者将信息"推排"（push）给我们；电视形存实亡，将被一种看起来是电视但实际上是电脑的数字设备所取代；用户将用"指上神功"控制装置，而知识丰富的"界面代理人"将为你打点一切；游戏与学习的边界因为网络的出现而逐渐模糊；在一个没有疆界的世界，人们用不着背井离乡就可以生活在别处……对于一直生活在大众传媒的信息垄断中的人们（我自己学的和干的就是大众传媒），这一切如此新奇，如此令人神往。

实际上这本书1995年已经在美国畅销，但我当时并不知道，我只是凭借一种直觉选中了它。我的感觉强烈到可以停下自己手中正在写的《网络为王》，而一定要先把这本书翻译出来，而且只用三周的时间。拿到尼葛洛庞帝的书，我想起了严复译的《天演论》：[①]《天演论》在当时的英国不是一本特别优秀的书，赫胥黎（Thomas Henry Huxley）在英国的思想家当中也并不算举足轻重之辈，但严复把《天演论》介绍到中国时，中国恰好处在救亡图存的关键时刻，"物竞天择，适者生存"的理念一下子就拨动了中国人的心弦，所以这本书成了仁人志士必读的"圣经"。

我几乎是不由自主地对尼氏的书做了一些"技术"处理，把它翻成《数字化生存》，并着意将"计算不再只和计算机有关，它决定我们的生

[①]《天演论》原名《演化论与伦理学》（*Evolution and Ethics and Other Essays*, 1893-1894），是严复1898年翻译自英国生物学家托马斯·亨利·赫胥黎的演讲与论文集。此书阐发了达尔文（Charles Darwin）《物种起源》（*On the Origin of Species*, 1859）一书中关于生物进化的理论。

存"这样一句话打在封面上——可能中国人从来都比较需要关于生存的讨论，因为我们从来都有大国情结和忧患意识，总是被奋发图强的念头所激动着。某些特殊字眼比如"生存""较量"和"球籍"总能挑动中国人敏感的神经。

事后想来，这也缘于20世纪80年代我接受的启蒙教育。吊诡的是，尼葛洛庞帝所痛斥的民族主义竟然是推动我翻译这本书的原始动力。

挑动"生存"神经的结果，是《数字化生存》一时洛阳纸贵，成为中国人迈入信息时代之际影响最大的启蒙读物。我的朋友吴伯凡对此书在中国的流行过程有精到的评论："海涅（Heinrich Heine）在评价赫尔德（Johann Gottfried Herder）在德国思想史上的地位时说，赫尔德的伟大之处就在于我们今天都不清楚他到底有哪些重要的思想了，因为他的那些一度惊世骇俗的思想已经深入人心到这样一种地步——人们脱口而出地说着这些话，而浑然不知这些话是一个名叫赫尔德的人最早说出来的。尼葛洛庞帝的影响也可以作如是观。《数字化生存》在中国出版以来，书中的思想和语汇通过二度和三度传播，早已到了为我们'日用而不知'的地步。一个今天第一次阅读这本书的人是无法想象它对于第一批中国读者的刺激力的。"

站在今天回望那个年代，或许我们可以真正理解到底什么是"数字化生存"。它意味着娱乐世界与信息世界充分融合，并且开始具备互动性；它意味着计算机在生活当中从不离场，而你时刻利用这种在场并以之为生活方式和态度；它构成一种平等主义现象，使人们更容易接近，并允许在一个大而空洞的空间内，听到小而孤独的声音；它令组织扁平化，打破传统的中央集权，把大一统的帝国分割为许许多多的家庭工业；它使网络真正的价值越来越和信息无关，而和社区相关。

就像空气和水，数字化生存受到注意，只会因为它的缺席，而不是因为它的存在。我们看到数字化生存成为一个过时的东西，人们兴奋地谈论的新话题是大数据、物联网、新能源、人工智能、生命科学、太空探索等。计算机和移动设备都越来越索然无味，因为它们将逐渐消失在其他物体中：自清洁衬衫、无人驾驶汽车、服务机器人、智能门把手，乃至吞下一粒就能掌握英语的药丸。用尼葛洛庞帝的话说，我们将住在电脑里，把它穿在身上，甚至以它为食：一天一苹果（计算机），医生远离我（An apple a day will keep the doctor away）。

我们如何成为后人类

这样看来，数字化革命已经结束了。所以尼葛洛庞帝应我之邀所写的序的题目叫 *Been Digital*，范海燕译为《数字化之后》。真正令人惊讶的变化将出现在别的地方，比如我们如何在这个星球上共同管理自身。

我们尚不能想象一个我们的认同感和社区感真正共存于真实和虚拟领域的世界。爬过山的人知道，爬升越高，空气越稀薄，但我们还没有真正体验到缺氧的滋味，因为我们尚未攀爬到数字世界的高峰——甚至都还没有来到山脚下的数字大本营。

这也是我认为的今日数字生活的核心困境之所在：当下关心数字商业的人数不胜数，但是关心数字社会基本问题的人少而又少。我们需要解决的数字社会基本问题复杂而棘手，比如个人隐私与社会公开性的冲突，安全与自由的冲突，政府监控与个人自治的冲突，繁荣创意与保护知识产权的冲突，日益包罗万象的网络平台与亟待伸张的用户权利的冲突，等等，不一而足。在这个意义上，数字化革命远未到结束的时分，或者说，"been digital"（数字化之后）的问题，比"being digital"（数字化之中）的要严重得多。

在这种冲突背景下，重读《数字化生存》，最重要的是回到原点，思考一个核心的问题：什么是互联网？这是一个听上去简单但回答起来很复杂，似乎被回答过但从未获得真正回答的问题。回答该问题的路径有两条：第一，把互联网概念化（conceptualizing internet）；第二，想象互联网（imagining the internet）。

到底什么是互联网？我们该如何理解我们的日常世界中这个无处不在和熟稔无比的特征？互联网能做什么？在它能做的事情当中，哪些是崭新的？它又引发了什么新的伦理、社会和政治能力？它使得什么东西过时了，成为问题，甚至变得不可能？随着我们周围的世界不断重组，我们称之为互联网的那个社会—技术组合对于构成我们居住之地的许多熟悉的假设以及想象都提出了关键挑战。

怎么看待这些挑战？第一个视角是从已知的有关互联网的一切出发：它是一种用户活动于其中、促成群体生产与共享的在线环境，在这一环境中，我们通过带有屏幕的中介设备与他人互动。第二个视角是从我们合理地期望看到它在近期乃至更远的未来会变成的样子出发。为此，我们既需要新的价值论（伦理学与政治哲学），也需要新的认识论（关于知识和科学的理论）。

最后，我们对互联网的思考一定会达到一个层面：在充分联网的环境下，到底还有什么东西能够构成人的定义？什么叫作人？什么叫作人性？这其实是互联网文明的可能性问题，最终的含义是人的可能性问题——我们可能会到达"后人类状态"。

同和尼葛洛庞帝在麻省理工学院任教的建筑学家威廉·J.米切尔（William J. Mitchell）有一个比喻：人不过是猿猴的1.0版。现在，经由各种比特的武装，人类终于将自己升级到猿猴2.0版。[1] 谈到"后人类"，让我援引凯瑟琳·海尔斯（N. Katherine Hayles）的话，作为这篇译者感言的结尾："如果说我的噩梦是在一个后人类文化中，人们只

---

[1] Mitchell, William J. (1995). *City of Bits*: *Space, Place, and the Infobahn*. Cambridge, MA: The MIT Press, 27.

把他们的身体作为时尚的配件而不是存在的基础,那么,我的梦想则是,后人类在拥抱信息技术的可能性的同时,没有被无限的权力和无身体的不朽的幻想所诱惑,承认和庆祝作为人类境况的有限性,并且理解人类生活被嵌入一个复杂的物质世界之中,我们的持续生存端赖于这个世界。"[1]

换句话说,数字化生存之时,也需要原子。比特将与原子相依共存。

---

[1] Hayles, N. Katherine (1999). *How We Became Posthuman: Virtual Bodies in Cybernetics, Literature, and Informatics*. Chicago: University of Chicago Press, 5.

旧制度与数字大革命
——《公地》文丛总序

互联网终于由工具的层面、实践的层面抵达了社会安排或曰制度形式的层面，我们面临一场"旧制度与数字大革命"的冲突。这是互联网的"宪章"时刻，它存在三个凸显的主题：自由与控制的关系、数字信任的建立，以及如何填平数字鸿沟与提高网络素养。

2016年是《数字化生存》中文版问世20周年。有出版社决定重出这本引领中国进入互联网时代的开山之作，我请作者尼古拉·尼葛洛庞帝教授为中国读者写几句话。他写道："25年前，我深信互联网将创造一个更加和谐的世界。我相信互联网将促进全球共识，乃至提升世界和平。但是它没有，至少尚未发生。真实的情况是：民族主义甚嚣尘上；管制在升级；贫富鸿沟在加剧。我也曾经期待，中国可以由于其体量、决心和社会主义的优势从而在引领全球互联网方面发挥更好更大的作用。实际情况如何呢？"①

这段话道出了互联网走入大众20余年后，这一全球化的虚拟空间的演进与当初一些先行者的预期呈现出巨大的不同。尼葛洛庞帝和其他的数字乐观主义者坚信，计算机与互联网将使所有人的生活都变得更好。当然，对这些眼里只有"闪闪发亮的比特"的人，从来也不缺乏批评

---

① 尼古拉·尼葛洛庞帝：《数字化生存——20周年纪念版》，胡泳、范海燕译，北京：电子工业出版社，2017年，作者序。

者。政治学家凯斯·桑斯坦（Cass Sunstein）就认为，尼葛洛庞帝的技术乌托邦主义疏于考虑新技术应该被置于其中加以看待的历史、政治和文化现实。[①]

互联网的解放性正在被替换为压制性吗？互联网正在从"同一个世界，同一个网络"走向四分五裂的巴尔干化吗？互联网上的"旧大陆"和"新大陆"会产生重大对抗吗？这些是尼葛洛庞帝忧心忡忡的互联网"实情"。人们对互联网的认识变得更为多元，甚至在很大程度上是不可调和的。

互联网一度被宣扬为民主参与和社会发展的工具，尤其给予边缘群体全新助力，帮助他们成为经济和政治生活的充分参与者；同时，人们也期待它可以对威权体制形成强大压力，促进开放和民主。然而，在今天，许多研究者发现，政治权力有能力迫使互联网按照自己的意愿发展，并经由新技术极大地增强"老大哥"的监控能力。公民的权利不仅在很多情况下被政府所剥夺，也被大企业所侵害。很多人发现自己处于十字路口，不确定是否该允许"一切照常"抑或是拥抱更多的规制。例如，言论自由和隐私就是人们矛盾心理极为明显的两个领域。

出于历史的原因，现有的互联网规制和治理如同中国人常说的"九龙治水"，来源多样，彼此重叠，甚而冲突。民族国家的"尺寸"在跨越地域的互联网上显得奇怪，然而它们坚持自己地域内的管辖权。互联网服务提供者通过用户协议规范用户的网络行为，而技术的开发者又不无"代码即法律"的傲慢。用户机会与全球性的网络生态就这样被多股力量所塑造，令人惊异的是，在一个高唱"消费者至上""用户为本"的时代，用户不仅失语，而且倍感无力。

[①] 凯斯·桑斯坦：《网络共和国：网络社会中的民主问题》，黄维明译，上海：上海人民出版社，2003年。

互联网上的三股力量

　　政府、市场和公众构成了互联网上的三股力量。它们也带来了互联网的三种治理模式：以政府为中心的模式，可以称之为"新威权模式"，或者叫作"网络威权主义"，它维持适度的市场竞争，但强调网络设施为国家所有，推动国家支持的互联网产业，并通过宣传、监控、审查极大地限制个人自由。以市场为导向的模式，具有强烈的技术乌托邦色彩，有人命名为"加州意识形态"①，夹杂了控制论、自由市场思想和反文化的自由意志论。以公众为中心的模式，我称之为"公地模式"，它的比较极端的表述，可以称之为"激进的自由至上主义"。三股力量奇特地搅在一起，彼此生成，又互相缠斗。

　　"加州意识形态"从宏观层面上塑造了加州今日自由开放的硅谷，从技术角度影响了此后的半导体产业、PC产业和互联网。虽然标榜自由市场，它也催生了如信息高速公路这样的国家行为。奇特的是，加州意识形态还衍生出了赛博文化，其要旨是通过技术项目达至技术乌托邦。通过用技术系统来表达设计者的梦想，互联网被视为解放和民主的催化剂。在这种对互联网的历史性解释中，互联网生来就是要打破政府的桎梏，典型的表达是约翰·佩里·巴洛（John Perry Barlow）的《赛博空间独立宣言》："工业世界的政府们，你们这些令人生厌的铁血巨人们，我来自网络世界——一个崭新的心灵家园。作为未来的代言人，我代表未来，要求过去的你们别管我们。在我们这里，你们并不受欢迎。在我们聚集的地方，你们没有主权。"②

---

① Barbrook, Richard & Cameron, Andy (1996). "The Californian Ideology." *Science as Culture* 6(1):44-72.

② Barlow, John Perry (1996). "A Declaration of the Independence of Cyberspace." https://www.eff.org/cyberspace-independence. 该宣言已由李旭、李小武译成中文，载高鸿钧主编：《清华法治论衡》第四辑，北京：清华大学出版社，2004年，第509页。

今天我们都知道，赛博空间根本无法独立，就连巴洛的"互联网主权"概念也被完全挪作相反的用途。斯诺登（Edward Snowden）事件不过是这种现状最经典的反映。仍然对互联网心怀理想的人为此发出"夺回互联网"的呼吁，比如有名的密码学专家布鲁斯·施奈尔（Bruce Schneier）就严厉抨击说，政府和产业背叛了互联网。经由把互联网变成巨大的监控平台，NSA（美国国家安全局）破坏了基本的社会契约，而大公司也是不可信任的互联网管家。

施奈尔给出的行动建议是：揭露你所知道的监控现实，重新设计互联网，以及影响互联网治理。[①]在重新打造的"互联网公地"中，全球性的互联网治理理应依赖崭新的、以全球网络社区为中心的体系而不是传统的民族国家。

互联网为每个人赋予力量——任何人都可以发言、创造、学习和共享资源。它不受个别机构、个人或政府操控。所以，各国政府不应该单独决定互联网的前途。全球数以十亿计使用互联网的人，才应该最有发言权。最好的方式是让国家政府退后一步，以便协调和整合各自的不同，积极促进公民社会和企业在全球治理、合作与沟通中发挥作用。

互联网的"宪章时刻"

至于企业，它们既需要关注经济上的"公地"环境——例如，对基础设施或是人力资本的投入是否不足，也需要更多考量政治上的"公地"环境——只要想想在一个民主而公正的社会中做生意会有多么顺畅，就明白其中的道理了。今天企业赖以运行的环境，本身就是政治决策的产物。法治和产权对一种稳定的经济系统的作用，历史上的例证历历在目。

[①] Schneier, Bruce (2013). "Take Back the Internet." https://www.schneier.com/blog/archives/2013/09/take_back_the_i.html.

就像良好的治理是企业高绩效的必要前提一样，善治也是高绩效国家的必要前提。让一个国家拥有健康的民主文化，因此也是完全符合企业自身利益的。

在互联网发展的最近十年，技术发生了许多重要变化，不论是工具还是平台，也不论人们对这些工具和平台的使用和理解，都显示出一种明确无误的演进：互联网终于由工具的层面、实践的层面抵达了社会安排或曰制度形式的层面。我们将面临一场"旧制度与数字大革命"的冲突。

我所说的这场冲突，由无数复杂的挑战构成：从网络战争的威胁到数字经济的垄断；从信息流动的受阻到民主政治的遇挫；从严肃新闻商业模式的瓦解到大规模监控社会的兴起；从如何保护女性在网上免受骚扰到如何发展符合道德规范的AI，所有这些都使得提出一个更人性的、更具尊严的未来互联网愿景成为一项极其艰巨的任务。哪怕是想要理解一个如此迅速发展的空间，明了在其中活动的各式行为体，把握时刻滑动的组成构件，都变得越来越难以做到，更不用说设计可能有效解决上述挑战的正确方案了。

对于民间社会而言，这场前所未有的大冲突更令世界各地的公民相信，互联网正走向一个制定"大宪章"的时刻，必须要求政府保护言论自由和公民的连接权利。正如英国的贵族们在1215年制定《大宪章》来约束不受欢迎的约翰国王（John, King of England）的权力，今天，在英国《大宪章》诞生800年之际，网民应组织起来遏制政府和企业的权力。

互联网的"宪章时刻"存在三个突出的主题：一是自由与控制的关系，即如何平衡个人权利与安全。不少国家以强调安全之名牺牲公民自由与隐私，此一安全与自由之争在网络发展的各个领域都清晰可见。数字社会的复杂性质令我们需要重新思考固有的自由与安全的概念。个体公民更加关心自己的数据为何人掌握，政府则看到电脑犯罪、黑客活动、恐怖袭击等占据国家安全政策和国际关系的核心。我们在网上有可能同时获得自由与安全吗？

二是如何建立数字信任。无所不在的互联网要求我们重新界定信任的边界，并在数字时代建立新的社会规范。用户现在可以方便、灵活地收发各种信息，这给网络法与网络规范造成了空前挑战。后者的问题在于，它们几乎总是落后于技术的发展。网络行为如何在规制与规范下发生和展开？信息的完整性与可靠性如何保证？边缘群体和弱势群体是否能共享技术带来的好处？在不同的语境和社会当中，到底如何才能建立数字信任？这种线上的信任又是怎样同线下的责任感、透明度等关联在一起？在这些方面，我们的问题比答案更多。

三是数字社会的成熟化必然要求填平数字鸿沟与提高网络素养。网络接入权与网民素养是网络社会的基石所在，个人因此而被赋权，知识借此而撒播，从而确保不会有人中途掉下高速前进的互联网列车。在这里，数字鸿沟不仅意味着网络接入权的泛化与网络普及率的提高，还涉及上网设备的成本、用户的技能、应用信息通信领域技术的时间与机会，以及用户使用的目的和影响等多个参数。我们常常看到，数字鸿沟的分裂带也是社会阶层与种族的分裂带，此外，年龄、教育程度、性别等的差异也不可忽视。例如，年轻的技术精英掌握编程技巧，熟稔代码，颠覆了传统精英的位置，致使整个社会弥漫着"后喻"文化（年长者反过来向年轻人学习的文化）。然而数字一代的成长也需要新的教育、新的素养以及新的伦理，特别是在年长者对年轻人引领的网络规范充满狐疑的情况下。所有这一切决定了数字时代的连接是否最终会导向赋权，以及赋权的对象为何。

为了回应这些主题，我们集合一批有志于从各个方面探讨互联网未来的优秀学者，通过开展独创性的研究，从中国本土实践出发，面向全球互联网发言。我们将把这些研究成果汇集为年度的《公地》文丛。

我们反对把"互联网"视为一个单一的实体，而是将其看作一种拥有不同的技术、平台、行为和话语的集合，它与社会互相激荡，共同演变。我们希望我们的研究从历史延伸至当代，以使人们了解和挑战对互联网与社会之间的互动的理解和假设。我们涵盖的主题包括但不限于：文明变迁，财富历程，认同与主体性，政治与民主，技术、知识与媒介，产业与管理，数字权利与网络治理，人类以及人类社会的未来。

至于我们的努力效果如何，就交给你们——亲爱的读者——去加以评判了。

在互联网时代如何思想

——在2017互联网思想者大会上的开场演讲

思想是外向的，而不是内向的。它要求个人超越以自我为中心的日常生活的视线，不向身体、情感或智力上的权宜之计投降，不屈从于自私的个人和群体利益，不盲目与社会合作，不沉迷于未加审视的凝聚力和归属感，不沉浸于成为强者的快感，不沦陷于谎言、半真相和沉默，不汲汲于生活的功能化和殖民化，以及最重要的，不去证明存在的就是合理的。

欢迎各位来到2017互联网思想者大会。大会的名称和我要讲的题目里有三个关键词：时代、思想和思想者。这是三个很大的词，需要破题。

最高境界不是说服，而是心意相通

在破题之前，先要就如何破题来破破题。我们知道辩证法（dialectics）这个词是一个好词，可惜在中国被庸俗化了。我们给辩证法这词一个简单的定义，它其实就是一种化解不同意见的论证方法。它是两个或更多对一个主题持不同看法的人之间的对话，目的是通过这种有充分推理的对话，建立起对事物真理的认知。苏格拉底赞成真理作为最高价值，提出它可以通过讨论中的理性和逻辑被发现；所以，辩证的推理方法的目的是通过理性讨论解决分歧，最终寻求真理。

解决分歧的方法之一是苏格拉底法，就是不断地反诘，所以我们的主题叫"向时代提问"。其实时代不是一个人，不能够回答你什么，只能是让那些以自己的方式认知这个时代的人来回答这个提问。那么我讲完了以后,大家看现场的四个玻璃屋,都是半开放的对话。在玻璃屋里面干什么呢?其实就是个人之间合作论证性对话的形式,基于询问和回答以激发批判性思维,并由此提出想法和基本推定。这是一种质问的辩证法,经常涉及某个讨论,一个领头的讨论者可能导致参与者在某些方面出现矛盾,所以如果待会儿四个玻璃屋里吵起来了,请大家不要惊讶。

柏拉图首次描述苏格拉底反诘法,它包括如下要素:

反讽——不断提出问题使对方陷入矛盾之中,并迫使其承认自己的无知。

催生——启发、引导学生,使学生通过自己的思考,得出结论。

归纳——从大量事实中归纳出一个结论。

定义——使学生逐步掌握明确的定义和概念。

由于苏格拉底把教师比喻为"知识的助产士",因此,"苏格拉底法"也被人们称为"催生法"。我们希望思想者大会的这四场对话,能够"催生"知识。

不过知识催生的过程可能并不吸引人,既不好看,也不好听。什么东西好听?精心准备的修辞和演说才能打动人。修辞的本质是一种寻求说服、告知或激励听众的话语方法和艺术。辩士学派,也就是诡辩学派,认为演说中修辞的艺术品质能够表明一个人的才能高低。演说被认为是一种艺术形式,通过精心准备的修辞来取悦并且感染听众。苏格拉底反对诡辩者,反对他们那"把雄辩当作一种艺术和有感染力的演说,不需要逻辑也不需要证明"的教导。

苏格拉底和诡辩学派对知识的看法也不同。苏格拉底的著名论断是:知识的唯一功用就是"自知之明"(self-knowledge),意即自我在智力、道德和精神方面的成长。常和苏格拉底辩论的普罗泰戈拉(Protagoras)

则认为：知识要达到的是知道如何说、如何说得好的能力，这种能力会让人看起来有"形象"。

诡辩者追求的是卓越（arête），而苏格拉底追求的是真理，因为只有真理才能成为人们生活的指南。

所以，我在这里做大会开场的演说，不是为了修辞效果，不是来说服你的。我也不是来树立自我形象的。我谈论思想与思想者，是为了辩证。在接下来的时间里，你可能听不到我的雄辩，但我希望你能摸清我的思路。

待会儿我走下舞台，钻进下边那四个小玻璃屋中的一个，那里也没有教化，没有说服，没有传播，只有发问，只有求索，只有辩证，共同玩一个思想的"拼图游戏"。所以我们号召大家来"玩会"。

"玩会"的最高境界不是说服，而是心意相通。在《数字化生存》的第44页，尼古拉·尼葛洛庞帝就数据的压缩度做了一个幽默的类比：

> 假设有6个人围坐一桌共进晚餐，他们正热烈讨论一个不在场的人——甲先生。在讨论中，我向坐在对面的妻子伊莲眨了眨眼。晚饭后，你走过来问我："尼古拉，我看到你向伊莲递眼色，你想告诉她什么？"
>
> 我对你解释说，前天晚上，我们恰好和甲先生一起吃晚饭。当时他说，和如何如何相反的是，他实际上如何如何，即使大家都以为如何如何，最后他的真正决定却是如何如何，等等。换句话说，我大约要花10万个比特，才能跟你讲明白我用1个比特就能和我太太沟通的话（请容许我暂且假设，眨一下眼睛，正好等于在以太中传送了1个比特）。

尼葛洛庞帝告诉我们的是，传输者和接受者如果有共同的知识基础，就可以采用简略的方式沟通。在这个例子中，丈夫通过以太向太太发射1个比特，触发了她脑子中的更多信息。而当一个外人问丈夫，他和她交流了什么时，丈夫不得不把所有的10万个比特全部传送给这个人。尼古拉因此失去了10万比1的数据压缩度。

亲爱的"玩会"者，我希望我和你们之间只需1个比特就心意相通。

数字社会中的多与少

关于如何破题的破题结束，下边言归正传，来破一下"时代""思想"和"思想者"这三个大词。

时代是个大词。问个简单的问题：你能做到在谈论互联网的时候不加上"时代"这个词吗？或者，拿出现在最流行的一些书，你会看到，一个典型的书名可能是这样的：《大数据时代：生活、工作与思维的大变革》，或者是《与机器人共舞：人工智能时代的大未来》。如果你把书名中的那些"时代""革命""大未来"之类的词汇去掉，那些书还剩下什么？

我自己也不能免俗。我写过一本书，叫作《众声喧哗：网络时代的个人表达与公共讨论》，在这里，"网络"和"时代"这两个词也是连着用的。为了表明我们时代的独特性，我甚至动用了"生存"这个大词来描述它：在中国互联网的启蒙期，我曾经有一个雅号叫"胡数字"，因为我在1996年，刻意地把尼葛洛庞帝的畅销书 Being Digital 翻译成《数字化生存》在中国出版，并在封面上打上一句话："计算不再只和计算机有关，它决定我们的生存。"

为什么着迷于"生存"呢？因为我们人类有一个特点，我们总认为我们自己生活的时代才是独一无二的。彼得·德鲁克（Peter F. Drucker）曾提出"断裂的时代"（the age of discontinuity）的观点，[1]意谓凡是有历史

---

[1] Drucker, Peter F. (1969/2011). *The Age of Discontinuity: Guidelines to Our Changing Society*. NJ: Transaction Publishers.

眼光与世界意识的人都会惊觉人类已进入眼光空前的新境界，一种新文化已经形成，一个新社会已经到来，而科技的快速成长是最好的例子。

与任何刚刚萌芽的爱情一样，我们都相信我们新发现的迷恋对象可以改变整个世界。我承认，当时的我，很快就化身尼葛洛庞帝所说的"数字化乐观主义者"，眼中只有"闪闪发亮的、快乐的比特"。

二十多年来，数字化乐观主义者一直主导着信息通信技术产业。他们从根本上相信，数字化意味着进步，并将使未来比过去更好。信息社会为人们赋权，它带来的变革将造福所有人。政府的职责是"为创新和投资创造有利的环境"，然后退居一旁，让技术发挥其神奇作用。

然而，最近几年，其对立面——数字化悲观主义者激增：在政治和社会评论中，在流行文化中，有越来越多的人怀疑技术专家提供的解决方案，甚至其中不乏曾经的数字化乐观主义者。

数字化悲观主义者担心快速数字化的后果。他们不喜欢他们认为即将来临的社会的外观和感觉。他们担心算法和自动化会剥夺公民的权利，而不是赋予公民权利。强大的数据管理公司将社会成员商品化；各国政府对其进行无休止的监视；而最终，科技、科技市场和科技企业将掌控我们的一生。

当然，如此简单粗暴的两分法，难免夸大彼此的极端立场。也许，大多数人只是被动接受技术，觉得技术不好不坏，或两者兼有，仅此而已。但是，有一点十分明显，信息社会的倡导者与卡桑德拉（Cassandra）之间的分化比五年前更大。这样的两极分化，尤其是当乐观一方未能承认更广泛的人群对即将到来的事情越来越感到震惊时，存在重要的政策含义。

数字化乐观主义者指出了他们认为技术可以为我们带来的好处，并认为我们不应该做任何可能危害技术的事情，因此，他们致力于"无限制的创新"和最低限度的监管。数字化悲观主义者道出了他们担心会遭受的伤害，希望找到管理技术影响的方法，并担心自己根本找不到这样的方法，因此他们渴望对技术企业的力量予以遏制，保护就业，避免我们的生活在缺省情况下变得数字化。

乐观主义者和悲观主义者都同意，信息社会将给经济、社会和文化的几乎所有方面带来根本性的变化。他们的分歧在于认定这些变化是好是坏。乐观主义者对新技术充满信心，悲观主义者不想认命而力图与之抗争。

这时候，我们可能需要的既不是乐观主义也不是悲观主义，而是一种数字化的现实主义。

我会说，通常情况下，两种观点都包含真理，但只有部分真理。两者都对技术投入了过多的关注，而对人及其所生活的社会的关注却过少。单凭技术并不能决定数字时代的外观和感觉。它将通过技术与社会的互动而发展。

这种互动使我们有发言权。这不是信仰，也不是宿命论，而是意味着我们至少可以寻求塑造信息社会的方式，而不是默默接受任何技术和技术市场所允许的东西。

当然，人们并没有完全放任不管。总有新的政策干预措施在出台，但是我们依然在努力寻求技术快速变化背景下政策的连贯性。例如，对ICT小圈子内技术奇迹的宣传过多，而对数字化给经济、就业或环境造成的长期影响进行的分析却太少。我建议在思维方式上进行四个转变，这就是我所说的数字化现实主义。

思维的四个转变

第一，我们应该停止认为信息社会对于我们珍惜的事物或我们担心的事物必定产生"好"或"坏"、正面或负面的影响。到目前为止，影响有好有坏。想一想，技术如何释放了普通人的潜能，却又赋予专制者更大的压制能力；社交媒体如何造就了空前的社会团结，与此同时又怎样把世界变成一块块"飞地"。像以前的每一项技术一样，数字化创造了机遇和威胁。现实主义者要认识到两者皆有，而不是只假设其中一个存在。

第二，我们应该认识到，在数字化发达的国家和地区，信息社会已然是现实。我们比以往任何时候都更加离不开对数字设备和自动化服务的使用，包括物联网、虚拟助手和很快到来的无人驾驶车辆。如果我们不预先考虑该如何让这些创新改变我们的生活，那么，结果必然是，它们将以我们不希望的方式改变我们的生活。不妨考虑一下我们是怎样允许在线服务侵犯我们的隐私的——因为我们让服务提供商根据他们的利益来设置了服务条款。

第三，必须相信，我们有权塑造信息社会，而不是简单地接受他人顺手交到我们手里的技术和技术市场。如果我们想要一个尊重人权、保护环境、限制（而不是扩展）冲突能力、促进经济和文化多样性的信息社会，我们就要为此付出艰苦的努力，而不是简单地期待技术如我们所愿。我们需要积极地在形塑社会的制度和形塑技术的制度中追求这些公共政策目标。这不仅仅是为了我们自己，也是对我们之后的信息社会的继承者担负责任。

第四，我们应该从未来的角度考虑当今的技术。当然，很难预期信息技术将如何发展。但是，这个问题并不是ICT独有的，它也同样适用于生物技术、军事技术或能源技术。有远见方有洞察力。我们应该谋划未来，而不是在惊奇或恐惧中凝视未来。

面对不确定的技术和技术市场，我们可以做更多的工作。我们可以确定我们在社会中最珍视的事物，保证它们随着技术的发展而持续下去。我们可以决定哪些是必须更改的事物，并弄清新技术中我们最担心的事物。自然，对于社会如何发展以及技术与社会之间的互动会如何演变，不同的人会有不同的看法。对比，我们至少需要着手两件事。

一是获得来自独立来源的更好的有关技术发展的证据。从现状看，我们过于依赖技术公司（以及附庸于它们的咨询公司）来告知我们技术会做什么。我们需要从经济、社会、环境、发展和权利的角度来进行更独立的分析；需要源自经验的更多见解；需要不基于既得利益的远见卓识。

二是发起更加活跃、立场也不那么偏激的讨论，关注人们心目中理想的技术与社会之间的关系，以及所隐含的法律和监管框架。这绝非易事，尤其是各种利益日益不协调的时候。但是，这是必要之举，它将使我们从数字化乐观主义和数字化悲观主义转向努力建立一个我们所希望的信息社会，这个社会的形状在如此危险的时代对我们将要过上的生活显得无比重要。

思想是外向的，而不是内向的

谈到时代，我们将不可避免地遇到代际悖论。这个悖论就是，每一代人都认为自己和上一代人是完全不一样的，但是同时，却又希望下一代跟自己一样。还是孩子的时候，你曾经多么叛逆父母企图给你施加的安排，可是，升为父母后，你怎么就开始积极为你的子女规划起他们的人生道路了呢？

我们的下一代一定是和我们不一样的，至少，他们将不再是人类中心主义者，不再认为人类是地球上乃至宇宙间最核心的或者最重要的物种。

在这种前景下，思想何为，思想者何为？思想者有义务适应他者，调动我们作为人的全部能力。思想者并不满足于只是倾听他者。要了解和思考世界，必须有能力踏进他人的"鞋子"。这需要同情心、同理心、悲悯心、承诺和必要的想象力，以便尽可能地把自己的个人体验投射到别人身上。从世界退缩到自身，孤立、孤独和沉迷于逻辑本身，是思想的反面，是对思想的致命打击，事实上构成所有邪恶的根源。

我越来越相信，思想是外向的，而不是内向的。它要求个人超越以自我为中心的日常生活的视线，不向身体、情感或智力上的权宜之计投降，不屈从于自私的个人和群体利益，不盲目与社会合作，不沉迷于未加审视的凝聚力和归属感，不沉浸于成为强者的快感，不沦陷于谎言、半真相和沉默，不汲汲于生活的功能化和殖民化，以及最重要的，不去证明存在的就是合理的。

呼唤启蒙2.0：人类意识的范式转变与革命

我们需要以非常不同的方式生活，而这需要非常不同的思考。

"我们倒着走向未来"

按照布莱恩·阿瑟（Brian Arthur）在《技术的本质》（*The Nature of Technology: What It Is and How It Evolves*, 2009）[①]一书中的说法，新技术并不是无中生有地被"发明"出来的，我们所看到的技术的例子都是从先前已有的技术中创造（被建构、被聚合、被集成）而来的。换言之，技术是由其他的技术构成的。那么，如何区分新旧技术呢？人们常常借助一种方法，即通过描述新技术所没有的东西，将新技术与旧技术予以比较。

这固然增进了人们对新技术的认知，然而，它也存在一个巨大的问题：人们对未来的预测由此总是受限于现实，只会想象已有之物的一个更复杂和更先进的版本。

想想"无马的马车"（horseless carriage）这个在汽车刚刚被发明出来时的说法。汽车与先前技术的关联，不仅是命名上的，也是视觉上的。汽车的早期设计显然保留了马车的大部分外观。第一代汽车工程师将乘客安置在车辆的前部——就像马车一样。不幸的是，这意味着几乎每次车祸都是致命的。直到后来的设计师放弃了"无马的马车"的隐喻，将驾驶员和乘客安置在发动机后面而不是前部。

[①] 布莱恩·阿瑟：《技术的本质：技术是什么，它是如何进化的》，曹东溟、王健译，杭州：浙江人民出版社，2014年。

这个故事说明，我们不仅倾向于将新发明建立在旧的基础上，而且还试图从我们已经知道的方面解释新发明。仿佛被遮罩遮住了双眼的马一样，汽车的发明者无法预知汽车给人们的工作和生活带来的巨变，包括我们如何建造和使用城市，或者如何获得新的商业模式和创造新的衍生业务。打个比方，你很难在有马和马车的日子里想象汽车的无故障保险。正如马歇尔·麦克卢汉（Marshall McLuhan）所说，"我们透过后视镜来观察目前，我们倒着走向未来"[①]。

因此，研究技术需要倒着放映过去两千五百年的技术爆炸，才能看清这些技术对社会经验和社会组织的影响的漫长历史过程，一如艺术家需要从尾到头倒着构想艺术品一样。只有倒着播放，我们才能在熟悉中发现陌生，在新中体验旧，并因之受到震撼。

人类境况的重大变化

如何理解这一"后视镜"（rear view mirror）的比喻？与阿瑟异曲同工的是，麦克卢汉意在表明，在使用新技术时，我们的愿景如何受到我们以前经验的限制。我们不会立即掌握新技术的潜力，而是会根据我们所了解的已有知识对其进行解释。"面对全新的情况，我们总是贪恋最近的旧物的风味"，麦克卢汉将此称作"后视镜"效应。此外，麦克卢汉相信，我们抓紧后视镜，还因为它所提供的视野可能比通过挡风玻璃看到的东西更令人舒适。用麦克卢汉的话说，"普通的人类本能使人们从这些新环境中退缩，并依靠后视镜作为先前环境的重复或变幻，从而永久性地失去了方向感。并不是说旧环境有什么问题，但是它根本不会充当新

---

① McLuhan, Marshall & Fiore, Quentin (1967). *The Medium Is the Massage: An Inventory of Effects*. New York: Bantam Books, 74-75.

环境的导航指南"。①

如果倒着看过去四十年的互联网发展，可以将其划分为三次浪潮：第一次互联网浪潮始于20世纪80年代中期，其核心是解决连接问题；第二次浪潮发生在2000—2015年，以谷歌、苹果和脸书为代表，缔造了搜索、社交网络和电子商务，实现了APP经济和移动革命；第三次浪潮从2016年开始到现在，计算泛在，万物互联，企业开始用互联网改造其他产业，例如医疗、教育、交通和金融等。

这似乎是一部一路高歌猛进的高科技发展史。但你如果就此认定第三次浪潮还会像前两次一样，把无数的奇珍异宝卷到岸上供人拾捡，可能就大错特错了。史蒂夫·凯斯，美国在线前任首席执行官与董事长，有一个非常耐人寻味的观点：硅谷的企业家将无法独自在第三次浪潮中冲浪。②尽管这会惹恼西海岸的自由放任主义者，但政府将发挥关键作用。物联网和人工智能的方向会导致一个日益智能化的环境，这必然产生许多伦理问题，从自动驾驶汽车、无人机到聊天机器人，无不如此。当互联网开始改变实体领域的时候，互联网企业的"傲慢"可能会在实体环境中被打掉。在第一次浪潮和第二次浪潮中，企业家面临的最大挑战分别在于科技和市场风险，但政策风险将是第三次浪潮的最大障碍。处于第三次浪潮核心的所有行业都受到严格监管。例如，政府可以推动无人驾驶汽车的采用，也可能完全禁止。

这还仅仅是开始。现在我们终于认识到：我们对网络生活的热爱伴随着重大的代价。数据泄露会暴露个人隐私和信用卡号码。黑客对电子邮件系统的攻击导致公司没有了秘密。假新闻泛滥，阴谋论盛行，虚假信息成

---

① McLuhan, Marshall & Parker, Harley (1968). *Through the Vanishing Point: Space in Poetry and Painting*. New York: Harper and Row, xxiii.

② Case, Steve (2016). *The Third Wave: An Entrepreneur's Vision of the Future*. New York: Simon and Schuster.

为武器。算法可能增强偏见，并让人陷入系统无法自拔。广告驱动的在线监控，固然可以将我们愉快地连接到汪星人的视频和色香味俱全的食谱，同时也源源不断地将我们的私人信息传递给各路"老大哥"。

硅谷野蛮生长，一方面通过创造令人愉悦且实用的产品摘取了数十亿美元的利润；另一方面，通过收获和出售我们的个人数据，甚至赚得更多。然而，消费者随着一次次发现哪怕是简单地分享与点赞也会被政府、企业和黑客无情地利用，对规制互联网的要求越来越强烈。今天，即使是行业巨头也在要求政府在防止滥用权力和增进信任方面发挥更加积极的作用。

方兴未艾的人工智能为互联网规制的未来增加了更大的变数。人工智能的积极推进者，谷歌公司的CEO桑达尔·皮查伊（Sundar Pichai）在《金融时报》（*Financial Times*）上撰文称："像我们这样的公司不能仅仅建立有前途的新技术，再让市场力量来决定如何使用它。同时，我们有责任确保利用技术造福社会，并为所有人所用。"①

人工智能之所以引发深切忧虑，是因为激进主义者相信，机器人的胜利与进化的必要性息息相关。我们的物种已发展出一种特征，可以智能地指导进化，这种进化方向本身并没有最终的生存价值，但却为替代我们的生命铺平了道路。不管今天的人类是否愿意或能够将其大脑"下载"到机器里，在进化的斗争中，终会出现所有人类都被智能机器超越的时代。人类文明就此走向终结，并不是完全不可能的。

希望机器人取代人类生命的人，我们姑且将其称为"灭绝主义者"，这些人显然是现代科学的奠基思想家弗朗西斯·培根（Francis Bacon）和勒内·笛卡尔（René Descartes）的后代，他们认为人类境况是需要改善

---

① Pichai, Sundar (Jan 20, 2020). "Why Google thinks we need to regulate AI." *Financial Times*, https://www.ft.com/content/3467659a-386d-11ea-ac3c-f68c10993b04.

的东西，而科学只是改善它的工具。笛卡尔二元论（认为身心是各自独立的现象）与灭绝主义观念之间存在着必然联系，后者相信我们应该把自己的思想和认同完全从身体上割断。也许有人会说，现代科学终于显示出了本来面目：对自然的力量包括对人类生命的新力量，而这种力量意味着可以对人类的一切进行改造、重制和废除。

正如汉娜·阿伦特在1958年完成的《人的境况》(*The Human Condition*)一书中所指出的："科学家告诉我们，他们在不到一百年的时间里就可以生产出的未来人类，似乎拥有一种反抗人类被给定的存在的能力，拥有一种不知从哪里来（就世俗意义而言）的自由天分，只要他愿意，他可以换取他自己制造的任何东西。没有理由怀疑我们实现这种自由交换的能力，正如没有理由怀疑我们当今有能力破坏地球上的所有有机生命。问题仅仅在于，是否我们真的想在这一方向上使用我们的新科学技术知识，而且这个问题不能由科学手段来决定，它是首要的政治问题，从而也不能留给职业科学家和职业政治家来回答。"①

阿伦特的这段论述写于人造地球卫星被发射到太空之后，我们在《人的境况》一开篇就可以读到阿伦特对这个科学大事件的困惑：在她看来，难以理解的是人们那种迫切想要逃离这个星球的欲望。困扰她的问题是，什么让世界变得如此不受欢迎，以至于人类会想逃离他们的家园？阿伦特相信是我们自己使得世界变得不受欢迎，甚至是不能居住。

她写道："地球是人之境况的集中体现，而且我们都知道，地球自然是宇宙中独一无二的能为人类提供一个栖息地的场所，在这里人类不借助人造物的帮助，就能毫不费力地行走和呼吸。世界的人造之物把人类存在与一切纯粹的动物环境区分开来，但是生命本身是外在于这个人造世界的。使生命也成为'人造的'，旨在切断这一切让人属于自然母亲怀

---

① 汉娜·阿伦特：《人的境况》，王寅丽译，上海：上海人民出版社，2009年，前言第2页。

抱的最后纽带。同样一种摆脱地球束缚的愿望,也体现为从试管中创造出生命的努力,体现为'从其能力已得到证明的人身上取出精子冷冻',混合后'放在显微镜下制造出超人',并'改变(他们的)体形和功能'的愿望中。而且我猜想,摆脱人之境况的心愿,也体现在让人的寿命延长到百岁以上的期望中。"[①]

读到此处,我们忍不住震惊于阿伦特的惊人洞见:她这里写的不是"人的境况"(human condition),简直已经直击了"后人类境况"(post-human condition)。所谓"后人类境况"是说,我们在现代性中所了解的人类境况即将发生重大变化。"超人类主义"(Transhumanism)和"后人类主义"(Posthumanism)也许是这条路上最突出的两个分支。

超人类主义者相信,未来人类将受到科学技术的深刻影响,特别是可以通过克服衰老、认知缺陷、非自愿痛苦以及地球对人类的限制等,扩大人类远未能够实现的潜力。提高人类能力是超人类主义思考的关键概念,而实现这一目标需要借助于一系列科技跃进,从再生医学到纳米技术,从延长生命到思想"上传",从空间殖民到冷冻起死回生术等。

另一方面,后人类主义可以简单地定义为人类和智能技术日益交织在一起的状态。更具体地说,后人类是人类的一种计划状态,在这种状态下,我们通过"解锁"信息模式将使我们成为真正的自己——把人类的注意力从外表转移到那些信息模式上。由此,重点将放在功能而不是形式上:人性将由物种的运行方式(它是否可以像人类一样处理信息,有意识,善解人意,智力超卓等)来定义,而不论身体是什么样子的。

人与机器将被有效地合并,因为外观上的差异将毫无意义。正如凯瑟琳·海尔斯在《我们如何成为后人类》(*How We Became Posthuman*)

[①] 汉娜·阿伦特:《人的境况》,王寅丽译,上海:上海人民出版社,2009年,前言第2页。

中所说的那样，身体从根本上将成为一种时尚配饰。①而且，越来越多的人认为，这也将消除人类与其他物种之间的差异。实际上，这在某种程度上已经实现了。一个名为"非人权利项目"的组织近年来为某些大猿家族赢得了"法人资格"。②因此，后人类主义破坏了人类的例外主义。

后人类主义比超人类主义走得更远，因为它实际上意味着人本主义主题的死亡：构成该主题的是人类的特权地位，即人作为一种特殊、独立的实体存在，具有使其在宇宙中与众不同的独特性。例如，相对于所有其他生物而言，人类有着独树一帜且优越的智力，或者具备与其他动物完全不一样的关于自由的自然权利。如果今后关注的是所有智力系统的本质，而材料和物体仅仅是承载生命信息的基质，那么人与智能机器（或任何其他类型的智力系统，如动物）之间就不存在有意义的区别。

总之，超人类主义者试图无限放大人类的存在，而后人类主义者则致力于完全取代人类的主要价值所在。向这两条路上行进的动力都足够强大，能力也越来越充分，但问题在于，它们是人类可欲的吗？

心灵的另一次革命

通过基因工程、数字技术和人造环境，后人类不再是地平线上飘来的云，而是正在形成的日常现实。这些技术不只是创造了后人类的物体，同时，它们催生了后人类的主体性。

所谓后人类的主体性，就是在打破人类中心主义的同时，避免变成"无思想的生物，受任何一个技术上可能的玩意儿的操纵"（阿伦特语）③。

---

① Hayles, N. Katherine (1999). *How We Became Posthuman: Virtual Bodies in Cybernetics, Literature, and Informatics*. Chicago: University of Chicago Press.
② "Great ape personhood." https://en.wikipedia.org/wiki/Great_ape_personhood.
③ 汉娜·阿伦特：《人的境况》，王寅丽译，上海：上海人民出版社，2009年，前言第3页。

在后人类境况下，我们需要以非常不同的方式生活，而这需要非常不同的思考。也许像启蒙运动一样，我们所需要的是心灵的另一次革命，也即人类意识的范式转变。

类似的转变可以视为人类所经历的巨大的"存在的飞跃"：借着某种非同凡响的认知，我们开始以不同于以往的方式理解人类的处境，获得有关人类处境的新的真理。虽然挑战巨大，但我们有理由乐观。

乐观的第一个来源是神经科学和进化心理学等领域出现的研究，展示了我们的大脑深具社交性。我们一向认为自己是主权个体，做出独立和理性的决定，这其实在某种程度上只是一种幻觉；我们深受周围人的影响，并且是我们只能部分理解的情感的牺牲品。

正如17世纪的科学见解导致了启蒙运动中对个体理解的深刻变化，以及社会秩序可以而且应该被改变的观念，我们希望今天的科学可以引发自我意识的显著变化，更好地理解人类行为，以便用更加紧密的团结关系来取代个人主义。

乐观的第二个来源依赖有关"移情文明"的论述，例如，杰里米·里夫金（Jeremy Rifkin）认为历史的特点是人类对他人越来越同情——可以简单地概括为从家庭到部落到国家。[①]问题在于，我们的移情能力能否及时扩展到生物圈、全人类和整个地球，以防止我们赖以生存的环境资源遭到巨大破坏。移情可以拯救我们，对于确保在拥挤的星球上实现和谐共存必不可少。但我们也有理由怀疑，在亟须加速扩大人类移情的当口，这个过程是否反而停滞不前了？

对移情的信心曾经被广泛分享，例如那些为欠发达国家提供援助的运动。一个经常被引用的同理心增强的例子是，对种族和性取向的更大

---

① 杰里米·里夫金：《同理心文明：在危机四伏的世界中建立全球意识》，蒋宗强译，北京：中信出版社，2015年。

容忍度，在一代人的过程中表现出了巨大的进步。然而，与此同时，我们也创造了一种蔑视野蛮的文化。而且，他人的困境也可能会促使我们退缩、否认或故作无知，而不是激发全球合作。

乐观的第三个重要来源是可以重新确立人道主义的根本伦理维度。我们想成为什么样的人，我们想要什么样的社会，归根结底是一个伦理问题。科学研究也证明，道德伦理的理解在人类的大脑中根深蒂固。为此，需要复活伦理推理和辩论。我们需要一种伦理，挑战市场、官僚机构和科学技术发展的主导逻辑。某些东西可以出售并不意味着它应该被出售，某些东西会被开发并不意味着它应该被开发。在充满伦理问题的未知领域中，我们会因为过多地将信念投入科技领域而丧失对人性或人权的信念，从而被蒙蔽双眼。

以上三点理由，是否可以说明未来人类进步的可能性？在将人类理解为相互依存的共同体的背景下，团结可以构成社会实践的基础之一。然而，虽然怀有希望，但我们对移情的力量能有多大尚不知晓。同时，伦理论证也可能无法获得足够的"牵引力"。然而没有人会不同意，它完全属于启蒙运动的传统，为的是引发对话、辩论和分歧，从中发展出洞察力，以丰富人类理解的存量。这就是我们今天为什么要呼唤启蒙2.0。

启蒙2.0何为

相信启蒙运动将得到复兴已成为一股思潮。若干学者诉诸17世纪和18世纪的那场智识运动，以回应右派的民族主义和种族偏见以及左派的相对主义和"身份政治"。茨维坦·托多罗夫（Tzvetan Todorov）在《捍卫启蒙运动》（*In Defense of the Enlightenment*, 2009）一书中提出，启蒙运动的核心是三个思想：自治、普遍主义以及"我们行为的最终人类目的"。他论述道，时代在变化，但启蒙运动所代表的核心原则与精神同今天的现实仍然高度相关。①另一位代表人物是哈佛大学的认知心理学家史蒂芬·平克（Steven Pinker），他在《当下的启蒙》（*Enlightenment Now: The Case for Reason, Science, Humanism, and Progress*, 2018）中主张乐观主义和人类进步，反对那些"鄙视启蒙运动的理性、科学、人文主义和进步理想"的人。②

当然，启蒙运动在当今的拥护者矫枉难免过正。他们过度推销自由与理性的好处，而忽视了传统、宗教和民族主义对人类进步的贡献。然而，怀有启蒙理想的人，如哈贝马斯（Jürgen Habermas），始终秉持一个信念，认为不论时代如何变化，政治共同体的公民还是可以通过民主进程对其社会命运施加集体影响。也就是说，哈贝马斯始终将人类视为具有理性能力的自治者。

启蒙运动提倡的自治原则认为，人类应自由运用自身的理性创造自我作始的富有意义的生活。然而启蒙2.0致力于建设一种更具自我意识，同时又深深嵌入社会的自治模式。这并不意味着否认个人的权利，也不会低估我们有意塑造自己命运的能力。它只是想表明，改变环境比改变思想更能够有效地塑造我们的行为。我们所做的大部分工作都是对周围世界自动做出反应，而不是有意识的决策的结果。换言之，如果你想成为一个更具美德的人，并不需要购买宣教书，而是应该选择更好的朋友。

托多罗夫谈到的第二个启蒙原则即普遍主义，建立在自然权利的思想基础上，认定"仅仅因为我们是人"，就天生或自然拥有不可剥夺的权利。基于同样的原因，每个人也平等地享有尊严。

在亚伯拉罕·马斯洛（Abraham Maslow）的需求层次体系中，最高

---

① Todorov, Tzvetan (2009). *In Defense of the Enlightenment*. London: Atlantic Books.
② 史蒂芬·平克：《当下的启蒙：为理性、科学、人文主义和进步辩护》，侯新智等译，杭州：浙江人民出版社，2018年。

水平乃是自我实现。①达到这一水平的人，对解决问题感兴趣，能够接纳自己，最重要的是可以放下偏见——懂得欣赏人的相似之处，同时尊重人的不同。所以，启蒙2.0的第二个要义是，平等待人，学会去热爱，包容不同。当我们限制自己、不允许自己的舒适受到一丁点打扰的时候，就是我们变蠢的时候。如果想让未来的社会具有充分的包容性，我们就需要超越一种强烈愿望：和像自己一样的人黏在一起。那样我们将永远无法变成我们应该成为的那种世界公民。

第三，社会安排的基础应该是增加人类幸福和福祉。如果承认人类社会过往有所进步的话，毫无疑问，我们在这一领域的成就可圈可点。与先辈相比，今天的人享有更好的健康、更长的寿命，以及更多的资源和机会。启蒙运动的成功导致了现代社会由科学技术、市场和官僚制这三个逻辑所主导，在三者的共同作用之下，我们才走到今天。

然而，对人类进步的功利主义态度使我们失去了框架，本来，经由一个合适的框架，我们可以更深入地探询人类社会到底想要什么样的未来。进步的逻辑需要隐含的伦理框架，市场依赖信任，官僚机构依赖职责，科学技术依赖协作。随着生活变得更加复杂，并且，使用外部监管来塑造行为也因之变得更加繁重且效果不佳，我们对良性动机的依赖正变得越来越大。为此，我们必须找到谈论目标和价值观的实质性差异的方法。

对伦理话语的压制会催生虚伪和恶行。相反，成熟的伦理话语是多元文化、相互尊重和解决冲突的基础。做出决策变得越来越困难——很多时候我们将面临严峻的政策困境，对合法的伦理差异必须予以承认。这将要求一种合于人类目的的启蒙政治，而不是一味依靠监管手段的技术官僚政治。

---

① Maslow, A. H. (1943). "A theory of human motivation." *Psychological Review* 50 (4): 370-396.

而所有这一切，最终要求我们在数字时代重建公共领域。康德在他的短文《什么是启蒙？》中谈到，启蒙就是通过富有勇气地运用理智，使自己摆脱遵循别人引导的懒惰习惯。唯有如此，才能摆脱自己加之于自己的不成熟状态。[①]然而，在此十分需要强调的是，我们不仅必须在私人生活中运用理智超越不成熟，更重要的是在公共生活中这样做，以便使其他人受到我们的行为和表达的影响。

[①] 李秋零主编：《康德著作全集》，第8卷，北京：中国人民大学出版社，2010年，第40页。

下篇

后真相

矛盾的海洋

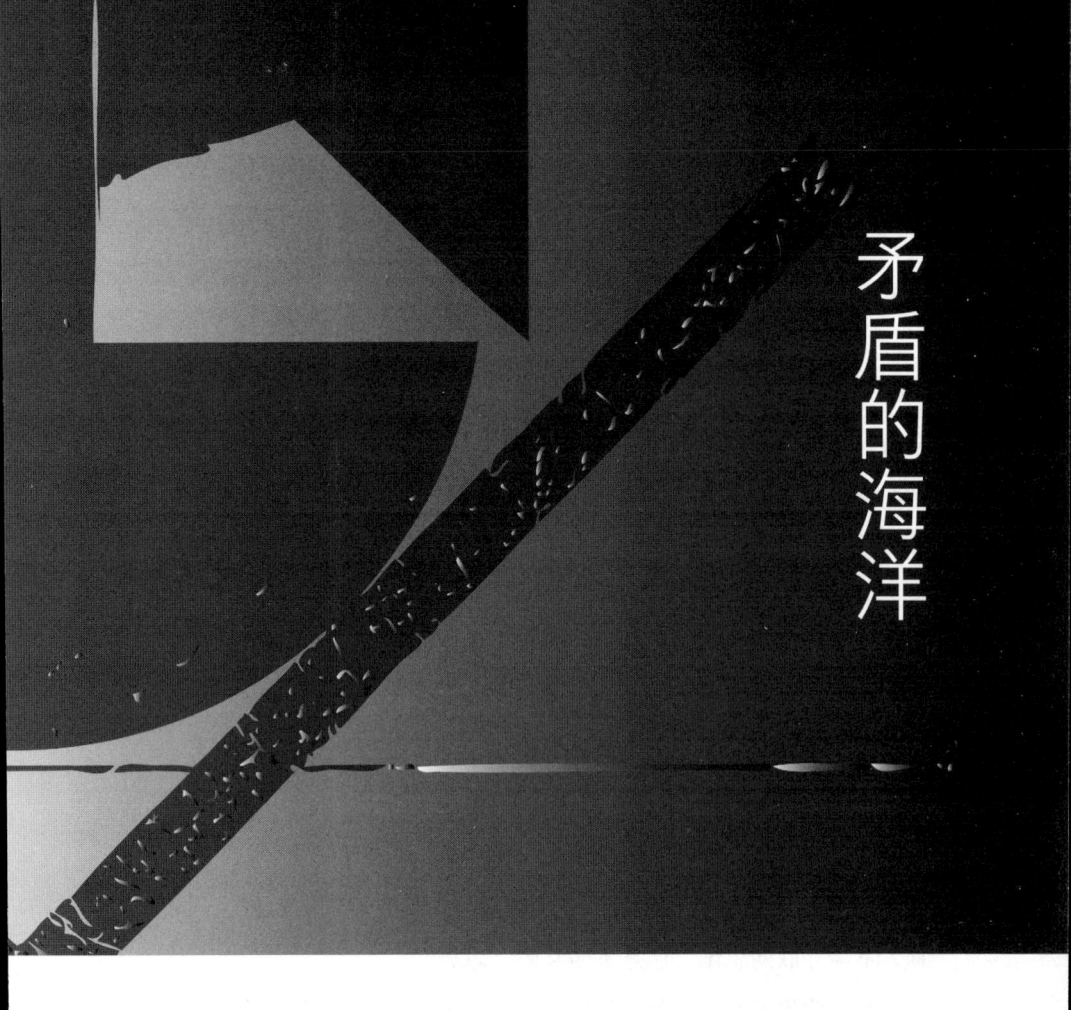

人们往往从同一来源获得救赎或陷入沉沦。重要的是批判性地看待互联网从乌托邦到反乌托邦的变化：过去的技术乐观主义是否有道理，而目前的技术恐惧症是否有理由？

作为隐喻的互联网
——从赛博空间到敞视监狱

关于互联网上的任何东西都存在着某种帮助你去理解它的隐喻，但所有的隐喻都应该被经常性地置于审视之下，以观察其是否精确地反映了互联网的现实。哪些隐喻应被保留，哪些该予舍弃，始终处于不断的争斗中。

最近这两年互联网在很多人手中变成了一个"大棒"。为什么这么说？你可以去找几本关于互联网的书读一读，或者读一读科技博客，翻一翻有关互联网的各种会议上的PPT。读完了以后你就可以跟各个行业的人约谈，跟他们讲什么是"互联网思维"。如果他们对你稍有质疑的话，你便可以挥舞这一大棒，六个字，叫作"你不懂互联网"。

我们人人都在谈互联网，但是说别人不懂互联网的时候，到底在说别人不懂互联网思维，还是不懂互联网思想？

在此我想讨论一个分析互联网思想的角度——"作为隐喻的互联网"。我们在日常生活中大量使用隐喻，很多时候不自知。因为对很多东西，尤其是对抽象的概念和现象，必须把它们还原成具体的事物，人类的认知结构才能对这些东西产生理解。关于互联网上的任何东西都存在着某种帮助你去理解它的隐喻，如果没有这些隐喻的话，你根本不知道互联网是什么样子。

然而，所有的比喻背后都有政治内涵。随着时间流逝，隐喻会嵌入我们的文化中，会塑造用户对互联网的认识，甚至会影响互联网未来的发展。隐喻因为彼此的不同会发生较量，这是一个斗争的场域，每一个隐喻都会在彰显某些方面的同时，遮蔽另一些方面。而且，要注意某个隐喻是谁提出的，比如政府官员和互联网设计师会提出完全不同的隐喻。

我们这些观察或者使用互联网的人要牢记，不管是哪个隐喻，要时刻审视它，观察其是否反映了互联网的基本现实，以及哪些隐喻应该保留，哪些需要舍弃。

《我们赖以生存的隐喻》（*Metaphors We Live By*, 1980）是莱考夫（George Lakoff）和约翰逊（Mark Johnson）合著的书，他们深刻分析了为什么我们的生活充满了隐喻。[①]人类是一种隐喻性动物。两位作者认为，人的概念系统大部分都是由隐喻构建的，我们虽然很少能察觉到这点，但是我们肉身体验所处环境而生的隐喻，以及由文化传承而来的隐喻，却约束了我们思维的方式。这是说，隐喻有两种来源：第一种是肉体的感知，我们使用所有感觉器官所获得的隐喻。第二种是我们的上一代传给我们的，构成了文化传承。

一种隐喻是不是可能超越各种文化和种族而存在？隐喻一定是有文化障碍的，比如同样是乌托邦，对于大西国的想象和对于桃花源的想象是完全不一样的。但我们一方面承认有这样的文化差异，另一方面也可以肯定，有一些隐喻是跨文化存在的，这是两个同时存在的现象。今天论述的关于互联网的隐喻，大部分是跨越地理界线和文化界限的，当然也有比较美国化的。

做一个简单的时间轴，从1990年到2000年再到2020年，通过梳理可以看到，不同的隐喻坐落在这一时间段不同的坐标里。比如说在20世纪90年代初期的时候，有一个占主导地位的隐喻叫"信息高速公路"。而到

---

① 乔治·莱考夫、马克·约翰逊：《我们赖以生存的隐喻》，何文忠译，杭州：浙江大学出版社，2015年。

了今天，一个很重要的隐喻是"云"。我们是怎么从信息高速公路来到云这个地方的？中间都经过了什么？这是我下边要详细考察的。

隐喻是一个斗争场域：赛博空间与电子边疆

最早的一个隐喻是赛博空间（cyberspace），这是1982年互联网还没有商用化的时候，由一位加拿大科幻小说家提出来的。我们知道科幻其实是科学技术的先锋，很多事情由科幻作家率先加以描述。今天可以看到"赛博空间"这个词已经成为常用词，它是威廉·吉布森（William Gibson）发明的，他把赛博空间描绘为一个由电脑生成的空间，故事中的人物只要插上电源插头即可进入，这个空间具有难以想象的复杂性：

> 数以亿计的合法操作者，在每一个国家，被教授数学概念的儿童，每天都在体验一种交感幻象……从人体系统中每一台计算机的数据库里提取的数据的图形表示。……在头脑的非空间中有一束束光线闪烁，延伸出数据集群和星座，像城市灯火一样，渐行渐远……[①]

在此，吉布森把赛博空间称为某种交感幻象（consensual hallucination），它是一种集体幻觉，由亿万用户接入网络而产生。这些幻象可能导致把日常生活排斥在外的一种极端的延伸状况。理论上一个人可以把自己完全包裹在媒体中，不再关心周围实际上在发生着什么。这是20世纪80年代的预测。我们不得不惊讶地说，这个预测非常准确。

此后，赛博空间构成了"赛博朋克"（cyberpunk）的主要图景，其核

[①] Gibson, William (1984). *Neuromancer*. London: HarperCollins, 67. 这是笔者的翻译，中译本见威廉·吉布森：《神经浪游者》，雷丽敏译，上海：上海科技教育出版社，1999年。

心特征是"嵌入世界"和"交感幻象",它意味着操作者对计算机生成环境的心理体验,他们的神经系统已经直接连接到计算机系统上。

吉布森将空间与幻觉联系在一起,使它看起来像是一种美学上引人入胜但又致幻的东西,因为它的结构所产生的幻觉效果,来自该结构仿佛一个擦去原有文字的重写本。在这个精心设计的空间里,元素的排列方式缺乏整体感。各层数据被组装和叠加的方式打破了刚性,也抹去了它们的分离性。当一层向另一层退去时,就产生了它们最初的形状和形式的扭曲版本,使观者无法清楚地感知这种电子信息组合,而只能在变化的状态下看到它们——数据的集群和星座,就像城市的灯火在渐渐退去。赛博空间的这种退化性和去构成性打开了结构和模式的变形之路,最终从技术与人类思维的融合中出现——一束束光线在头脑的非空间中延伸。这种延伸是由构成赛博空间的元素的混合性和流动性造成的。由于赛博空间结构的不断组合和再组合,其模糊的模式和形式赋予了赛博空间一种令人不安的和神圣的潜力。它是非常灵活的,且具有递归性,在越来越多的平台上构建平台,是一个不断变异的混合实体。

吉布森在《神经浪游者》(*Neuromancer*, 1984)这部小说里提出的时时流变的赛博空间,成为所有互联网隐喻中最持久、最有影响力的一个。① 这个隐喻有一个核心的东西:你从现实空间中迈出来,迈过某个门槛,跨越某种界限,最后进入赛博空间。换句话说,它把我们生活的空间分成了现实空间和虚拟空间两个不同的维度。吉布森最早感觉到这个东西的存在,是1982年的某一天,他在温哥华的一条娱乐街上闲逛,看到温哥华的少年打街机游戏,这些少年虽然身处街头,但是头脑完全进入了游戏空间。

---

① Benedikt, Michael (Ed.) (1991). *Cyberspace: First Steps*. Cambridge, MA: The MIT Press.

从他们高度紧张的姿势中，我能体会到这些孩子有多么入迷。似乎存在品钦①小说描绘的封闭系统里的某种循环：光子由屏幕激射而出进入孩子们的眼睛，神经元在他们的体内游荡，而电子则在游戏中到处运动。这些孩子显然相信游戏机所投射的空间的存在。我认识的每一个使用计算机的人似乎都会产生一种信念，认为屏幕后面有某种实实在在的空间，某个你看不到但你知道就在那里的地方。②

今天的人大概很难想象第一代上网的人的感觉，然而它却是我难以磨灭的记忆。网络，对于我们那一代来讲，就是个神奇的，似乎可以产生奇迹的地方。赛博空间这个隐喻很快被互联网第一代充满理想、充满反叛精神的人所接管，这里面后来出现了一个非常著名的人物，就是约翰·佩里·巴洛，他是著名摇滚乐队"感恩至死"（Grateful Dead）的词作者，写了一份《赛博空间独立宣言》，呵斥工业世界的铁血巨人们，不管是政府还是企业，要远离赛博空间，因为这个空间是互联网用户的。这份1996年的宣言实际上在说，这是我们的地盘，而"我的地盘我做主"。巴洛代表了把赛博空间当作乌托邦、希望用技术给人类带来解放的这样一群人的呼声，此处已经暗含了日后对网络空间主权的争夺。

赛博空间是那些自由至上主义者和反文化主义分子最喜欢使用的隐喻，他们希望在互联网上建立自己的"独立王国"。然而，他们忽视了这种空间隐喻在法律话语中，很容易导向管制。这可以从传统的不动产法律被应用于互联网空间的例子中看出。③然而，反对这种类型的裁决的论

---

① 托马斯·品钦（Thomas Pynchon, 1937-　），生于纽约，美国作家，以写晦涩复杂的后现代主义小说著称。
② McCaffery, Larry & Gibson, William (1988). "An Interview with William Gibson." *Mississippi Review* 16(2/3): 217-236.
③ Lemley, M. A. (2003). "Place and Cyberspace." *California Law Review*, 521-542.

点声称，互联网是一个无边界的空间，不应受到适用于地方的法律限制。另一些人则认为，互联网是一个真实的空间，并没有与现实世界隔绝，可以被分区，被侵入，或是像不动产一样被分割。[1]

随着互联网的普及，媒体很快把赛博空间描述成为一个可怕的地方，充斥着各种色情狂、犯罪分子、盗窃分子、破坏安全的黑客，到处都是无法无天的罪恶行径。政府则把赛博空间视为必须对其进行规范、管理、管制的地方，用中国的话语来说叫"网络不是法外之地"。举两个例子，美国前总统奥巴马（Barak Obama）2009年出台美国网络安全战略时宣布，赛博空间是真实的，不是一个虚幻的存在。瑞典外交部前部长卡尔·比特（Carl Bilt）在2011年伦敦的一个赛博空间会议上说，"我们今天已经不存在任何可以进行见不得人的行为的黑暗空间"，言下之意是政府需要把这些空间全部管起来，不允许独立的赛博空间存在。[2]由此，赛博空间这一隐喻，非常奇特地由自由至上主义者的挚爱，变成了政府管制互联网的象征。

一个同赛博空间联系密切的隐喻叫"电子边疆"（electronic frontier），这是美国人独有的隐喻。美国人喜欢说他们有"蛮荒西部"，也就是美国的边疆，那个地方没有规则，也缺乏秩序，牛仔们努力工作，自力更生，遵守荣誉规则，保护自己的安全，对政府没有任何要求。[3]自由至上主义者不希望政府干预，所以把互联网比喻为电子边疆。电子边疆的隐喻

---

[1] Graham, M. (2013). "Geography/Internet: Ethereal Alternate Dimensions of Cyberspace or Grounded Augmented Realities?" *The Geographical Journal* 179: 177-182; Blavin, J. H. & Cohen, L. G. (Fall 2002). "Gore, Gibson, and Goldsmith: The Evolution of Internet Metaphors in Law and Commentary." *Harvard Journal of Law and Technology* 16(1): 265-285.

[2] Dzieza, Josh (Aug 20, 2014). "A History of Metaphors for the Internet." *The Verge*, https://www.theverge.com/2014/8/20/6046003/a-history-of-metaphors-for-the-internet.

[3] Turner, Frederick Jackson (1920). "The Significance of the Frontier in American History." *The Frontier in American History*. New York: Henry Holt and Company, Chapter 1.

将互联网概念化为一片巨大的未开发的领土，一个崭新资源的来源，以及一个建立新的社会和商业联系的地方。与美国西部边疆的意识形态相似，电子边疆通过互联网提供的新机会唤起了对美好未来的想象。使用这个隐喻的最著名的机构叫"电子边疆基金会"（EFF, Electronic Frontier Foundation），是一个非营利性的数字权利团体，在美国致力于很多保护互联网自由的事业。所以像我前边所说的，隐喻是一个充满斗争的场所，这里面有非常激烈的冲突。

解放性技术渐渐褪色：从万维网到信息高速公路

1989年出现了万维网（World Wide Web），这个翻译非常绝妙。万维网的发明要归功于蒂姆·伯纳斯－李（Tim Berners-Lee），作为一个研究者，他想创造一种分享研究的方式，而他所设想的是一套链接的文件，任何人都可以访问。伯纳斯－李写了一本书《编织万维网》，在这本书中他谈到万维网是怎么成型的。①书中有一篇前言，是著名的计算机科学家迈克尔·德图佐斯（Michael L. Dertouzos）写的，他说数以千计的计算机科学家20年来始终注视着两件事，第一个是超文本，因为没有超文本就没有万维网；第二个是计算机联网。但只有伯纳斯-李想到如何将这两个要素结合起来创造出万维网。

万维网是一个很重要的隐喻，表明遍布世界各地的物理计算机通过网络终于连在一起了。它发展出一个倾向，就像吉布森赛博空间的提法一样，空间结构被用来令互联网看起来像是放置在熟悉的地理环境中的有形实体。出现了基于空间内的旅行的功能隐喻，比如说上网，表明互联网类似于一个海洋。马克·麦卡希尔（Mark McCahill）创造了"网上

---

① 蒂姆·伯纳斯－李、马克·菲谢蒂：《编织万维网：万维网之父谈万维网的原初设计与最终命运》，张宇宏、萧风译，上海：上海译文出版社，1999年。

冲浪"的说法，用它来与在图书馆浏览书架进行类比，这显然是两种完全不同的信息空间。①网站（website）表示一个空间的组成部分，它们是静态和固定的，而网页（webpage）是万维网上的一个超文本文件，一个网站由许多网页在一个共同的域名下链接而成，网页是对纸页装订成书的一种比喻。互联网结构的焦点则被称为节点（node）。主页（home page）、聊天室（chat room）、窗口（window），以及人们可以从一个页面跳到另一个页面的想法，也唤起了空间意象，引导用户在互联网上执行动作。其他隐喻暗指互联网是超越我们熟知的典型空间的另一维，比如门户（portal）和网关（gateway），指向的是互联网的访问和交流功能。防火墙（firewall）唤起的则是物理上阻止病毒和其他不希望看到的东西进入的形象。

此外还有一个隐喻叫矩阵（matrix），也来自吉布森。矩阵是《神经浪游者》主角凯斯（Case）所从事的虚拟现实中数据和数据通路的符号化表示。②不管是网还是矩阵，它们都代表着一些经由共同的结构保持在一起的交叉点，构成了一种数据系统之间关系的抽象表示，意味着数据的流动、漂移和交换。在吉布森的"矩阵"与沃卓斯基兄弟（The Wachowskis，后称沃卓斯基姐妹）的《黑客帝国》（*The Matrix*, 1999）之间，存在着明显的承继关系。两者都描述了一个人类被不可或缺的机器不断操纵的社会。那是曾经看起来不可能的未来，现在我们却异常熟悉。不得不说，在预测这样的未来时，吉布森帮助塑造了我们对互联网的概

---

① 1992年2月25日，麦卡希尔在Usenet新闻组alt.gopher上写道："从任何你能找到电话插座的地方用gopher上网冲浪，有很多东西可以说。"见 https://www.apl2bits.net/2019/10/21/library-computers-jean-armour-polly/。
② 在《神经浪游者》中，主角凯斯回忆道："在这里待了一年，他依然会梦到赛博空间，不过希望夜复一夜地变得渺茫。他在'夜城'中跑过的所有速度、拐过的所有街角和抄过的所有近道，都把矩阵投入他的梦里，明亮的逻辑格子在无色的空隙中展开。"见 Gibson, William (1984/2000). *Neuromancer*. New York: Ace Books, 4-5。

念。每一个社交网络、网络游戏或黑客丑闻都让我们离吉布森在1984年想象的宇宙更近一步。

从1989年到1991年，出现了"信息高速公路"的隐喻。从名称上就可以看出来，它显示了信息流动的快速性，表现了交易的便利性，带有非常强烈的商业色彩。但与此同时，我们都知道，高速公路一般来讲是政府项目，这个隐喻会给你一种感觉，信息高速公路是由一个中央权威政府主导的，它是一种公共品。由于它具有公共品的属性，所以必须对它加以规制和管理。信息高速公路这个词一度非常流行，现在不用了，但它也没有死亡，在网络中立（net neutrality）的争论中部分地复活。

美国前副总统阿尔·戈尔（Al Gore）对全球互联网有非常大的贡献，他因为关注气候变化获得诺贝尔和平奖，但是仅凭对互联网的贡献他也有资格获得这个奖。戈尔是美国信息高速公路最有力的鼓吹者，他追随的是他的父亲阿尔伯特·戈尔（Albert Gore）。老戈尔当年提案建立州际高速公路，小戈尔提出了要建立一个虚拟的信息高速公路。信息高速公路标志性的发展是1991年美国通过了HPCA，即《高性能计算法案》（High Performance Computing Act），主张建立国家信息基础设施，也就是NII（National Information Infrastructure）。

此一法案通常被称为"戈尔法案"（Gore Bill），因为它是由时任参议员的戈尔制定和提出的。戈尔法案首开对"信息高速公路"的讨论，吸引了有线电视、广播、电信、卫星和无线公司制定其数字战略。国家信息基础设施建设也进一步发展为全球信息基础设施（GII, Global Information Infrastructure）运动，该运动将导致日后万维网的无缝对接和廉价的数据通信。

HPCA除了导致NII的建立，同时还资助了NREN——美国研究和教育网（National Research and Education Network）。这个法案的重要性在于，它在20世纪90年代开启了美国支持建立全国网络设施的努力，一如政府在20世纪60年代支持美国高级研究计划署（Advanced Research Project Agency）开发ARPANET（阿帕网），80年代支持美国国家科学基金会（National Science Foundation）开发NSFnet。NREN汇集了业界、学术界和政府的共同努力，加快了千兆比特/秒网络的开发和部署。[1]戈尔在1996年总结了美国互联网的发展历程。"我们的政府点燃了最初的火花，之后那些有创造力和创新性的个人和公司令星星之火得以燎原，他们造就的进步与生产力把美国变成全世界艳羡的中心。"[2]美国在克林顿（Bill Clinton）和戈尔执政时期，高科技发展迅猛。

戈尔推动资助的研究和教育网对互联网的发展影响重大。很多人不知道，最早被广泛采用的图形浏览器是马克·安德里森（Marc Andreessen）于1993年开发出来的Mosaic，当时他在伊利诺伊大学的国家超级电脑应用中心（NCSA, National Center for Supercomputer Applications）工作，在那里他熟知了蒂姆·伯纳斯-李万维网的开放标准。戈尔法案的六亿美元拨款资助了NCSA, Mosaic浏览器就是在此资助下产生的一个有形产品。其后安德里森创立的网景（Netscape）1995年上市，开始了20世纪90年代互联网的商业繁荣。[3]

看一下当年整个互联网的发展，我们可以将其分为七层，如果没有这七层的发展，你见不到互联网的繁荣。最底层是计算机，没有计算机就没有互联网。世界上第一台可编程的计算机是1941年德国人康拉德·楚

---

[1] Kleinrock, Leonard (Apr-Aug 2004). "The Internet Rules of Engagement: Then and Now." *Technology in Society* 26(2-3):193-207.

[2] Gore, Al (Feb 14, 1996). "The Technology Challenge: How Can America Spark Private Innovation?" https://homes.cs.washington.edu/~lazowska/faculty.lecture/innovation/gore.html.

[3] 参见 Wiggins, Richard (Oct 1, 2000). "Al Gore and the Creation of the Internet." *First Monday*, https://firstmonday.org/ojs/index.php/fm/article/view/799/708; Greenstein, Shane (2020). "Inconvenient Truths: Interpreting the Origins of the Internet." *Journal of Law & Innovation* 3: 36-68。

泽（Konrad Zuse）发明的Z3，接下来的里程碑是1976年苹果一型电脑的发布。第二层是网络。网络脱胎于麻省理工学院的一位教授乔治·威利（George Valley），1956年，为了防止美国遭受核爆炸，他建立了低空雷达监测网SAGE，这是计算机网络的雏形；然后是1973年的以太网，发明者是鲍勃·麦特卡尔夫。这之后才出现了互联网，1975年，瑟夫（Vint Cerf）和卡恩（Bob Kahn）发明了TCP/IP。第四层是万维网，从一系列先驱——布什（Vannevar Bush）、纳尔逊（Ted Nelson）、恩格尔巴特（Douglas Engelbart）来到1989年的伯纳斯-李，然后有了HTTP协议。第五层是浏览器，即1993年的Mosaic。第六层是搜索引擎，最早是1990年的Archie，1998年谷歌出现。这是因为，伯纳斯-李最初的HTML网络对非计算机科学家来说并不容易使用。它需要一个软件界面，使非程序员用户能够理解和浏览这个超链接系统。它需要的是浏览器，即用于查看在线材料的软件，以及在浏览器中运行的搜索引擎，允许我们检索材料。最后才来到今天大家所见到的丰富多彩的内容，这个内容是建立在万维网基础之上的。直到移动互联网出现之前，整个网络世界是由这七层构成。

回到信息高速公路，有一本著名的书是比尔·盖茨的《未来之路》（*The Road Ahead*, 1995），但在这本书里，盖茨其实对信息高速公路的隐喻有很多批评。比如，高速公路容易让人想到两点之间的距离，但计算机网络技术的特点是消除距离；同时，在路上行驶只能看到沿线的风景，而在网络上其实可以随心所欲地看和做任何事情。盖茨反对这个隐喻的更根本的理由是，信息高速公路会容易让人联想起政府的作用。他认为在大多数国家，计算机网络工程由政府主导修建会是一个错误。

盖茨认为互联网应该是一个大市场，这个市场是世界的中心商场，我们在这里购物、销售、交易、投资、讨价还价、结交新朋友、讨论问题、闲逛，这是互联网的核心，它是一个市场——这等于是另外一个隐喻。以此为前提，盖茨在这本书里进一步提出一个概念，叫"无摩擦的资本主义"（frictionfree capitalism），因为信息高速公路为市场和企业的有效运作提供了机会：

> 信息高速公路将扩大电子市场，并且使之成为最终媒介，一个无所不包的中介场所……任何一个连入信息高速公路的计算机都能获得有关卖者和他们的产品以及服务的信息……这将把我们带入一个崭新的世界，在这里花少量交易费用就能获得大量的市场信息。这是购物者的天堂。[1]
>
> ……它将使那些产品生产者比以往任何时候更有效地看到消费者究竟需要什么，也使得那些未来的消费者更有效地购买产品，亚当·斯密将会对此感到高兴。[2]

"信息高速公路"这个隐喻对中国有巨大的影响。有一则广告可能是中国互联网史上最著名的广告，如果写中国广告史的话，大概是可以进入史册的。当年瀛海威的张树新在中关村零公里处竖起一面巨大的广告牌："中国人离信息高速公路还有多远？——向北一千五百米"，那里便是瀛海威科技馆——中国最早的互联网服务提供商。我本人的网络生涯也开始于此地。顺便说一句，瀛海威这个颇有些"仙气"的名字，其实就是"information highway"的音译。

"信息高速公路"的提法被引入中国以后，激发了政府的赶超热情，一代互联网创业者也借此机会登上中国互联网的舞台。当时大家的共识是，中国的工业化进程曾落后于西方发达国家一百年，因此，中国的信

---

[1] 比尔·盖茨：《未来之路》，辜正坤主译，北京：北京大学出版社，1996年，第199页。
[2] 同上，第231页。

息化进程应当不失时机，迎头赶上。这推动了中国建设信息基础设施的浪潮，奠定了中国互联网日后大发展的基础，其深远回响在2018年之后中央提出的"新基建"——"加强人工智能、工业互联网、物联网等新型基础设施建设"之中还能够深刻地感受到。

"信息高速公路"一词今天大家不再使用了，但是在一个地方有所复活，就是在网络中立的讨论中。网络中立的核心意思是说，对所有的网络流量应该无差别对待，不应该在网络流量经过的地方设立收费站。网络中立这个概念是哥伦比亚大学的一个教授吴修铭（Tim Wu）在2003年普及的。① 在2006年的时候他为了说明为什么要网络中立，用了一组概念叫作快车道和慢车道，前者是付费的，后者是免费的。他说假如某条公路宣布只对通用汽车公司生产的汽车开放一个高峰期的快车道，其他车必须走旁边的慢车道，这就叫网络不中立。② 很多互联网公司都站在网络中立这一面，但是电信公司认为，消耗资源多的人可以多给我们一些钱，我们由此给他们一个优先权。关于网络中立的争论一直闹到美国国会，奥巴马对此发布了他的主张，声称在信息高速公路上没有收费路，站在消费者团体和谷歌、脸书等科技企业一边，表示应该禁止收费优先。"简言之，任何服务都不应因为没有交费而被卡在'慢车道'里，"奥巴马说，"这种收取买路钱的行为将损害对互联网的发展至关重要的公平环境。"③ 后来这个主张又被特朗普推翻了，现在大家都在等着看拜登会有什

---

① Wu, Tim (2003). "Network Neutrality FAQ." http://timwu.org/network_neutrality.html.
② Craig, David J. (Fall 2006). "When the Net Becomes a Wall." *Columbia Magazine*, https://magazine.columbia.edu/article/when-net-becomes-wall; Wu, Tim (May 1 2006). "Why You Should Care About Network Neutrality." *Slate*, https://slate.com/technology/2006/05/why-you-should-care-about-network-neutrality.html.
③ Selyukh, Alina (Nov 10, 2014). "Obama Pressures FCC for Strong Net Neutrality Rules." Reuters, https://www.reuters.com/article/us-usa-internet-neutrality/obama-pressures-fcc-for-strong-net-neutrality-rules-idUSKCN0IU1I620141110.

么新动作。[1]

在2006年的时候美国一个参议员泰德·斯蒂文斯（Ted Stevens）提出，互联网并不是一辆大卡车，什么人都可以把东西扔上去不管，如果因为这个造成了互联网的堵塞，那么应该由谁负责？因此他提了另一个比喻：互联网是一排排的管道（a series of tubes）[2]。由于那些主张网络中立的人觉得他的这种立场背后有阴谋，可能意在支持电信公司，因此大肆嘲笑这位参议员。但是网络是一排排管道的隐喻其实比网络是云要靠谱。后面谈及"云"的时候会谈到这一点。

信息高速公路的隐喻和赛博空间的隐喻有什么样的区别？有两位教授科尼利厄斯·普什曼（Cornelius Puschmann）和让·伯吉斯（Jean Burgess）撰文说，如果我们把互联网当成信息高速公路的话，就会认为它是我们的一个基础设施，在日常生活中起到不可或缺的作用。而赛博空间这个词则告诉我们，互联网是有很大的乌托邦意义的。[3] 使用后一个隐喻，我们会给互联网赋予一个超出日常生活水、电、煤、气的意义，相信它可以给人类的潜力带来更大的解放。所以这再次证明，不同的人选取不同的隐喻，背后有各自的诉求；同时也表明，互联网在发展过程中，乌托邦色彩日益淡化。虽然这一方面意味着网络已经深入生活，但另一方面，也说明互联网的解放性下降了。

---

[1] Shepardson, David (Oct 27, 2020). "U.S. FCC Votes to Maintain 2017 Repeal of Net Neutrality Rules." Reuters, https://www.reuters.com/article/us-usa-internet/u-s-fcc-votes-to-maintain-2017-repeal-of-net-neutrality-rules-idUSKBN27C2EO.

[2] Kliff, Sarah (Sep 20, 2011). "The Internet is, in fact, a series of tubes." *The Washington Post*, https://www.washingtonpost.com/blogs/wonkblog/post/the-internet-is-in-fact-a-series-of-tubes/2011/09/20/gIQALZwfiK_blog.html.

[3] Puschmann, Cornelius & Burgess, Jean (2014). "Metaphors of Big Data." *International Journal of Communication* 8:1690-1709.

互联网浪潮下的虚拟社区：打破数字二元论

1995年5月26日，盖茨写了一个著名的微软内部备忘录，备忘录的题目叫作"互联网浪潮"（The Internet Tidal Wave）。[①]那时候盖茨感觉到微软可能要有麻烦，因为人人都在联网，都在网上获取信息、互相联系，而互联网是一个开放的标准。盖茨非常担心互联网会颠覆微软，他写了这个著名的备忘录，引出了互联网的一个非常有名的隐喻——"浪潮"。在备忘录中，他预测到了智能手机，预测到了在线视频，也预测到了网络广告。备忘录中有这样的话：

> 我在网上冲浪10个小时，没有打开任何Word文档，也没有执行Windows文件，而是打开了很多视频文件。
>
> 有一种令人恐慌的可能性，也许有一天，互联网的这些粉丝会凑在一起，造出一种非常便宜的、比PC要便宜得多，但是可以上网、有足够计算能力的工具。
>
> 我相信互联网会变成我们最重要的推广工具，也许有人应该为把那个链接连到我们的主页上付钱。

最有意思的是，盖茨说原来从网上发现的信息，比从微软内部的企业网上发现的信息要多得多。盖茨当时感到了可能有一场海啸要到来。

盖茨是敏感的，可惜微软船大难以掉头。他使用浪潮隐喻的时候，不知道是否想到过一本十几年前出版的老书《第三次浪潮》。[②]阿尔文·托夫勒把人类社会分为三次浪潮，特别描述了发达国家从工业社会到信息

[①] 全文见 https://www.justice.gov/sites/default/files/atr/legacy/2006/03/03/20.pdf。
[②] 阿尔文·托夫勒：《第三次浪潮》，朱志焱、潘琪译，北京：生活·读书·新知三联书店，1983年。

社会的过渡。第一次浪潮为农业阶段，从约一万年前开始；第二次浪潮为工业阶段，从17世纪末开始；第三次浪潮为信息化（或者服务业）阶段，从20世纪50年代后期开始。

沿着三次浪潮的说法，我们可以追溯另外一派对信息社会理论进行构建的思想家，其中一个著名人物是丹尼尔·贝尔（Daniel Bell），他的《后工业社会的来临》(*The Coming of Post-industrial Society: A Venture in Social Forecasting*, 1973) 比《第三次浪潮》还早。与托夫勒相映成趣的是，贝尔认为，美国社会将经历前工业社会、工业社会和后工业社会三个发展阶段。[①] 他阐述了后工业社会的几个特点：第一个特点是大家越来越多地从第二产业转移到所谓的第三产业中去，经济经历了从生产商品到提供服务的过渡。第二，知识成为一种有价值的资本形式，人也变成重要的资本，就是人力资本。第三，现在让经济增长唯一的方法是，发动人们自由地展开他们的创意。第四，通过全球化和自动化进程，蓝领、工会工作，包括体力劳动（如流水线工作）的价值和对经济的重要性下降，而专业工作者（如科学家、创意产业专业人士和IT专业人士）的价值和普遍性增加。最后，行为与信息科学和技术，如行为经济学、信息架构、控制论、博弈论和信息论等，将得到大力发展和实施。

贝尔认为当时的世界只有美国已经进入后工业社会，西欧、日本和苏联处于工业社会，其他国家处于前工业社会。但他的预测很快就在其他国家得到应验。以德国、法国为代表的西欧国家和日本在进入20世纪70年代后不久，制造业在经济中的比重下降，服务业占比上升，开始向后工业社会转型；中国台湾、韩国在20世纪80年代中期以后开始向后工业社会

---

① 丹尼尔·贝尔：《后工业社会的来临：对社会预测的一项探索》，高铦等译，北京：商务印书馆，1984年。

转型。时至今日,所有发达国家都进入到贝尔描述的后工业社会阶段。

1996年,曼纽尔·卡斯特(Manuel Castells)写了一本《网络社会的崛起》(*The Rise of the Network Society*),[①]这是他信息时代三部曲的第一本,讲到网络构成了新的社会形态,是支配和改变社会的源泉。一个以网络为基础的社会结构是高度动态开放的系统,在不影响其平衡的情况下更易于创新。他把信息化的本质称为信息空间,包括三个层次:技术的层次、地点的层次以及人的层次。在互联世界中所有的节点只要有共同信息编码,包括共同的价值观和成就目标,就能实现联通,构成我们今天所见的网络社会。

从托夫勒到卡斯特,这些人都在试图描述未来社会的样貌。例如,在卡斯特看来,网络社会的到来代表了历史上第一次经济组织的基本单位不是一个主体而是一个网络。创立便捷的计算机网络是克林顿政府的功劳,它任命了一个特别工作组来监督国家信息基础设施的规划。该工作组的第一份官方出版物设想形成"一个由通信网络、数据库和消费电子产品组成的无缝网络"。[②]这就是阿尔·戈尔口中的"信息高速公路",它标志着西方社会组织的一个新时代。正如罗布·莱瑟姆(Rob Latham)所观察到的,信息高速公路"实现了托夫勒的'第三次浪潮'社会的划时代承诺,在一个前所未有的规模上,权力得以分散,市场也被分众化"。[③]

人们也开始对利用网络技术建立"虚拟社区"的可能性产生浓厚的兴趣,即凭借兴趣和亲和力,而不是地理位置的"意外性",将全球的人

[①] 曼纽尔·卡斯特:《网络社会的崛起》,夏铸九、王志弘等译,北京:社会科学文献出版社,2003年。

[②] Quoted in Latham, Rob (2002). *Consuming Youth: Vampires, Cyborgs, and The Culture of Consumption*. Chicago: University of Chicago Press, 181.

[③] 同上,第182页。

们联系在一起。在1993年，出现了一本开创性著作《虚拟社区》，是霍华德·莱因戈德写的。[1] 今天我们所熟悉的社交媒体活动，最早的概念就出自《虚拟社区》。活跃于BBS、Usenet和加利福尼亚一个很小的电子社区WELL[2]之中，莱因戈德试图发现未来的虚拟社区到底有什么特点。他用了一系列比喻来形容：它是"一个谈话或出版的地方，就像一个拥有一千个房间的巨大咖啡馆；它也是伦敦海德公园演讲角的世界性数字版本，未经编辑的集体来信，一个流动的跳蚤市场，一种巨大的虚荣心出版，以及世界上每一个奇怪的特殊兴趣团体的集合"。[3] 运用了这么多的比喻后，他得出结论：人类完全可能生活在一个跟线下世界截然不同的线上世界里。

可能很多人不太知道，中国网络社区的先驱其实就是瀛海威公司开发的"瀛海威时空"，它是一个局域网，设计了信用点体系，相当于虚拟货币，人们在那里交往，还产生了爱情故事。其实所有后来网络社区的东西，在那里都已经有雏形了。

今天，我们谈论网络的社交属性，经常看到的一个对立是，到底线上交往会不会影响线下交往？如果太多地出现在线上，会不会在线下变得彼此隔绝？换句话说，当你越来越宅的时候，是不是就会失去跟这个世界的联系？这是一个争论不休的话题，有很多文献都在讨论。我要在

---

[1] Rheingold, Howard (1993/2000). *The Virtual Community: Homesteading on the Electronic Frontier* (revised ed.). Cambridge, MA: The MIT Press.

[2] 早期最重要的网络社区之一，全称为"全球目录电子链接"（The Whole Earth 'Lectronic Link，简称 WELL，1985 年由 Stewart Brand 和 Larry Brilliant 创办，他们二人在20世纪60年代和70年代的美国另类生活方式实验，特别是公社和可持续生活社区方面都有丰富的经验。在莱因戈德出版《虚拟社区》的1993年，它有7000名会员、12名工作人员，年收入为200万美元。见 Figallo, Cliff (Sep 1, 1993). "The Well: Small Town on the Information Highway System". *Whole Earth Review*.

[3] Rheingold, 2000:131.

这里特别提出我的一个观点，就是我们应该反对数字二元论，也就是说，我认为在今天根本不存在线下和线上完全对立的两个空间。现有的世界是原子和比特的混合，它们共同造成了我们的增强现实。换句话说，不要试图再去区分什么叫线上，什么叫线下，它们就是一而二、二而一的。

尤其是当我们来到移动互联时代，当你在使用手边所有的这些APP的时候，更加会模糊线上线下的界限。我们甚至不用谈论你使用APP的具体体验，就举现实中一个常见的例子：我们经常可以看到一个人在大街上边看手机边走，其实这样很危险，他可能会撞到某一个物体，或者被车撞到，甚或掉到沟里。这显示了我们今天的生存状态。一方面，我们处在物理世界中的某一个地点上；另一方面，我们其实是生活在别处。从这个意义来讲，技术发展已经导致我们完全没有必要区分所谓的线上、线下，我们要打破这种数字二元论。

电影《黑客帝国》中，真正的世界叫作锡安（Zion），而人类以为真实的巨大世界是母体（Matrix），母体和锡安是截然两分的。其实今天，母体就是锡安，互联网就是社会，它们是水乳交融地混杂在一起的。因此，社交媒体上的活动就是我们的真实生活，它们并不是虚拟生活。

从这点展开，我们可以讨论很多有意思的话题。比如，关于通过社交媒体进行社会动员，有一种观点是，社交媒体并没有造成行动，造成的是一种懒人行动主义，即你可以通过点一个赞或者按一个转发按钮就表示实际的行动。这是马尔科姆·格拉德威尔（Malcolm Gladwell）试图论证的，即在虚拟空间中，由于组织松散，所以不可能实现行动。[1]但是如果用反对数字二元论的观点来看的话，这种说法就

---

[1] Gladwell, Malcolm (Oct 4, 2010). "Small Change: Why the Revolution Will Not Be Tweeted." *The New Yorker*, https://www.newyorker.com/magazine/2010/10/04/small-change-malcolm-gladwell.

是不对的。因为所谓的数字空间行动主义,本来就应该跟线下的行动主义结合在一起,才能够推动事情。没有人说一个纯粹的线上行动能推动事情的发展。

地球村与互联网的全球治理

关于网络政治和民主的隐喻,最常见的有两个,第一个是广场(agora),来自雅典人对整个市民中心和市场区域的称呼。广场是苏格拉底提问的地方,也是市民聚集讨论政治及社会问题的地方。可以说它是原型的公共空间,城市的公共生活围绕它来展开。有人看到了利用新的虚拟技术加强民主的可能性,全球计算机网络被比作电子广场(electronic agora),"颠覆、取代并从根本上重新定义了我们对集会场所、社区和城市生活的概念"。① 阿尔·戈尔甚至宣布说,由于"全球信息高速公路"的传播功效,"一个新的雅典民主时代"成为可能。新的电子广场将"允许我们作为一个全球社区分享信息、进行联系和交流";它将"允许我们在社区内和国家间交流思想"。②

第二个是市政厅,是美国的本土隐喻。对于美国人来说,市政厅是小型的民主实验场所。它来自17世纪早期的新英格兰殖民地城镇会议,当时普通公民对社区相关问题进行辩论,然后投赞成票或反对票。由此形成了美国政治中的一个传统——召开市政厅会议(town hall meeting)。它是地方和国家政治人物与选民见面的一种方式,可以就选民感兴趣的话题征询意见,或者讨论即将颁布的具体法规。在政治的活跃期,市政厅可以成为抗议以及更活跃的辩论的场所。20世纪90年代,罗斯·佩罗

---

① Mitchell, William J. (1996). *City of Bits: Space, Place, and the Infobahn*. Cambridge, MA: The MIT Press, 8. 中译本见威廉·J.米切尔:《比特之城:空间·场所·信息高速公路》,范海燕、胡泳译,北京:生活·读书·新知三联书店,1996年。
② Gore, Al (1994). "Forging a New Athenian Age of Democracy." *Intermedia* 27(2): 4.

（Ross Perot）曾提出"电子市政厅"（electronic town hall）的主张，作为他总统竞选纲领的核心部分。① 佩罗版本的电子市政厅是让美国人观看一个关于特定政治问题的电视节目，然后拨打800电话，告诉白宫他们的偏好。

此种直接民主当然从根本上不可行，但美国一些地方的市政当局正在实施即时投票技术、复杂的议程规划工具和发言人登记系统，所有这些都是为了使公共会议更加智能，最终更加有效。② 电子市政厅会议如果组织得好，可以使大量不同的公民群体彼此以及与当选官员进行明智的反复对话。然而，这种投入是否会最终影响政府的决策，在很大程度上仍然取决于政府官员的想法。

在赞美"电子广场"的时候，戈尔想象着"一种全球对话的可能性，在这种对话中，每个人都可以有自己的发言权"。③ 这里我们就要说到一个著名的隐喻："地球村"（global village）。地球村这个概念给人的感觉是，尽管范围特别广大，但是实际上人们还能保持亲密性，因为他们是同一个村的村民。比尔·盖茨说过一句名言："互联网正在成为未来地球村的市政广场。"④

"地球村"的概念是1962和1964年马歇尔·麦克卢汉在他的两本书《谷登堡星系：印刷人的诞生》（*The Gutenberg Galaxy: The Making of Typographic Man*）和《理解媒介：人的延伸》（*Understanding Media: The*

---

① Kelly, Michael (1992). "The 1992 Campaign: Third-Party Candidate; Perot's Vision: Consensus by Computer." *The New York Times*, https://www.nytimes.com/1992/06/06/us/the-1992-campaign-third-party-candidate-perot-s-vision-consensus-by-computer.html.
② Pittman, Elaine (Jan 18, 2017). "How Technology Is Giving Town Hall Meetings a Modern Twist." *Government Technology*, https://www.govtech.com/policy/how-technology-is-giving-town-hall-meetings-a-modern-twist.html.
③ Gore, Al (1994). "Forging a New Athenian Age of Democracy." *Intermedia* 27(2): 6.
④ Gates, Bill (1999). *Business @ the Speed of Thought*. New York: Warner Books, Chapter 7.

Extensions of Man）中提出来的。① 为什么他不说是一个地球城呢？因为麦克卢汉认为，我们是从部落化到非部落化，再重返部落，我们最后会重新回到一个村。

在《谷登堡星系》中，麦克卢汉对地球村是这样解释的："新的电子相互依存关系以地球村的形象重新创造了世界。"② 他的想法是，我们用来与他人联系和了解世界的所有不同技术和媒介最终将存在于一个地方。

随着一切媒介都被数字化，互联网的确成为其他媒介的运动载体。这意味着每一种媒介都迁移到互联网上。这意味着每一种媒介都紧挨着另一种媒介。

麦克卢汉曾说："下一个媒介……将把电视变成一种艺术形式。"③ 想想电视在过去几年中的演变方式。想想我们现在在Facebook、YouTube、抖音、微信和其他社交媒体上访问的大量视频，它们为我们提供娱乐和教育；想想刷剧，一种新的观看方法；想想流媒体电视节目，具有丰富的人物和复杂的故事。这一切都表明，电视成为一种艺术形式的预言，正在通过新技术的创造而实现。

麦克卢汉认为电话、电视、广播、书籍、报刊和最初版本的计算机是地球村的核心。而地球村在互联网特别是社交媒体到来后，被使用的频率越来越高。它被用来描述世界文化在同一时间既缩小又扩大的现象，这是因为普遍的技术进步使得文化可以即时分享。不过，世界上所有文

---

① McLuhan, Marshall (1962). *The Gutenberg Galaxy: The Making of Typographic Man*. Toronto, Canada: University of Toronto Press; McLuhan, Marshall (1964/1994). *Understanding Media: The Extensions of Man*. Introduction by Lewis H. Lapham. Cambridge, MA: The MIT Press.

② McLuhan, Marshall (1962). *The Gutenberg Galaxy: The Making of Typographic Man*. Toronto, Canada: University of Toronto Press, 31.

③ McLuhan, Marshall (1967). "The Invisible Environment: The Future of an Erosion." *Perspecta* 11: 162-167.

化有可能齐集一个村落的说法是有争议的。一方面，人们认为，文化全球化将导致一个令人眼花缭乱的市场，各种文化都有其代表；另一方面，人们担心地球村的演变会引发文化间的冲突，造成文化的分裂，或者导致较发达的国家进行文化统治，并可能产生混合文化。如果我们不能就这些文化转变的意义达成一致，也许我们终究不能将自己认定为地球村的成员。

说到全球化，就要说到市场的隐喻。从20世纪90年代中后期开始，全球市场成为全球化的决定性比喻。互联网不仅被归入全球市场，而且成为全球市场的同义词：全球市场被描述为"由股票、债券和货币交易商以及跨国投资者组成的电子放牧群，通过屏幕和网络连接起来"，[1]政府、公司和国际组织都以一种全新的热情来推动全球化，并促进全球电子商务。

在这个比喻中，"自我调节的市场是全球秩序的规范基础"。[2]在新自由主义承诺的支持下，重点被放在放松管制、竞争、产权和私有化上。[3]在一个全球市场中，各国必须放弃他们的经济自主权。以主权的名义进行的国家管制不仅阻碍了商品和服务的自由流动，而且国家被认为在功能上没有能力管制它们的流动。[4]在全球市场的描述框架下，全球化是一种不可避免的、不可阻挡的、不可逆转的力量，由一个具有全球影响力的自我调节的市场引导。主权不仅阻碍了这个全球市场的竞争和它所带来的繁荣，而且也是管理经济增长的一种低效方式。随后，尽管公共管理曾经与国家紧密相连，但对新自由主义的承诺不

---

[1] Friedman, Thomas (2000). *The Lexus and the Olive Tree*. New York: Anchor Publications, 36.
[2] Steger, M. (2003). *Globalization: A Very Short Introduction*. Oxford and New York: Oxford University Press, 33.
[3] Harvey, David (2005). *A Brief History of Neoliberalism*. New York: Oxford University Press.
[4] Castells, Manuel (2000). *The Rise of the Network Society*. Oxford: Blackwell Publishing.

断深化，产生了一个系统，其中私营部门、市场参与者、非政府组织、跨国参与者和其他机构可以行使各种形式的合法权利。因此，国家被敦促把主权交给其他自我调节的私人机构和组织，而这些机构和组织的合法性建立在它们促进竞争性全球市场和更健全的全球金融结构的能力之上。

这种市场心态并没有放弃地球村对民主的渴望。但它确实建立在一种假设之上，即随着竞争的发展和市场的自我调节，政府就会自动地从比较专制和官僚的治理方式转向比较大众和民主的方式。然而，这种预设的转变并没有得到实践的验证。相反，随着私营机构的崛起，缺乏任何明确或直接的民主程序来追究它们的责任，推动了全球市场的一系列新词汇正在取代地球村的隐喻，成为全球治理的框架。

流与云：我们身处失去权重的世界吗？

到21世纪第一个十年的末尾，"流"（stream）开始成为网络的组织化隐喻。2009年5月，*TechCrunch* 的一位高级编辑总结了人们使用和谈论网络的方式的这一重大转变。

"信息正越来越多地以实时流的形式传播和呈现，而不是以专门的网页形式。这种转变是显而易见的，即使它只是处于早期阶段，"埃里克·申费尔德（Erick Schonfeld）写道。"大大小小的网络公司都在拥抱这种流。不仅仅是Twitter，也包括Facebook、Friendfeed、AOL、Digg、Tweetdeck、Seesmic Desktop、Techmeme、Tweetmeme、Ustream、Qik 和Kyte，以及博客和谷歌阅读器。信息流在整个网络上蜿蜒曲折，并按当下性（nowness）组织起来。"[①]

[①] Madrigal, Alexis C. (Dec 12, 2013). "The Year 'the Stream' Crested." *The Atlantic*, https://www.theatlantic.com/technology/archive/2013/12/2013-the-year-the-stream-crested/282202/.

所有社交媒体用户都懂得什么叫作流：一条时间线，一条倒序排序的信息流：这个流是及时更新的，每次下拉智能手机屏，你都期待出现新的信息，如果不出现，你会觉得它不是新媒体。这个流在你面前，潺潺流淌，不断移动。有时你可能喜欢你在其中看到的东西，有时不喜欢。但假如你移动到流的另一部分，你会看到完全不同的东西——这取决于你的观点和你正在寻找的东西。换言之，你寻找什么，就看到什么——互联网能够为你提供大量证据，证明"你认为正在发生的事情"。

与此同时，流的形式也会带来其他的后果，比如说最新的东西不管重不重要，永远在最上面。这导致在这个时代，我们需要重新思考什么是重要的，我称之为"重思重要性"。我们现在身处一个失去权重的世界，不再能够搞清楚哪个重要、哪个不重要。它也引发另外一个问题，早几年美国人就提了一个概念，叫作长久的现在（the long now），也就是说，当下成为永远的当下。

永远的当下，意味着永久性地未完成。现在，互联网的媒体景观就像一个永不打烊的商店，所有东西都是免费的（或者说大部分是免费的）。总是有更多的东西：刷不完的短视频、打不完的游戏、看不完的朋友圈。无论你如何努力向地平线冲刺，它都在不断地后退。互联网的特点，变成了未完成。

而且，当下感让你获得了一种其他人总是存在的感觉。当你走在大城市里的天桥上，在白天或晚上的任何时候，俯视汽车的洪流时，你会得到这种感觉。事情正在发生，我并不孤单——看看这一切。

除了以上问题，"流"这个比喻还存在十分有害的一面：在你以为水只是迅速地流过你的时候，实际上它流向了公司和情报机构的巨大的、可搜索的水库。所有的流都会被归档，所有的数据都会被挖掘。在互联网之流中，你无法跟上流的步伐，但流可以跟上你的步伐。

流是如何做到这一点的？因为出现了"云"（cloud）。云和流几乎是同时大行其道的。亚马逊从2006年推出"云计算"（cloud computing），[①]思科（Cisco）则在2012年提出"雾运算"（fog computing）。[②]我们现在开始使用"云"来形容任何可以在远端存储和处理的电子数据。有了云就有了大数据，然而云的概念会让你产生一种幻觉，觉得你的数据，不管是个人的还是企业的，似乎都在远处一个很美丽的地方存储着，你不需要操心，任何好处都可以轻松享受，还有人替你操心打理。过去像IOE（IBM/Oracle/EMC）这样的公司告诉客户，你们的数据在我们的大数据中心存储着，我们有成排的服务器，数据在我们这儿是安全的。但是仔细想想，云和成排服务器之间的差别是非常大的。你对IOE服务器心怀戒备，但似乎觉得可以放心地把数据托付给云。由此可见隐喻对人的心理影响之大。其实前述那位斯蒂文斯参议员说得对，互联网更像是一排排管道而不像是云。

而关于大数据，通常我们会把它比喻成信息时代的石油。我们常常惊叹数据的海量，相信它们是可以被人类充分利用的资源。通过对大数据进行挖掘和分析，似乎就可以达到对人类的全新理解。然而这种隐喻实际上掩盖了数据通常由用户创建的事实。也就是说，大数据绝不是石油那样的自然现象，所有的数据都是人为产生的。

和原材料不同，"原始数据"（raw data）的说法似是而非。数据是文化资源，需要被生产、保护和解释。数据在搜集和使用的过程中会被"加工"，也会有很多东西无法被"缩减"为数据。

最终，不论是"流"还是"云"，都不是单纯的信息或数据，而是被

[①] "Announcing Amazon Elastic Compute Cloud (Amazon EC2) – beta." Amazon Web Services, Aug 24, 2006, https://aws.amazon.com/cn/about-aws/whats-new/2006/08/24/announcing-amazon-elastic-compute-cloud-amazon-ec2---beta/.

[②] Patel, Sandipkumar & Patel, Ritesh (2022). "Fog Computing: A Comprehensive Analysis of Simulation Tools, Applications and Research Challenges with Use Cases." *Journal of Engineering Science and Technology Review* 15 (3): 63-83.

一个历史过程所塑造的人类建构，具有特定的目的。它们的核心都是在数据中心的远程服务器上作为数字信息收集的大型数据集。然而，它们却将信息政治和隐私监管笼罩在难以捉摸的隐喻性水流和蒸汽中。

从敞视监狱到全视监狱：流动监视流布四方

说到隐私与监控，我们还需要回到遥远的过去。在1785年，有人预见性地提出了互联网日后离不开的一个恐怖隐喻，叫作"敞视监狱"（panopticon，亦称圆形监狱）。这是英国著名社会改革家、哲学家边沁（Jeremy Bentham）设计的一种新型监狱。这种监狱的中心是高耸的瞭望塔，周围环形地布置着单人牢房，这样一种设置使中间塔内的监视者得以监督众多犯人。这些犯人被切断了同其邻人的横向联系，而且，因为犯人从来看不到监视者，只是感受到监视者存在的可能性，所以每个人在监狱里生活的时候，根本不需要外在监督，他们会自我监督。[①]这个敞视监狱的隐喻后来被福柯（Michel Foucault）所袭用，以说明规训社会想要制服其公民的倾向。他描述了敞视监狱的囚犯是处于不对称监视的接收端："他被看到了，但他没有看到；他是信息的对象，而不是交流的主体。"[②]他预测说，这种无所不在、无法辨别的监视会成为现代的一大特征。今天所有担心互联网隐私丧失、安全丧失、国家变成监控机器的人都频繁使用这个词。经常同这个词一起连用的警告是："老大哥在看着你。"[③]

[①] Bentham, Jeremy (1791/1995). "Panopticon; Or, The Inspection-House." In Bozovic, Miran (Ed.) *The Panopticon Writings*. London: Verso, 29-95.

[②] Foucault, Michel (1979). *Discipline and Punish: The Birth of the Prison*. Trans. Alan Sheridan. New York: Vintage Books, 200.

[③] 乔治·奥威尔在1949年的小说《一九八四》中讽刺的"老大哥"（Big Brother）形象以惊人的准确性预见了许多20世纪现实生活中的专制特征。"老大哥"这个词后用来表示政府对个人生活的控制和入侵。见乔治·奥威尔：《一九八四》，董乐山译，上海：上海译文出版社，2006年。

社会学家托马斯·麦谢森（Thomas Mathiesen）认为福柯仅仅关注了少数观看多数（the few watch the many）的模式，而大众媒体，特别是电视，作为一种权力技术，构成了多数观看少数（the many watch the few）的模式。虽然观看者彼此距离遥远，但观看的动作本身把全世界的观众带进同一个电子空间，只有少数人才能成为被观看者，大多数人都是观众，而被观看的少数人成了多数人景仰与效仿的榜样。为此，他提出了"单视监狱"（Synopticon）的概念。①

杰弗里·罗森（Jeffrey Rosen）进一步发挥了两个人的概念，提出"全视监狱"（Omnipticon），即多数观看多数（the many watch the many），②毫无疑问这构成了互联网时代的权力技术。生活在全视监狱之中，我们从来不知道在任意时间内我们看到谁，谁在观看我们，个人不得不担心自己在公开和私下场合表现的一致性。

边沁原本设想的原则是中央检查，并不需要一个圆形的建筑物来完成这件事。从一个中心位置监控电子通信，也构成了全景敞视。在许多方面，圆形监狱的中心瞭望塔是固定在我们建筑物上的摄像机的先驱。敞视监狱和闭路电视监控系统（CCTV）之间的相似之处可能显而易见，但是当我们进入数字监控和数据捕获的世界时会发生什么？我们在智能手机的屏幕上划来划去的时候，仍然是"信息的对象"吗？

全视监狱与敞视监狱有两点关键的不同。第一，在全视监狱中，公民往往对自己正在被监视缺乏很强的意识。在敞视建筑中，居住者不断意识到被监视的威胁，但我们在互联网上遭遇的监视却是无形的；没有隐约可见的塔，没有在你每次输入网址或是滑动手机时紧盯着你的镜头。

---

① Mathiesen, Thomas (1997). "The Viewer Society: Michel Foucault's 'Panoticon' Revisited." *Theoretical Criminology* 1(2): 215-34.
② Rosen, Jeffrey (2004). *The Naked Crowd*. New York: Random House, 11.

考虑一下边沁敞视思想的真正核心：有些活动在受到监视的情况下可以更好地进行，这是因为，被监视者因为害怕惩罚而进行自我管制。当我们开始思考当代类型的可见性（实际上是数字化和数据驱动的）是否与中心塔的概念类似时，敞视监狱作为一个隐喻的相关性就开始萎缩了。例如，这种类型的可见性是否同样不对称？它是否被用于同样的活动？我们不知道自己被监视的事实，是否意味着我们正在被正常化，就像敞视监狱原本就是为了纠正行为一样？

第二，全视监狱的监视发生在个人之间，而不仅仅是在组织实体和个人之间（例如政府监视公民或企业监视消费者）。它是一个"许多人监视许多人"的场景，需要我们对监视予以重新认识。看待监视的传统观点偏向于描述有权势的人如何监视和控制大众，而很少注意到数字连接的大众如何越来越多地互相监视。今天的权力模式与其说是胁迫，不如说是诱惑。在此情况下，一种前所未有的监视文化正在出现。

社会学家齐格蒙特·鲍曼（Zygmunt Bauman）首先将流动性的概念作为现代性的一个核心方面加以言说，他认为坚实、沉重的结构世界正在变化为无限的流动，形式多样，敏捷轻灵，因此，也更难把握和理解。此后，鲍曼将这一理论应用于许多领域，包括爱情、生活、恐惧、时间等。在他和大卫·里昂（David Lyon）合著的《流动的监视：一场对话》（*Liquid Surveillance: A Conversation*, 2012）中，流动性这一概念被用于分析监视，其核心论点是，随着人们通过新技术被越来越多地追踪，随着数据积累到前所未有的水平，"监视滑向了一种流动状态"。[1] 流动监视被描述为一种较软的监视形式，特别在消费领域中大行其道，以难以想象的方式溢至各处。监视已经不再依附于空间观察（比如圆形监狱），我们

---

[1] Bauman, Zygmunt & Lyon, David (2013). *Liquid Surveillance: A Conversation*. Malden, MA: Polity, 6.

来到了后敞视时代,"稳固的现代监视的固定性和空间方向与今天流动形式的移动、脉冲信号形成对比"。①

如果说敞视监狱的检查员是存在于某个地方的,那么在今天的权力关系中,那些掌握权力杠杆的人随时都可以逃脱,变成纯粹的不可触及。个人不知道他们在任何时候都可能被监视,但实践中他们的数据被不断收集,并可能在任何时候被查看。因此,技术意味着监视不受地区或特定时间的限制。这可以从智慧城市的例子中进一步看出,所有公民的数据都被追踪到前所未有的程度。方兴未艾的物联网也将大大改变数字监控。我们的家庭、汽车和城市中的物体之间的互联性,将创造出大量关于我们生活的数据。这些数据不仅会在物体之间来回传递,而且很可能会蜿蜒流向企业和政府的数据库。也许没有一个中央塔,但在我们最亲密的物体中会有通信传感器。

反乌托邦未来绝非不可避免

归根结底,以上我谈论到的所有隐喻可以被分为两大类,第一类是乌托邦式的隐喻,第二类是反乌托邦的隐喻。如果说揭露监控现实的斯诺登代表的是反乌托邦,那么托夫勒、尼葛洛庞帝、凯文·凯利(Kevin Kelly)等就是乌托邦分子。乌托邦分子相信互联网可以进化,可以拯救我们人类,它代表着进步,代表着普世,甚至象征着美国传统:个人只要奋斗就能过上更好的生活,也就是美国梦。

因此,如果按照这样的语境描述,互联网便是人类历史上的伟大变革,它会决定我们的工作、玩乐以及同他人的交往,会造成新的商业和创意。虽然有一些国家和人群被暂时甩掉,但是技术进步后,这些人一

---

① Bauman, Zygmunt & Lyon, David (2013). *Liquid Surveillance: A Conversation.* Malden, MA: Polity, 19.

定会赶上来,最后实现全球大同。

但是反对的观点认为互联网给我们带来的是反面的乌托邦,并不是什么革命性的东西。它不仅没有给我们带来拯救和团结,相反它让我们彼此疏离,每个人都产生异化,可能只会通过化身来交谈,并降低人的个性。同时,它也导致最有力量的机器,不论是国家还是企业,对公民展开监控。

很明显,这些年来,有关互联网的隐喻日益由乌托邦式的移向反乌托邦式的。不过我想说的是,无论是乌托邦设定还是反乌托邦想象,都难免有一丝命定论的意味。它们都将技术变革描绘成某种不可阻挡的非人格力量:我们要么学习如何冲浪,要么淹死在海啸里。其实,我们始终可以选择下一步的发展方向,就像在《黑客帝国》中,我们总是可以选择是吞下红色药丸还是蓝色药丸。技术不仅仅是发生在我们身上的事情,我们可以决定是否构建和使用它们。

回顾互联网的隐喻史,我们应该懂得拒绝技术是非政治性的这类神话。如今,我们已经习惯于听到技术进步是不可避免的,你喜欢也罢,不习惯也好,它都会到来。但是,在你接受这种表面上的"常识"之前,最好思索一下,它很可能与以下事实相关:促进技术的人主要是对其被采用拥有重大经济利益的人。没有哪一种未来是强制性的,一个反乌托邦的未来绝不是不可避免的。

未来是湿的

——《未来是湿的：无组织的组织力量》[①]译者感言

考虑到无组织的组织力量十余年来是如何发挥的，也许现在是重新审视并对克莱·舍基和他的观点进行反思的好时机。一方面，他对智能手机和社交媒体如何允许用户有效地自我组织进行了有趣的观察；另一方面，他对这些数字技术的不屈不挠的乐观态度导致他并没有对技术的社会影响给出非常现实的结论。

互联网是中国的加湿器

克莱·舍基的第一本畅销书，英文名字叫作 *Here Comes Everybody: The Power of Organizing Without Organizations*，主标题来自文学大师詹姆斯·乔伊斯（James Joyce）的《芬尼根的守灵夜》(*Finnegans Wake*, 1939）。在这部令人难以卒读的小说中，主人公在梦中变成了 Humphrey Chimpden Earwicker，简写为 HCE。这三个字母可以表示很多意思，其中之一就是 Here Comes Everybody 的缩写，翻译成中文叫作"此即人人"。这意味着主人公是一个人，同时又代表着人人（everybody）；他总是看上去类似和等于他自己，然而又暗自符合一种世界普遍性。

我没有和舍基聊过，不知道他选择这样一个意味深长的题目做书名，

[①] Shirky, Clay (2008). *Here Comes Everybody: The Power of Organizing Without Organizations*. New York: Penguin Press. 中译本见克莱·舍基：《未来是湿的：无组织的组织力量》，胡泳、沈满琳译，北京：中国人民大学出版社，2009年。

有着什么深刻的考虑。这个句法倒是让我想起了王蒙《青春万岁》①序诗里的一句：

> 所有的日子，所有的日子都来吧，
> 让我们编织你们，用青春的金线，
> 和幸福的璎珞，编织你们。

我在思索这本书的中译名的时候，首先想到可以套用王蒙的诗句，喊一声"所有的人，所有的人都来吧"，而人来了以后，干些什么呢？这就要去看舍基的副标题——"无组织的组织力量"。由此则需去追寻组织是怎么回事。舍基的意思也并不是说，等级组织完全成为明日黄花了，而是说，如果以前我们习惯于把群体行动先验性地看成有人组织方能行动，现在，我们需要开始熟悉围绕话题和内容而产生的有机组织。舍基的这本书始终围绕着互联网和其他技术进步给群体动力学带来哪些改变而落墨，这种改变穿越了地理的和文化的鸿沟。

舍基的要点是，网络的力量在于它使构建群体的努力变成了一件"简单得可笑"的事情。构建群体的门槛的降低，导致大量新的群体涌现，改进了分享、对话、合作和集体行动。这就是所有的人来了以后所做的事情：他们从分散在全世界的不同地方走来，共同致力于实现一个社会目标。

因此，我起初把这本书译成《人人时代：无组织的组织力量》。②但就在这时我遇到了老朋友姜奇平，他很早就欣赏舍基的思想，尤其是这句话："我们系统地高估了获取信息的价值，而低估了互相联系的

---

① 王蒙：《青春万岁》，北京：人民文学出版社，2020年［1979年］。
② 译作再版时的确改成了这个名字。

价值。"①

展开来说就是,我们在历史上高估了计算机联网的价值,而低估了社会联网的价值,所以我们花了过多的时间用在解决技术问题上,而不是用在解决使用软件的人群的社会问题上。

奇平得知我正在翻译舍基的书,便说,何不把"社会性软件"(social software)与"湿件"(wetware)串起来,因为它们有些重要的共同点:第一,它们的存在方式,都是"湿"的。意思是只能存在于"活"着的人之间,存在于人的"活"性之中。第二,它们很接近于哲学上说的"主体间性"。主体间性是后现代性的核心;而社会性软件和湿件为主体间性提供了一种现实的表现形式。

奇平正致力于给出对媒体和内容的后现代经济解释,抛开他所醉心的主体间性不谈,"湿"的概念的确能够非常形象地说明现在人们的关系,特别是互联网时代的技术发展所带来的一种趋势——人和人可以超越传统的种种限制,基于爱、正义、共同的喜好和经历,灵活而有效地采用多种社会性工具联结起来,一起分享、合作乃至展开集体行动。这种关系是有黏性的,是湿乎乎的。在可以预见的未来,能否察觉和利用这种关系和力量的改变,有着至关重要的意义。

为此,何不径直把这本书的中心思想诠释为"未来是湿的"?平心而论,"未来是湿的"这个概念其实跟舍基没有什么关系。我本来有点犹豫,觉得是不是太自由了,但当我听到奇平说了这样一番话,便立即下了决心:

苏联故事片《办公室的故事》中有段精彩对白,比较接近本意:

---

① Quoted in Hochman, David (May 5, 2011). "Office Party? Let's Tweet It." *The New York Times*, https://www.nytimes.com/2011/05/05/fashion/05Twitter.html.

女上司严厉地质问男主角:"你说我干巴巴的?"男主角吓得摇手说:"不,正相反,你湿乎乎的。"

这个社会,如何不是干巴巴的,而是湿乎乎的?意思是社会如何成为更人性的,更有人情味的?互联网的终极意义,社会性软件的终极意义,就在于解决这个问题。

人们往往有一个错觉,就是以为发明互联网,是为了让这个世界更技术化,更干巴巴。其实正好相反,借由社会性软件,我们可以看出,互联网的人文含义,就是让世界变得湿乎乎的,或很俗地说,让世界充满爱。

不错,我们需要从"未来是湿的"角度理解作者所讲的社会性软件和社会性网络。这是我们的诠释,我们的概念,我们要借他人之酒浇我们心中之块垒。原因无他,中国社会太干巴巴的了,需要加湿。

湿,是协同合作的态度。

湿,是社会资本的累积。

湿,是思维范式由一维而万维。

湿,是政治文化从一元到多元。

湿,是交流空间打破鸦雀无声,走向众声喧哗。

互联网,就是中国的加湿器,未来的加湿器。

互联网是爱的大本营

我们先从"让世界充满爱"的这个"爱"字谈起。在十年前,人们还无法见证互联网催生这样的社会风潮——上百万的人共同推动巨大的事业,不是为了钱,而是出于爱。

长久以来,爱在小的人群中有深刻的影响,例如,我们都会善待家人和朋友,但爱局限于当地并且内容有限。我们招待自己的朋友,照顾我们的小孩，为亲爱的人相伴而欣喜，这样做的原因和方式不可能以报酬和花费这样的语言来解释。然而大型和长期的行为则要求经济报酬。正如那句耳熟能详的谚语告诉我们的，"天下没有免费的午餐"，生活早已教会我们，除获得金钱报酬外的其他动机是不足以支持严肃的工作的。

然而现在我们需要忘掉这句谚语，因为随着每一年过去它都变得更加不真实。人们现在有大量工具用来分享文字、图像、视频，并以共享为基础形成社区和实现合作。在我们所习惯的世界里，人们为爱做小的事情，做大事则是为了钱。不过，现在，我们可以为爱做大事情了。

一个旅客在乘坐飞机时领受恶劣服务，她通过自己的博客发动了一场全民运动，提出《航空乘客权利法案》以保障乘客权利，包含的条款例如："当飞机在空中或地面滞留达三小时以上，应供给乘客基本需要。"由于运动的声势如此浩大，连美国国会都被卷入，最后航空公司被迫修订了自己的服务标准。

如果你要说，这样的乘客权利运动依然指向人们的切身利益，那么，没有什么比李纳斯·托沃兹（Linus Torvalds）开发Linux软件的故事更能证明为爱而做事的超常威力了。这位芬兰的年轻大学生立志改造操作系统的不足，他在这个令他极具兴趣的项目上工作了三年而没有任何报酬。1994年，他成功地推出Linux操作系统的核心，震惊了软件世界。这种操作系统与称霸全球的Windows采用的方法完全相反，它免费发布源代码，任何人都可以在使用过程中对其加以改进。今天，Linux操作系统受到许多电脑厂商的支持，在全世界范围内拥有2000多万用户。超过160个国家的政府使用Linux程序，其中包括中国。而所有这些都源自托沃兹不计报酬的工作，源自各国程序员所组成的庞大、广阔的网络，这些人通过互联网相互联系，自愿地献出自己的时间和努力，共同拓展这个产品。

也许我们可以毫不夸张地说，互联网是一个爱的大本营。互联网之所以拥有海量的内容，一个重大原因就是它构成了人类历史上最大的自愿项目之一。

从Napster到Skype，从Google到Ebay，从Wikipedia到Facebook，由于功率越来越强大、用途越来越广泛的新工具流落到普通人手里，一个个财富和社会奇迹被创造出来，从根本上改变了人类工作、玩乐、生活和思考的方式。

基于爱而展开的群体行为可以看成一个梯子上的递进行为，按照难度级别，这些梯档分别是共享、合作和集体行动。共享最简单，例如，通过使用社会性工具彼此分享个人工作与资源。在"9·11"之后，一位中东史教授开设博客，成为报道阿富汗和伊拉克战争的记者的必去之处。当SARS在2003年爆发的时候，哈佛大学一位生物工程专家创办了两个邮件列表。其中之一叫作SARS Science，专门收录有关这一传染病的医学和科研信息。成员包括世界各地的分子生物学家和其他研究病毒的科学家，而很多报道SARS新闻的记者都是列表的订户。另一个列表用于发送疫情报道。

共享之上是合作，Linux与Wikipedia都是好例子。合作比单纯的共享要难，因为它牵涉到改变个人行为与他人同步，而他人也同样在改变自身行为与你同步。协作式生产是一种更深入的合作形式，如果没有许多人的参与，项目不可能发生、存在，最终，也没有人能将所创造出来的生产成果归功于自己。信息共享和协作式生产之间最大的结构性差别在于，协作式生产至少涉及一些集体性决策。Wikipedia百科全书成果的背后是翻来覆去的讨论和修改，落实为关于每个特定主题的一张网页，虽然其内容此后还将发生改变。Wikipedia把一群对知识与教育怀有理想的人汇聚在一起，为一部全球性的百科全书做贡献，并彼此监控这些贡献。它堪称"无组织的组织力量"的最佳显现：由于无须担心机构成本，人们不必追求效率，而只要讲求效用。

第三梯档是集体行动，这是最难的一种群体行为，因为它要求一组人共同致力于一件特定的事，其施行的方式更要求集体的决定对于每个个体成员都具有约束力。例如，Meetup.com通过登记人们的兴趣和住地，确定潜在的群体并帮助他们聚到一起。现在，自由而有准备地加入一个大型的、分散化的、具备多种能力的群体已成为可能。我们一向被告知，人类是自私自利的、理性的行动者，在市场上彼此交集。但网络显示了，人人都具备那些社会性的、充满移情能力的关系，以及真正深刻的、与交易和花费无关的动机。我们的社会性工具正在把爱与关心变成可更新的建筑材料。

一个警告是：当我们说互联网是爱的大本营，不等于说互联网上没有丑恶的集体行动。任何时候当你提高一个群体的内部沟通能力，这个群体能够做的事情也因之改变，至于他们会用那种能力做什么，则是另外的问题。例如，《勇敢的新战争》(*Brave New War: The Next Stage of Terrorism and the End of Globalization*, 2007) 一书作者约翰·罗布（John Robb）将现在这一代恐怖主义分子称为"开源游击队"（Open Source Guerrillas），并指出了他们采用社会性工具来协调行动的各种方式。

舍基说：

> 我一直希望更多的人能懂得：现在群体可以为自己创造价值。20世纪最伟大的对话是："要进行大规模的活动，哪种体制最好？是在市场里运行的商业，还是政府？"极端自由主义者的回答始终是商业，极端共产主义者的回答始终是政府，大部分人的回答则是某种中间路线。整个这场极端间的对话最终还是不了了之。其原因很明显，人们无法集合到一起为自身创造价值。但像由协作完成的百科全书Wikipedia一样的模型，像Linux操作系统一样的开源软件，不断地让我们意识到一个群体可以在不追求金钱、不在制度框架内运行的情况下创造巨大的价值。这就是我认为正在到来的情形。

互联网是一锅石头汤

舍基很会讲故事，他在书中举了很多生动的例子来证明他的看法，阐释隐藏在故事背后的更大的真理。他特别指出，这本书里讲到的每个故事都依赖于一个值得相信的承诺、一个有效的工具和用户可接受的协议的成功熔合。

承诺对于每位要参加一个群体或者为此群体做贡献的人解决的是"为什么"的问题。工具帮助的则是"怎样做"——如何克服协调的困难，或至少把它控制在可控水平。协议则确立了路上的规则：如果你对于这个承诺感兴趣并采用了那些工具，你可以预期得到什么，以及群体将期望你做到哪些。将这三个特征一起考察，将有助于理解依赖各种社会性工具的群体的成功与失败。

这三方面的互动是极为复杂的。用舍基的话说：

> 社会性工具的成功应用并无诀窍，每个有效的系统都是社会因素和技术因素混合作用的结果。

我们仅以企业为例：历史上有关企业的认识是，在企业和它的每一位顾客之间，存在着某种契约，这种契约可能是直接表达的也可能是隐含的。这就是为什么顾客受到劣质产品侵害的时候，可以向企业提起诉讼。但企业所不习惯的是，用户与用户之间也有协议，这事关他们一起行动之时互相对待或彼此交易的方式。这样的协议在社会情境中是非常重要的，某些情况下比企业与顾客间的协议还要重要。

舍基的意思是，因为人们现在可以轻易在网上组建各种群体、运动和商业性的力量，许多企业乃至行业的基本面正在发生动摇，甚至可能出现覆灭的情形。

人们拥有了在机构之外组建群体、共同行动的能力，这是巨大的变化，它不是对当今社会的一种改进，而是一种挑战。

这使得他的书具备了警告或是威胁的意味。

书中一个极有意思的提法是"科斯地板"（Coasean floor）。它指向企业的存在理由：众所周知，罗纳德·科斯（Ronald Coase）自问自答了经济学上一个最为著名的问题：如果市场的主意如此美妙，为什么还需要企业呢？为什么要有那些组织框架？为什么不能让所有人互相提供服务，用市场和契约来解决一切？科斯的发现是，存在巨大的交易成本，使得企业在某些情况下与市场比较具备相对的经济优势。

自从科斯的论文在20世纪30年代发表以后，每个人都知道科斯天花板（Coasean ceiling）的存在，也就是说，如果公司的扩大越过了某个点，就会导致其自身的崩溃。问题仅仅在于：什么时候公司变得太大了呢？

舍基说，大多数人都错过的一件事情是科斯地板的作用。总有一些群体活动尽管也会创造价值，但却不值得形成一个机构来从事价值创造。由于交易成本，许多可能的商品和服务都没有变成现实；但随着新的技术工具的出现，曾经阻碍全球范围内共享的障碍已经不复存在了。可以将这些行为看作它们落到了科斯理论的地板底下（lying under a Coasean floor）；它们对一些人有价值，但以任何机构的方式做都太昂贵，因为欲使机构成其为机构，其基本和不可拆卸的成本都决定了那些行为不值得实施。

新的工具为我们提供了组织群体行动的方法，而无需诉诸层级结构。这就是科斯逻辑变得奇怪的地方。交易成本的小幅下降使企业变得更有效率，因为因机构困境而造成的限制不那么严苛了。而交易成本的巨幅下降使企业，或者说任何机构，都不能再承担某些行为，因为无论从事某个特定行为的费用变得多么便宜，都没有足够的好处来支付作为机构存在的成本。由于能够以低成本实现大规模协调，出现了一种崭新的情况：严肃、复杂的工作可以不受机构指导而实施。松散协调的各类群体如今可以取得此前任何组织机构都不可企及的成果，其原因正在于他们藏在科斯地板底下而不受其理论制约。

在这样的巨变下，企业要做的第一件事是弄清楚，什么事情顾客自己做可能比企业为他们做反而来得更好。如果答案是"所有的事情"，那么企业的日子也就到头了。但假如答案是"在你的帮助下，顾客可能能做得更好"，那么你就要开始想去怎样帮助顾客。消费者期待精确地得到他们想要的，并会自主决定他们什么时候和以什么样的方式要。例如，顾客购买一张包含着有限曲目的唱片，这些曲目还是由他人强制性选定的时光一去不复返了。音乐产业、电影业、报业等等必须面向一个新的范式做出调整，在这种范式下，顾客不仅永远是对的，而且可以依靠一下轻轻的点击就实施自己的判断。

设想一下，如果一家大型书店中的每种书只有一册样书，而当顾客选中某一本的时候，书店可以当场印制出来交到顾客手中，那会是什么样的情形？如果唱片店当场刻制顾客需要的唱片又会如何？在这样的情形下，消费者得到了他们想要的，而书店或唱片店不再有库存和上下游的浪费。

舍基的书的一个主要主题是大规模业余化。这等于说，再也不存在商业机构一手垄断图像、艺术、信息、舆论等等的大规模分发出口的情况了。如今我们到处见到的是一种"石头汤"模式，其故事是这样的：几个士兵来到一个村庄，什么也没有带，只带了一口空锅。村民不愿给这些饥饿的士兵任何吃的，于是士兵们往锅里添满水，扔进一块大石头，在村前广场上架火烧起来。一个村民感到好奇，就过来问他们在干什么。士兵回答他们在煮一锅"石头汤"，它将十分美味，虽然还欠缺一点配菜。这个村民不在乎那一点点配菜，他就帮了士兵这个忙。另一位村民路过，也问士兵怎么回事，士兵再次说这锅石头汤还欠缺点调料才能真正美妙无比，于是他们又获得了调料。这样，更多的村民贡献了各种各样的东西，最终，大家真的喝上了好喝而有营养的石头汤。

互联网是一个生命空间

有关互联网的书已经很多了，舍基带来了什么新东西呢？他始终不渝强调的是利用互联网构建群体的重要意义。现在，我们可以以从前无法想象的方式一起从事某个项目；可以发现和我们志同道合的人群，不管我们的兴趣有多狭窄；可以打破新闻的瓶颈，每个人都成为媒介出口。当人们被赋予共同行动的工具，而可以突破传统的组织局限的时候，还会发生什么样的事情，谁也无法预料。

这是互联网发展的新阶段。在这项伟大的技术的第一阶段，即从1995年到2000年的时候，网络的社会应用尚未得到优化。每个人感觉激动的是信息的分发和商业的成效。基本上我们在网上重建了旧有的模式：点对点的交易，报刊平移上网，等等。

等到2000年以后，如此众多的人来到网上，网络拥有了真正的社会密度。一部分人上网和大多数人上网之间存在巨大的差别，而大多数人上网和每一个人上网之间有更大的差别：在你所属的社会群体中，如果每个人都在网上，你就可以确定使用在线工具协调此一群体的社会和商业生活。

你可以用网络发起旅游，展开团购，以及各种各样的群体活动。这些事情成为可能，不仅是因为技术上可行，更是因为社会密度终于赶上了技术的步伐。

2000年互联网曾经遭遇大幅跳水；由于金钱的逃跑，创业者不再说"我要开始这项新的网络服务，我要募集500万美元的风险投资，我要实现这个大的商业计划"，而是开始问自己："做这件事情的低成本方式是什么？实现我的目标的最佳路径是什么？"经常性地，低成本方式和最佳路径就是允许用户卷入。而一旦我们开始走上这条路，无限的可能性就向我们展开了。

舍基说，他的最大期望是，读者在读完他的书之后，能够为两样事情而激动："一是存在多种社会实验的可能性，二是还会有更多的社会性工具的新用法被发明出来。"我们仍然在寻找生活在一个网络社会中的"规则"。下一个十年乃至更长时间的任务是，利用现在已经释放出来的生猛的革命性力量，搞清我们到底可以做些什么。

未来为什么是湿的？因为创造未来的人是活的。湿的东西，是具有活的特征、生命特征的东西。"湿件"一词常用于描述信息系统中的人。软件、硬件、湿件的成功组合能促成或破坏任何一个群体项目，而其中，湿件的重要性又是最重要的。从技术的含义上看，"湿件"被用以指中枢神经系统（CNS, central nervous system）和人类的大脑。它与计算机科学中常常提到的硬件与软件相关。我们都知道，计算机至少可以分成两个功能部件：软件和硬件。硬件包括计算机以物质形式存在的部件，像中央处理器、硬盘等等；软件包括操作系统、文字处理软件，还有其他我们在使用电脑时应用的程序。作个类比，计算机的硬件相当于人的生理部分，意谓我们实实在在的身体，特别是我们的神经系统。软件则相当于心理层面。

湿件一方面是对中枢神经系统特别是大脑的生物电和生物化学性质的一种抽象，另一方面还代表着更高的概念抽象。

如果在不同的神经元内传递的神经冲动（impulse）被视为软件的话，那么神经元就是硬件。硬件与软件的混合互动通过连续不断的生理联系显现出来，化学的和电的反应在假定互不相关的区域间广泛扩散，这时，需要一个词来概括单靠硬件和软件都无法描述的互动。这就导致了"湿件"一词的产生，它对于解释生理和心理微妙互动的现象非常重要。

"湿件"一词的起源尚待考证，在20世纪50年代中期它就被用来指称人的脑力，但直到"赛博朋克"流行之后，该词才获得广泛传播。它出现在迈克尔·斯万维克（Michael Swanwick）、布鲁斯·斯特林（Bruce Sterling）和鲁迪·卢克（Rudy Rucker）的小说中，特别是后者，1988年出版题为《湿件》的科幻小说，为其三卷本系列科幻《软件》《湿件》和《自由件》的第二卷。它讲述了一个由人类创造出来的有感觉能力的肉身机器人（meatboppers）如何反过来控制和改变人类的故事，对人类脑力（湿件）与带有编码化知识（软件）的机器人（硬件）的结合最终可能摆脱人类的控制并影响人类进化的前景，做了大胆的想象。

卢克把湿件称为"所有的火花、口味和纠结，所有的刺激—反应模式——也就是头脑的生物控制软件……"。[1]他没有把这个词简单地等同于头脑，也没有说它意味着公司中的人力资源。他用湿件代表在任何生物系统中都可以发现的数据，也许与那种可以在ROM芯片中发现的固件（firmware）类似。以卢克的眼光来看，一粒种子，一棵嫁接用的嫩枝，一个胚胎，或是一种生物病毒，统统可以称作湿件。DNA，免疫系统，以及大脑的进化神经架构也是湿件。

卢克用充满诗意的笔触写道：

> 假定你认为一个有机物好比一个经由某种程序生成的电脑图形。或者，想象一棵橡树是一个内在于橡实的程序的产物。该遗传程序存在于DNA分子之中。我们不把这个程序称为软件，而是叫它湿件，因为它存在于一个生物细胞之中，处处都是湿的。你的软件是隐藏在遗传密码之后的抽象化的信息模式，然而你的湿件是细胞中的DNA。一个精子细胞是长着尾巴的湿件，但失去了卵子的湿件，

---

[1] Rucker, Rudy (1988). *Wetware*. New York: Avon Books, 76.

它就没有任何用处。①

当精子的湿件和卵子的湿件相遇，我们就有了生命。乔伊斯《芬尼根的守灵夜》中的主人公HCE以"everybody"为旗，代表他是亚当以来的一切男人。HCE的妻子的名字简写叫作ALP，与都柏林的主要河流同名。两人也即人类最早的男女亚当和夏娃的化身，而奔流不息的河水象征着生命。

Here Comes Everybody，所有的人都来吧。互联网是一个充满生命的空间。而这些生命，都不是干巴巴的，而是湿乎乎的。

十年之后，互联网的承诺实现了吗？②

《未来是湿的》一书的核心主题，是无组织的组织力量。考虑到这种力量多年来是如何发挥的，也许现在是重新审视并对克莱·舍基和他的观点进行反思的好时机。一方面，他对智能手机和社交媒体如何允许用户有效地自我组织进行了有趣的观察。另一方面，他对这些数字技术的不屈不挠的乐观态度导致他并没有对技术的社会影响给出非常现实的结论。

从本质上讲，舍基提出的论点是，数字技术——包括智能手机和社交媒体，他称之为"社会性工具"——大大降低了组织人群的"交易成本"。这里所说的"交易成本"，是指将个人组织成具有共同目标或目的的大型群体所需的全部时间和精力。像智能手机和社交媒体这样的创新，让人们用非正式的、自我组织的群体取代了正式的或等级制的管理方式。

---

① Rucker, Rudy (Oct 30, 2016). "What is Wetware?" Rudy's Blog, http://www.rudyrucker.com/blog/2007/08/25/what-is-wetware/.

② 本节写于《未来是湿的》问世13年后的今天。本节之前的文字，构成了书的译者序。为了对照时代的变化，全序一仍其旧，只字未改。本节所写，系新感言。

结果是，我们身处一个分享、合作和集体行动的能力显著提高的过程中，而所有这一切都位于传统机构和组织的框架之外。

例如，由于智能手机便捷的网络接入，协调大量个人的后勤工作从未如此简单，特别是当人们都拥有社交媒体应用程序的时候。此外，如果有足够多的人使用这些数字技术来组织自己的群体，他们就会创造出具有可扩展效应的在线网络，因为"网络效应"会发挥作用。

因此，舍基所强调的新媒介在组织群体和创建网络方面的力量，至少在后勤和网络效应方面是有价值的。但他更广泛的结论则难以成立，缘于这些结论建立在有问题的假设之上。

简而言之，舍基的结论是这样的：由于数字技术增强了我们组织群体和创建网络的能力，智能手机和社交媒体将使社会整体受益。经过了十余年的实践验证，舍基的论点更像是一种一厢情愿的想法。问题出在哪里呢？我们在此讨论一下舍基的两个核心论证，可以分别概括为"净值"观点和"政治价值"观点。

舍基提出：增加群体行动的灵活性和权力会带来更多好的影响而不是坏的影响，这使得目前的变化总的来说是积极的。

不幸的是，书中没有提供任何经验性的基准来支持这一说法。因此，它听起来更像是一个盲目信仰的声明，而不构成一个逻辑论证。

毕竟，对于我们从智能设备和社交网站上看到的每一项积极发展，如新形式的在线学习、慈善捐赠和改变社会的群体行动，都很容易说出一个反面的例子。专制政府、种族主义者和全球恐怖组织也都在利用智能手机和社交媒体实现更有效的组织。[①]在这个问题上，值得详细引用反恐专家克林特·瓦茨（Clint Watts）的话：

---

① 关于这一点译者序中亦有所提及。参见前文中的警告："当我们说互联网是爱的大本营，不等于说互联网上没有丑恶的集体行动。"

互联网将人们聚集在一起，但今天的社交媒体正在将每个人拆散。通过分享信息、经验和意见，社交媒体本应支持自由社会，将那些可以合作解决分歧的用户联系起来——或者我们被告知是这样。最初，我们称赞这些新平台中的每一个——YouTube、Facebook、Twitter、LinkedIn、Telegram、Instagram、Snapchat。然而，随着时间的推移，每一个应用最终都引入了无法想象的负面结果。在2010年和2011年的"阿拉伯之春"革命期间，世界上许多人称赞Facebook推翻了独裁者，但不久之后，它就被证明为历史上最大的恐怖分子动员的宣传平台和行动通信网，在叙利亚和伊拉克将数以万计的外国战士招募到了伊斯兰国的旗下。

随着社交媒体平台大展拳脚，获得可观的市场份额和受众参与度，不良行为者也开始为自己的目的滥用该系统。犯罪分子、恐怖分子和民族国家在起初美好的虚拟避难所中破坏了人类互动。①

除了"净值"的论证，舍基也给出了一个"政治价值"的论点，以说明社会将主要受益于新媒介。这是因为，它们增加了人们说和做自己喜欢的事情的自由。

这一说法肯定不是完全不对，但另一方面，更多的数量并不等于质量的提高，不受约束的自我表达也不例外。考虑到网上极端主义的兴起，更不用说社交媒体平台上俯拾皆是的错误信息和虚假信息，我们意识到，舍基的"政治价值"论点和"净值"论一样，也是一个盲目信仰的声明。正如我们所见，Facebook和Twitter等平台助长了阴谋论，导致愤怒的美国

---

① Watts, Clint (2018). *Messing with the Enemy: Surviving in a Social Media World of Hackers, Terrorists, Russians, and Fake News*. New York: Harper, 298.

暴民攻击国会，[1]滋生有关公共卫生的谎言，影响了新冠疫苗接种，[2]通过迫使人们讨好算法而控制他们的行为，并鼓励人们选择进入互不理解和敌对的群体。

正如计算机科学家杰伦·拉尼尔（Jaron Lanier）在他的技术宣言《你不是一个小玩意儿》(*You Are Not A Gadget*, 2010)中指出的那样，将生产和消费更多的数量与更高的质量、更大的智慧混为一谈，是一个绝对的错误：

> 技术界一个时髦的想法是，数量不仅会在某个极端的规模上变成质量，而且还会根据我们已经理解的原则来产生这种变化。我的一些同事认为，只要复杂的秘密统计算法对这些碎片进行重新组合，一百万甚或十亿的碎片式辱骂最终会产生超越任何深思熟虑的论文的智慧。我不赞同。我想到了计算机科学早期的一个桥段：垃圾进，垃圾出（garbage in, garbage out）。[3]

公平地说，舍基在《未来是湿的》一书的结论中对这些问题有一定的认识。决定数字技术是否对社会整体有益，在某种程度上是一种主观判断，正如他在书的结尾所承认的那样："任何人如果倾向于看到将来改变的好的方面，都可通过把益处看得比缺点更重而认定其对于社会的正面价值。而任何相信世界将迅速、完全恶化的人也可以用证据支持这个

---

[1] Seitz, Amanda (Jan 8, 2021). "Mob at U.S. Capitol Encouraged by Online Conspiracy Theories." AP News, https://apnews.com/article/donald-trump-conspiracy-theories-michael-pence-media-social-media-daba3f5dd16a431abc627a5cfc922b87.

[2] Reinberg, Steven (Oct 30, 2020). "Lies Spread on Social Media Hamper Vaccinations." WebMD, https://www.webmd.com/vaccines/covid-19-vaccine/news/20201030/lies-spread-on-social-media-may-mean-fewer-vaccinations.

[3] Lanier, Jaron (2010). *You Are Not a Gadget: A Manifesto*. New York: Alfred A. Knopf, 49.

结论，只要他认定新的恶要比新的善程度更高。"①

在这里，舍基完全忽视了一种可能性：互联网会扩大漠然的群众和过度参与的精英之间的差距。一方面，"网络无产阶级"可能被吸进八卦网站、垃圾电子游戏、民粹主义和仇外心理的内容以及社交媒体上无休止的段子等数字旋风中。另一方面，知识精英们继续在新的数字环境中茁壮成长，利用精湛的在线工具进行研究和合作，通过电子阅读器交换他们最喜欢的书籍，在巨大的在线图书馆中浏览资料，也不断扩大他们的社会联系。正如互联网上的一切都不会平均分布，"无组织的组织力量"也不是利益均沾的。

之所以提及"网络无产阶级"，是因为我们可以预期，数字生活可能会在未来几十年内改善社会经济阶梯顶端人群的生活，而经济鸿沟的扩大将使大多数人陷入特权阶层的阴影下。由于经济差距，新技术将被那些拥有更多资源、资金和技术的人更好地使用。数字鸿沟将不仅仅是获取的问题，而是安全、隐私和自主的问题。

如果用舍基关于"净值"的说法，我不相信技术会成为净负值；然而，我十分担心并怀疑它将使一些人生活得更好，但对另一些人来说却更糟糕。从硅谷出来的许多技术旨在为精英服务，而我们的目标应该是实现所有人的平等。

---

① Shirky, Clay (2008). *Here Comes Everybody: The Power of Organizing Without Organizations*. New York: Penguin Press, 297. 中译本见克莱·舍基：《未来是湿的：无组织的组织力量》，胡泳、沈满琳译，北京：中国人民大学出版社，2009 年，第 184 页。

认知盈余作为一种可能
——《认知盈余》[①] 译者序

全世界的认知盈余太多了,多到即使微小的变化都能累积为巨大的结果。

自由时间的利用

克莱·舍基很高产,2008年出版了《未来是湿的:无组织的组织力量》(一译《人人时代》),仅隔两年,又推出一部力作《认知盈余:自由时间的力量》(Cognitive Surplus: How Technology Makes Consumers into Collaborators, 2010)。

《认知盈余》可以说是《未来是湿的》一书的续篇。《未来是湿的》关注的是社会性媒介的影响;而《认知盈余》的核心主题是,随着在线工具促进了更多的协作,人们该怎样学会更加建设性地利用自由时间也即闲暇,来从事创造性活动而不仅仅是消费。用舍基自己的话来说:"本书从上一本书遗留的地方开始,观察人类的联网如何让我们将自由时间看待成一种共享的全球性资源,并通过设计新的参与及分享方式来利用它们。"该书进而分析了这些崭新的文化生产形式背后的路径和动机,它们无一例外地与人类的表达相关。

舍基对传统媒介在相当程度上采取了鄙夷的态度,他认为,哪怕是

[①] 克莱·舍基:《认知盈余:自由时间的力量》,胡泳、哈丽丝译,北京:中国人民大学出版社,2011年。

网上最愚蠢和疯狂的创造和分享的举措（例如汇集数千张"大笑猫"的图片[①]），也比坐在电视机前被动消费数以千亿计小时的节目强。世界知识公民的整体自由时间，被舍基称为"认知盈余"（cognitive surplus）。根据他的统计，美国人一年花在看电视上的时间大约2000亿个小时。并不是说电视有多么坏，而是说，作为一种媒介，它非常擅长吸收空闲时间，且只产生很少的实际结果。电视讲故事，它使人感到不那么孤独，也可以打发时间。舍基甚至把它比作18世纪20年代伦敦的杜松子酒，通过轻轻抚平现实的棱角来帮助人们应对现代性。

毫无疑问，舍基是个把新旧媒介截然两分的学者，而认为新媒介与传统媒介判若鸿沟的人通常也强调代际的变化。旧媒介对新媒介感到不安，很大程度上缘于上一代人对年轻人所拥有的新科技感到不安，尤其是上一代人对于已进入年轻人文化核心的新媒体感到不安。从过去媒体恐慌症的历史（如漫画、摇滚乐、电子游戏机、电视等）来看，大人对网络内容的一切恐惧，不过是来自对孩子自主与自行界定媒体品位需求的不安感。比如，年轻人接受游戏，而年长的人则大多拒绝它。一旦年轻人长大，年长的人逝去，游戏也会像昔日的摇滚乐成为无足争论之事。所以，反对游戏的人不仅需要面对事实，还需要面对历史。

舍基这样的新媒介鼓吹者一般坚信，历史站在自己的一边。他观察到，在电视历史上首次出现了一部分年轻人看电视的时间少于他们父辈的现象。拥有更快捷的互动媒介的年轻一代正在把他们的行为从单纯对媒介的消费中转变过来。甚至当他们观看在线视频的时候，看似和看电视没什么两样，但他们却有机会针对这些素材发表评论、分享、贴上标签、评分或者排名，当然还可以和世界上其他的观众一起讨论。这个区

[①] 指网络用户的一种行为：发一张可爱的猫咪图片并加上一个可爱的标题，让人看了忍俊不禁。

别实际上是参与同围观的区别：参与者会给反馈，而围观者不会。对参与社区的人们来说，电影、书籍和电视剧创造的不仅是一种消费的机会，它们创造的还是一种回应、讨论、争辩甚至创造的机会。舍基把媒介消费的这种转变称为"净认知盈余"。

导致媒介消费量减少的选择可以是微小的，同时又是庞大的。微小的选择是一种个人行为；某人只是简单地决定下一个小时要用来创造一些事物，而不是单纯地看电视。然而数以百万计的微小选择的集合最终可能导致庞大的集体行为。全世界的认知盈余太多了，多到即使微小的变化都能累积为巨大的结果。

这一切所隐含的根本性变革的关键是规模。如果你认为2000亿小时的电视时间很多，那么不妨考虑一下这样一个事实：在舍基成书的时候，全世界有20亿人上网，超过30亿人使用手机。考虑到全球大约有45亿成年人，舍基指出："我们有史以来第一次生活在一个大多数公民都属于一个全球互联群体的时期。"

一旦改变了认知盈余的使用方法，我们将不得不重新界定"媒介"（media）这个词能代表什么。媒介在过去意味着一种商业的集合，今天，由于我们不仅消费，也创造和分享，并且我们还有能力彼此联系，所以，媒介正从一种特殊的经济部门转变为一种有组织的廉价而又全球适用的分享工具。这个过程与我们习惯的过程非常不同，因而我们必须重新考虑媒介的基本概念：它不仅仅是我们消费的东西，而且是我们使用的东西。

再次强调一下，规模很重要。更具体地说，多就是不同：参与媒体的人越多，使用它的人就越多——而创造媒体的人也就越多。尤其是年轻人，足以开始吸收身处的文化，但是对其文化前身却知之甚少，所以完全不必受过去的媒介文化的影响，而开发出创新性的使用。

消费、创造与分享

关掉电视的人干什么呢？年轻人越来越多地用电脑、手机和其他联网设备取代电视。这并非简单的硬件转移，而是用户习惯的重大迁移：人们现在可以一起做很多更有用、更好玩的事情了。

舍基在书中列举了大量协同行动的例子，比如维基百科的编纂就是他最爱引证的证据之一，还有些例子听上去颇有些匪夷所思：在韩国民众持续抗议进口美国牛肉的事件当中，某个韩国男子乐队组合的一群少女粉丝通过在网上的松散联系，竟然几乎迫使政府下台。

对旧媒体、旧机构做事方式的憎厌、对新技术的拥抱以及对下一代年轻人的期许，所有这些混合起来，导致舍基倾向于讲述从电视中解放的社会革命故事的一半：在《认知盈余》以及在更早的著作《未来是湿的》里面，舍基笔下的几乎所有网络集体行动都是积极的，每个人似乎都在使用互联网令我们这个世界变得更加美好。这一切都是因为互联网带来了协作成本的降低，从而发展出革命性的创新和解决问题的方式。对于这样的论证，那些反技术决定论者当然也会乐于举出成打的例子，证明数字科技在生活品质的创造上，其摧毁能力大于贡献能力。

例如，叶夫根尼·莫罗佐夫（Evgeny Morozov）就声称，参与者被激励去参与廉价、无效，看起来似乎富丽堂皇的政治形式，比方说加入一个脸书团体，而不是代价更高或更冒险的集体行动形式。[1]与实际抗议相比，互联网只是降低了纯粹表达性的政治行动的成本。格拉德威尔指出，社会运动理论家认为，牢固的联系是代价高昂的政治行动的基础，而与此相比，互联网更可能产生"弱联系"，因此，互联网不会像舍基所

---

[1] Morozov, Evgeny (2011). *The Net Delusion: The Dark Side of Internet Freedom*. New York: PublicAffairs Books.

主张的那样产生有益的影响。①

舍基的另外一个问题是，他低估了文化消费的价值。在网络上创造愚蠢的东西的价值，果真高于阅读一本复杂的侦探小说的价值吗？是不是只要是创造就拥有了某种神圣性，而只要是消费就显示了低级智慧？美国文化批评家史蒂文·约翰逊（Steven Johnson）在他2005年出版的著作《坏事变好事：大众文化让我们变得更聪明》（*Everything Bad is Good for You: How Today's Popular Culture Is Actually Making Us Smarter*）中，曾以游戏和电视剧为例，直接向下述说法发起挑战：大众文化是一种致人愚蠢的东西。约翰逊说，视频游戏、电视和数字动画电影是拥抱而非逃避现实的一种方式。它们的确与阅读不同，但它们可以扩大思维范围并使消费者变得更聪明。

总结起来，约翰逊的核心论点有两个：其一，大众文化制作得比以前更好；其二，好的大众文化提高了我们的智商。所以，约翰逊希望我们积极消费新媒介所表达的大众文化，不仅因为它提供了便利，而且还因为据称它能够传递启发性的体验并对神经系统有所提升。

前者的证据是，根据我们用来衡量阅读的认知效益的几乎所有标准（注意力、记忆力、追踪线索等）来判断，非文字的流行文化在过去30年中一直在稳步提高水平，越来越具有挑战性。但在论述后者时，约翰逊所犯的错误是将认知和智力当成了一回事。不可否认的是，观看复杂的电视节目可以使你更好地观看更复杂的电视节目。玩视频游戏也可以使你更好地玩更多的视频游戏。但可能也就仅此而已。

约翰逊把自己装扮成一个时髦、连线、超现代的思想家，但他的文

---

① Gladwell, Malcolm (Oct 4, 2010). "Small Change: Why the Revolution Will Not Be Tweeted." *The New Yorker*, https://www.newyorker.com/magazine/2010/10/04/small-change-malcolm-gladwell.

化价值观念其实偏保守——基于文字特有的价值观去衡量新媒介文化产品。电影或流行文化评论家存在一个普遍的问题，即他们将所有内容都作为文本来阅读，无法深入讨论主题的视觉或声音创造。新媒介文化的价值不在文本上。

但即便我们不讨论消费而讨论创造，舍基也低估了创造性生产的质量问题——平庸是创造性生产的供应增加所必然带来的副作用。当代文化已成为当代流行文化的代名词，表明艺术是民主的，任何人都可以成为艺术家。不过口号并不能成为事实。天才不是民主的，天才是精英，而民主的最大弊端是它会成为平庸的温床。19世纪的民主理论家托克维尔（Alexis de Tocqueville）对大众文化有一个预示性的评判：真正的人文才智将败给庸众，民主会使文学和艺术总体上沦为生意，历史上的伟大文化主题将因平庸而丧失，伴随着平常之物的提升和对非凡的恐惧。"在贵族制中，会出产少数伟大的绘画。在民主国家，微不足道的作品遍地都是。前者的雕像以青铜为模。后者的雕像以石膏为具。"[1]

由此，我们是不是可以确定，消费一些伟大的文化产品，要胜于创造一只"大笑猫"？在这里我们也可以看到舍基犯了其他媒介消费的批判者（比如说尼尔·波兹曼）所同样易犯的毛病：我们不需要引用德里达（Jacque Derrida）的观点也可以知道，文本阅读本身就是一个创造性行为，我们必须不断地向字句的模糊性之中注入意义。头脑在这里并不是简单地被浪费；意义由读者创造，只不过是通过无意识的个人回应而创造的。我们要怀疑舍基对于创造的定义：并不是只有我们的想法结晶为物理的或者可见的剩余物才算是创造。况且，在真正创造出任何有意义的产物

---

[1] De Tocqueville (1835/1958). "De Tocqueville on Democracy and the Arts." *Daedalus* 89(2), Mass Culture and Mass Media (Spring, 1960):401-409. Reprinted by permission from Alexis de Tocqueville (1958). *Democracy in America*, Vol. II. New York: Vintage Books.

之前，我们必得经历一个消费和吸收的过程，并对我们所消费和吸收的进行思考。这也是尼采（Friedrich Nietzsche）在《查拉图斯特拉如是说》（*Thus Spoke Zarathustra*, 1883）中所言，我们必须先变成啜饮一切水的骆驼，才会成为狮子。

当然，只要舍基不把他对媒介和认知盈余的观察弄得那么两极化，这些批评其实也是无的放矢的。舍基正确地指出，人们使用媒介具有三种目的：消费、创造与分享。20世纪的媒介只发展单一的消费。但眼下我们正在越来越多地创造和分享媒介，这是件值得大书特书的事情。不过，消费的行为并不会全然消失，而是会继续扮演重要作用。

稀缺容易处理，而丰裕不容易？

我们可能会通过放弃电视来腾出时间，这是舍基眼里正向的"认知盈余"，这笔巨大的时间宝藏，如果用于干其他事情，远比看电视要有益得多，也好玩得多。在IBM的一位研究人员的帮助下，舍基计算了人们创建维基百科所耗费的总时间，结果发现，经过集体编辑的在线百科全书是大约1亿小时人类思想的产物。换句话说，人们在看电视的时间里，可以创建2000个维基百科规模的项目，而这仅仅是在美国，且在一年以内。

然而，似乎显而易见，但舍基却视而不见的是，并非我们在网上共同生产的所有东西都会像慈善活动一样令人温暖，或者像维基百科一样富有价值。事实证明，大多数东西没有什么价值。社交媒体中，流传着一个所谓的"史特金定律"（Sturgeon's Law），由美国科幻作家西奥多·史特金（Theodore Sturgeon）提出。[1] 该定律认为：任何事物的90%都是垃圾。引申到社交媒体用户创造的内容上，好的内容当然不是没有，

---

[1] Sturgeon, Theodore (1957). "On Hand ... Offhand: Books." *Venture Science Fiction* 1(5):49.

但如果想找到它们，你必须穿越由无用的或者误导性的信息所堆积起来的巨大的垃圾堆。这样来看，"认知盈余"很像是预算盈余——拥有预算盈余并不一定意味着我们会把钱花对地方。你可以用"认知盈余"做好事，也可以干坏事，你极有可能两者都会做。

舍基的观点是宏观的和社会的。他认为，我们过去被动地花在电视上的时间已经被花在互联网上的时间所取代，在互联网上我们彼此互动，产生了很多新东西。他写道："这本书讲述了随着全球自由时间的累积而出现的新颖资源。"但他对这些新颖资源会如何被人们使用，其实是漫无头绪的，只有浪漫化的想象。

舍基是技术主义者和实用主义者，往好里说是未来学家。不过，使他的思想独具魅力的是，他像经济学家一样思考。比如他思考稀缺与丰裕的问题：稀缺要比丰裕容易处理，因为当某些事物变得稀有时，我们就会认为它比以前更有价值，这在概念上很容易转过来；但是丰裕却非常不同，它的出现意味着我们可以开始将以前有价值的东西当作便宜到可以浪费的东西来对待了，所以就会进行各种实验。

因此，就媒介而言，从这本书中最容易获取的收获是，我们应该有意尝试各种媒介：对有机生长敞开大门，接受新的生产和消费方式，对丰裕充满信心。而且，更重要的是，随着网络逐渐吸收我们的自由时间，我们可以重新集中我们的创意能量进行输出。写博客、上传照片、编辑百科条目、发视频——这些都是认知盈余的使用方法，也应该被如此庆贺。如同舍基所说："即使平庸地使用我们的创造力（比如在社交媒体上发布跑步机上的小猫视频或撰写又臭又长的博客文章），也还是比看电视更富创意和慷慨。我们并不在乎个人如何创造和分享，只消他们行使这种自由就足够了。"

可是到了这里，问题就来了：创造本身并不等于创造力，产出也并不等于质量。更进一步追问的话，坚持创造、坚持共享就具有内在的美好吗？创造文化产品是否总是比消费文化产品更为慷慨，也更具社区价值？

在被这本书的开篇所吸引之后，本来我作为译者，希望舍基能够有一堆令人兴奋的例子来说明我们的盈余使用得相当好。但这恰恰是本书令人失望的地方。"真正的差距是无所事事和去做某事之间的差距，即使有人在制造大笑猫，也是弥补这一差距的努力。"可以去做的事情有很多，但格局自有高下。舍基花了太多时间来解释为什么现在可以使用新形式的在线协作，但却只花了很少的精力来阐述如何利用这种新力量来帮助人类解决一些最关键的问题——尽管他经常暗示这样的可能性，但在很大程度上对到底应该做什么悬而未论。

其实说穿了，处理丰裕并不比处理稀缺容易。

世界如此多姿多彩
——《万物皆无序：新数字秩序的革命》[①] 导读

链接，而不是容器；多重标签，而不是单纯的意义；混乱，而不是清晰的秩序，这就是我们在知识和智慧体系中所看到的变化。通过网络，我们得以逃离传统的、令人不快的主客观对立的世界，而第一次获得了多主体性。

超文本：制造不同文本之间的联系

互联网一个非常重要的特点是超文本（hypertext）。什么是超文本？这必须先从互联网的核心应用万维网谈起。

万维网的主要概念来自范内瓦·布什。1945年，他在《大西洋月刊》（*The Atlantic*）上发表《诚如我们所想》（As We May Think）一文，设想了一种能够存储大量信息，并在相关信息之间建立联系的机器。布什把这种可搜寻的、个人的知识储存库称为"记忆扩展机"（Memex），认为它可以采取一种非常接近人类思想运作的信息组织与搜集方式，因为人经常从一个点子联想到另一个点子。[②] 这样的机器从未被制造出来，但它清晰地提供了今天网络浏览的概念框架：在文本与图像之间的链接，可以

[①] 戴维·温伯格：《万物皆无序：新数字秩序的革命》，李燕鸣译，太原：山西人民出版社，2017年。

[②] Bush, Vannevar (Jul 1945). "As We May Think." *The Atlantic*, https://www.theatlantic.com/magazine/archive/1945/07/as-we-may-think/303881/.

在网页上前进或后退，等等。①

1960年，当泰德·纳尔逊开始着手"桃源计划"（Project Xanadu）——一种用户自由运动的非顺序的写作方式——的时候，数据互联的原则开始结出果实。纳尔逊和布什一样，认为思想是非顺序的或曰非线性的，它的特点是联想性。纳尔逊把计算机看作实现这种非顺序的、联想的逻辑的工具。1963年，他发明了"超文本"和"超媒体"（hypermedia）这两个词，用来指他的项目中字词和图像的联想性链接。此种链接表明文本中暗含着其他文本，并能将它们即刻调出来。它意味着跳跃的概念。有了跳跃的概念之后，文本的主次、原文与参照等整个旧有的观念垮掉了。②

1989年，蒂姆·伯纳斯-李提出以超文本为基础建立信息网。这一网络后来被称为万维网，运行这一网络的软件首先在1991年被安装在位于瑞士的欧洲高能物理实验室（CERN），然后在互联网上得到免费散发。伯纳斯-李的两个基本贡献是：他发明了在互联网上交换文件的协议，同时设计了一种新的图形屏幕文件的标识方法。随着超文本传输协议（HTTP）和超文本标识语言（HTML）的出现，布什"记忆扩展机"的梦想开始成为现实。③

简单地说，超文本是包含与其他数据的链接的数据，之所以有超文本这一称呼，正是由于它有自身的特殊性，难以用普通的文本来衡量。

在传统的图书馆里，信息量是按一定规律排列起来的，但从某种程

---

① Zachary, G. Pascal (1997). *Endless Frontier: Vannevar Bush, Engineer of the American Century*. New York: Free Press. 中译本见 G. 帕斯卡尔·扎卡里：《无尽的前沿——布什传》，周惠民等译，上海：上海科技教育出版社，1999年。
② 迈克尔·海姆：《从界面到网络空间：虚拟实在的形而上学》，金吾伦、刘钢译，上海：上海科技教育出版社，2000年。
③ 蒂姆·伯纳斯-李、马克·菲谢蒂：《编织万维网：万维网之父谈万维网的原初设计与最终命运》，张宇宏、萧风译，上海：上海译文出版社，1999年。

度上来说又是随意组织的，或者按信息出现的先后顺序编排，或者按字母顺序。这样的顺序一点都不反映不同信息之间的相互联系。而在超文本世界里，信息是根据相互间的联系来组织的。实际上，不同信息间的相互关系往往比信息本身更有价值。

在一个传统的图书馆里，一本书在同一时间内只能放在一个书架上。比如一本关于大脑保健的书，要么放在"医药"这一栏下，要么放在"心理"这一栏下，但它不能同时既属于"医药"又属于"心理"。而超文本却不受此限制，它允许同一套资料同时以多种方式编排。一个文件若要同时与"医药"和"心理"这两个科目发生联系，对超文本来说，一点都不成问题。

举个例子，假设你对某个特定的历史人物究竟受到了哪些影响这一问题很感兴趣，你可以从基本的传记资料入手，弄清楚他是何方人士、出生年月、父母姓甚名谁、他的宗教信仰及其他有关的信息。然后你可以在每一点上加以扩展，去查询在当时他所处的地区发生了哪些大事，在世界的其他地区又发生了哪些事，以及他的宗教信仰对他产生了哪些影响，把这些方面的材料都集中起来并弄懂它们之间相互的联系，你就得到了一幅关于此君的画面———一幅很难从单纯的名字和日期目录中得到的画面。这种方法的思路是连接文档的不同部分，信息不仅可以按传统的线性方式查找，还可以用交互方式查找。

超文本能制造出不同文本间的联系，从而打破线性阅读，打乱思维的逻辑轨迹，使所有文本事实上融于一体。当你得到不同文本之间联系的时候，你就可以开始设想由这些联系所构成的网络了。万维网之所以迅速流行，原因就在于它能天衣无缝地把全世界的、不同机器上的、不同数据库中的信息连接起来，在于它能满足人们寻求事物间彼此联系的需要。

打破知识组织方式的唯一性

超文本构建的这种关系，在戴维·温伯格的著作《万物皆无序》（*Everything Is Miscellaneous: The Power of the New Digital Disorder*, 2007）中，被称为三阶秩序（third order）。秩序共有三种，一阶秩序中，我们整理的是事物本身——比如上文讲到的书，只能在图书馆的书架上占据一个位置（除非你有好几本，可以放在其他合适的地方）。又比如旧式相册里的照片，必须按照某种线性理由加以排列，否则数量多了以后将难以找到。二阶秩序，可以以卡片目录和索引为代表，这些工具构造一阶秩序的对象代理，并指向对象的物理位置。通过这样做，我们把信息和事物分开，为事物创造了元数据（metadata）。元数据允许我们用多个指针指向一个物理位置，所以我们可以同时在作者卡和书名卡下指定一本书。

然而，前两种秩序都是原子式的，由原子构成的事物，随着时间的流逝，会越来越不稳定。所幸人类发明了三阶秩序——内容被数字化以后变成了比特，造成了全新的知识组织方式。旧有的限制消失了，比如，亚马逊书店的任何一本书，都可以被放入多个类别中，也可以用读者评论加以注释，或添加到阅读列表，或使用标签进行标注。如果你把新增添的这些东西看成一张大"卡片"的话，它的容量可能超过书本身，而书的内容则构成了元数据，因为你是靠搜索书来获取这些东西的。

我们这里谈到的秩序都和知识相关。温伯格认为，我们如何组织知识会影响我们对知识的看法（有点像麦克卢汉的"媒介即讯息"）。比如，如果知识必须按照其物理位置来排列，我们就会倾向于用亚里士多德式的思维来思考：对象是某个类别的成员，并且与该类别的其他成员共享相同的特征。这就是知识树：知更鸟是一种鸟，而鸟是一种动物。

我和孩子们一起外出的时候，常常会玩一种游戏：一个玩家在心里想好一个对象，其他玩家争取用最少的提问，问出他/她心里想的那个东西是什么。回答者只能用"是"或"否"来回答提问,而提问者要想节省步骤,必须先从对象可能所属的类别问起。提问者通过精巧的提问,可以从一开始的极为宽泛的概念,迅速缩小到很具体的概念,可见知识树的组织能力之强。

在这种秩序中,我们期望树的叶子共享其分枝的属性,并且也期望每个叶子只适合于一个特定分枝。然而在三阶秩序也就是数字化秩序中,像亚马逊这样的公司会通过故意打破完美的树状组织系统,将分散在各个分枝上的叶子全都连起来,从而提高客户满意度并且销售更多商品。

为了适应三阶秩序,一个既有利于自己也有利于他人的做法是,尽量把一片叶子黏上更多的分枝,构建一棵拥有一堆超链接的叶子的树。

温伯格认为,每一个事物都可以构成元数据,这么多无序的元数据,却可能让我们得以拽取那些适合我们需要的信息团块。所以,我们应努力为我们可以想象的事物添加尽可能多的元数据,而不是以绝对方式对事物进行分类,或者决定在系统中包括及排除哪些内容。将元数据应用于一切,使得我们以对我们每个人都有意义的方式来操作信息。

最重要的是,需要放弃有一种"正确的方式"来让事物遵守秩序,从而井井有条的想法。我们曾经十分认真地尝试将主题归结入整洁的主题层次结构中,但这些层次结构往往不能为不同的用户社群所认识和使用。如果知识的组织现在仿佛一种任意形状的叶子堆而不再是一棵树,那么我们的知识形态将会如何改变?

"写作空间"的产生

写作向来是知识的主要源泉之一。

由于超文本在某种意义上构成了网络的本质,彼得·卢恩菲尔德(Peter Lunenfeld)称数字媒体中弥漫着一种"未竟的文化"(culture of unfinish),从这样的角度看网络文本,几乎总像是"过程进行中的工作"(works in progress）。[1] 不论是网站、博客还是论坛，都允许不断重建和修正，这种重建和修正，甚至不只是原作者进行的，这在旧媒体中根本无法想象。

虽然罗兰·巴特（Roland Barthes）早就为"作者"（author）写过讣告，[2] 但超文本的鼓吹者把数字媒体当作"作者"棺材上的又一颗钉子。[3] 这些看法不免有绝对之嫌，但如同巴特的"作者之死"给了我们洞识——在文本中寻找一个唯一固定的意义是注定失败的，"未竟的文化"能够帮助我们形成同暂时的、部分的、分权的世界和谐相处的感觉，因为文本之外总有文本，一种文本可以用多种手法接近，一种看法会有多种评论，等等。我们对世界的看法不得不多样化。

"未竟的文化"对于知识的一个直接影响，是我们要重新认识写作本身。美国文学教授杰·戴维·波尔特（Jay David Bolter）提出了"写作空间"（writing space）的概念。[4] 他认为，在印刷年代的末期，我们已经更多地为文本的暂时性和多变性所打动，而数字技术通过把读者变为作者，极大地缩减了两者之间的距离。在不朽和多变、强化作者和赋权读者之间出现巨大的张力，这种张力充分体现在当下的写作之中。

其实，我们在阅读的时候，对于印刷物中的思想和知识，从来就不是被动地接受，而是在内心对这些思想和知识进行很多思辨，试图对传递思想和知识的人做出回应。柏拉图在写作《对话录》（Dialogues）的时候，一方面邀请读者参与对话，另一方面又剥夺他们的充分参与权，这种写作方式早已失去了市场。数字化技术质疑传统的论述手法：过去的

---

[1] Lunenfeld, Peter (2000). *Snap to Grid: A User's Guide to Digital Arts, Media and Cultures*. Cambridge, MA: The MIT Press.
[2] 罗兰·巴特：《S/Z》，屠友祥译，上海：上海人民出版社，2000年。
[3] Landow, G.P. (1997). *Hypertext 2.0*. Baltimore: Johns Hopkins University Press.
[4] Bolter, Jay David (2001). *Writing Space: Computers, Hypertext, and the Remediation of Print*. Mahwah, NJ: Lawrence Erlbaum.

作者对其论辩如何展开拥有完全的控制；今天的写作教育很多时候仍然按着惯性在走，教育者没有想到，经由超文本的方式，一段论述是可以同许多其他观点或诠释紧密相连的。

波尔特问道：为什么一个作者要被迫给出一个单线条的论述，或是一种排斥性的因果关系的分析？是不是可以设想一种写作空间的存在，使得作者可以同时思考和呈现几条不同的叙述线？

"写作空间"是一个了不起的概念。在下面所说的新型写作环境中，一段文本只能以一种声音表述，几乎成为不可能的事情：

> 出版从根本上来讲是严肃和持久的；一位学者或是一名科学家甚至难以在不使自己受窘的情况下收回他曾经发表的东西。然而，一个对话却非如此，它传递着不同的声音，因而分担了或者说延迟了言说者的责任。电脑上的一篇超文本作品可以被理解成为一个在作者和读者之间展开的对话，读者也被要求分担言说后果的责任。[1]

举一个在中国常见的例子。在网络新闻中，跟帖发挥着独有的作用。以"无跟帖，不新闻"而知名的网易，是这样认识跟帖的价值的：

> 跟帖有什么价值？第一就是简单的情绪表达，这个影响大家一定不要低估，简单的情绪表达是人最重要的需求，跟帖很好地满足了一个用户看新闻时的情感需求。第二，读者可以提出对某个观点的质疑。一个经济学家发表了一个看法，到底要先保护穷人还是先保护富人，这种话题永远值得讨论，话题发表之后，很多人在争论，

---

[1] Bolter, Jay David (2001). *Writing Space: Computers, Hypertext, and the Remediation of Print*. Mahwah, NJ: Lawrence Erlbaum, 107.

这种争议其实比主体文章有价值得多，因为和每个人都切实相关。第三，跟帖能够为新闻事实提供补充。以前在报社里做记者，大家最喜欢说的是我去采访、我发现了新闻的真相，随着当记者的时间越来越长，就看到自己以为发现的真相其实是表象，真相往往隐藏在后面。事实的真相通常远远超出了记者、媒体能够看到的层面。现在在这种跟帖参与之后，对新闻事实的差异提供的补充往往超出了记者的采访。①

很多人都有这样的感受：看网易的新闻，有时还不如看新闻后面的跟帖来得有趣。而跟帖的诞生，实际上跟网易的编辑们意识到"写作空间"的存在是紧密相关的。2003年12月3日，第一条网易新闻跟帖出现在网站的页面上。当时，网易采用了一个与新浪和搜狐都不同的界面设计：网民想发布评论的时候，不需要点击"发表评论"单独打开一个窗口，而是将评论和回帖直接体现在新闻页面的下面，这就在很大程度上方便了用户直接阅读跟帖评论，并激发了人们看到精彩跟帖，马上前赴后继地持续跟帖的热情。

2005年2月24日，编辑们发现，在一条回复者甚众的新闻下面，网友们通常会直接回复前一位网友的跟帖，这就造成了奇特的视觉效果：一层一层延续下去，整个回帖叠在一起，就像一座基石坚固的塔形高层大楼——"网易大楼"就这么诞生了。

编辑们马上意识到，跟帖已成了一个"无心插柳"的产品。在之后的时间里，网易改进了跟帖管理技术，进一步完善跟帖系统，让用户发布新帖的速度变得更快，同时对界面的格式和字体进行优化，使"网易大楼"变得更美观，以刺激网民们不断"盖楼"的兴致。最终，"跟帖"

---

① 对网易前副总编方三文的访谈。

成为网易新闻的一个亮点,而且也是它与其他门户网站展开内容竞争的一个利器。[①]

"知识守门人"应有的新理念

"写作空间"的产生,颠覆了古老的写作传统,带来了崭新的表达主体和表达方式、角度,丰富了文本的内容。文本的价值,现在不仅仅来自文本所包含的内容本身,而且包括文本所联系的内容。

在数字化时代,文本的混乱并不是失序的标志。相反,它是成功秩序的标志。混乱是一种美德。以温伯格描述的一些 Web 2.0 服务来说,在 http://www.flicker.com 这样的照片服务和 http://delicious.com/ 这样的社会性书签(social bookmarking)中,用户可以给保存下来的网址或是自己储存的照片加上自定义标签(tag)予以描述,这使得他们拥有了一种有效组织信息的方法。更重要的是,任何人都可以循标签找到特定的信息。

举个例子,在 Flicker 中,当用户上传一张在米兰大教堂广场前拍摄的鸽子照片时,可以输入"鸟""鸽子""米兰大教堂""意大利"等标签,这样一来这张照片就拥有了可供索引的资料。而其他人在上传照片时也会定义自己的标签来识别。因为有了这样的资料,日后想要寻找米兰鸽群的照片时,只要在 Flicker 输入"鸽子""米兰大教堂"等进行搜寻,就不仅能够找到自己的照片,还能找到其他有相同喜好的用户的照片。此举将所有的照片都转换成极有价值的资产,图片的可搜索性大幅度提升。

这样强大的图片搜寻功能就是大众分类所带来的力量。所谓"大众分类"(folksonomy)是一种基于用户的平面化标签分类机制。它有几个特点:其一,它是由个人自发性定义的;其二,标签分类是公开共享的,

---

[①] 骆轶航:《网聚跟帖的力量》,《第一财经周刊》2009 年 1 月 15 日,http://cbnweekly.blog.sohu.com/108624777.html。

可以被所有人看到；其三，它由用户群体定义的频率来决定。大众分类摆脱了固化的传统分类法，并且跟大众的认知程度密切结合起来，它是平面化的，没有等级层次的划分，虽然它相对不够严谨，缺乏准确度，但是在社会性软件中，这种平面延伸的分类方法却在无形之中形成了沟通的渠道和网络。这是Flicker不仅仅是一个共享照片的网站，也构成一个社区的原因所在。

而在社会性书签服务中，这种自定义标签的大众分类也得到了广泛的应用。社会性书签是一种提供网络书签、文摘收集的社会性软件，用户通过它来收集、分类、聚合感兴趣的网络信息，如新闻、图片、资料、网站等。同时，也能方便地与他人分享自己的个人收藏，并从其他用户的收藏中进行信息采集。最有名的社会性书签就是上面所说的Delicious（美味书签）。在Delicious上，用户可以把他们的网络书签用自定义标签予以标记，突破地域限制在网上加以使用，不仅可以进行个性化的知识管理，也可以分享别人的知识成果。Delicious同Flicker一样，也是一款优秀的搜索工具。[①]

无论是Delicious还是Flicker，似乎都并不存在一种正确的添加标签的方法。一张英国白金汉宫前的卫兵的照片，可能被第一个人标记为"白金汉宫"，第二个人标记为"卫兵"，第三个人标记为"伦敦"。由此我们可知，对知识加以系统化并不像从前那样只有一种方法。所有乱贴标签的人所做的事情恰恰是传统的知识守门人所极为恐惧的事情：他们不管不顾，径直按照自己的所好整理知识，懂得计算机会在其后把这一团混乱一点一点化为秩序。

计算机会把知识体系完全有序化吗？当然不会。我们永远也不会找

[①] 美味书签是社会性书签的先驱，也是最早用标签组织网上内容的服务之一。2017年，它被竞争对手Pinboard收购，目前网站已经停止更新。

到所有关于伦敦的照片，也许是因为某些人把照片标记成"度假"和"漂亮的风景"了。但这样做有问题吗？并不然。在一个知识超载的社会里，我们不再需要完美的知识，我们只需要足够好的知识，所以，传统的"知识守门人"就失业了。

所以，网络时代要谨记，对传统守门人来说是混乱和退化的东西，对网民可能恰恰意味着智慧的几何级增长。这里的认识差异来自对智慧的不同理解。旧有的观念把智慧视为许多知识的集合体。一页印刷品对我们有用，是因为它包含了知识；而一个网页的有用性却不仅仅在于它包含了什么，而更多地在于它指向了什么。没有了链接，网络就不存在。

这也意味着，网络建立在人类的慷慨精神上。如果每个网站都吝惜自己的对外链接，网络也就不成其为网络了。以此来看，网络反映了我们更好的社会本性。

链接，而不是容器；多重标签，而不是单纯的意义；混乱，而不是清晰的秩序，这就是我们在知识和智慧体系中所看到的变化。通过网络，我们得以逃离传统的、令人不快的主客观对立的世界，而第一次获得了多主体性。仅以博客日志为例，它们看上去也像出版物，但实际上它们却是对话。博客们彼此链接，互相争吵，强化一些共识，开别人的玩笑，扩大了交流的场域。

再如，如果你想了解某件事情，你当然可以去图书馆查阅百科全书，看专家们是怎样说的。但你也可以寻找一个谈论这件事的博客，由此展开一系列的超文本跳跃。你不仅会接触多个不同的观点，你还能够听到这些观点的对话。这样，对任何个人来说，世界是什么和世界应该是什么的看法变得极为多元化，这使得他能够在更大的程度上把握自己的生活，认识到更为广泛的可能性，并因此获得更丰富的观照以衡量自己做出的实际选择。

一句话：世界如此多姿多彩，学会享受它，并利用它。

互联网是一片矛盾的海洋

从来就没有什么技术的前定主义,一切都是路径依赖。

对互联网,从来不缺乏误读。比如,互联网是使我们更加聪明了,还是更加愚蠢了?这是一个长期争论不休的问题,根据答案,可以分成"聪明派"和"愚蠢派"。

尼古拉斯·卡尔(Nicholas Carr)是后一派的领头羊。他认为互联网把我们所有人,包括他自己,都变得更愚蠢了。他的《浅薄:互联网如何毒化了我们的大脑》(*The Shallows: What the Internet Is Doing to Our Brains*, 2010)一书开头便指出,2007年,他意识到他自己的认知过程因网络发生了改变,但并非朝好的方向。"我失去了我原来的大脑",他在书中写道。其原因在于:网络中那些闪烁的链接、嘈杂喧哗的多样性使人类变得愚蠢。

卡尔认为,网络正在重塑我们的大脑,"网络弱化了我们对信息进行'深加工'的能力,而这种能力正是支撑我们专注性地获取知识、归纳推理、批判思考、想象以及沉思的关键"。他引用了一系列关于大脑和行为的研究成果,借此证明互联网不但让我们能够进行不同的思考,同时也让我们的思考能力变得更差了。

另一场大争论的中心人物是《纽约客》(*The New Yorker*)作者、畅销书作家马尔科姆·格拉德威尔。他认为,社交媒体作为社会变革工具的作用被高估了,因为社交媒体激发的是人们之间的"弱联系"(weak ties),而不是活动家们需要的、能够让人们为之去冒险的"强联系"

（strong ties）。格拉德威尔的观点对那些认为社交媒体是变革的唯一原因，甚至将这些变革直接称为"脸书革命"或者"推特革命"的人是一种矫正。

虽然格拉德威尔也不认同那些主张社交媒体根本没有发挥任何作用的观点，但批评者认为，他忽略了社交媒体的真正意义，即快速传播另类信息和观点的能力，而这些信息和观点本来是难以达到如此广泛的受众的。即便不能在社交媒体传播同直接行动及街头抗议之间建立起强有力的联系，那也无法否认社交媒体在改变人们头脑认知、影响公众舆论方面的重大影响。

仅仅举这么两个例子，你就可以看出，可以说，从互联网诞生之初，人们就对这种横扫一切的技术到底对我们这个世界产生了怎样的影响众说纷纭。在这个意义上，詹姆斯·柯兰（James Curran）、娜塔莉·芬顿（Natalie Fenton）和德斯·弗里德曼（Des Freedman）合著的《互联网的误读》(*Misunderstanding the Internet*, 2012），[①]不过是人文知识分子再次对互联网发展中或许是内嵌的技术乐观主义表示反对的一种回响。这种技术乐观主义始于20世纪90年代中叶，那时互联网到处引起敬畏和奇迹感，到2011年的阿拉伯之春时达到一个高潮，然后迎面撞上斯诺登事件——这时互联网的"纯真年代"终于悲哀地迎来了它的结束。

归根结底，互联网的误读实际上是来自当初互联网的一些倡导者的信念，他们相信历史的发展有其必然会导向的大势，而这个大势也是我们这个星球上越来越多的人会顺之从之的。所以，在那个"纯真年代"，互联网总是和这样一些美好的"大词"相联系——开放、自由、民主、

---

① 詹姆斯·柯兰、娜塔莉·芬顿、德斯·弗里德曼：《互联网的误读》，何道宽译，北京：中国人民大学出版社，2014年。英文版第二版: Curran, James, Fenton, Natalie & Freedman, Des (2016). *Misunderstanding the Internet*. Abingdon, UK: Routledge.

平等，不一而足。然而今天互联网已经碎裂了，像柯兰等人显示的那样，它现在是一片矛盾的海洋。

起初的军方试验田被一群奉行自由至上主义的大学教授和技术极客改造为精英保留地，然后随着商业利益和政治利益的介入，互联网已然成为新自由主义分子、开源软件工程师、大媒体、大商业、民族国家的政府以及其他各种相互竞争的利益的斗争场域。

不过就在如此复杂的情况下，大多数用户可能还愉快地以为，自己是在风平浪静的海上航行，相信网络的访问是一种不知从何而降的慈善礼物，由他们的互联网服务提供商所保障。

忧心忡忡的柯兰们试图为不识庐山真面目的网络用户提供一部指南。这本书遵循马克思主义传统的传播政治经济学路径，用劳动与剩余价值理论分析我们的在线生存。在网络的葡萄园里，我们都是辛苦劳作的工人；很多人以为类似脸书这样的公司在提供服务，而实际上它们所铺开的是一张无边无际的监控之网。除了揭穿"服务即奴役"，《互联网的误读》还花费大量篇幅解构互联网具有内在的民主特质的神话，这主要是通过对大媒体和大商业的抨击来完成的。全书有关互联网经济和监管的分析非常有力，给上一代的自由主义、资本主义啦啦队的不切实际的鼓噪泼了冷水，降了温。

《互联网的误读》试图通过还原互联网应用的社会语境，解构互联网的各种神话，不仅包括天使化的神话，也包括妖魔化的神话。它的中心主题可以概括为：权力是至关重要的，互联网既可以用来加强权力，也可以消解权力或是绕开它。所以，互联网的内在本质既非民主也非专制，而是极大地——如果不是完全地——依赖部署这一技术的语境。从来就没有什么技术的前定主义，一切都是路径依赖。

最后，该书对如何实现一个更公平和更包容的数字化社会提出了解决之道。遗憾的是，就像大多数批评互联网的书一样，作者的诊断能力高于处方能力。他们所谈论的有关互联网的规制与其他人谈论的对其他媒体的规制并无太大的不同,并没有形成自己的观点。换言之,作者对互联网这种新媒体同此前的媒体如广播和报纸的区别认识不足。这实际上是批评新媒体的人最易犯的错误。

  作者暗示,互联网并没有创造出什么新的社会现象或社会变革,所有问题都潜藏于社会之中。但新媒体,无论它有多少不足,相对传统媒体而言,仍然构成了一场量子跃迁。

赛博风潮

即使观察到赛博空间的流行对人的现实损害，我们也应该防止简单的"妖魔化"，更多注重现象背后社会和教育的整体语境，正是这种语境界定了如此之多的当代生活。

娱乐经济正当道

全球化与数字化的浪潮汹涌而至，颠覆了传统的文化产业。传统娱乐行业赖以打动人心的技巧和手段被广泛应用在各个行业中，从而形成广义的娱乐经济。

娱乐产业，或者更广泛地说，文化产业/创意产业，已然成为经济发展的主要推动力之一。20世纪后期，随着传统媒体行业与娱乐行业的深度结合，狭义的传统娱乐业的影响力被大幅加强。而随后的互联网革命又进一步放大了这一行业。因此，大娱乐产业，包括影视、音乐、游戏、博彩等子行业，也包括旅游、体育、主题公园和地产等周边行业，成为后服务经济发展的主力行业。

更重要的是，随着整个社会从短缺经济进入过剩经济，消费者对产品和服务的需求也从单纯功能性发展到情感性。传统娱乐行业赖以打动人心的技巧和手段被广泛应用在各个行业中，从而形成广义的娱乐经济。这种广义的娱乐经济包含一切以娱乐手段运作的业务类型，从奢侈品到快速消费品、从汽车到医疗、从电脑到手机、从金融到电商，这些行业无不试图以娱乐行业的方式打动消费者，以期斩获消费者的关注。在这个意义上，一切以消费者为中心的行业都是娱乐经济的一部分。这也是笔者用"大娱乐产业"来概括方兴未艾的经济娱乐化现象的原因。

与过去相比，现在的社会把更多的注意力给了娱乐业。在娱乐社会中长大的年轻一代，从社会文化中所获得的认知远远少于从娱乐中所学到的东西。这就需要我们用崭新的眼光来看待娱乐经济。也因此，凡是从事这一产业的企业，必定会被要求教化意义、社会效益乃至意识形态属性。

为此，这些企业必须把握娱乐产业的特点。简而言之，娱乐产业经济学的要旨在于：第一，娱乐产业本质上是热门产品驱动的。多项损失的成本会被几个大的成功所吸收。第二，娱乐产品相对独特，因此需要单独销售，这意味着每单位的营销支出很高。第三，娱乐产品生命周期短，而且经常使用新技术，因此新媒体会削弱旧媒体。第四，数字化正在改变娱乐产业，导致利基消费和"长尾"模式出现，并使娱乐的生产和消费产生了一定程度的分散。

与此同时，娱乐产业的成功要害在于管理创意人才。大多数娱乐产品来自各种创意人才的融合：从编剧到电影导演到演员；从歌曲作者到作曲家再到歌手，等等。可以毫不夸张地说，艺术家经常对自己有很高的评价，并且容易烦躁不安。管理这种创造价值的来源是非常艰难的任务。我们看到，仅把劳动力视作其他一般性的生产投入，这是一个常见的错误。而就创意产业而言，这是一个特别大的错误。

娱乐产业也要处理明星与粉丝的关系。从某种意义上说，明星是为粉丝提供服务（娱乐）的卖家。但是明星和粉丝之间的关系远远超出了买卖双方的关系。如果没有粉丝的经济、社会和情感力量，今天的娱乐产业便会失去动力。忠实的追随者对故事片、视频游戏和运动队至关重要。优质内容的价格越来越高，分销是争夺消费空间的残酷战役，只有"最喜欢"的品牌才能赢得胜利。数字技术的发展造就了娱乐提供商直接面向消费者的环境，其特点是给予消费者更多选择和更多控制。竞争太激烈了，以至于娱乐业无法依靠偶然的"眼球"或不够忠诚的消费者来生存。

以前我们分析文化产业时，往往会局限于价值链分析（比如一种文化产品的生产、营销与分销是如何展开的），今天，我们则需从更广阔的视角来观照文化创意产业的整体走向,包括消费方式的变化、受众主动性的增加、传统明星向爱豆的转化、粉丝经济对IP的塑造等诸多崭新课题。换言之,文化创意产业的价值,应该更多来自数字产品消费占据主导地位之后,在生产者、传播者以及消费者层面发生的文化跃迁。

这就需要我们用崭新的眼光来看待娱乐经济。在腾讯集团主持娱乐业务的副总裁程武说得好:"互动娱乐产业,本质上是文化创意产业,除了商业价值,我们也应有一种文化的抱负。"这种文化抱负的实现,依赖数个关键性因素:首先是如何管理创意性人才;其次是构建需求方与供应方的崭新关系;最后,也是最重要的,永远牢记,原则比钱更重要。

大众文化并非洪水猛兽
——《坏事变好事：大众文化让我们变得更聪明》①导读

大众文化不再是一种致人愚蠢的东西，而是让我们变得更聪明了？《坏事变好事》这本书告诉我们：很多有关大众文化的势利假设都可以被质疑。

游戏不只是"电子海洛因"

2004年2月，云南发生了令人震惊的"马加爵案件"。马加爵被判处死刑后，人们从各种角度对其犯罪心理进行了解剖，发现了他的冷酷与网络游戏不无关联。有媒体甚至称，"酷爱暴力、色情和恐怖游戏的马加爵制造了令人咋舌的恐怖事件"。②在这样的强力刺激下，"尽量减少乃至消除暴力应是网络游戏文化发展的底线"成为一种呼声。当年4月，为"整顿荧屏暴力"，国家广电总局发出《关于禁止播出电脑网络游戏类节目的通知》，要求各级广播电视播出机构一律不得开设电脑网络游戏类栏目，不得播出电脑网络游戏节目。③9月，文化部"进口游戏产品内容审查委员会"宣布取缔《生化危机》、"Quake3"等涉嫌暴力的进口网络

---

① 《坏事变好事：大众文化让我们变得更聪明》，史蒂芬·约翰逊著，苑爱玲译，中信出版社，2006年。
② 《数十万成都青少年迷游戏　当心暴力借游戏还魂》，《华西都市报》2004年9月23日，http://tech.sina.com.cn/it/2004-09-23/0832430203.shtml。
③ 《关于禁止播出电脑网络游戏类节目的通知》，广电总局，2004年4月12日，https://games.qq.com/a/20111121/000402.htm。

游戏。①

　　暴力内容从来就是电子游戏的一大卖点，PK（玩家杀人）几乎无所不在。长期接触游戏中图像化的杀戮和破坏，对青少年有何心理影响，没有人能够准确判定。成年人不只害怕青少年对暴力会变得麻木，更害怕他们会以攻击和暴力来解决他们在真实世界中遇到的麻烦。社会上渐渐流传各种彼此矛盾的新闻报道和研究数据，讨论电子游戏对青少年的伤害和影响。

　　的确，电子游戏文化可能让人非常不愉快。除了大量的暴力，还有一个令人头疼的后果：孩子们有时像是年轻的瘾君子。2005年10月，国内出现首起以"网络游戏致人成瘾"为名提起的民事诉讼，鼎鼎大名的美国游戏开发商暴雪娱乐公司（Blizzard Entertainment）的一款《魔兽争霸》②游戏，被指导致了天津一位13岁的网瘾少年跳楼自杀。据称一场网络游戏受害家庭的集体诉讼也在酝酿之中，诉讼对象是游戏公司、游戏的设计者和经营者。③

　　在大洋彼岸的美国，电子游戏引发的争议也始终不断。美国前第一夫人、前国务卿希拉里·克林顿（Hillary Clinton）和曾经获得副总统提名的约瑟夫·利伯曼（Joseph Lieberman）2005年11月联手推出一项旨在保护少年儿童免受色情、暴力视频游戏骚扰的新提案。为表明该法案的公正性，克林顿办公室宣称"游戏内容正变得越来越暴力化以及暴露"。希拉里对"侠盗猎车手"（*Grand Theft Auto*, 1997-2021，又名侠盗飞车）这类暴力游戏直接点名，认为它们根本不学无术，只会教导少年

---

① 《文化部公布6款违法游戏〈生化危机〉被查处》，《南方日报》2004年9月8日，http://news.sina.com.cn/o/2004-09-08/08543616193s.shtml。
② 《魔兽争霸》为暴雪娱乐发布的"魔兽"系列（*Warcraft*, 1994-2022）中的一款核心游戏。
③ 《网瘾少年之死　网络游戏开发商将面临诉讼》，新华网，2005年11月18日，http://games.sina.com.cn/y/1/2005-11-18/0957133299.shtml。

儿童如何抢劫、杀人、嫖妓等，从根本上构成了危害美国社会与道德价值的毒瘤。①

不过，如同美国的文化批评家史蒂文·约翰逊在他的《坏事变好事：大众文化让我们变得更聪明》中所说的，既然游戏已经如此普及，如果它确实使人们变得更加暴力化，那么总会在犯罪率中显示出来吧。事实是，在电子游戏大获发展的20世纪90年代，美国的暴力犯罪大幅下降了。而且，还应看到，简单的道德判断对很多游戏并不合适。游戏的发展越来越细密，有些已经允许玩家对为善还是为恶做出自我选择，根据他们的选择，游戏的进程也会随之改变。好几款以《星球大战》（*Star Wars*, 1977-2019）电影为蓝本的游戏都要求玩家选择站在光明的还是黑暗的一边。最惹人注目的是射杀游戏《光晕2》（*Halo 2*, 2004），玩家必须选择一个外星人的角色。在大量的游戏鼓励人们毫不留情地消灭身份不明的外星人的情况下，突然，你被要求站在外星人的立场上思考，这表明，游戏比它的批评者所想的要复杂得多。

如果游戏开始摆脱传统的线性叙述，允许玩家做出道德选择的话，那么，它就可以用来讨论道德问题。这也是教育儿童的大好机会。光在玩的领域证明游戏的正当性还不够，消除人们对游戏的顾虑的最好方法是强调游戏的教育潜力。

即使是没有教育企图的游戏，也会动员玩家学习。游戏的复杂多变迫使玩家及时做出多种决策。他们必须构建有关游戏世界的系列假设，通过试错掌握游戏规则，解决问题和谜团，提炼自己的应对之道，在遇到障碍时懂得向其他玩家求助。正是这些智力活动而不是表面上的暴力

---

① Hernandez, Raymond (Mar 10, 2005). "Clinton Seeks Uniform Ratings in Entertainment for Children." *The New York Times*, https://www.nytimes.com/2005/03/10/nyregion/technology/clinton-seeks-uniform-ratings-in-entertainment-for.html. 这一提案后来并未成为法律。

令游戏成为一种令人愉悦的体验。

因此，孩子们从大量的电子游戏中得到的不仅是乐趣，他们还获得了崭新的学习方式。他们锻炼出了绘制特殊图形和运动的技巧，能够同时处理大量的图形信息。他们拥有良好的空间技能，在让人迷惑的3D地形中穿行，其抽象思维的能力也得到巨大提高。可能更为重要的是，他们学会了对技术变革习以为常。这一点之所以至关重要，是因为在十几年之内，他们就将和他们的态度和技能一道进入技术飞速变化的工作环境，而好工作将落入能快速灵活做出反应的人手中。

显性学习与附带学习

在《坏事变好事》一书中，约翰逊正是持这样的观点：游戏能够帮助青少年发展对他们的未来深具价值的技能。这本书有一个副标题"大众文化让我们变得更聪明"，约翰逊不仅想颠覆人们对游戏的偏见，而且直接向下述说法发起了挑战：大众文化是一种致人愚蠢的东西。

难道说，与读书相比，玩电脑游戏是一种在认知上更加有益的活动？约翰逊做了一个有趣的假设——如果几百年前人们首先发明了电子游戏，而书籍反而成为儿童市场上姗姗来迟的文化产品，文化批评家们可能会这样说：

> 读书会慢慢造成感觉的迟缓。长久以来的游戏传统令孩子们与鲜活的、三维的影音世界产生互动，在其中尽情遨游，并经由复杂的肢体活动对其加以控制，书籍却与之迥异，不过是印在纸上的一串串沉闷无趣的字符而已……而且读书悲剧性地把读者隔离开来。游戏在年轻人以及其同伴之间架设了复杂的社会关系，他们可以一同建构和探索世界，而读书却逼使孩子退到一个僻静之处，关门自守而断绝他（她）和其他孩子的来往……

但书籍最危险的特质或许在于，它们总是顺从一条固化的、线性的道路。读者无法以任何方式控制叙事，只能坐在那里被动地听别人讲故事……这就造成了如下风险：一种被动性会被广泛植入我们的孩子，令其感到自身无力改变周围的环境。阅读不是一个主动的、富于参与性的过程；而是一个唯命是从的过程。[1]

当然，约翰逊开了一个大大的玩笑。不过这个玩笑并不是完全可笑的，因为它道出了一个真理：读书与玩游戏代表着两种截然不同的学习方式。读书的时候，书的内容是第一位的，因为通过读书学到的是显性（explicit）的知识；而当你玩游戏的时候，首要的价值是游戏怎样促进你的思考，即学会如何解决问题和做出决策。这构成了约翰·杜威（John Dewey）所说的"附带学习"（collateral learning），它的重要性一点也不比显性学习逊色。

杜威认为学生的经验是教育的核心，学生不仅直接从显性课程中学习，而且也从所参与的活动中学习，他把后者称为附带学习（也有人译为伴随学习或间接学习）。杜威说，也许对教育的最大误解就是认为人只学习他正在学的东西。其实，除了人们经由专门学习有意获得的知识，还存在一种无意学到的知识，它包括通过交往、评价等在学习过程中所获得的理想、情感、兴趣、意志等。杜威认为，附带学习可能比学校中有关阅读、地理、历史等的学习更重要，因为它可以培养学生面对未来生活最根本的态度。[2]

变"聪明"意味着两种能力的同时提高——既掌握那些成型的知识，

---

[1] Johnson, Steven (2005). *Everything Bad is Good for You: How Today's Popular Culture Is Actually Making Us Smarter*. New York: Riverhead Books, 19-20，此为笔者所译。

[2] Dewey, John (1938/2007). *Experience and Education*. New York: Touchstone.

又具备灵活的解决问题的技能。真正的问题由此变成了如何找到两种能力的平衡点。约翰逊的书至少有力地提醒了我们，切勿陷入把显性学习当成唯一的学习方式的误区。中国孩子的玩耍时间比起国外少得多，就是因为显性学习大大压制了附带学习。对一个10岁的孩子来说，"玩耍"与约翰逊描述的青少年"打游戏"的状态是完全类似的：在一个松散的环境中要求孩子主动介入，去寻求隐藏的逻辑，在混沌中发现秩序和意义。

"积极"地放松头脑

在中国很多城市，人们公认"工作最辛苦的人是中小学生"，他们沉重的书包里装的不仅仅是学校的课本，还包括难以数计的各种家庭作业。可是，是否有人认真地估量过家庭作业的价值？与沉溺于网络相比，沉溺在家庭作业中是更好的选择吗？美国有上百项研究都表明，家庭作业对于提高学习成绩往最好处说也只具有适中的效果。它对高中生以及对于像数学这样的科目最有效。对小学生来说，家庭作业的学习价值十分微小。它在纪律和责任心方面的影响是未经证实的。而且，即使是高中生，家庭作业和学习成绩之间的因果关系也并非不言自明：是更多的家庭作业造就了更好的学生呢，还是更好的学生因为喜欢做作业而花了更多的时间在上面？

在价值不明的情况下，为什么整个社会要把家庭作业提到这么高的位置？也许是因为我们对孩子们腾出时间要干的其他事情太看轻了。他们可以接触大自然，开展体育锻炼，和同伴培养友谊；当然，他们也可以玩电子游戏，"积极"地放松他们的头脑。玩游戏的孩子得到的是难度不断增加的挑战，这和他们在学校里因作业越来越难引发的畏难心理截然不同。

约翰逊指出，游戏的日益增强的复杂性有助于刺激大脑神经的改善。与今天的游戏相比，20年前的游戏只可算作简单的有关运动协调能力和模式识别能力的小练习。现在，像"侠盗猎车手3"这样的游戏，光游戏指南都有一本书那么厚。现代游戏不存在可以预先学习的一套毫不含糊的游戏规则，玩家必须依靠自我摸索才能掌握机关从而自如地行动。有一种流行说法是，游戏玩家往往沉湎于即时性的满足，其实玩这些复杂游戏的人获得的根本是一种延迟性的满足——有时延迟时间长得让玩家都不知道满足的时刻是否会出现。而且，玩家得时时面对一大堆杂乱的信息和选择，按部就班地前进只会导致失败，想要成功，必须有长期的策略安排。约翰逊说，玩游戏意味着"确定任务的合适等级，然后以正确的顺序执行任务"，而这就是要"在世界中发现秩序和意义，并做出决策去创造那个秩序"。[1]

除了游戏，约翰逊认为电视节目的变化也相当大。情节简单、黑白分明的电视剧早已失去市场，今天再看《豪门恩怨》(*Dallas*, 1978)，我们会十分惊异于它的天真做作。现在的电视剧叙述线索纷繁错乱，人物暧昧难明，常常含有需要观众主动填补的隐喻空间。例如《反恐24小时》(*24*, 2001)就借鉴了游戏的做法，只给观众提供很少的背景，要靠观众自行猜测人物与事件、人物与人物之间的关系。甚至就连真人秀节目都在调动观众的预测性想象。在这种情况下，电视也和游戏一样，向人们提出了更高的认知能力上的要求。[2] 由此，大众文化使现代人变得聪明了，而不是相反。

不得不承认，约翰逊的结论很难说是证据充足的，但同样应该指出，责难大众文化对大众的头脑造成损害，也并不完全站得住脚。像约翰逊所显示的，很多有关大众文化的势利假设都可以被质疑。

大众文化并非洪水猛兽，但公平地说，它也不是天使。显然，约翰

---

[1] *Everything Bad is Good for You*, 62.
[2] 同上，第一部分。

逊的部分论点，特别是流行文化的元素正趋向复杂的观察，相当具有说服力，然而这种更多的复杂性，除了让公众准备好处理更复杂的流行文化以外，是否还能给他们带来任何实际的好处，我们对此存疑。脑力刺激本身并不构成美德。约翰逊明白我们获得了什么技能，而他宁愿不去想我们失去了什么。

如何与孩子谈论网络游戏?

与孩子谈论游戏的正确姿态：告知和参与。

不该将孩子与游戏强行割裂开来

iPad刚问世的时候，我写过一条微博："iPad会给儿童文化带来什么样的影响？现在尚不知晓。儿童本来在看图画书，搭积木，玩小汽车，踢球，想象一下，突然在这些玩具组合里加上iPad，会产生什么样的可能性？无论如何，所有的孩子只要一上手iPad，就会立刻懂得他可以通过触摸与设备互动。这会打开一个崭新的世界。"

如今来看，移动设备的普及，不只是在玩具组合里加上了新的电子玩意儿，而且这个电子玩意儿日益挤占看图画书、搭积木等活动的时间，变成了玩具组合的"统领"。何以故？因为儿童通过触摸与手机和iPad互动，打开了游戏的世界。

于是乎，"小学生"仨字在游戏圈内成了一个梗。"不要说我坑，我是小学生。"既然是个梗，而且是个万年大梗，那就不能完全当真；不过这个梗也从侧面说明，小学生已经成为游戏玩家中不可忽视的存在。游戏圈里的"小学生"当然并不必然是那些年纪比较小的低龄玩家，但显然，还是有一大部分玩家认为，"小学生"就是在校的小学生，而且确实很坑，因此他们才会在出台"0—8点禁止小学生玩网游"的政策后，欢呼雀跃。

这个政策不是玩笑，2017年1月6日，国务院法制办公布《未成年人网络保护条例（送审稿）》及其说明，向社会各界征求意见。送审稿规定，禁止未成年人在每日的0点至8点期间使用网络游戏服务。送审稿指出,"网络游戏服务提供者应当建立、完善预防未成年人沉迷网络游戏的游戏规则,对可能诱发未成年人沉迷网络游戏的游戏规则进行技术改造"。

中国游戏巨头腾讯为此上线了"腾讯游戏成长守护平台"系列服务,包括实名认证并绑定未成年人游戏账号、子女登录游戏及消费实时提醒、消费额度设置、游戏登录时段设置,以及一键禁止游戏等需要家长与子女共同配合的监护功能。据称这是当前国内互联网游戏行业首个面向未成年人健康上网的系统解决方案。

腾讯集团高级副总裁马晓轶还为此发了一封信,用"一个游戏人,同样也是一位父亲"的名义写道:"孩子因为沉迷游戏影响了学习和生活,这种例子确实存在。而孩子在游戏上的不理性消费,也让整个游戏行业——包括我在内——都感受到很大的责任和压力。"他说得很好:尽管游戏成为未成年人保护的头疼问题之一,但"不该将孩子与游戏、与互联网强行割裂开来。这既不可能做到,也丝毫不利于他们在现代社会中的成长"。①

这个平台腾讯应该做,不需要别的理由,一条理由就足够了:腾讯作为目前国内最大的互联网企业之一,其数以亿计的用户中包含着数量惊人的未成年人。根据共青团中央维护青少年权益部和中国互联网络信息中心2020年5月联合发布的《2019年全国未成年人互联网使用情况研究报告》,中国未成年网民已达1.75亿,城乡未成年人网络普及率分别为93.9%和90.3%。其中未成年人首次触网时间越来越提前。目前,小学生在学龄前就使用互联网的比例已达32.9%,预期将有越来越多的未成年人在学龄前就接触互联网。而未成年网民上网行为当中,游戏的使用率

---

① 《腾讯集团高级副总裁马晓轶:为了更加美好的未来》,DoNews,2017年2月16日,http://3g.donews.com/News/donews_detail/2947551.html。

达61%。①

如此情况下,如何与家长一起,帮助未成年人有节制地玩游戏,成为整个游戏行业都面临的课题。国家和企业都开始积极行动了,但他们能帮到家长和孩子吗?大家会说,无论什么方法,小学生都一样会玩上游戏。相信不论何种守护平台,一定需要酝酿后续不断的招数来保证功能和服务的完善。不过,更根本地,对于家长来说,是和孩子讨论他/她的游戏习惯的时候了。有些事就是要硬着头皮做,否则再多的"守护"也是防不胜防。

小孩的游戏?大人的游戏!

网络游戏,像运动、音乐、电视、电影一样,已经变成了孩子们日常活动的一部分。和孩子讨论生活当中的事情,是非常好的保持参与其成长的方法。这是有关自省自律的有意义探讨的一个途径,一个与你的孩子形成联系的另一条路线,能够帮助你越过一个孩童成为一个青少年的过程中有可能会竖起的那道墙。

我必须承认,进行这样的谈话是需要勇气的,因为父母往往涉足了他们不能完全理解的话题,并因此可能"侵犯"孩子的空间。谈话的目的无非就是一个:我允许你玩,但要有界限(刨除那种决不让孩子沾游戏的家长)。我周围的家长们与孩子斗智斗勇的故事多了。最常见的办法是:硬性规定每日甚或每周的打游戏时间。高级一点的是奖励法,即把打游戏同写作业、完成任务等挂钩,比如做好一个简单的事情,可以攒5分钟游戏时间,做好稍微复杂的事情,可以攒10分钟,等等,依次类推,最后核准一定时间内可以玩多少分钟。

---

① 《未成年网民1.75亿 中国网民"新势力"崛起》,《人民日报》海外版,2020年5月18日,http://www.xinhuanet.com/local/2020-05/18/c_1125997563.htm。

更好的做法当然是下功夫去熟悉孩子的游戏。监测孩子的游戏玩法，了解他们喜欢玩什么、玩游戏过程中涉及的内容，以及他们觉得有吸引力的地方。从理解这些事情开始，父母可以更好地了解孩子所玩的游戏的价值，并确定一些潜在的可能要加以关注的问题。

我承认自己不能完全做到后一点。但作为一个资深父亲，我深知，家长和儿童的搏斗，与其说考验的是儿童，还不如说考验的是成人。所有的搏斗都和人性相关：练习抵抗诱惑，或是习惯延迟的满足。其实所谓游戏管理和培养孩子的任何好习惯都是一样的：既要管理又不能管理太严，同时，定下来的规矩就一定要坚持。也就是说，你竖起的栅栏不仅孩子绝不可逾越，更关键的是你自己也不能逾越。比如，因为嫌孩子烦，就打发他们去玩手机。

所有的防游戏沉迷解决方案都力图使家长相信，对孩子们设定严格的上网时间、加装监护手段，问题就会迎刃而解。但是考虑到家庭中大大小小的屏的数量，考虑到家长自己也离不开电脑和手机，你就会清楚这种办法仿佛在沙滩上挖掩体。

所以我相信要对孩子区别对待，该实行"父权"的时候不要犹豫，但该让位的时候也要懂得让位。在孩子年龄尚幼时做严厉的把门人，比如规定一周只能玩多少分钟游戏，而且规定只在什么时间段可以玩；但孩子到十几岁时，就适宜通过相对宽松的控制和坦诚的交流加以引导。

这里面的关键是，无论你多么想保护自己的孩子，你还是做不到在所有的事情上都保护他。对于总是会出现在生活当中的问题，你没有别的办法，只有和孩子共同面对。游戏是这一代孩子必定要消费的媒体之一，所以你应该把孩子玩游戏这事，视为了解他们的一个窗口，同时也是一个谈论有争议的问题的机会。如果孩子肯给你机会，你就要"借机行事"——让我们来说说什么是对的，什么是错的；什么能做，什么不可以。

最好的保护，就是让孩子和你交流时没有任何禁忌。

剩下的是什么呢？从质和量两方面计算一下孩子的活动选择。他们应该有线上和线下活动的健康平衡。如果单纯说线上，保证他们在线上的规定时间内消费的是高质量的数字产品。寻找那些拥有了不起的教育价值的游戏，或者有了不起的娱乐价值也好。比如，如果一款手游连画面都做不到精良，就把它从游戏清单里剔除掉吧。

切勿同青少年的生活方式作战

一方面,整个社会被看成一个大幼儿园;另一方面,青少年的权益却很难得到真正的维护。可以说,青少年保护在我国,要么是"领着孩子撒娇"的作秀,要么是"抱着孩子撑腰"的算计。

手游《王者荣耀》似乎卷进了舆论旋涡。

这事倒不意外。游戏在中国是有原罪的。有原罪而兼走红,简直是大逆不道。

话虽如此说,抨击游戏的理由和十几年前一模一样,还是多少让人意外。用句网络用语说,"全是套路"。

"套路"之一是,为了保护青少年,需要遏制无良游戏。多年以来,各类内容监管都包含一种奇特的现象:管理者在强调管理合法性时,总是突出青少年犯罪。无数青少年被当作容易堕落的"坏孩子",需要政府严加看管。

青少年因网络游戏而变坏的主要原因是游戏使他们成瘾。于焉"套路"之二登场:使用大量耸人听闻的案例和不知其来源的数据来表明需要对网瘾严厉打击的态度。为了彰显最近大行其道的手游的"罪恶",各类媒体/自媒体披露了一系列令人痛心疾首的故事:小学生用妈妈手机玩"王者"花费4万多,而他的妈妈是一位收入微薄的清洁工;尖子生因手机被没收从4楼跳下,苏醒后第一件事是要求打"王者";一位温州的母亲被儿子发飙狂打,只能默默地抱头忍受,只因为母亲无意间打断了儿子玩手游……

光有个案显然不足以服人,所以还得借助各种各样的数据:数年前就有人宣称中国已经出现了1000多万网瘾青少年,更可怕的是,青少年犯罪70%和网瘾相关,"网瘾已成为中国青少年犯罪的首要诱因"。可是,这个调查数据是如何得出的,却从没有听到过有效的说明,只是见到它在媒体上被广泛引证。

联合国儿童基金会驻中国办事处儿童保护官员曾经指出,联合国儿童基金会不建议使用"网络成瘾"这个词,一般选用的词是"过度网络使用"。目前在学术层面,"成瘾"一词更多还是和物质成瘾联系起来,而网络使用还没有完全成瘾的证据。至今在中国,精神病学界对网瘾的精神疾病标准尚未能形成一致意见。卫生部2009年所发布的停止电刺激(或电休克)治疗网瘾技术临床应用的通知也并未界定网瘾。试问,如果国家都没有严格的网瘾标准,网瘾青少年的数据如何能够服人?

就《王者荣耀》这款游戏,有报道称,2亿注册用户中57%为小学生,即1.14亿。而根据《中华人民共和国2016年国民经济和社会发展统计公报》,小学在校生近1亿。两者比照,《王者荣耀》中的"小学生"比现实中的还多。[1]然而,如果你指出数据的问题,对方又会说,数据与很多人的感受并不相符。

谈到感受,痛诉游戏危害的故事中,经常出现母亲的身影。这也是老"套路"了,可以算作"套路"之三。母亲在类似活动中的出现,简直是一定的。大概没有多少人记得,早在1995年12月18日,《光明日报》就曾在一版刊登《一位母亲的呼吁》,并配发评论员文章《动员起来扫除电子黄毒》。

这个"呼吁"是一个普通女工的泣泪之声,她省吃俭用为儿子买了

---

[1]《被妖魔化的〈王者荣耀〉:游戏应承担哪些社会责任》,新浪财经,2017年6月29日,http://finance.sina.com.cn/roll/2017-06-29/doc-ifyhrxtp6325554.shtml。

电脑，竟意外发现儿子没有用电脑进行想象中的学习，而是在看黄色光盘。此后不到半年，在隆重推介"中国第一个电脑反黄软件""五行卫士"时，《光明日报》再次发表题为《为了母亲不再呼吁》的文章，称该报关注反黄软件的目的只有一个，"那就是不再让母亲们为此呼吁"！

当然，除了母亲，还有老师，以及校长。每次一涉及游戏，就能看到一群长者出来，站在道德制高点鄙视这个、鄙视那个，颇为有趣。问题是，长者总拿孩子说事的时候，有没有想到，孩子不行，恐怕无法凸显长者的行？我读到那个被儿子飞踹的广州母亲的故事①，第一反应是，母亲大概不行吧？说直白了，孩子如果陷入网络依赖的话，作为家长，是否有勇气承认，自己的教育出了问题，应该承担更多的责任？而作为社会，是否有勇气承认，大的环境在发生严重缺损，需要多方救治，而不是把互联网当作现成的替罪羊？

《光明日报》的前述评论员文章叫作《动员起来扫除电子黄毒》。这是"套路"之四——网络成瘾的污名化，往往是通过一系列比喻完成的：把网络比作精神毒品、电子海洛因、毒害青少年身心的恶魔，戒除网瘾则被视为一场战争。例如，因治疗网瘾一战成名的杨永信在自己的博客里说："像《魔兽世界》②《传奇》③这样的游戏，就是外国人输送给中国孩子的电子鸦片，中国政府应该像当年林则徐在虎门销毁鸦片一样，打一场新的鸦片战争。"他的信徒们高唱：古有林则徐虎门销烟，今有杨永信

---

① 《因为不让玩手机 男孩连续多次飞踹妈妈》，中国网，2017年1月9日，http://news.sohu.com/20170109/n478240459.shtml。
② 《魔兽世界》（*World of Warcraft*，缩写作 WoW，2004-2022）是由暴雪娱乐制作的一款大型多人在线角色扮演游戏，剧情开端点是在《魔兽争霸3：冰封王座》结束之后。
③ 即《热血传奇》（*The Legend of Mir 2*，简称《传奇》），是由韩国娱美德娱乐公司（WeMade Entertainment）2001年开发制作的大型多人在线角色扮演游戏，盛大网络同年获中国大陆地区代理权。它很快成为中国大陆地区最受欢迎的游戏。从2001年开始接触游戏的中国游戏玩家大部分都玩过《传奇》，《传奇》也成为很多中国玩家接触的第一款网络游戏。

勇战网魔。在杨的戒治中心有这样一个口号:"誓与网瘾血战到底!"[①]既称"血战",当然使用暴力也就具有了正当性。先予以污名化,再全盘清理,这叫"师出有名"。

看一下《王者荣耀》,它已被有些人称为"电子鸦片""在产生快感与依赖性上,《王者荣耀》与鸦片如出一辙,甚至有过之而无不及"。分析甚至指出,《王者荣耀》的卖点之一是边游戏边社交,而当年的鸦片,也不仅仅是让吸食者获得快感,同样也承担了社交的功能。

攻击如此猛烈,于是老话题都翻新了:实名制,游戏分级,防沉迷系统。腾讯不得不出来应战。先是在2016年2月,推出"成长守护平台"系列服务,协助家长对未成年子女的游戏账号进行监护;接着,在文化部《关于规范网络游戏运营加强事中事后监管工作的通知》5月1日正式实行后,在旗下手游部署了实名注册系统;7月,以《王者荣耀》为试点,上线"健康游戏防沉迷系统",玩家在当天玩到一定时长时,游戏将进行相应提醒、下线等操作,尤其规定,12周岁以下(含12周岁)未成年人每天限玩1小时,12周岁以上未成年人每天限玩2小时。不仅如此,在《王者荣耀》登录界面上还安放了"适合16岁周岁以上用户使用"的提醒,对于未成年人大额消费案例频出的情况,《王者荣耀》将增加"未成年人消费限额"功能。

其实,这些规定可能只会招来更多的骂,而且也解决不了真正的问题。种种做法实际上都可以归为中国传统的"打凳子"儿童教育模式:孩子撞到了凳子,摔倒了,哭起来。妈妈马上说,宝宝不要哭,都是凳子坏,妈妈帮你打它……而当监护行为被扩大,当家长身份进行了社会化扩张,甚至政府也把自己摆在为人家长的位置上,成人正当的诉求往往也必须降至儿童的水准,这意味着整个社会的日益童稚化。

[①] 胡泳:《网络成瘾的污名化》,《南方都市报》2009年7月25日。

"不费一枪一炮,中国的这一代和下一代就倒在路上了。"这个角度的批判打的是谁的脸？辛辛苦苦的下一代教育,因为一个手游就顷刻崩塌？郭德纲曾说:"说相声的还要教你怎么做人,那还要学校干吗？老师干吗？听段相声就教坏你了？"社会童稚化的标志之一就是,该严肃认真讨论的东西,却用撒娇而代之。

　　现实来看,该严肃认真讨论的问题有很多:比如,一方面政府把整个社会看成一个大幼儿园,另一方面青少年的权益却很难得到真正的维护。可以说,青少年保护在我国,要么是"领着孩子撒娇"的作秀,要么是"抱着孩子撑腰"的算计,基本上是被当作一个旗号,而不是可实施的东西。

　　对青少年保护之不力,我们可以举出太多的例子:前有"学赖宁"运动中以对生命的漠视而打造"少年英雄"之壮举,后有媒介无耻地引诱13岁的小姑娘出来痛斥网络"很黄很暴力"之"超黄超暴力",再有昆明少女卖淫案中,警方在没有法定监护人在场的情况下传唤和讯问未成年人,以及海南6名幼女被开房所彰显的"嫖宿幼女"立法之恶,更不乏多个网瘾治疗中心对青少年实施非法拘禁、电击和强迫服药。

　　即以网络游戏对青少年的影响而论,目前亟须做的也是一些更细致的工作,诸如对中国青少年网民开展扎实的调查以弄清现状,对网络"瘾君子"进行详细的分类,以让人们弄清自己究竟对什么上瘾,普及家长的游戏素养,等等。

　　最终,各方都应该认识到的是,切勿同青少年的生活方式作战。技术已经嵌入他们的日常生活,成为其中的一部分了。对于一个未成年人来说,可能游戏、社交和学习在其生活中同等重要。即使在我们观察到游戏对青少年的现实损害时,我们也应该防止简单的"妖魔化",而更多注重现象背后社会和教育的整体语境（整头大象）。正是这种语境界定了如此之多的青少年的生活。

认知困境

我们应该将当下的认知困境视为知识民主化痛苦进程的必然部分,并且相信,既然神殿的祭司们不再控制我们对知识的汲取,我们将比以往更加需要那些批判性思考的技能。

我们为什么愿意相信谣言

我们高贵的理性毫无指望地与我们低劣的冲动缠绕在一起,我们的情绪永远包围着我们的智力,我们比自身所认知的更缺乏逻辑性。

谣言是最古老的传播媒介。在出现文字之前,口传媒介是社会唯一的交流渠道。"谣言传递消息,树立或毁坏名声,促发暴动或战争。"[①]

现代对于谣言的首次系统研究,兴起于二战期间的美国,最初的着眼点是战争期间谣言的大量繁殖对军队士气产生的不良影响。无论是政府、媒介还是民间机构的意见领袖,无不把谣言作为腐蚀士气甚至产生破坏的潜在源泉,控制谣言的想法也随之提上了日程。

从第二次世界大战的例子来看,谣言容易在动荡时期泛滥成灾——混乱产生谣言,谣言导致更大的混乱,差不多构成某种社会心理学的规律。谣言研究学者戈登·奥尔波特(Gordon Allport)和利奥·波兹曼(Leo Postman)甚至说:"从未有一场骚乱的发生不带有谣言的鼓动、伴随和对暴力程度的激化。"[②]

例如,在法国大革命中,中外研究者都指出谣言与革命相伴相生的状况,[③]而关于中国的辛亥革命,甚至有学者极而言之地称"武昌起义,

---

① 让-诺埃尔·卡普费雷:《谣言:世界最古老的传媒》,郑若麟、边芹译,上海:上海人民出版社,1991年,第5页。
② Allport, Gordon & Postman, Leo (1947). *The Psychology of Rumor*. New York: Henry Holt, 193.
③ Hunt, Lynn (1984). *Politics, Culture, and Class in the French Revolution*. Chicago: University Of Chicago Press;米歇尔·维诺克:《法国资产阶级大革命:1789年风云录》,侯贵信等译,北京:世界知识出版社,1989年;高毅:《法兰西风格:大革命的政治文化》,杭州:浙江人民出版社,1991年。

在某种程度上就是被谣言激发的一场兵变"。①

按照美籍日裔社会学家涩谷保（Tamotsu Shibutani）的看法，谣言并非反常之举，而是一种日常的试图定义那些模糊然而关键的情境的社会行为。谣言是社会群体解决问题的工具形式，而且是社会过程中的必要部分，让人们得以面对生命中的种种不确定。②

把谣言过程视为社会生活中正常的而不是病态的部分，等于给谣言正了名。设想谣言是一种集体行动，目的是给无法解释的事件寻找一种答案，这个过程是合作性的，在某种程度上也是功能性的。涩谷保强调谣言总是处于"不断的建构"之中，谣言内容的变化不仅仅是对信息的歪曲，而且是人们达成一致的过程的一部分。这样，涩谷保更多地把谣言看成理性行动的一种形式，而不是如奥尔波特和波兹曼所说，它是一种"较少理性的社会活动形式之一"，一种情绪的表达或投射。

在涩谷保看来，谣言是一种"集体交易"（collective transaction）之后产生的"即兴新闻"（improvised news），它是"一群人的智慧的结果，以求对事件得出一个满意的答案"。因此，谣言既是一种信息的扩散过程，同时又是一种解释和评论的过程。谣言内容的演变并非源于记忆的失真，而是很大程度上源于谣言在整个传播过程中的解释和评论的演变及强化。

涩谷保和他之前的学者有关谣言的争论，在很大程度上与人类是否理性密不可分。在人的器官中，负责理性的是大脑。可是，大脑是不可靠的。

"如果人类真是某个悲悯而智慧的设计师的作品的话，我们将具备理性的思维和无懈可击的逻辑。我们理当拥有健全的记忆、可靠的回忆；

---

① 黄岭峻：《谣言与革命——关于1911年武昌起义的政治传播学分析》，《华中师范大学学报（人文社会科学版）》第44卷，2005年第6期，第149—153页。

② Shibutani, Tamotsu (1966). *Improvised News: A Sociological Study of Rumor*. Indianapolis, IN: Bobbs-Merrill.

会说简洁的句子、准确的词语……不幸的事实却是：我们几乎不能分辨出一个三段论的演绎推理是有效的还是荒谬的；另外，就更别提目击证词了，这些证词乃是基于一个荒谬的前提——即事发多年之后，目击者还能够精确地记住短暂目击到的事故或者罪行的细节。其实到那时，普通人通常很难'挤'出一份可以供连续半小时陈述用的清单。"①

记忆不可靠，目击不可靠，在真相与证明之间存在巨大的分裂不足为奇。谣言正是在这个分裂带之上生长的东西。它与人类社会同在，与人性同在。无论我们谈论记忆、思考、语言还是自由意志，我们高贵的理性都毫无指望地与我们低劣的冲动缠绕在一起，我们的情绪永远包围着我们的智力，我们比自身所认知的更缺乏逻辑性。我们总是被记忆所折磨，我们常常相信不真实的事情，而不是事情的本来面目。

在美国，有半数人相信有鬼，接近400万人声称自己曾被外星人绑架。②什么是谣言？什么是事实？正是人类自己让两者难以分辨。

2004年的夏天，一位网络专栏作家和曾经的共和党州参议院竞选人，发表了一篇新闻稿，指称奥巴马是一位"隐瞒了自身信仰的穆斯林"。③媒体没把这个指控当回事，因为没有证据。然而在美国全国广播公司/《华尔街日报》2007年12月的调查中，8%的被调查者认为奥巴马是穆斯林。④奥巴马的宗教信仰，就像他的出生地一样，在他开始竞选总统之

---

① Marcus, Gary (2008). *Kluge: The Haphazard Evolution of the Human Mind*. New York: Houghton Mifflin, 1-2.

② Blackmore, Susan (May/Jun 1998). "Abduction by Aliens or Sleep Paralysis?" *Skeptical Inquirer*, 22.3.

③ Mosk, Matthew (Jun 28, 2008). "An Attack That Came Out of the Ether." *The Washington Post*, https://www.washingtonpost.com/wp-dyn/content/article/2008/06/27/AR2008062703781.html?sid=ST2008062703939&pos=.

④ Manjoo, Farhad (Mar 16, 2008). "Rumor's Reasons." *The New York Times Magazine*, https://www.nytimes.com/2008/03/16/magazine/16wwln-idealab-t.html.

前就是互联网谣言传播的主题，而其后的民意调查显示，奥巴马就任总统之后，这些谣言以更快的速度流行。皮尤研究中心2010年8月报道，高达18%的美国人认为奥巴马是穆斯林（几乎每5人当中就有1人），与2009年3月的11%相比进一步上升。同期发布的《时代》（Time）周刊调查发现，24%的受访者表示相信他是穆斯林。[1]

另一个经久不衰的阴谋论是："9·11"事件发生当日，是美国政府而非恐怖分子炸毁了世贸大楼，根据是大楼系由内部炸弹引爆。美国国家标准与技术研究院（National Institute of Standards and Technology，NIST）和科技杂志《大众机械》（Popular Mechanics）都通过调查驳斥了"9·11"阴谋理论家提出的主张。[2] 然而，"9·11"十周年之际，英国广播公司对英美各1000人进行随机调查发现，大约七分之一的英美民众认为，"9·11"恐怖袭击是美国政府导演的阴谋。[3]

当代文化似乎越来越容易被谣言所侵蚀。一切基于事实，这是新闻报道的专业要求，其中的逻辑是，只要公众知晓真相，自然会做出正确的决定。可是，事实却不是这样。在某项实验中，研究者给被试者列出一系列有关健康的警告，有些是错误的，有些是正确的，最后发现被试者相信的往往是错误的警告。换言之，研究者想纠正的错误，正是被试

---

[1] Holan, Angie Drobnic (Aug 26, 2010). "Why Do So Many People Think Obama is a Muslim?" PolitiFact, https://www.politifact.com/truth-o-meter/article/2010/aug/26/why-do-so-many-people-think-obama-muslim/.

[2] NIST (Nov 20, 2008). "Final Report on the Collapse of World Trade Center Building 7, Federal Building and Fire Safety Investigation of the World Trade Center Disaster." https://www.nist.gov/publications/final-report-collapse-world-trade-center-building-7-federal-building-and-fire-safety-0; Meigs, James (Oct 13, 2006). "The Conspiracy Industry: Afterword to PM Expanded Investigation." *Popular Mechanics*, https://www.popularmechanics.com/military/a921/4199607/.

[3]《七分之一英美民众认为"9·11"是美国政府的阴谋》，国际在线，2011年8月30日，http://news.cri.cn/gb/27824/2011/08/30/2805s3354658.htm。

者平时认定正确的。

所以，观察谣言传播就会发现，传谣容易辟谣难。辟谣者遇到的普遍困境是，重复一个主张，哪怕是为了否定这个主张，只会令其"真实性"更趋明显。另外，为了决定某种陈述是否为真，我们常常寻求社会上对该陈述的集体评价。然而，精确地衡量社会共识是困难的，所以大脑会转而依赖熟悉度——如果某件事情看上去熟悉，那你以前一定听说过，既然以前听说过，那这件事应该是真的。

所以，只要重复再重复，就会有人上当。类似的研究发现还有，如果一个人无数次地告诉你，某件事是真的，那么你很可能得出结论：这个人的意见也是大多数人的意见。

其实，我们对熟悉度的依赖大有问题。比如，即使没有充分的根据和资料证明现行政策有用，人们也倾向于选择已有的而不是还未推行的政策。而且，经受越多恐吓，人们就越趋向选择熟悉的，发展到极端阶段，人们甚至会感激、喜欢，或者至少是接受很有可能威胁自身利益的体系。

心理学家约翰·约斯特（John Jost）指出："在领主制度、十字军讨伐、奴隶制度、极权制度、种族隔离制度和塔利班政权下生活的很多人都认为他们的体制有缺点，但在道德上是可辩护的，（甚至有时）比其他可预想的选择更好。"[1]

人们倾向于认为熟悉的就是好的，这是某种心理捷径。心理学上的"熟悉效应"（familiarity effect）表明，人们之所以喜爱名画，与其说是因为画美，倒不如说是因为人们对这些画比较熟悉。某种程度上，这种心理捷径是人类进化的结果，因为我们的祖先对熟悉事物的偏爱是适应性的："喜欢熟悉事物的生物与对新奇事物有过激偏好的生物相比，会拥有

---

[1] Marcus, Gary (2008). *Kluge: The Haphazard Evolution of the Human Mind*. New York: Houghton Mifflin, 51.

更多的后代。"①

  熟悉效应、晕轮效应（halo effect）、锚定（anchoring）和调整（adjustment）（心理学名词，指个体判断以初始值"锚"为依据，进行不充分的向上或向下调整）、选择性接触假说（传播学名词，指受众不是不加区别地对待所有传播内容，而是更倾向于选择与自己既有立场一致或接近的内容加以接触）……很多研究得出的理论说明：人是不纯粹的。所以，我们在追求理性的同时，心甘情愿地制造、相信、传播谣言。相比之下，我更愿意认同涩谷保的观点，也就是说，谣言并非现实的相对偏离，而是人们渴望真实时为一致意见而进行的努力。

---

① Marcus, Gary (2008). *Kluge: The Haphazard Evolution of the Human Mind*. New York: Houghton Mifflin, 49.

网络主权的诞生、发展及辨析[①]

随着信息技术的发展,虚拟现实对社会生活的影响与日俱增。在网络空间中,民众、社会团体、政府和国际组织都互有利益博弈。作为信息传播秩序争论在网络空间的延续,"网络主权"日益成为受人瞩目的关键议题。本文从主权概念出发,厘清"主权"概念的发展变化,以及主权在今天的信息社会中呈现的新形态,由此对权力边界的重构进行讨论与反思。

主权

"主权"这一概念本身是随着历史发展而不断变化的,且充满争议。在古罗马时期,主权就被广泛使用,指某种最高的政治权力;而在中世纪,人们一般用它来称呼封建国家的国王。[②]《韦伯斯特大辞典》对主权的定义很简单:"最高权力,尤其是对一个政治体所拥有的最高权力;摆脱外部控制的自由;自主权;控制性的影响。"[③]

事实上,在相当长的一段时间里,主权一方面被认为是永恒而最高的绝对权力,另一方面也是由全体人民赋予主权者的。进而,由于主权者不同,国家的形式也随之不同。到了近代,霍布斯(Thomas Hobbes)更进一步提出:"国家的本质存在于它身上。用一个定义来说,就是一大群人相互订立信约、每个人都对它的行为授权,以便使它能按其认为有

[①] 与车乐格尔合写。
[②] 唐士其:《西方政治思想史》,北京:北京大学出版社,2014年,第186页。
[③] https://www.merriam-webster.com/dictionary/sovereignty?utm_campaign=sd&utm_medium=serp&utm_source=jsonld.

利于大家的和平与共同防卫的方式运用全体的力量和手段的一个人格。承当这一人格的人就称为主权者，并被说成是具有主权，其余的每一个人都是他的臣民。"①

通常认为，霍布斯的这一阐释标志着近代政治思想史上国家主权说的形成。该论述有着深远的影响：首先，主权似乎同国家具有了某种天然且密不可分的联系。约翰·霍夫曼（John Hoffman）指出，正是国家和主权的联系，导致了极具破坏性和迷惑性的争议，②例如作为地域的国家主权（state sovereignty）概念和作为民族国家的主权（national sovereignty）概念的分野。两次世界大战中，帝国疆界分裂并独立出了诸多具有特定利益诉求的民族国家。似乎不言自明的"主权"观念受到挑战，流血冲突迫使学界和政客们都不得不反思主权和国家的关系问题。

其次是主权概念与统治的紧密结合。这引起了主权概念合法性的内在矛盾。主权到底是属于全体人民，还是主权者？人民和政府的关系如何？社会需要被统治还是被治理？一系列问题和冲突因此而凸显。

最后，是主权和现代法权之间的内在张力。阿兰·詹姆斯（Alan James）认为，主权是一个法律术语，表明了宪法和制度上的独立。③

虽然存在诸多争议，但是这并没有影响到"主权"一词的广泛传播。部分学者从现实角度分析国际关系，认为主权概念是可以且必须被明确界定的，他们被称为现实主义学派。④这主要是考虑到民族国家在国际关系中面对的现实情境。事实上，主权构成了国际关系中一个尤为基础的议题，如我国《辞海》中对主权的定义："在国际法上是国家的根本属性，是国家基本权利的基础。相互尊重国家主权和主权平等是国际法的基本原

---

① 托马斯·霍布斯：《利维坦》，黎思复译，北京：商务印书馆，2009年，第132页。
② 约翰·霍夫曼：《主权》，陆彬译，长春：吉林人民出版社，2005年，第1页。
③ James, Alan (1986). *Sovereign Statehood*. London: Allen & Unwin, 3.
④ 约翰·霍夫曼：《主权》，陆彬译，长春：吉林人民出版社，2005年，第17页。

则之一。"①汉斯·摩根索（Hans Morgenthau）认为主权是"一个中心权力在它的特定领土上行使立法和执法权威"，国家主权是国际法的分权、弱化和无效率的基本根源。②肯尼斯·沃尔兹（Kenneth N. Waltz）认为："说一个国家是主权者意味着它自己决定如何处理它的内在与外在问题。"③

但从20世纪70年代开始，一些学者对当时流行的以国家为中心的国际关系理论展开了挑战，认为在国际领域，国家并不是唯一有影响的行为者，国家与跨国行为者在复杂的互相依赖的情况下彼此影响，并且国家主权在跨国行为中被侵蚀。④主权除了对外向国际组织、跨国公司和全球公民社会组织转移，对内也在向地方政府和民间组织转移，国家主权在现实生活中开始走向真正的多元化。

从主权到网络主权

1648年威斯特伐利亚体系建立，国际关系进入新的阶段。民族国家成为人类政治生活的核心，而其建立在领土、主权和人民三个基本要素之上。⑤其中主权指代主权国家及其代表具有独立在其领土范围内组织行动、实行统治的合法权力。在国际政治、经济、文化等事务中，不存在任何其他可以凌驾其上的权威。

然而，不可阻挡的全球化对民族国家的上述三个基本要素都形成强大冲击。这其中，传播活动的日益国际化，构成了传统意义上的"主权者"控制被削弱的一个重要原因。

信息传播的"国际化"或"全球化"是如何形成的？信息传

---

① 夏征农、陈至立主编：《辞海》（第四卷），上海：上海辞书出版社，2009年，第3027页。
② 转引自程琥：《全球化与国家主权：比较分析》，北京：清华大学出版社，2003年，第51页。
③ Waltz, Kenneth N. (1979). *Theory of International Politics*. New York: McGraw-Hill, 97.
④ 程琥：《全球化与国家主权：比较分析》，北京：清华大学出版社，2003年，第52页。
⑤ 俞可平：《论全球化与国家主权》，《马克思主义与现实》，2004年第1期，第4—21页。

播在世界现当代历史的演进中起到了什么作用？这是阿芒·马特拉（Armand Mattelart）在《世界传播与文化霸权：思想与战略的历史》（*La communication-monde: Histoire des idées et des stratégies*, 1991）中试图解释的问题。马特拉认为，战争和战争的逻辑成为国际传播历史及其学说和理论的主要成分。① 战争对信息传播的功能性需求，先是缩短时空距离的需要（比如，手机的前身是摩托罗拉公司在第二次世界大战期间发明的步话机），同时，战争期间对鼓舞士气的要求也促进了宣传鼓动的发展。

大众传播媒介同世界大战的格局和走向紧密结合在一起。马特拉认为，国际传播从来就是"一种战斗话语"，服务于战争和冷战。冷战结束后，大众传媒作为意识形态宣传机器的功能被弱化，商用属性凸显。马特拉从中辨析出两个要素：一是发展主义的神话使金融资本走向经济全球化，从而模糊了民族—国家的边界，最终是跨国的信息传播网络按照经济资本和文化资本的生产和分配重新分割世界。二是在商品的标签下，跨国传媒集团用工业化方式推广的文化，成为普遍的文化消费资料，而"消费者权利"则变成文化传播的动力。

随后，一批学者指出，由于传播技术手段发展的不平等，商业利益的背后是潜移默化式的"文化殖民"，是日益加剧的"中心—边陲"的不平等关系。赫伯特·席勒（Herbert Schiller）在其《大众传播与美利坚帝国》（*Mass Communications and American Empire*, 1969）一书中论述了以美国为基地的大型跨国集团如何在追逐商业利益的同时，破坏第三世界国家的文化独立，并使发展中国家产生对传播和媒体软硬件的依赖。②

这些批判的结果，一方面促成了以萨义德（Edward Said）、斯皮瓦克

---

① 阿芒·马特拉：《世界传播与文化霸权：思想与战略的历史》，陈卫星译，北京：中央编译出版社，2001年，第2页。
② 赫伯特·席勒：《大众传播与美利坚帝国》，刘晓红译，上海：上海译文出版社，2006年。

（Gayatri Chakravorty Spivak）等学者为代表的"后殖民理论思潮"，意图从思想层面削弱西方国家对第三世界国家的文化霸权；①另一方面，导致在国际关系、国家政策层面的"世界信息与传播秩序"之争拉开了序幕。1980年，麦克布赖德委员会向联合国提交了《多种声音，一个世界》报告（又称《麦克布赖德报告》，The McBride Report），倡导建立世界信息传播新秩序；②随后教科文组织通过决议，要求"尊重每个国家在平等、公正和互利基础上参与国际信息间的交换活动"。③

互联网的出现令世界信息与传播秩序更加复杂化。网络促进相互依赖；数字革命要求国家政府彼此合作，无论在制定国内还是国际政策的时候都如此。④全球性的信息网络的扩大，运营这一网络的跨国公司的权力的上升，以及全球性的电子市场的形成，都使得各国政府不再能够根据主权的概念来行使它们的许多特权，比如：控制公民的通信选择，管理公共和私人通信的内容，约束文化交流，阻碍专长和思想的流动，固化公民的身份，掌控资本和税收，乃至不受干扰地制定国家政策。

随着各国的通信市场向外资开放，来自外国的公司开始建设和服务于一国的电信网，国家政府正在失去对其公民所使用的通信连接的控制权。这既有好处，也不乏问题。如果政府无法完全管控公民的交流，异议的声音就可以得到传播，为网络所赋能的新型社会运动也得以发起。

---

① 王宁、生安锋、赵建红：《又见东方：后殖民主义理论与思潮》，重庆：重庆大学出版社，2011年，第5页。
② 肖恩·麦克布赖德等：《多种声音，一个世界》，北京：中国对外翻译出版公司·教科文组织出版办公室，1981年。
③ UNESCO (Sep 23-Oct 28, 1980). *The New World Information and Communication Order*, Resolutions 4/19 in Records of the General Conference Twenty-First Session, Belgrade.
④ Johnson, David R. & Post, David G. (May 1996). "Law and Borders: The Rise of Law in Cyberspace." *Stanford Law Review* 48:1367–1402, https://cyber.law.harvard.edu/is02/readings/johnson-post.html.

"阿拉伯之春"与"占领华尔街"都揭橥了全球公民社会的可能性。另一方面，政府如果不动用监控手段，将更难检测和跟踪跨国恐怖和犯罪团伙。

2004年，联合国成立了"从国际安全的角度来看信息和电信领域发展的政府专家组"，旨在审视来自网络空间的现有和潜在威胁，并促进各国探索可能的合作措施以应对威胁。联合国秘书长在为该专家组2010年的报告所撰写的前言中指出："十年前，我们无法预见信息技术和电信会如何深入我们的日常生活，或我们对它们的依赖会有多大。这些技术创造了一个全球链接的国际社会。这种链接虽然带来了巨大好处，但也带来了脆弱性和风险。我们刚刚开始制定新信息环境所需的规范、法律和合作方式。"①

2013年6月，该专家组发布报告称："国家主权和源自主权的国际规范和原则，适用于国家进行的通信技术活动，以及国家在其领土内对通信技术基础设施的管辖权。"②这既是传播秩序争论在网络时代的延续，也是国家主权观念在互联网空间中的表现。

"在我们聚集的地方，你们没有主权"

通常，互联网被比喻成为一个"无边界"的空间，人类日常生活中"原子"式的行为在这一空间里被转化成为"比特"式的存在方式。不仅传统的产业与商业以及生活的方方面面都在不断朝向数字化迈进，这一空间内的信息流动和资源重组也在不断冲击着既有的国际关系和政治格局。

这个"无边界"空间的概念早在互联网的理想化时代就已现身。在20世纪90年代中期，一些美国学者提出，既然互联网在某种意义上拥有

---

① 联合国：《从国际安全的角度来看信息和电信领域发展的政府专家组的报告》，2010年7月30日，https://undocs.org/zh/A/65/201。
② 联合国：《从国际安全的角度来看信息和电信领域发展的政府专家组的报告》，2013年6月24日，https://undocs.org/zh/A/68/98。

自身的规则与居民（有人专门发明了netizen一词），①它应该享有某种程度的"主权"。当我们说某个空间是有主权的，就意味着它只服从自己的规则，而不会服从各个国家的规则。

这个理想在20世纪90年代中期互联网刚刚兴起时最为炽烈，典型的表达是摇滚歌词作者约翰·佩里·巴洛的《赛博空间独立宣言》。这份坚定的自由主义者的文件要求各国政府不要干扰互联网，他称之为"思想的新家"（the new home of the mind）。

他写道："我宣布，我们正在建设的全球社会空间自然独立于你们试图强加给我们的暴政。"他告诉世界各国政府："你们没有道德权利来统治我们，也没有任何我们真心害怕的执行手段。"②今天我们都知道，从监控技术到防火墙，从黑客攻击到网络水军，激进的自由至上主义者根本敌不过网络威权主义的操控。

国家不允许独立的赛博空间而竭力控制信息入口，其秉持的理念是"信息主权"。学界一种绝不缺乏支持者的观点认为：主权是一个逐步扩大的概念，从最初的领土到领海、领空，在信息时代应该强调信息主权。

2010年6月8日，中国政府公布了第一份关于互联网的白皮书，在其中特别强调了"互联网主权"。这份题为《中国互联网状况》的白皮书指出："中国政府认为，互联网是国家重要基础设施，中华人民共和国境内的互联网属于中国主权管辖范围，中国的互联网主权应受到尊重和维护。"这份白皮书可以说是中国政府对早些时候它与谷歌之间不快遭遇的最详细的回应，它表示："在中华人民共和国境内的外国公民、法人和其

---

① Hauben, Michael (1997). "The Expanding Commonwealth of Learning: Printing and the Net." In Hauben, Michael & Hauben, Ronda, *Netizens: On the History and Impact of Usenet and the Internet*. Los Alamitos, CA: IEEE Computer Society Press.
② Barlow, John Perry (1996). "A Declaration of the Independence of Cyberspace." https://www.eff.org/cyberspace-independence.

他组织在享有使用互联网权利和自由的同时,应当遵守中国法律法规、自觉维护互联网安全。"①

2015年7月1日第十二届全国人大常委会第十五次会议通过的《中华人民共和国国家安全法》,首次明确"网络空间主权"概念,规定"加强网络管理,防范、制止和依法惩治网络攻击、网络入侵、网络窃密等违法犯罪行为,维护国家网络空间主权、安全和发展利益"。②

中国"防火墙之父"方滨兴认为,网络主权管辖的范围包括两个维度:其一是我国境内支撑网络的物理基础设施;其二是在我国境内基于网络物理设施所形成的空间,③也就是网民组成的网络社区的"拟制领土"。

对于物理基础设施,方滨兴认为,由于根域名解析体制,各国的网络不能独立存在,仍受限于美国。④而2013年斯诺登披露的"棱镜门"事件,则更进一步使世界各国深刻认识到美国推行互联网霸权的野心,以及其对本国利益的潜在风险。⑤

相较于物理基础设施,由网民组成的网络社区的"拟制领土"的主权观念受到了更多的争议。一般认为,互联网是一个开放的空间。自由主义者坚信,互联网从其诞生之初就刻有去中心化的特质。⑥但反对者则认为开放并不意味着平等。由于技术手段和国家、组织间政治、经济地位差异,互联网使用主体间存在传播能力上的确实差距。

---

① 中华人民共和国国务院新闻办公室:《中国互联网状况》,北京:人民出版社,2010年6月,第24页。
② 《中华人民共和国国家安全法》,http://news.xinhuanet.com/politics/2015-07/01/c_1115787801.htm。
③ 王远:《网络主权:一个不容回避的议题》,《人民日报》,2004年6月23日,第23版。
④ 同上。
⑤ 李峥:《美国移交ICANN管理权的实质》,《世界知识》,2014年第9期,第58—60页。
⑥ 刘杨钺、杨一心:《网络空间"再主权化"与国际网络治理的未来》,《国际论坛》,2013年第6期,第1—7页。

具体而言，方滨兴概括了网络主权的四个方面：维护本国网络独立运营、无须受制于其他国家的独立权；网络之上各主体互联互通、互相尊重的平等权；保护本国网络免于攻击和打压的防卫权；以及主权者对网络的维护管理权。①

哥伦比亚大学法学院教授吴修铭认为，有意思的是，中国人所下的定义同"互联网主权"的原意（巴洛意义上的）恰好背道而驰。但他同时承认，在世界上不单单中国这样想。眼下，大多数国家都认定，网络公司或内容供应商必须遵守所在国法律，至少是在它们于其境内产生了影响力或网站服务器实际存在于其境内的情况下。所以，这种"互联网主权"论，其实"就是国际私法中一句如实的典型论述"。不过他也特别指出，世界上的主要国家即便都不承认网络空间的主权，它们对网络作为一种言论自由的平台也还是抱着一定的尊敬态度。②

确保互联网以公民为中心而发展

2006年在信息社会世界首脑会议（WSIS）的突尼斯议程中，明确提出了"互联网治理"的紧迫性。"互联网已发展成为面向公众的全球性设施，其治理应成为信息社会日程的核心议题。互联网的国际管理必须是多边的、透明和民主的，并有政府、私营部门、民间团体和国际组织的充分参与。它应确保资源的公平分配、促进普遍接入，并保证互联网的稳定和安全运行，同时考虑到语言的多样性。"③

---

① 王远：《网络主权：一个不容回避的议题》，《人民日报》，2004年6月23日，第23版。
② Osnos, Evan (Jun 11, 2010). "Can China Maintain 'Sovereignty' Over the Internet?" *The New Yorker*, http://www.newyorker.com/news/letter-from-china/can-china-maintain-sovereignty-over-the-internet.
③ 信息社会世界首脑会议：《信息社会突尼斯议程》，2006年10月，http://www.itu.int/wsis/docs2/tunis/off/6rev1-zh.pdf.

这是一种隐去了政府、私营部门、民间团体和国际组织在网络上的不平等的政治地位和权力争夺的理想状态，所以这种有关互联网治理的想法并没有成为普遍共识。虽然欧洲实践了将主权持久地让渡给"欧盟"这一国际组织，但对于其他主权国家，尤其对于那些保留了殖民统治创伤的第三世界国家，这种让渡主权的行为不可想象。

同时，政府不会轻易让出网络的中心控制权。斯诺登事件正中那些想要强力控制自己国家的互联网的政府的下怀，它们会借此实施更加极端的监控手段。在过去的几年中，国际电信联盟（International Telecommunication Union，ITU）一直是不同力量角力的战场。某种意义上说，国际电信联盟正走在错误的道路上，因为它已经成为一个将坏的政府行为合法化的论坛。现在需要的是建立一种不能由任何一个国家所主导或滥用的真正国际化的互联网治理。

目前，国际上有关互联网治理的最强呼声是"多利益相关方模式"（multi-stakeholder model），就是让各国政府、私营部门、民间团体以及互联网用户等能平等参与网络治理讨论，并对全球互联网治理提出一些解决方案，以推动全球互联网平稳发展。这一过程并不容易，不同的国家会因为国情、政治体制不同，而提出一些不同的解决途径。

美国商务部2014年3月宣布，将在一定条件下，移交对互联网名称和数字分配机构（ICANN）的监管。马上就有国家主张，这个监管权应该归于国际电信联盟。围绕这个主张的争论，显示了全球国家业已分为两个阵营：那些坚持要对国民的信息入口实施更多控制的国家，倡导"国家主权模式"；而那些坚持"多利益相关方模式"的国家，则倾向于大幅弱化政府角色。

事情的复杂性还在于，在前互联网的世界中，对我们身体自由的主权几乎完全由民族国家控制。现在，在网络空间，不仅民族国家不会罢手，还有了新的私人主权层——互联网平台公司。它们关于软件编码、工程、设计、服务条款的决定，都成为某种规定我们在数字生活中可以做什么和不能做什么的法律。它们的主权相互交叉，在全球范围内彼此联系，可以在某些方面以特有的令人激动的方式挑战民族国家的主权，但有时也可以在控制人们何时何处以何种方式利用信息采取行动的层面上投射和扩展它们的主权。

另一方面，越来越多的国家尝试拆除与世界联通的互联网连接，发展自身的网络主权。2019年5月，俄罗斯总统普京（Vladimir Putin）签署了俄罗斯国家杜马于4月份高票通过的《主权互联网》法，该法于2019年11月正式生效。该法加强了莫斯科对本国互联网基础设施的控制，旨在为俄罗斯提供一种使其网络与世界其他地方断开的方式。①12月，俄罗斯进行了断开世界互联网的试验，目的是测试该国的国家互联网基础设施（在俄罗斯内部称为RuNet）是否可以在不访问全球DNS系统和外部互联网的情况下运行。据称，在试验中，互联网流量在内部经过重新路由，有效地使RuNet成为世界上最大的内部网。②

同月，为了阻止反对新公民身份法的示威游行，印度政府关闭了部分地区的电话和网络，影响人口达6000万。③此前的11月中旬，在燃油政策引发全国性抗议活动之后，伊朗政府关闭了互联网和部分地区的移动网。据观察，以阻断通信网络来控制民众的策略在全球蔓延，类似情形在埃及、埃塞俄比亚、苏丹、伊拉克、委内瑞拉、斯里兰卡等

---

① Schulze, Elizabeth (Nov 1, 2019). "Russia Just Brought in a Law to Try to Disconnect Its Internet from the Rest of the World." CNBC, https://www.cnbc.com/2019/11/01/russia-controversial-sovereign-internet-law-goes-into-force.html.
② Cimpanu, Catalin (Dec 23, 2019). "Russia Successfully Disconnected from the Internet." ZDNet, https://www.zdnet.com/article/russia-successfully-disconnected-from-the-internet/.
③ Gettleman, Jeffrey, Goel, Vindu & Abi-Habib, Maria (Dec 17, 2019). "India Adopts the Tactic of Authoritarians: Shutting Down the Internet." The New York Times, https://www.nytimes.com/2019/12/17/world/asia/india-internet-modi-protests.html.

多地上演。①

无论是私人主权还是国家主权,在虚拟空间中行使的权力,其影响似乎都比在物理世界中要大。因此,我们今天所需要问的最紧迫的问题是,如何确保互联网以公民为中心而发展?如果我们同意政府的唯一合法目的是为公民服务,那么,技术的唯一合法目的就是提高我们的生活,而不是操纵或奴役我们。为了让这两大目的真正得以实现,我们需要一个广泛而持久的互联网公民运动。

毕竟,公司不会理所当然地停止污染,或是理所当然地停止雇用童工,那是多少年来社会压力的结果。同样,也不会有政客突然在一天醒来便制定明智的环境法和劳动法,那是长期持续的政治行动的结果。有了公民坚持不懈和团结一致的努力,才有健全的法规和负责任的公司行为。对于互联网的未来,我们需要采取相同的方法。

我们每个人在建立未来世界中都扮演着至关重要的角色,在这一世界里,政府和技术为全球公民服务,而不是相反。第一次世界大战时期的法国总理乔治·克莱孟梭(Georges Clémenceau)有句名言:"战争太重要了,不可以只交给将军们。"②笔者想借用这句话来警醒所有的网络公民:互联网太重要了,不可以只交给大型机构来控制。

结语

经过如此剧烈的变化,主权这个概念还剩下什么呢?数百年前,"主

---

① Noack, Rick (Nov 21, 2019). "Iranians Protested. Then, the Internet Was Cut, in a New Global Pattern of Digital Crackdown." *The Washington Post*, https://www.washingtonpost.com/world/2019/11/21/iranians-protested-then-internet-was-cut-new-global-pattern-digital-crackdown/.

② Mollinson, Allan (2016). *Too Important for the Generals: Losing and Winning the First World War*. London: Transworld Publishers.

权"被定义为统治者对其领地和臣民的统治权。如今，在一个日益相互依存、相互关联、相互拥有的全球经济中，这个概念的最好定义可能是：主权是公民期待他们国家的政府能够控制之物。

"无边界性"的网络空间已然成为会影响到现实中具有领土疆界的国家之间的利益关系，以及由民族国家网络集合而成的人类活动空间的力量。回到霍布斯的逻辑，当国家不断强化彼此的共同利益时——致力于和平、改善环境、应对全球性的贫富不均等——它们就创造了一个孕育了主权的有秩序的世界，而共同利益使得在不诉诸强制力的情况下解决争端成为可能。① 这也就是主权和网络主权概念虽饱受争议，却仍旧保有生命力的原因：它们存在于国际关系的流动之中。

巴特森（Jens Bartelson）曾指出：界定一个术语的行为往往假设了语言是一种明晰的媒介，它能够反映认识主体外部世界发生的事情。然而，无论主权代表的是此在的现实，还是仅仅是一套标志着独立国家的司法制度，它的含义总有一些流变和含混不清。② 而且，概念终究不仅仅是为了构架解释世界的哲学体系，"问题在于改变世界"，即指向实践。

网络主权的概念也是如此，它指向国际关系的具体实践。它是多元的，既是个体的又是集体的，既是国家的又是地方和全球的。"作为一个联系的概念，主权唯一要深怀戒备的就是独占和排他性的特质。"③

---

① 约翰·霍夫曼：《主权》，陆彬译，长春：吉林人民出版社，2005年，第152页。
② Bartelson, Jens (1995). *A Genealogy of Sovereignty*. Cambridge: Cambridge University Press, 14-15.
③ 约翰·霍夫曼：《主权》，陆彬译，长春：吉林人民出版社，2005年，第154页。

互联网并不是性别中立的
——论网络公共空间的性别伦理

尽管互联网被认为具有很强的民主性，但它并不会自动产生一个无视性别的环境。它为男性和女性都提供了新的机会，但它似乎不能够改变社会的性别成见，也未能在两性之间、在一个基本的层面上重新分配权力。随着越来越多的女性上网，她们有望更多地控制网络内容及其传播，使互联网真正成为一个均衡的、中立的环境。

公共领域与女性

哈贝马斯对公共领域的定义是：

> 公共领域首先是我们社会生活中的一个领域，它原则上向所有人开放。在这个领域中作为私人的人们来到一起，他们在理性辩论的基础上就普遍利益问题达成共识，从而对国家活动进行民主的控制。[①]

哈贝马斯强调公共领域是向所有人开放的，但从历史主义的角度来看，我们知道资产阶级公共领域全力开放的声称并不是事实。这也是哈贝马斯最被后来者攻击的地方：在他的描述中，女性、无产阶级的男性以及形形色色的激进派都被排除在外。

[①] 哈贝马斯：《公共领域》，汪晖、陈燕谷主编：《文化与公共性》，北京：生活·读书·新知三联书店，1998年。

例如，在《重思公共领域》一文中，南希·弗雷泽（Nancy Fraser）论证说，虽然哈贝马斯声称其所定义的公共领域无关社会地位而具包容性，但实际情形却是，它排斥妇女，也排斥社会的底层："这个俱乐部和联谊会之网——无论关乎慈善、公民、职业还是文化——完全不是人人皆可进入。相反，它是资产阶层的男人的论坛和演练场，并最终构成其权力基础；这些男人把自身视为一个'普世阶层'，准备进行合适的统治。"① 由此，她认为男性资产阶级公共领域存在霸权，其宰制的结果是，其他的另类公众（比如依性别、社会地位、民族和财产权划分而成的各种群体）不得不为此付出代价，自身的特定关切也无法得到回应。弗雷泽主张，被这样的公共领域排除在外的边缘化群体应该形成属于自己的公共领域，她称之为"次反公共领域"（subaltern counterpublic）。

弗雷泽把和自己相类似的一些学者的共同认识称为"修正主义史学"，这种史学观认为哈贝马斯式的公共领域是一元论的，不仅服从于一定的形式与礼仪规范，更重要的是，女性、平民与少数族裔等从属性群体缺乏平等参与的物质基础。即使从属性群体能够被纳入一元论公共领域中，只要有社会不平等存在，慎议总是有利于主导性群体的利益。弗雷泽引用女性主义研究者珍妮·曼斯布里奇（Jane Mansbridge）的研究称，慎议可以成为宰制的面具。

曼斯布里奇强调"女性的体验"。② 这种体验不只包括唯有女性才有的体验，也指在一个"性别符码化"的社会中，女性相比男性更可能拥有的体验。男女有别，这是个基本事实，但在符码化的性别区分无所不

---

① Fraser, Nancy (1992). "Rethinking the Public Sphere: A Contribution to the Critique of Actually Existing Democracy." In Calhoun, Craig (Ed.) *Habermas and the Public Sphere*. Cambridge, MA: The MIT Press, 109-142.

② Mansbridge, Jane (1995). "Feminism and Democratic Community." In Weiss, Penny A. & Friedman, Marilyn (Eds.) *Feminism and Community*. Philadelphia, PA: Temple University Press, 341-366.

在的情况下，由于男人是这个社会里更有权力的一方，男人的做法和特质化为全体人类的规范（一如"mankind"一词代表人类一样）。具有男性意味的东西往往被赋予更高的价值。这并不是说，在很多事情上，女性的体验与男性的体验天差地别；而是说，两性体会特定经验的频度有较大的不同，而平均下来，小的体验的不同或是小的行为的不同，最终会导致自我形象的较大不同乃至社会形象的极大不同。

就群体而言，当对一个群体的归属感拥有很强的社会意义，那么文化就会放大该群体的突出特征。共同的文化为群体的每位成员规定了一个社会形象，这些成员就需要坚持这个形象。在公共领域中，如果一个群体是主导性的，它会避免使用那些权力较小的群体所使用的语言和形象。从属群体因此陷入一种分裂：一方面，它为自己的独特语言和形象而骄傲；另一方面，它时刻怀有模仿主导性群体的语言和形象的渴望。

从传播学角度看，在一元论公共领域中，从属性群体缺乏对他们自身目标与战略进行慎议的独立空间。在主导性群体的监视下，从属性群体无法完成群体内传播过程以达成一致意见。这种情形直接导致曼斯布里奇提出的"面具"化问题，即所谓的平等慎议成为主导性群体实施控制的面具，"将无权的公众吸收到一个虚假的'我们'，代表的却是权势者（的利益）"。①

弗雷泽的"次反公众"，通过发明与流通"反话语"（counter-discourse）来对从属性群体成员的身份、利益与需求进行反向解读，从而建构替代性公共领域。②次反公众的活动离不开传播。例如，女性主义者发明了"性别歧视""性骚扰""婚内约会或熟人强奸""家庭暴力"等话语，将

---

① Mansbridge, Jane (Spring 1990). "Feminism and democracy." *The American Prospect* 1: 127.
② Fraser, Nancy (1992). "Rethinking the Public Sphere: A Contribution to the Critique of Actually Existing Democracy." In Calhoun, Craig (Ed.) *Habermas and the Public Sphere*. Cambridge, MA: The MIT Press, 123.

过去被视为私人的话题带到了替代性公共领域中而获得了公共性，突破了一元论公共领域的讨论限定。

毫无疑问，哈贝马斯的原始概念需要重新塑造，以顺应从属性社会群体建构替代性公共领域的实践；而在互联网大规模改写公共领域的规则之后，哈氏的概念更需要做结构性调整，以便使其符合大规模社会中交往关系的条件，这种交往不可避免地是跨越时空的。一个特定社区或者一个国家的成员，不再系于一个前定的地域而展开交往和建立集体。把人们维系在当代公共领域中的，不是固化的共同境遇、看法、习惯及其他社会、文化和政治上的特征，而是多样化的和不停变换的相似和不同。实际上，哈贝马斯也在重估自己的工作，现在把公共领域看作一个"高度复杂的扩展到诸多相互重叠的国际、国内、区域、地方和亚文化的场地中的网络"。①

那么，从结构的角度讲，互联网可能给公共领域带来什么样的影响呢？简·范·迪克（Jan van Dijk）认为，我们所知的二十世纪的公共领域的三个条件在新的媒体环境下消失不见了：

1. 公共领域不再与特定场所或地域发生联系。
2. 原来假定的公共领域的单一性变成了多个公共领域并存的混杂性。
3. 公与私的区分模糊了。②

---

① Fraser, Nancy (1992). "Rethinking the Public Sphere: A Contribution to the Critique of Actually Existing Democracy." In Calhoun, Craig (Ed.) *Habermas and the Public Sphere*. Cambridge, MA: The MIT Press, 373.

② van Dijk, Jan (2006). *The Network Society: Social Aspects of New Media* (2nd ed.). London: Sage, 173.

对此可以做一个简短的分析。首先，哈贝马斯的公共领域以旧有的空间动力学为特性，而今天，一个单独的、在民族国家的框架内以空间形式组合起来的公共领域并不存在，现代的大规模受众被"去空间化"（despatialised）了。其次，以国家为结构、被大众媒体在地理上加以限定的公共生活瓦解了，取而代之的是多样化的网络空间，它们不具备纯粹的公共领域的形式，也从不单独出现，尽管彼此互联，但它们所具有的"碎裂"的特质使之很难被整合为完整的一体。再次，公与私的模糊导致一个巨大的后果：在我们的社会和政治生活中，没有什么领地可以自动被保护起来不受有关权力分配的质疑。现代早期所认为"自然"的东西，如财产权、市场化、家庭生活、生老病死等无不受到审视。某些决策是属于公共治理的范围，还是属于作为私人行为主体的个人，成为一个没有定论的问题。堕胎、非同寻常的性实践和吸毒，它们是公共行为还是私人行为呢？在某些条件下，做出影响一个人生活的决定，到底在什么时候听命于个人，又什么时候听命于公民中的大多数呢？

杰夫·温托伯（Jeff Weintraub）曾识别四种有关公与私的概念框架：①自由主义—经济主义模式，把公/私区分主要看作国家管理与市场经济的区分；②公民共和主义传统，把公共领域等同于政治共同体和公民参与，既区别于国家，也区别于市场；③文化和社会史学家的取向，把公共领域看作流动的社交空间，强调象征表现和自我夸张，既不同于正式的社会组织结构，也不同于亲密关系和家庭生活；④女性主义视角，把公与私的区别看成家庭同更大的经济和政治秩序之间的区别。[①]

本文旨在探讨女性与公共领域的问题，在此只谈第四个视角，这也

[①] Weintraub, Jeff (1997). "The Theory and Politics of the Public/Private Distinction." In Weintraub, Jeff and Kumar, Krishan (Eds.) *Public and Private in Thought and Practice*. Chicago: University of Chicago Press, 7.

构成了女性主义对哈贝马斯公共领域理论的独特贡献。席拉·班赫比（Seyla Benhabib）认为，在哈贝马斯那里，公与私的区分将通常会影响女性的那些议题（比如生育、养育、赡养老人、看护病人等）划入私人领域，致使其无法进入公共领域的讨论。①打破这样的二元对立，成为女性主义者构建替代性公共领域的必要途径。这也是为什么一个著名的女性主义口号就叫作"个人的就是政治的"。麦金农（Catherine Mackinnon）对此曾解释说："对女性来说，亲密的方式已经成为压迫的方式。这就是为什么女性主义要将私人问题'外爆'。这也是为什么女性主义者要将个人问题视为政治问题。"②

男性主导的网络文化

然而互联网作为公共领域的又一次大的结构性转型，并没有完全解决女性作为"次反公众"开展的"反话语"传播问题。在互联网之前的女性主义媒介研究就发现，在混合性别的慎议中，男性总是倾向于打断女性的发言；男性总是抢得更多、更长的发言机会；女性干预男性发言的要求更容易被忽略。③互联网的话语空间复制了这一模式。

在网络论坛上，男性的帖子可能更长，他们更可能是话题的发起者和结束者，更可能把自己的意见说成是"事实"，使用粗鲁的语言（包括侮辱和开黄色玩笑），并且，一般而言，对其谈话对象采取敌视态度。相比之下，女性会发相对短的帖子，更可能为自己的论断提出理据，更

---

① Benhabib, Seyla (1992). "Models of Public Space." In Calhoun, Craig (Ed.) *Habermas and the Public Sphere*. Cambridge MA: The MIT Press, 73-98.
② Mackinnon, Catherine A. (1987). *Feminism Unmodified: Discourses on Life and Law*. Cambridge, MA: Harvard University Press, 100.
③ Fraser, Nancy (1992). "Rethinking the Public Sphere: A Contribution to the Critique of Actually Existing Democracy." In Calhoun, Craig (Ed.) *Habermas and the Public Sphere*. Cambridge, MA: The MIT Press, 123.

经常道歉，对他人表示支持，一般而言，对谈话对象采取"团结"的态度。①男性有时在合作性的交谈当中也会采取敌视态度，女性在和别人意见不一致的情况下也常常会显得在团结他人，表明两性态度的不同完全是社会塑造而成。而且，有证据显示，在一个论坛中的少数派性别会朝多数派性别的方向调整自身：在男性主导的群体当中，女性会更具攻击性；反之，在女性主导的群体中，男性会减少攻击性。②这一观察显示，如果网络使用者的性别比例发生改变，男女之间是有可能达成共享的对话规范的。

区别男女两性网上行为的一个重要层面是礼貌。女性更可能表示赞赏和感谢，也更经常表示歉意，遇到粗鲁的行为更为难过。她们更经常性地挑战破坏论坛规则的行为，③在女性占绝对多数的论坛中执行更严格的发言规则，以保障和谐的对话环境。④比较而言，男性对礼貌通常不大关注；他们施展明目张胆的行为，例如严厉的批评和侮辱，无视在线的行为规范，容忍甚至享受"火焰战"，更在意是否威胁到了自身的言论自

---

① Herring, Susan C. (1996). "Posting in a Different Voice: Gender and Ethics in Computer-Mediated Communication." In Ess, Charles (Ed.) *Philosophical Perspectives on Computer-Mediated Communication*. Albany, NY: SUNY Press, 115-145; Herring, Susan C. (1996). "Two Variants of an Electronic Message Schema." In Herring, Susan C. (Ed.) *Computer-Mediated Communication: Linguistic, Social and Cross-Cultural Perspectives*. Amsterdam: John Benjamins, 81-106; Savicki, Victor, Lingenfelter, Dawn & Kelley, Merle (Dec 1996). "Gender Language Style and Group Composition in Internet Discussion Groups." *Journal of Computer-Mediated Communication* 2(3), https://onlinelibrary.wiley.com/doi/full/10.1111/j.1083-6101.1996.tb00191.x.
② Baym, Nancy (1996). "Agreements and Disagreements in a Computer-Mediated Discussion." *Research on Language and Social Interaction* 29(4):315-345.
③ Smith, Christine B., McLaughlin, Margaret L. & Osborne, Kerry K.(1997). "Conduct Controls on Usenet." *Journal of Computer-Mediated Communication* 2(4).
④ Hall, Kira (1996). "Cyberfeminism." In Herring, Susan C. (Ed.) *Computer-Mediated Communication: Linguistic, Social and Cross-Cultural Perspectives*. Amsterdam：John Benjamins, 147-170.

由而不是保护他人的"面子"。①

中国的网民们把在网上恶言相向、无聊对骂的行为称作"拍砖"，瞧见不顺眼和不合自己心意的人或事，就毫不留情地砸其一砖头。"中青论坛"的版主李方称"BBS是男的，博客是女的"，指出拍砖是成名的必要条件：

> 男的出名跟女的是很不一样的。男的，必须站在一块很大的空场上，在无法预知下一个对手和下一块板砖拍来的方向的情况下，他久经考验了，他成名了。你能想象吗，他每天守着个博客，跟往田字格里描大字似的，号称是在写博客，而且他居然成名了！要是真的这样也可以成名，而弃去BBS里的百炼成钢，我只能认为没天理了。或者你再想想，当BBS成为一个江湖，多少豪客乘势而起，多少血泪铸就传奇。那么，博客又是什么呢？我觉得，它那种相对封闭的话语模式，恰好像一个厌倦了江湖的人的归田园居，种半亩小麦，种两畦菜蔬，呵呵，聊以卒岁。这样的生活，精致、自我，唯独欠缺BBS江湖的残酷与恣肆。BBS可以培养出它的顶尖杀手，但是博客不能。说句不中听的，博客只能培养出东方不败。②

知名博主木木在博客日志上批评李方对BBS的态度，说明了男女之间网上行为的差异：

---

① Herring, Susan C. (1994). "Politeness in Computer Culture: Why Women Thank and Men Flame." In Bucholtz, Mary, Liang, A. C., Sutton, Laurel & Hines, Caitlin (Eds.) *Cultural Performances: Proceedings of the Third Berkeley Women and Language Conference*. Berkeley: Berkeley Women and Language Group, 78-294; Herring, Susan C. (1999). "The Rhetorical Dynamics of Gender Harassment Online." *The Information Society* 15(3):151-167 (Special issue on *The Rhetorics of Gender in Computer-Mediated Communication*, ed. L.J. Gurak).

② 李方：《女孩的天堂》，中青在线论坛月评"博客之我见"，2006年8月8日，http://zqb.cyol.com/content/2006-08/08/content_1471321.htm。

和李方理解的不同，如果把BBS在交流上的方便，仅仅是看作能满足男人们论战搏杀的需要，我想也是有问题。昔日的BBS之所以沉寂，就是因为它很大程度上被那些想成为杀手的男人们错误地认为，网络是一个可以让自己出名，可以让自己发泄的场地。而这，说到底是和互联网精神相悖的。

与过去充满江湖血性，好战好骂的情况相比，现在的BBS则要平和了许多，实在了许多。有意思的是，在当前一些关于美食，时尚，情感的论坛……没有了为了出名的功利，没有了男人们的口水，也没有任何重大的政治话题，女孩子们通过论坛的方式，交流着自己的情感想法，生活细节，一件新买的衣服，或者一只漂亮的耳环，都可以成为大家交流的热门话题。在这个时候，我想，BBS真的变的（得）可爱了起来，也更能反映互联网的意义，不是为了点击率，不是为了出名，也不是为了发泄，而是为了交流的需要，为了更美好的生活。①

男性在网络社区中的主导地位，造成女性在网络传播中处于不利位置。在性别混合的论坛中，女性发帖的数量更少，这一点前文已经指出。同时，女性在帖子得不到回应的情况下很少坚持，即使她们坚持了，得到的回帖也有限，除了在以女性为主体的论坛中，她们无法控制讨论的话题及程序。② 传统的性别差异——从话语风格到行为模式——被复制到

---

① 木木：《BLOG 和 BBS》，2006 年 3 月 11 日，http://blog.sina.com.cn/s/blog_48ebfd07010002vn.html。此博文已不可见。
② Herring, Susan C., Johnson, Deborah & DiBenedetto, Tamra (1995). "'This Discussion Is Going Too Far!' Male Resistance to Female Participation on the Internet." In Bucholtz, Mary & Hall, Kira (Eds.) *Gender Articulated: Language and the Socially Constructed Self*. New York: Routledge, 67-96. Hert, Philippe (1997). "Social Dynamics of an On-Line Scholarly Debate." *The Information Society* 13: 329-360.

了网上，苏珊·C.赫林（Susan C. Herring）在1993年就发现女性比男性更可能对在线交往的攻击性做出厌恶的反应，包括沉默不语和离开。[1]所以，互联网并不是性别中立的。

性别安排的平等与歧视

关于网络空间中的性别，另一个重要问题事关女性在网上的身份识别。网络从前以匿名为荣，一度流传的箴言是"在网上，没有人知道你是一条狗"，但实际上，网络隐匿身份的能力并不是绝对的。赫林发现，网络上性别被广泛掩盖的声称并不确实。[2]为了免受歧视和骚扰，女性的确可以用中立的名字出现，但是，她们的话语风格——有些人自己意识不到，有些即使意识到了也难以轻易改变——会暴露其性别。从文字的冗长度、断然性、礼貌性、是否使用下流词汇、是否经常用情绪符号以及积极介入的程度等等，都不难判断性别。

而就女性网民而言，似乎仅仅因为她们是女性，所以她们在男性主导的网络文化当中受到伤害。2006年，美国马里兰大学的研究人员在聊天室里使用了一系列假网名做实验。使用女性网名的账号，平均一天之内会收到100条色情或者带有威胁意味的消息。与之相比，使用男性网名的账号，只收到区区3.7条。[3]

---

[1] Herring, Susan C. (1996). "Gender and Democracy in Computer-Mediated Communication." *Electronic Journal of Communication* 3(2). Reprinted in Kling, Rob (Ed.) (1996). *Computerization and Controversy* (2nd ed.). New York: Academic Press, 476-489.
[2] Wallace, P. (1999). *The Psychology of the Internet*. Cambridge: Cambridge University Press, 99.
[3] Watson, T. (Jan 20, 2014). "Stifling Women's Online Speech With Sexual Harassment: Why It Matters to Social Change Movements." *Forbes*, http://www.forbes.com/sites/tomwatson/2014/01/20/stifling-womens-online-speech-with-sexual-harassment-why-it-matters-to-social-change-movements/.

从上网人数上看，从2000年开始，美国的女性网民大致就与男性网民持平，但如果从粗鄙言辞的流通量来看，女性成为这类言辞的对象的比例大大超过男性。在网上她们更有可能被跟踪和骚扰。记者阿曼达·赫斯（Amanda Hess）在一篇广受讨论的文章《为什么女性在互联网上不受欢迎》中，给出了很多数字，其中，从2000年到2012年，向志愿组织"努力阻止在线虐待"报告自身受到骚扰的3787人当中，72.5%为女性。[1]线上虐待也会发展为人身危险：皮尤中心的调查显示，5%的上网女性表示，她们遭遇到由线上行为发展而来的现实危险。而且，不仅是成年女性，十几岁的女孩受欺凌的比例也高于同龄男孩。

赫斯批评了《页岩》（Slate）杂志编辑汉娜·罗辛（Hanna Rosin）的说法，后者在她的题为《男人的终结》的书中写到，对女性的在线骚扰折射出了女人已经前行了有多远。[2]许多女性在互联网上"身居要津，她们广泛发表并被广泛阅读；如果她们嗅出网络上的厌女症味道，我毫不怀疑她们可以利用许多现成的网络出口欢快地串烧那些性别歧视者，并且得到结果"。

赫斯说，那些受到骚扰的女性，要么自己想法承受，要么就要假装男人的攻击对女人是一种抬举，这些都于事无补。网上对女人的辱骂、男人们对其厌恶的女人常常发出的强奸和死亡威胁、在线跟踪，所有这一切，会影响到女人的"情感带宽"，给她们的职业生涯带来损害，占据女人本来可以做正事的时间，如果诉诸法律的话，还会造成女人的花费，从而对女人在网上的地位构成巨大的歧视。最终，它侵害了女人的网络生活自由。

---

[1] Hess, Amanda (Jan 6, 2014). "Why Women Aren't Welcome on the Internet." *Pacific Standard*, http://www.psmag.com/navigation/health-and-behavior/women-arent-welcome-internet-72170/.

[2] Rosin, Hanna (2012). *The End of Men and the Rise of Women*. New York: Riverhead Books.

面对这样的歧视和侵害，上面说过，有些女性会选择简单地离开。皮尤中心的另一项调查发现，从2000年到2005年，参加网络聊天和讨论的网络用户比例从28%下降到17%，"完全是因为女性不再参与了"。① 然而，在当代社会中，脱离网络是不现实的，只会给女人带来更大的负面作用。

当然，对赫斯的文章也有争议。《理性》（Reason）杂志刊登凯西·扬（Cathy Young）的文章《存在一场对女性的网络战争吗？》，文章认为赫斯所列举的数据有很多是脱离上下文甚至不准确的，另外一些论据则是轶事类证据，混淆了严重的骚扰与轻微的侮辱之间的界线。② 比如，在赫斯举的"努力阻止在线虐待"的报告数字中，每年报告受到骚扰的女性平均下来只有288位，完全称不上是多么大的灾难。而且，这些报告中，只有20%涉及暴力。

关于女性在网上的活跃度，扬转而列举皮尤中心2013年9月的另外一份报告。报告显示过去5年当中，使用社交媒体的女性数量比男性领先8个百分点。比如在美国，2012—2013年，72%的女性网民是脸书用户，而男性网民的这个数字只有62%。推特的男女用户比例大致一半对一半。③

扬说，如果不加分析地接受赫斯的声称，那么就会产生道德恐慌症，它将阻碍合法表达，并为女性造成一个更加负面的网络环境。

对赫斯和扬的不同说法可以见仁见智，也许这提示我们，需要对女

---

① Fallows, Deborah (Dec 28, 2005). "How Women and Men Use the Internet." Pew Research Center, http://www.pewinternet.org/2005/12/28/how-women-and-men-use-the-internet/.
② Young, Cathy (Feb 2, 2014). "Is There a Cyber War on Women?" *Reason*, http://reason.com/archives/2014/02/02/is-there-a-cyber-war-on-women/singlepage.
③ Duggan, Maeve (Sep 12, 2013). "It's a woman's (social media) world." Pew Research Center, http://www.pewresearch.org/fact-tank/2013/09/12/its-a-womans-social-media-world/.

性的网络环境做更为精细的研究。但笔者觉得，两个人都忽略了另外一个层面的问题，那就是，在可以隐匿性别的情况下很多女性选择暴露自己，展示带有性别符号的形象（包括色情），也消费包含性别成见的网络内容。这就向我们提出了一个问题：如果传统的性别安排对女性是不利的，那么为什么女性还会采用新技术积极维持这种局面？

原因或许有多种：很多女性可能意识不到网络上的社会和商业安排中存在的性别不平等。有人可能认识到了，但发现局部的抵抗是徒劳无益的。第三种解释是：女性维持传统的性别安排是出于理性的自我考虑，即展开适合女性身份的行为可以带来性别的骄傲感、愉悦感和社会认同。我们可以得出的结论是：互联网不会产生一个无视性别的环境，它为男性和女性都提供了新的机会，但它似乎不能够改变社会的性别成见，也未能在两性之间、在一个基本的层面上重新分配权力。随着越来越多的女性上网，她们有望更多地控制网络内容及其传播，使互联网真正成为一个均衡的、中立的环境。

我们需要什么样的网络意见领袖?

意见领袖在很大程度上决定着中国互联网上的论辩伦理和交往伦理,尤其是在网上推行有效的对话方面。本文在对"意见领袖"的概念、要件以及微博中意见领袖如何确立并发挥影响力进行辨析的基础上,探讨在中国特定的网络环境下,我们究竟需要什么样的意见领袖。

意见领袖的概念

"意见领袖"(opinion leadership)源自传播学者保罗·拉扎斯菲尔德(Paul Lazarsfeld)和伊莱休·卡茨(Elihu Katz)在20世纪40年代提出的两级传播论(two-step flow of communication),[1]指媒介讯息不是直接传向所有人,人与人之间也不是相互隔绝,而是相互影响的。讯息和观念常常是从广播与报刊流向意见领袖,然后经由意见领袖流向人群中不太活跃的其他部分,即大众媒介→意见领袖→一般受众。这个理论也被用来解释创新以及商业化产品是如何在人群中扩散的。

意见领袖是这样一种能动者:他/她积极使用媒体,并把媒体讯息的内容或者意义传递给处于低端的媒体用户。在那些接受其意见的用户当中,他/她拥有很高的公信力并且广受尊敬。罗伯特·K.默顿(Robert K. Merton)区分了两种不同类型的意见领袖:单型的(monomorphic)和多型(polymorphic)的。[2]前者指某一专门领域中的意见领袖,他/她虽然

---

[1] Katz, Elihu & Lazarsfeld, Paul F. (1955). *Personal Influence: The Part Played by People in the Flow of Mass Communication*. Glencoe, IL: Free Press.

[2] Merton, Robert K. (1957). *Social Theory and Social Structure*. Glencoe, IL: Free Press.

是该领域的权威，但在另一领域只能充当跟随者。后者则可以在广泛的领域中影响许多人。

做这样的两种区分是很有必要的。这是因为，随着资讯的发达与知识生产方式的改变，知识门槛降低，同时学科界线日益模糊，在媒体上出现了一批似乎无所不知无所不晓的"专家"，对无论哪个专业哪个方向都要去发表自己的"专家意见"。"多型"的意见领袖有日益增多的趋势，他们忘记了"术业有专攻"的道理，忘记了专家只有在自己的专业方向上才是大家、离开专业就只是一个普通人的常识。

在1957年发表的文章《两级传播：关于一个假设的最新报告》中，卡茨发现，意见领袖比起媒体来，对人们的意见、行动和行为拥有更多的影响力。[①]原因在于：意见领袖被认为是可信的、没有企图的，人们不觉得他们所认识的人在以某种方式诱使自己按照某种套路去想事情。与此相反，媒体很多时候被视为强加于人，因而影响力大大受损。虽然媒体可以增强受众的某些观念，但意见领袖则可能改变或者决定一个人的意见或者行动。

意见领袖的领导作用是如何实现的呢？这一作用的实施和持续，依赖意见领袖的技术能力、社交技巧，以及对现存社会体系的价值与规范的遵循。这种领导作用是非正式的，说服是最主要的方式。通常来讲，一位意见领袖与追随者之间存在不对等的钦佩与赞赏的关系，一种强烈的想变成其所追随的领袖那样的人的意愿，构成了追随者听从意见领袖意见的基础。

谁是意见领袖？

卡茨认为，成为一位意见领袖有三个要件：意见领袖必须是价值的

---

① Katz, Elihu (Spring 1957). "The Two-Step Flow of Communication: An Up-to-Date Report on an Hypothesis." *Public Opinion Quarterly* 21(1):61-78.

表达者；必须拥有专业能力；必须身处社交网的战略中心。①简而言之，第一个要件衡量的是意见领袖是什么人（他是何种价值观的化身）；第二个要件衡量的是意见领袖知道什么（他最擅长什么）；第三个要件则衡量意见领袖认识谁（他处在什么社会位置上；哪个社会群体跟他关系最密切）。

第一个要件跟思想相关。意见领袖，顾名思义，必须有意见。换言之，意见领袖必须是一位思想者，要靠思想去引导别人。在公关行业里有个用语，叫作"思想领袖"（thought leader），指的是某些行业中被普遍认为有创新性想法的人，他们常常对本行业的发展"激扬文字，指点江山"。

意见领袖也离不开价值观。在公共舆论领域中，最重要的但也是最难捕捉的就是舆论背后的价值观。某些人是否会就某些话题形成舆论，价值观本身起着重要的决定作用。换言之，人们之所以形成公共舆论，是因为他们的价值观推动着他们这样做。所以，一个强大的意见领袖必然是一个拥有强烈价值观的人。

价值观在人生的早期就会形成，父母和学校都可能扮演重要的角色。而价值观一旦形成，人终其一生很难改变，只会随着年龄的增长而加强。构成价值观的因素包括宗教信仰和道德标准。相对而言，价值观会抵抗媒体日常的说服与影响，也不会在某一次辩论之后就遽然改变。然而，价值观的确是可以被形塑的——在某些情况下，也可能完全被改变——通过长时间暴露于彼此冲突的价值观之下，通过协调一致的思考和讨论，通过迥然一新的证据或者环境的出现，以及通过与自己认知和尊敬的贤能人士"合不上拍"的那种感觉。最后这一种方式，正是意见领袖可以对其追随者施力的所在。

---

① Katz, Elihu (Spring 1957). "The Two-Step Flow of Communication: An Up-to-Date Report on an Hypothesis." *Public Opinion Quarterly* 21(1):61-78.

第二个要件强调意见领袖的专业素质与能力。专家之所以被叫作"专家",就是因其专业性。社会学还专门发明了一个词汇来指称充满风险的现代社会中的专业性,这个词是"专家系统"(expert system)。专家系统是指把我们日常生活组织起来的方式方法与专业队伍,后者掌握着我们所不熟知的专业知识,而我们则无可奈何地被卷入一系列专家系统之中,并且时时刻刻依赖它们。现代社会中,专业知识无处不在,构成我们生活中的持续体验。在交通体系中出行,在传播体系中传递信息,在金融体系中进行交易,这些专家系统业已成为像空气和水一样不可或缺的东西。

对专家系统的信任并不是依赖专家本身,而是依赖专家所使用的专门知识的可靠性。专家系统的存在同样让信任从人对人的信任转向人对制度、对系统的信任。伴随着专家系统的概念,必然出现"权威"的概念。与权威相关的还有责任:权威愈大,责任愈大。

第三个要件则表明,意见领袖具有某种"代言人"特性。很多意见领袖本身是公共知识分子,力图成为超越利益的、代表社会良知的公共事务的介入者和公共利益的守望者,因而也常常被视为"沉默的大多数"的代言人。这个"沉默的大多数",怀有自己的意见和主张,但却无力或无法表达,因而必须借助意见领袖来表达。

意见领袖在媒体上能够获得更多的曝光,他们寻求他人的接受,也存在强烈的提高自身社会地位的动机。而在其追随者看来,意见领袖的社会地位比自己高出很多,他们活动频繁,人脉广泛,常就社会基本问题发表意见,也对随时发生的重大事件表态。

在很多时候,意见领袖更像是意见"经纪人",他们穿越群体的界线,在不同的群体间传递信息。在这种情形下,他们不是处在事物的中心,而是处在事物的边缘;不是某个群体的领袖,而是不同群体之间的联系人。

微博上的意见领袖

2002年，马尔科姆·格拉德威尔出版《引爆点：如何引发流行》(The Tipping Point: How Little Things Can Make a Big Difference, 2002)，其实是在互联网时代用一套崭新的术语重新诠释"意见领袖"这个概念。① 格拉德威尔称，要想传播达成效果，就需要把有限资源集中于三类人身上：联系员（connector），致力于把大家联系在一起；内行（maven），喜欢向他人传授知识；推销员（salesman），热衷于说服他人相信某个观点或事物的有效性。如果配合得当，这三类人可以造成迅猛的"病毒式传播"，甚至引发巨大的趋势。

需要说明的是，所有这三类意见领袖并不一定是名人，也可能是某些社区的普通成员，通过知识的积累和人脉的扩张，成为传播潮的发动者和变革的催生者。在互联网时代，出现了一个突出的变化，即"意见领袖的民主化"。甚至可以说，在网上，凡是持续提供信息和意见的个人都在某种程度上扮演着意见领袖的角色。我们还可以进一步说，凡是有志于在网上成为意见领袖的人，只要付出足够的努力，都可能成功。

从当下中国的现实来看，互联网的出现极大地拓展了言论空间，"意见领袖"不是一个个而是批量产生，特别是在微博上各显其能。人民网舆情监测室秘书长祝华新分析，网络名人的批量涌现，在一定程度上改变了过去由政府和官方媒体主导新闻宣传和社会舆论的格局。②

微博，作为一种后起的信息传播工具，具有一些重要的特点，这些特点也影响到意见领袖的作用。第一是快速化。微博代表着互联网发展

---

① 马尔科姆·格拉德威尔：《引爆点：如何引发流行》，钱清等译，北京：中信出版社，2009年。
② 《名人微博影响舆论　善用"名人意见场"强大磁力》，《人民日报》2012年7月18日。

的新动向。传统媒体都有一个新闻周期的问题,比如报纸,新闻主要以日计算;比如电视,新闻主要以小时计算。而微博几乎不受新闻周期限制,属于即时网络,信息瞬间即可传递出来,传统媒体无法望其项背;同时,信息量的密集程度,也是传统媒体无法与之比拟的。

法国社会学家布尔迪厄在其电视研究著作《关于电视》(*Sur la television*, 1996)中,曾经提出过"快思手"的概念,批评电视制造了一种"快速思维"。[①]他认为,受收视率影响,也屈服于紧急性的压力,电视培养了一批"快思手",他们以"固有的思想"来进行论证,也正因为平庸普通,所以他们总和接受者轻易就达成了共识。

为了适应微博的速度,在微博上对时政发表意见的意见领袖被迫成为"快思手"。并且,中国处于社会转型期,各种事件如走马灯般应接不暇,因而,存在一种强大的社会压力,驱使已负盛名的意见领袖不断对新的事态发展发表看法。因此,在微博的时间限制之内,意见领袖能否真正思考,并说出一些有见地的见解,就成为一个真正的考验。

微博的第二个特点是碎片化。以前的媒体传播信息是从中心到边缘,比如说某地发生突发事件,媒体派记者前去采访,然后刊登见报,众人传阅,网络转载,首发的媒体就是这个"中心"。但现在,微博用户可以即时传递突发事件的信息,也许某个此前默默无闻、无足轻重的人,突然就成为信息的中心,产生瞬间最大影响力。这个人未见得可称为意见领袖,但他的确能在彼时彼地发挥意见领袖的作用。

在突发性事件中,通常来说,公众还是更信任长期履行信息过滤、引导职能的"领袖"类人物,因为这类意见领袖有踪迹可寻,有过往形成的公信力和美誉度,也有可见的专业资格。比如,如果发生了一起重大法律案件,那么,在微博上比较活跃的律师,因其责任感、正义感强,

---

① 皮埃尔·布尔迪厄:《关于电视》,许钧译,沈阳:辽宁教育出版社,2000年。

社会地位和专业程度较高，与媒体联系也比较密切，很容易成为该案件中众望所归的意见领袖。

在事件过程中，意见领袖承担了"解码"的功能。意见领袖不仅仅传递事实，更重要的是，还要对事实加以评论和阐释，这时，微博的碎片化特性会对思维产生很大的影响。在微博上传递的信息，来源比较广泛，内容时常杂乱无章，更有甚者，信息的真假也难以分辨，这些对意见领袖的信息加工能力、独到的观察与判断能力，以及去伪存真的甄别能力都提出了极高的要求。可以说，一个不会"解码"的人不可能成为微博上的意见领袖。

微博的第三个特点是直接化。直接化，顾名思义，就是消除了中介。在这里，"消除中介"的意思不是说意见领袖的信息中介作用消失了（前面讲过，"意见领袖"在很大程度上就是某种"意见经纪人"），而是说，微博上的意见领袖具有易接近的特点。换言之，他/她应该是"粉丝"能经常接触到的。这和布尔迪厄谈到的电视上的"快思手"还有所不同。观众可以在电视上看专家侃侃而谈，但在现实中，要想和专家发生直接接触则几乎不可能。现在，由于技术的发展、媒体的演化，易接近性已不再是问题。微博解除了"不在场"状态下主体间直接互动的诸多限制，使得追随者与意见领袖的"零距离对话"成为可能。

由于微博意见领袖与网民容易形成呼应，他们针对社会热点、公共事件发表言论时，其观点往往影响大批粉丝和舆论走向，甚至改变公共事件在现实中的走向。这极大地增强了意见领袖的号召力。然而与此同时，随着意见领袖越来越从幕后走到台前，完全暴露于舆论"包围圈"之中，他们也必须做好足够的心理准备，迎接没有遮挡的挑战。

很多意见领袖对微博的直接化特性认识不足。他们可能由于此前追随者众而保持较高的心理位势，但在传播手段一再被颠覆的情况下，如果自诩为精英者还以传统方式进行形象管理，甚至意图作秀，他们可能会遭遇被先前的追随者从"佛龛"上直接掀翻在地的命运。意见领袖在微博时代不是牢不可破的，有些时候，崇拜者转眼间就可能成为激烈的反对者。

另一方面，粉丝又容易将自身群体的代言人神化，以致对其形成无所不能、永远正确的盲目迷信，甚至用语言暴力去攻击另外一些持不同意见的网民。还有人根据粉丝数量的多少来判断意见领袖的高下，忘记了真理本身与人多势众无关。

对网络意见领袖的要求

意见领袖在网络时代的作用是毋庸置疑的。信息的大爆炸与人们分散的注意力共存，各种怀有特殊利益的群体操纵信息的手段日益娴熟，导致受众既难以辨别信息的真伪，也难以判断何种信息对自身有益，以至于出现了一个奇特的悖论：在信息丰裕时代，很多人却痛感有用的信息十分匮乏。在此情况下，对意见领袖的呼唤是切实的，存在着巨大的对纷繁复杂的信息进行有价值的分析和甄选的需求。

与过去书斋里坐而论道的知识分子相比，网络上的意见领袖不乏行动力，他们是积极参与公共事务的行动者，促进了表达与行动的一体化。在社会转型震荡不已、社会共识亟待重建的今天，中国迫切需要"公共意识和公共利益的看门人""社会正义和世道良知的守护人""沉默的大多数的代言人"等发挥作用。

意见领袖也在很大程度上决定着中国互联网上的论辩伦理和交往伦理，尤其是在网上推行有效的对话方面。这件事情之所以重要，是因为我们在现实中无法对话。

对话的意义是怎么夸大也不过分的，因为它构成了人类生活的本质特征。查尔斯·泰勒（Charles Taylor）说："只是因为掌握了人类丰富的语言表达方式，我们才成为人性的主体，才能够理解我们自己，从而建构我们的认同。"①他是在广义上使用语言一词的，它不仅包括通常所说的词语，而且包括人们用以界定自身的其他表达方式，如艺术、姿态和爱的"语言"。然而，上述语言并不天然自足，人们要通过与他者的交往才能学会这些表达方式。没有人出于独自进行自我界定的需要而掌握语言，相反，正是通过与自身有关的人进行的互动交往，每个人才被带入语言之中。乔治·赫伯特·米德（George Herbert Mead）把这样的人称为"有意义的他者"（significant others）。②"在这个意义上，人类思想的起源不是独白式的，不是每一个人独自完成的，而是对话式的。"③

泰勒进一步说："我们总是在同某种东西的对话（有时候是同它的斗争）中建构我们的认同，这种东西是有意义的他者希望在我们身上看到的。"④这是说，个人的认同本质性地依赖自身和他者的对话关系。没有对话，你怎会知道自己是谁？

既然对话如此重要，我们可以向每个人提一个简单的问题：你会对话吗？

1989年夏，捷克知识分子在布拉格发起了"公民对话"（Civic Conversation），制定出8条《对话守则》（The Eight Rules of Dialogue），在全国到处宣扬，内容简要概括如下：

---

① 查尔斯·泰勒：《承认的政治》，董之林、陈燕谷译，载汪晖和陈燕谷编：《文化与公共性》，北京：生活·读书·新知三联书店，1998年，第296页。
② Mead, George Herbert (1934/1964). *George Herbert Mead on Social Psychology.* Edited and with an Introduction by Anselm Strauss. Chicago: University of Chicago Press; Mead, George Herbert (1934/2015). *Mind, Self and Society* (The Definitive Edition). Edited by Charles W. Morris, Annotated Edition by Daniel R. Huebner & Hans Joas. Chicago: University of Chicago Press.
③ 查尔斯·泰勒：《承认的政治》，董之林、陈燕谷译，载汪晖和陈燕谷编：《文化与公共性》，北京：生活·读书·新知三联书店，1998年，第296—297页。
④ 同上，第297页。

1. 讨论的目标是寻求真理，不是为了智力竞争。
2. 尽量理解对方。
3. 没有证据，不要坚持。
4. 保持主题。
5. 勿不惜代价追求最后定调。
6. 无损对方人格尊严。
7. 依靠理性而不是情绪提出主张和做出判断。
8. 要分清对话与只顾自己讲话的区别。[①]

这些守则简单而实用。遵守这样的对话规则，对话才有效。可惜的是，在网上就连所谓的网络意见领袖都常常不能用它们来要求自己，更何况一般的网民？

在中国的互联网上，意见领袖轻率的人格攻击、粗俗的自我陶醉和炫耀，以及一言不合便喷薄而出的狂妄而空洞的威胁恐吓俯拾皆是。在极端的情况下，甚至有人从骂阵走向了"约架"，斯文扫地、一地鸡毛。"一地鸡毛"的唯一好处是，这些网络上的意见领袖，现在让大家得以近观，明白人非圣贤，"To err is human, to forgive is divine"（失误人皆有之，而宽恕乃超人之举）。[②]

更根本的问题在于，我们需要什么样的网络意见领袖？人民网舆情监测室曾经给名人微博提出六项建议：[③]

---

① Krapfl, James (2013). *Revolution with a Human Face: Politics, Culture, and Community in Czechoslovakia, 1989-1992*. Cornell: Cornell University Press, 91-92.
② Pope, Alexander (1711/1963). "An Essay on Criticism." In Butt, John (Ed.) *The Poems of Alexander Pope*. New Haven: Yale University Press.
③ http://politics.people.com.cn/GB/30178/14184036.html.

1.在鉴别消息真伪方面：对不熟悉的领域慎言；重视官方信息源；用常识和理性审视；追求传播过程的动态真实。

2.在转发别人的观点方面：务必注明出处及时间；对信息须多方求证；无法证实的消息请加标注；有错就改。

3.在传播客观真实的信息方面：恪守真实客观的基本原则；尊重信息传播途径的每一个环节；发挥名人与粉丝的互动优势。

4.在发表对事实的评论方面：以责任感为原动力；以事实为依据坚持客观公正；开放性发言，不贸然驳斥他人观点；不涉及攻击性、歧视性言论；避免断章取义。

5.在控制网络发言负面情绪方面："不欺软，不怕硬"；给自己一点情绪缓冲时间；放低姿态；从冲突中寻找真知；不谩骂、不傲慢；遇到特例也可以采取删帖、拉黑手段；收起好胜心。

6.同时展开自律与他律。

这些建议都是比较技术性的。加州大学伯克利分校萧强教授对网络活动中的"代表性人物"或者"发言人"则提出了更多的规范性要求：

1.他/她拥有发言的平台，比如博客。
2.他/她的信号（言说）应当是非常基本的，可以形成"身份认同"的言说。不仅仅是就事论事，技术或者技巧层面的论理。
3.他/她的信号（言说）应当不仅仅是修辞的，而是身体力行的。在很多情况下，是为之付出常人没有付出的"代价"，不管这代价是时间、金钱，还是自由。
4.他/她最好有一技之长，是某种"专家"。现代社会人人都有分工，人比较信"专家"的话。
5.他/她的私人品行也要经得住不仅是大众的八卦眼光，还包括政敌的攻击。网络时代更是私事容易公开化，所以公信力很容易被其他事情瓦解掉。

除了以上五条，或许还要加上第六条：学会倾听。不去倾听，一味自说自话、自以为是，也会丧失公信力。

如果用这几条去衡量的话，在纷繁复杂的网络活动中，真正的影响力并不容易建立。"发言人"也不是好当的。《易》曰"君子以言有物而行有恒"，庶几近之。

回声室效应：真相还是神话？

尽管存在一定的争议，"回声室效应"已经被用来解释互联网上的许多现象。所谓"回声室效应"是指，在一个网络空间里，如果你听到的都是对你意见的相类回响，你会认为自己的看法代表主流，从而扭曲你对一般共识的认识。在社交媒体上，它所造成的一个结果是"过滤气泡"的产生。

互联网最具诱惑力的幻象

在传统的大众媒体中常常出现一种情形：在一个"封闭系统"内，一种信息、观念或信念经由反复传播而得到加强或放大，导致与之不同的或者具有竞争性的信息、观念或信念受到审查，被加以否定或不能得到充分表达。

这种情形的发生机制通常是这样的：一个信息传播者做出某种宣称，许多想法类似的人跟进呼应，往往用夸张的甚或扭曲的形式重复该宣称的核心信息，直到大部分人认为所描述的某一极端的变化版本才是真实的。

洞悉大众媒体的这一现象的人会选择不信任媒体（以及媒体所提供的"事实"），而更倾向于信任自己所属的群体。但在这样做的同时，他们忘记了，上述情形的发生，恰恰是经由了社会群体的中介才成为可能。在想法相似的人所组成的社会派系、部落或小团体中，很难去挑战群体共识，这意味着，该群体的成员所不断听到的论点只会往一个方向延展。

相对于大众媒体，网络社区容易催生更为多样化的社会群体。网络社区也被寄予更高的塑造理想的公共领域的期望，然而，奇特的是，更加多样化的社会群体或许可能反而构成实现这种期望的障碍。

原因在于，公共领域不是在别的地方，而正是在具有不同意见和背景的群体展开公共辩论的地方出现的。公共领域是公众舆论形成之地，但这种形成只是在"暴露于充分的信息以及足够广泛和多样化的选择之下"才能够实现。①

迈克尔·麦昆（Michael MacKuen）指出，和意见相同的交流相比，只有意见不同的交流"才允许真正的辩论和思想的交换"。这种交流使得参与者有机会"从更大的菜单中做出选择"，从而导致一种社会意识而不是个人私益。②

然而，实证研究表明，公民的政治对话往往发生在家人、朋友和与自己有着相似观点的人之间。这种"物以类聚，人以群分"（homophily）的现象被多个学者所注意。③个人喜欢同和自己类似的人交往和缔结情谊，这是有关社会网络的研究当中的一个常见发现。④相似导致联系，这种相似包括地位的相似（年龄、性别、教育、收入、职业和组织角色等），以及价值观的相似（态度、信仰、抱负等）。

导致这一现象的原因有许多种。经济学家安东尼·唐恩斯（Anthony Downs）的模型认为，人们从头脑相似的人那里获得信息有助于减少信

---

① Sunstein, Cass R. (2001). *Republic.com*. Princeton, NJ: Princeton University Press, 50.
② MacKuen, Michael (1990). "Speaking of Politics: Individual Conversational Choice, Public Opinion, and the Prospects for Deliberative Democracy." In Ferejohn, John A. & Kuklinski, James H. (Eds.) *Information and Democratic Processes*. Urbana, IL: University of Illinois Press, 60.
③ Huckfeldt, Robert R. & Sprague, John (1995). *Citizens, Politics, and Social Communication*. Cambridge, MA: Cambridge University Press; Rogers, Everett M. & Kincaid, D. Lawrence (1981). *Communication Networks: Toward a New Paradigm for Research*. New York: Free Press.
④ McPherson, Miller, Smith-Lovin, Lynn & Cook, James M. (Aug 2001). "Birds of a Feather: Homophily in Social Networks." *Annual Review of Sociology* 27(1):415-44.

息成本。[1]罗森伯格（Morris Rosenberg）认为这是由于政治具有威胁性特质——它总是充满争议——所致。[2]逃避争议也是"沉默的螺旋"理论的核心观点,[3]虽然该理论原用以描述公众舆论的形成,我们也可以用它来解释为什么人们不愿意站出来说话,并极力避免不同。这一理论有四个基本假设：①社会对背离的个人施以孤立的危险；②个人经常恐惧孤立；③对孤立的恐惧感使个人不断估计众人的意见；④估计的结果影响了个人在公开场合的行为,特别是选择公开表达观点还是隐藏自己的观点。由于害怕被孤立,个人在他人持有不同观点的时候往往不敢说话。这样,他们宁愿选择与意见一致的人交往。

其他人把人们避免冲突的倾向归因于无知、漠不关心、疏离、不愿意挑战群体规范、害怕遭到反对、害怕伤害他人、缺乏可见的选择、不愿意承担责任和怀有无能为力的感觉等等。[4]

互联网能够帮助人们摆脱这些心理障碍而自由交流吗？互联网的本性应该是不仅促进更多人的参与,而且能够促进更多异质群体的参与；赛博空间是"一处不难发现差异的所在"。[5]"电子通信技术的浪潮据信能

---

[1] Downs, Anthony (1957). *An Economic Theory of Democracy*. New York: Harper & Brothers.

[2] Rosenberg, Morris (1954). "Some Determinants of Political Apathy." *Public Opinion Quarterly* 18(4):349-366.

[3] Noelle-Neumann, Elisabeth (1974). *The Spiral of Silence: A Theory of Public Opinion*. *The Journal of Communication* 24(2):43-51; Noelle-Neumann, Elisabeth (1984). *The Spiral of Silence: Public Opinion, Our Social Skin*. Chicago: Chicago University Press.

[4] Wyatt, Robert O., Katz, Elihu, Levinsohn, Hanna & Al-Haj, Majid (1996). "The Dimensions of Expression Inhibition: Perceptions of Obstacles to Free Speech in Three Cultures." *International Journal of Public Opinion Research* 8 (3): 229-47; Wyatt, Robert O., Kim, Joohan & Katz, Elihu (2000). "How Feeling Free to Talk Affects Ordinary Political Conversation, Purposeful Argumentation, and Civic Participation." *Journalism and Mass Communications Quarterly* 77(1):99-114.

[5] Dahlberg, Lincoln (2001). "Computer-Mediated Communication and the Public Sphere: A Critical Analysis." *Journal of Computer-Mediated Communication* 7(1).

够增加观点的多样性,以及这些观点到处传播和彼此竞争的速度和轻易性。"[1]有研究表明,网民与非网民相比,更加支持多样化的观点,容忍度也更高。[2]网络因而是一个理想的个人可以扩展视野的地方,一个网民可以交往到成百上千的陌生人,并遭遇无数的新话题和新观点。

问题是,虽然互联网上的对话以不一致为基本特征,但虚拟社区还是常常建立在拥有同样价值观、兴趣和关注点的人群之上。安东尼·维尔海姆(Anthony G. Wilhelm)发现,在一个讨论组内,大多数人对某个政治话题通常持有相同的意见。[3]他的发现与理查德·戴维斯(Richard Davis)对新闻组(usenet)的看法一致。戴维斯称新闻组已经变成了"一种壁垒化的论坛",被不容许异见的头脑相似的人所主导。[4]许多论坛都有定义明确的议程,群内认同极其强烈,维尔海姆对政治类新闻组的抽样内容分析显示,超过70%的帖子都对主导立场表示坚决或温和的支持。[5]这证明了哈克费尔特(Robert R. Huckfeldt)和斯普拉奇(John Sprague)的观点:"政治看法平均分布或接近平均分布的群体一定是罕见的。群体内信念分布的不对称很可能是普遍现象。"[6]

---

[1] Page, Benjamin I. (1996). *Who Deliberate? Mass Media in Modern Democracy.* Chicago: University of Chicago Press, 124.

[2] Robinson, John P., Neustadtl, Alan & Kestnbaum, Meyer (2002). "The Online 'Diversity Divide': Public Opinion Differences among Internet Users and Nonusers." *IT and Society* 1(1):284-302.

[3] Wilhelm, Anthony G. (1999). "Virtual Sounding Boards: How Deliberative Is Online Political Discussion?" In Hague, Barry N. & Loader, Brian D. (Eds.) *Digital Democracy*: *Discourse and Decision Making in the Information Age.* London: Routledge, 154-78.

[4] Davis, Richard (1999). *The Web of Politics*: *The Internet's Impact on the American Political System.* Oxford: Oxford University Press, 162.

[5] Wilhelm, Anthony G. (2000). *Democracy in the Digital Age*: *Challenges to Political Life in Cyberspace.* New York: Routledge, 99.

[6] Huckfeldt, Robert R. & Sprague, John (1995). *Citizens, Politics, and Social Communication.* Cambridge, MA: Cambridge University Press, 53.

新兴的社交媒体也同样未能避免此种情况。例如，博客日志容易掉入"自我指认"的陷阱，即只在博客自我设计的交流空间内传播。调查发现，80.8%的活跃日志至少在其主页的一个帖子上链接一家外部网站，但这些链接很少指向传统新闻媒体。只有9.9%的活跃日志在帖子中链接传统媒体。[1]有关政治信息在推特上的传播的研究表明，用户不成比例地接触到相合的信息，同时信息也更快地到达志趣相投的用户。[2]

由于互联网上的社区都是自愿形成的，在人们具有寻找头脑相似的伙伴的倾向的作用下，这些社区往往成为同质性的。它们由此被称作"兴趣社区"（communities of interest），非常符合盖茨在《未来之路》中的描述：

> 我们确信我们会利用信息高速公路独一无二的能力，找到同好者社区……加入电子社区的人越多，社区对成员来说也就更有价值。全球大多数滑雪爱好者都会成为滑雪电子社区的成员……如果你尝试在滑下一个陡坡前让自己处于更好的身体状况，那么要是能和十几个与你身高体重年龄相仿，并同你怀有同样的锻炼和减肥目的的人保持密切的电子联系的话，你会发现训练更有趣……当所有的人都从事与你相像的锻炼项目时，你自我意识的东西会

---

[1] Peusus blog survey, 原文见 http://www.perseus.com/blogsurvey/thebloggingiceberg.html, 现已删除，可参见 "The Blogging Iceberg: Of 4.12 Million Weblogs, Most Little Seen and Quickly Abandoned, According to Perseus Survey." Business Wire, Oct 6, 2003, https://www.businesswire.com/news/home/20031006005562/en/The-Blogging-Iceberg-Of-4.12-Million-Weblogs-Most-Little-Seen-and-Quickly-Abandoned-According-to-Perseus-Survey.

[2] Halberstam, Yosh & Knight, Brian (Nov 2016). "Homophily, Group Size, and the Diffusion of Political Information in Social Networks: Evidence from Twitter." *Journal of Public Economics* 143:73-88.

减少。①

在自我意识减少的同时，你也就掉进了互联网最具诱惑力的幻象之中：在特别营造的小天地之中得到虚假的保证，仿佛与自己的信念相抵触的事实全都不再存在。这就是网络的"回声室效应"（echo chamber effect）：信息或想法在一个封闭的小圈子里得到加强。

所谓"回声室效应"是指，在一个网络空间里，如果你听到的都是对你意见的相类回响，你会认为自己的看法代表主流，从而扭曲你对一般共识的认识。此一效应的存在常常同信息选择密切相关：个人总是倾向于接受协调性的信息而避免那些会带来不协调认知的信息。

回声室的存在会在一种特定的网络媒介中对批判性对话造成重大障碍。在线讨论的参加者会发现，讨论的结果并非开放性地吸收对话其他方的可取的观点，而常常只导向己方信念体系的进一步增强。回声室效应也可能影响对网络上的大的语言和文化变化的认知，因为个人仅创造、体验和漫游那些符合其世界观的虚拟空间。

网络杂志《沙龙》（*Salon*）的专栏作家安德鲁·列奥纳德（Andrew Leonard）在回顾了自己被"回声室效应"误导的痛苦经历之后说："让我不安的，不是在互联网上用谷歌找到自己所需要的信息的容易性，而是那种随时可以获得自己想要的心态的方便性。"②在这样的"回声室"中，人们只会链接到他们喜欢或意见相同的人，只会阅读他们热爱读或完全同意的东西，那么，又哪里还会有公共领域存在？

马歇尔·范·阿尔斯泰恩（Marshall Van Alstyne）和埃里克·布莱

---

① 比尔·盖茨：《未来之路》，辜正坤主译，北京：北京大学出版社，1996年，第260—261页（译文有改动）。
② Leonard, Andrew (Nov 3, 2004). "Trapped in the echo chamber." *Salon*, https://www.salon.com/2004/11/03/echo_chamber_2/.

卓夫森（Erik Brynjolfsson）在一篇重要的论文中，显示了互联网可以把头脑相似者的甚至是微弱的偏好发展成同质的小兴趣团体，其内部交往大大超过群外交往，他们把这一情形称为"赛博空间的巴尔干化"（cyberbalkanization）。① 这种情况如果不加遏止，会导致"族群政治"（group politics）和"议题政治"（issue politics）的出现，剥蚀大部分公民应该拥有的一定程度的共同经验。

同质社区的增多不仅减少了跨群体的社区，造成了政治分裂，而且它还加剧了调和多样化的利益和世界观的困难程度。政治学家凯斯·桑斯坦从十几个国家的实证研究中，总结出"群体极化"（group polarization）的概念：即"团体成员一开始即有某种偏向，在协商后，人们朝偏向的方向继续移动，最后形成极端的观点"。而且，这种形成更极端的而不是团体共同信念的较温和变体的现象，在团体成员以匿名身份相会的情况下更为严重。② 这正是在互联网上我们所看到的情形。

"回声室效应"在社交媒体上造成的一个结果是"过滤气泡"（filter bubble）的产生。③ 由于关注对象的选择，一个社交媒体用户的时间线上可能充斥着想法类似的帖子，这种高度同质化的信息流构成"过滤气泡"，从而把相异的观点和自己不喜欢的人有效地排斥在外。网络公司的所谓定制化服务更加强这一趋势，当它们努力地将自己的服务（包括新闻、搜索结果、社交分享）根据我们的口味度身定造，过滤出只属于私人圈子内的话题，我们会更深地被困在一个个"过滤气泡"当中，看不

---

① van Alstyne, Marshall & Brynjolfsson, Erik (Mar 1997). "Electronic Communities: Global Village of Cyberbalkans?" Working paper, MIT Sloan School, http://web.mit.edu/marshall/www/papers/CyberBalkans.pdf.
② 凯斯·桑斯坦：《网络共和国：网络社会中的民主问题》，黄维明译，上海：上海人民出版社，2003年，第三章。
③ Pariser, Eli (2011). *The Filter Bubble: How the New Personalized Web Is Changing What We Read and How We Think*. New York: Penguin.

到那些或许能让我们对世界拓宽视野的信息。

选择舒适区

在越来越多的表达和论辩都发生在网络上的情况下,需要对"回声室效应"的形成、结果与克服进行多个层面的研究。在传统的传播语境下,大多数回声室环境依靠灌输和宣传以直截了当的或潜移默化的方式传播信息,以便在室内困住听众并诱使他们保持一致。其中可能存在很多花样,例如树立敌人以便让任何出自他们的信念都名誉扫地(一个形象的例子来自奥威尔笔下《一九八四》中的"两分钟仇恨"[1]),又如对异端的想法和行动的惩戒。克服的方法之一是培养批判性思维以质疑明显的误传和有意传播的假信息。

在新媒体的传播语境下,"回声室效应"与意见传染(opinion contagion)存在密不可分的关系。有关社交媒体的研究表明,在用户优先链接到与他们共享观点的其他用户的时候,会发生意见和情绪传染:例如,在脸书上,总体比较正面的动态消息导致生成更加正面的内容,同样,负面的动态消息导致生成更加负面的内容;[2] 同样,在推特上,用户被暴露什么信息,同用户随后的意见表达之间,存在强烈正相关。[3] 这些研究在如何处理极化问题方面有重大意义,而极化正在越来越多地形

---

[1] 乔治·奥威尔:《一九八四》,董乐山译,上海:上海译文出版社,2006 年,第一部,第一章。

[2] Kramer, Adam D. I., Guillory, Jamie E. & Hancock, Jeffrey T. (Jun 17, 2014). "Experimental Evidence of Massive-Scale Emotional Contagion Through Social Networks." *Proceedings of the National Academy of Sciences of the United States of America* 111(2).

[3] Dunn, Adam G., Leask, Julie, Zhou, Xujuan, Mandl, Kenneth D. & Coiera, Enrico (Jun 2015). "Associations Between Exposure to and Expression of Negative Opinions about Human Papillomavirus Vaccines on Social Media: An Observational Study." *Journal of Medical Internet Research* 17(6).

塑和保持网络舆论。

在社区研究中，另一个新兴的用以描述这种回声和同一化效果的术语是文化部落主义（cultural tribalism）。基钦（Rob Kitchin）将"文化部落主义"描述为："当人们只同自己喜爱的人交流时，由此形成的兴趣社区（非地理社区）很有可能削减多样性和窄化影响范围。这将不仅令一个更好的真实世界社区替代物付之阙如，而且会导致网络社区的功能丧失。"[1] 文化部落主义由此成为所有网络社区的最终均衡态。因为在线试错和迁移的成本甚低，人们会尝试大量的网络社区，而在其后选择移居到他们感觉最舒适的地方——听自己最想听的话，不必面对任何认知挑战。

麦茨（David C. Matz）和伍德（Wendy Wood）的研究支持这一观点。他们发现，异质的态度会在一个群体中制造失调、紧张和不适。不适的程度取决于那些拥有非典型观点的少数派成员的数量。如果少数派观点持有者没有感受到太大的强求一致的压力而得以畅所欲言，这种不适会部分缓解。然而，真正的缓解只能来自少数派说服了多数派、多数派意识到自己的错误从而有力地支持少数派观点，或者，来自少数派出走，加入一个同自己更相合的群体之中。文化部落主义的这种迁移性似乎是一个自然的、无法避免的应对机制（coping mechanism）的结果，它使得以多样化的想法为特点的社区随着时间的推移，多样性变得日益减少，高度的认知多样性成为昙花一现。[2]

最后，必须指出的是，也有一些研究表明，"回声室效应"和极化现象并不存在，或者至少没有公认的那么严重。伊坦·巴克西（Eytan

---

[1] Kitchin, Rob (1998). *Cyberspace: The World in the Wires*. Chichester, UK: Wiley, 90.

[2] Matz, David C. & Wood, Wendy (2005). "Cognitive Dissonance in Groups: The Consequences of Disagreement." *Journal of Personality and Social Psychology* 88(1):22-37.

Bakshy)领导进行了一个大规模的有关人们在脸书上如何接受和回应新闻的研究，结果表明，脸书用户虽然更可能分享亲密朋友发布的信息，但同时也在分享来自弱联系的信息，而脸书上人们的关系主要是弱联系。由此可以得出的结论是，社交网络虽然被EdgeRank这样的定制化算法所主导，但人们仍然有可能打破"过滤气泡"。[1]

其他质疑"回声室效应"的声音包括芝加哥大学两位经济学家马修·根茨考（Matthew Gentzkow）和杰西·夏皮罗（Jesse M. Shapiro）有关在线新闻消费对意识形态隔离（ideological segregation）的影响的研究。[2] 虽然他们发现在线新闻消费造成一定程度的意识形态隔离，但其影响似乎大大小于在家庭中或是社交媒体上的观察所见。

那么，社交媒体又如何呢？纽约大学政治学者帕布罗·巴贝拉（Pablo Barberá）对推特的研究认为，人们在推特上倾向于关注和自己观点一致的人，但他的分析也表明，随着时间的推移，那些嵌入在较为多样化的网络中的美国用户会逐渐关注较少意识形态同质性的群体。在网上遭遇不同的观点没有令用户更加极化，而是鼓励他们拓宽自己的信息流。[3]

尽管存在一定的争议，"回声室效应"已经被用来解释互联网上的许多现象。然而，像脸书这样的公司所搜集的海量数据现在正以实证支持帮助我们理解自身在网上的表现。如果一些长期持有的信念在这个过程中被推翻，当然未必是件坏事。

---

[1] Bakshy, Eytan (Jan 18, 2012). "Rethinking Information Diversity in Networks." https://www.facebook.com/notes/facebook-data-team/rethinking-information-diversity-in-networks/10150503499618859.

[2] Gentzkow, Matthew & Shapiro, Jesse M. (2011). "Ideological Segregation Online and Offline." *The Quarterly Journal of Economics* 126(4):1799-1839.

[3] Barberá, Pablo (Oct 18, 2014). "How Social Media Reduces Mass Political Polarization. Evidence from Germany, Spain, and the U.S." http://pablobarbera.com/static/barbera-polarization-social-media.pdf.

反思和选择

技术不会决定我们的未来。我们如何部署和使用技术，才会决定我们的未来。

互联网内容走向何方?
——从 UGC、PGC 到业余的专业化[①]

用户内容生产（UGC）作为互联网技术赋权的突出体现，被认为是变革传统媒体的重要力量。但迫于版权和营收的压力，一大批UGC平台走上了机构化和专业化的道路，内容生产从业余走向专业。本文综合国内外UGC平台的发展路径，认为互联网内容产业在发展过程中仍然存在着强大的头部效应，"业余的专业化"是未来互联网内容发展的新趋势。

从阿尔·戈尔1991年提出"信息高速公路"到1994年欧盟班格曼报告（Bangemann report）[②]称信息社会引发了"革命性的浪潮"，互联网发展过程中从不乏乐观的声音，其中最为人称道的就是互联网去中心化、技术赋权的特点。技术对个人的赋权增加了个人通过网络对外传播的机会，使得业余用户也能够通过网络与专业人员一较高下，受众从被动走向主动。

从被动走向主动最主要的变化就是：利用视频网站等便捷的工具，受众有机会深入媒介内容生产—分发—消费—反馈的系统，用户生产内容（User Generated Content，UGC）反客为主，赶上甚至反超了专业生产

[①] 与张月朦合写。
[②] 即《欧洲与全球信息社会报告》（Europe and the Global Information Society），由德国政治家马丁·班格曼（Martin Bangemann）领衔撰写，提出欧盟在信息基础设施上应当采取的措施，影响了欧盟大量政策的制定。报告见 http://www.cyber-rights.org/documents/bangemann.htm, May 26, 1994。

内容（Professionally Generated Content，PGC）。

UGC是互联网发展到Web 2.0时代出现的一个新名词。UGC并不是某一种具体的业务，而是一种用户使用互联网的新方式，即由原来的以下载为主变成下载和上传并重，每个人都可以将自己DIY（do it yourself）的内容通过互联网平台进行展示或者提供给其他用户。[①]

与UGC相对应的就是PGC，比如我们熟知的好莱坞电影和电视节目就是传统的PGC形式。值得注意的是，那种将被动受众和旧媒体联系起来，将主动参与等同于数字媒体特别是UGC网站的说法，构成了"历史的谬误"。[②]电视观众并不能被简单定位为被动受众，同理，无论是小说、音乐、电影还是报刊，受众也都积极参与其中，读者来信、听众来电都可以被认为是一种UGC的形式。只不过，在互联网时代，受众能够更容易、更便捷地接触到网络媒体，其内容生产能力能够最大程度地被释放出来，并随着互联网传播到世界各地，影响力更为深远。

UGC：在反叛中成长

梳理UGC的历史会发现，数字时代的UGC只能算作其中的一部分。在《数字乌托邦》（*From Counterculture to Cyberculture: Stewart Brand, the Whole Earth Network, and the Rise of Digital Utopianism*，2010）一书中，特纳（Fred Turner）认为，反文化运动中表现出来的自由至上主义是推动UGC文化发展的主要因素。[③]

在20世纪60年代末，经历了高速发展后的美国，社会失业率增高、

[①] 陈欣、朱庆华、赵宇翔：《基于YouTube的视频网站用户生成内容的特性分析》，《图书馆杂志》，2009年第9期。

[②] van Dijck, José (Jan 2009). "Users like you? Theorizing agency in user-generated content." *Media, Culture & Society* 31(1):41-58.

[③] 弗雷德·特纳：《数字乌托邦：从反主流文化到赛博文化》，张行舟等译，北京：电子工业出版社，2013年。

贫困阶层扩大,并且深陷越战泥潭,资本主义物质与政治危机逐渐显现。在这样的背景下,战后出生的年轻一代开始怀疑现存的价值观和制度,不满主流媒体塑造的社会假象。他们中的一部分走上街头,通过反战、创办政党的方式表达政治诉求,被称为"新左派"。与此同时,一部分年轻人远离城市,归隐山林,建立公社,尝试新的生活、工作方式。其中斯图尔特·布兰德(Stewart Brand)创办的《全球目录》(*The Whole Earth Catalog*)杂志为他们提供了一份生存指南。DIY爱好者可以从这本杂志中获得形形色色制造工具的方法,来完成自己的创作。《全球目录》作为用户自生产的媒体,在反文化运动中创造了一个乌托邦。

这一乌托邦对后来的互联网创业者产生了深远的影响。进入20世纪90年代以后,博客、维基、论坛、播客、视频和图片分享服务等纷纷涌现,以脸书、推特为代表的社交媒体也开始崛起,UGC得到广泛的应用,涉及问题处理、新闻、八卦和研究等。通过新的技术,媒体生产空前扩张,公众不仅更容易接近媒体,也完全能够负担得起它们。

BBC主管新闻与时事业务的弗兰·昂斯沃斯(Fran Unsworth)提醒说,"UGC不是什么新鲜事","它比以前更为普遍只是因为大家都有一部照相机"。①移动电话普及,高质量的内置相机同广泛的连接相结合,导致数据更便宜、更丰富,加上社交网络的巨大影响,意味着可用的目击者视频会变得更经常出现。

例如,BBC新闻制作中的观众参与是由许多备受关注的新闻事件推动的。转折点是2004年12月的亚洲海啸事件和2005年7月的伦敦地铁爆炸事件。用斯图尔特·艾伦(Stuart Allen)的话说,这些事件标志着公民

---

① Wardle, C., Dubberley, S. & Brown, P. (2014). "Amateur Footage: A Global Study of User-Generated Content in TV and Online News Output." Tow Center for Digital Journalism, https://academiccommons.columbia.edu/doi/10.7916/D88S526V.

或用户生成内容在BBC进入"主流"。[①]在伦敦地铁爆炸案中,BBC第一次使用不是由自己的摄像机拍摄的镜头,在新闻播报中剪辑了人们通过地下通道逃离现场时抓拍的照片。在这之后,UGC团队成为固定的设置,并很快得到扩大,表明公民记者登堂入室进入主流新闻媒体。

2006年8月2日,CNN启动iReport项目,意在将UGC新闻内容带入CNN的新闻流程之中。它的竞争对手Fox新闻频道马上跟进,推出uReport。在2005—2006年,主要的电视公司都意识到,公民新闻业已成为广播新闻的一部分。例如,天空新闻台(Sky News)就经常向观众征集照片和视频。

2006年年底评出的《时代》周刊风云人物是"你",即全球每一位造就网络博客、视频共享与社交网站风潮的网民。这也是主流媒体对那些向YouTube和维基百科贡献内容的人的礼赞。《时代》技术记者列夫·格罗斯曼(Lev Grossman)写道:"因为'你'夺回了全球媒体的主控权,开创且构成新的数字民主,不求回报地工作,并击败了自认主导游戏的专业人士,《时代》2006年风云人物就是'你'。"[②]

转型:从业余走向专业

在国内,言及互联网,大部分人都倾向于认为互联网是对旧媒体革命性的替代,但事实并非如此。就UGC和PGC的发展历程来看,作为新兴产物的UGC并没有取代PGC,甚至还存在一种向PGC过渡的趋势。

成立于2005年的YouTube是最具代表性的UGC视频分享网站,曾被认为将使传统广播电视行业产生颠覆性变革。然而有人认为,YouTube在

[①] Allen, Stuart (2008). "The Cultural Politics of News Discourse." In Ryan, Michael (Ed.) *Cultural Studies: An Anthology*. Oxford: Blackwell, 936-957.
[②] Grossman, Lev (Dec 25, 2000). "You—Yes, You—Are TIME's Person of the Year." *Time*, http://content.time.com/time/magazine/article/0,9171,1570810,00.html.

其发展过程中，尤其是被谷歌收购之后，其实走了一条从UGC到PGC的机构化之路。YouTube的转型是在版权问题和广告营收双重压力之下的无奈之举。①

对于UGC系统来说，用户编辑内容这一部分是很容易涉及侵权的。无论是YouTube还是国内的优酷、土豆，都曾经陷入版权纠纷的官司中。YouTube的UGC内容面临的另一个压力是广告营收。UGC虽然能为视频网站带来流量，但是因为它的偶然性和片段性，加之制作质量良莠不齐，没有广告商愿意在这些内容上有所投入，这部分流量自然很难变现。根据调查，2008年YouTube收入2亿美元，虽然远高于其竞争者Hulu的9000万美元（注：Hulu是NBC Universal和Fox在2007年3月共同投资建立的网络视频网站），但在Hulu上70%的视频都产生收益，而YouTube上这一数字仅为3%。②谷歌入主之后，YouTube尝试新的商业模式，推出了横幅广告、首页广告位竞价和关键词竞价等一系列商业计划。

新媒体的发展从来就不是靠取代旧媒体获得的。正如保罗·莱文森（Paul Levinson）所言，"旧媒介和新新媒介有一种互相协同、互相催化的作用；在聚焦新媒介的革命冲击时，我们很容易忽略两者的相互促进作用"。③YouTube的转型也是在和传统媒体博弈中完成融合的。它在保留UGC内容的同时，也向大型媒体集团敞开了大门，希望传统媒体的内容优势能够帮助YouTube实现商业变现。与此同时，传统媒体产业也希望通过用户参与建立更为忠诚且稳定的受众关系，而将YouTube作为新的内容分发窗口，无疑是最合适的选择。

---

① Kim, Jin (Jan 2012). "The Institutionalization of YouTube: From User-Generated Content to Professionally Generated Content." *Media, Culture & Society* 34 (1):53-67.
② Kim, Jin (2010). "User-Generated Content (UGC) Revolution: Critique of the Promise of YouTube." PhD thesis, University of Iowa, http://ir.uiowa.edu/etd/529.
③ 保罗·莱文森：《新新媒介》，何道宽译，上海：复旦大学出版社，2011年，第62页。

在国内，视频网站的发展也经历了从UGC到PGC的转型。2008年，以UGC为重要内容的视频网站土豆网暂时放弃这一领域，时任土豆网CEO的王微抛出"工业废水"的理论，原因是UGC内容耗掉巨大的带宽成本却不能带来收益，甚至还引起版权麻烦。①徐帆认为，这种看似回归传统的"逆潮"，实则是基于机制、资本量、生产者、内容和受众等五个面向的积累和支撑，按照互联网传播和市场运作规则产生的业态演进。②

回归UGC，新生产样态的产生

这种业态的演进也在不断的变化中。2011年之后，随着视频版权费水涨船高和移动设备的快速增长，一度被打入冷宫的UGC又回到主流视频服务商的视野。YouTube积极地将业余的内容生产商变成专业或者半职业化的视频制造商。在国内，优酷、土豆等多家视频网站纷纷重新打磨UGC。只不过此次回归的不再是传统意义上的UGC，而是精品化或者说专业化后的UGC。

究其原因，内容的缺口一直都在，传统媒体机构所生产的内容远远不能满足受众多元化的需求，市场的长尾需要UGC的填充。在全民追求IP的风口，UGC成为挖掘IP的富矿。但是，以往质量较差、缺乏商业基因的UGC已无法适应如今的市场需求。以微信公众号为代表的自媒体平台，早就走上了"业余专业化"的道路。

丁月认为，UGC的关键在于用户的思想融入，而不一定要亲自制

---

① 2008年，在一次行业会议上，王微称："灰色内容可以产生庞大流量，但却近似于工业废水，毫无价值。"见《土豆网CEO王微：文学青年的网络历险记》，《21世纪经济报道》，2011年10月15日。
② 徐帆：《从UGC到PGC：中国视频网站内容生产的走势分析》，《中国广告》，2012年第2期。

作。①因此，UGC+PGC模式就是UGC适应互联网环境变化在大数据技术下催生的模式创新。视频网站作为制作的实体，观众作为参与的协作者，使得UGC与PGC共同作用于内容生产。从这方面来讲，视频网站的自制剧是最成功的案例。目前很多大热的网络自制剧都源自UGC的IP资源，视频网站与专业化的制作团队将其制作包装后推向市场。2016年初大热的网剧《太子妃升职记》就是其中的代表。该剧改编自鲜橙的网络言情小说《太子妃升职记》，由专业的制作公司北京乐漾影视传媒有限公司投资制作。在推广方面，乐视也拿出了很多资源对前期的营销做精心的设计和策划——乐视网相关项目组提前看了许多遍样片，分门别类找了不下300个"槽点"，然后将这些材料放到网络上，观察哪些是网友最感兴趣的，然后集中做推广。可以说《太子妃升职记》创下单日播放量超过2亿、总播放量高达26亿的惊人成绩并非偶然之举，其背后UGC的优质内容和专业团队的制作推广功不可没。

2015年，移动直播的强势崛起唤起了UGC模式的第二春，也带走了斗鱼、战旗、熊猫等桌面直播平台的流量。个人主播数量急剧增加，移动直播获得井喷式的内容发展。但普通的UGC早已不再是直播平台的宠儿，正如网红撑起了新浪微博一样，知名主播的数量和质量很大程度上决定了直播平台的发展潜力，呈现出明显的幂次定律。

相较于视频网站的转型，移动直播的专业化转型过程更快，直播市场现在已经一片红海，优质的UGC内容成为各大平台你争我夺的资源。80%的内容流量里，基本是明星、网红、职业选手、知名解说人等，这些流量建立在主播的个人品牌下，形成粉丝经济。以LOL（即《英雄联盟》，是美国Riot Games开发、中国大陆地区由腾讯游戏运营的网络游戏）

---

① 丁月：《UGC+PGC：网络自制剧生产模式探究》，《视听界》，2014年第4期。

知名主播MISS为例,其背后的团队包括一起开黑①讲段子的队友、摄影摄像团队、新媒体运营团队、网店维护团队和广告团队。这早已超出了普通UGC内容的范畴,已经是准专业级的艺人包装水平了。

从历史上来看,UGC不是互联网时代的新产物,但UGC大放异彩却是互联网带来的红利,技术赋权给了普通用户发声的机会,不过,其发声能否被听见则是另外一个问题。UGC的专业化历程很好地说明了这一点,即更多的用户参与并不代表分享同等的权力。UGC的精髓在于其具有将受众转变为生产者的潜力,但这种潜力与现实影响力之间还存在相当大的距离,事实上,UGC经常被传统媒体和主流文化所宰制。

在《数字民主的迷思》(*The Myth of Digital Democracy*, 2008)一书中,马修·辛德曼(Matthew Hindman)指出:"网络集中(online concentration)的程度是如此深刻,以致它促使我们不仅重新思考环绕着互联网的那种狂热,也重新思考怀疑论的种种理由。"②"每一站点群落中的链接分布都接近于一种幂律状况,即一小簇超级成功的网站获得了绝大多数的链接。"③在内容生产领域,这种"赢家通吃"的模式也同样适用,专业机构所拥有的资源和影响力都是普通用户难以企及的,20%的专业机构收获了80%的注意力,头部效应非常明显。当然,正如前文所指出的,新旧媒体之间是相互协同、互相催化的,互联网的去中心化也在重塑着传统媒体的形态,使得它们不得不重视用户反馈,从这个角度来讲,UGC的专业化走的正是这个路径。

---

① 对战游戏术语,指在同一游戏里的一群人,在交流方便的情况下,组成一队进行游戏的行为。
② 马修·辛德曼:《数字民主的迷思》,唐杰译,北京:中国政法大学出版社,2016年,第74页。
③ 同上,第53页。

知乎：中国网络公共领域的理性试验田[1]

网络能承载理性讨论吗？在中国大陆的网络社区中，知乎似乎代表着一种相对理性和更加精英化的讨论模式。2013年3月，知乎向公众开放注册，降低门槛，让更多的人参与到知乎社区中。从我们的分析来看，某种程度上，知乎社区仍具有自我净化能力。

知乎是一个社会化问答网站，创立于2011年1月，其宗旨是"与世界分享你的知识、经验和见解"。创始人周源希望以"共同编辑"为手段实现优质的知识自由传播这一目的。与传统问答网站不同的是，知乎的社交性更明显，它将社交关系融入问答体系之中，用户不仅能够在知乎提出和回答问题，还能通过关注、私信、评论等方式构建人际关系。在这一点上，知乎和微博、微信具有相似的功用，都能通过UGC平台搭建社会关系网络，形成社会化和社区性的影响力。然而，在用户群体层面，知乎与微博、微信存在明显差异。

知乎早期采用邀请+认证的实名注册方式，在严格的审核环境下保证了初创阶段质量较高的用户群，这对于一个UGC平台来说至关重要。经过严格筛选的用户，许多都是各领域的专家，他们针对特定问题的回答具有很高的参考价值。2013年3月，知乎向公众开放注册，降低门槛，让更多的人参与到知乎社区中。不到一年时间，注册用户数就从40万迅速升至400万。截至2019年1月，知乎用户数达2.2亿，累积问题超过

---

[1] 与茹西子合写。

2800万,回答达到1.3亿。①另据一项资料,截至2018年3月,知乎日活超过3400万。②

为了研究知乎社区与微博、微信的不同,我们选取2015年作为一个比较的年份。截至2015年3月,知乎拥有1700万注册用户,月独立用户约8000万,月UV(Unique Visitor,访问某站点的不同IP地址的人数)接近1亿。③

虽然知乎的门槛在废除邀请制的实名注册后有所降低,但长期形成的生产高质量内容的氛围并没有因此而迅即消失。知乎用户主要来自科技、媒体、法律、文化、艺术等领域的从业人员和学者,他们活跃在自己擅长或感兴趣的领域,基于自身的专业知识对相关问题进行具有专业性和客观性的解答,可读性和借鉴性较强。

首先,知乎中拥有高赞同数的用户特征是什么样的?就知乎2015年12月的热点话题来看,在"地铁"话题中"地铁工作人员工作到没地铁了他们怎么回家?"④这个问题下,赞同数量最多的答案分别来自:densen(从事城市轨道交通行业)、奥尼克希拉(地铁司机)、匿名用户(上海铁路局职工)。在"科技"话题中"什么才算是真正的编程能力?"⑤这个问题下,赞同数量前三名的答案分别来自:刘贺(码农)、mu mu(高级软件架构师)、不是我干的(北京邮电大学,创业中)。由此可见,知乎中排名靠前的高票回答大多由具有相关知识背景的人撰写,他们将自己在

---

① 《知乎寻找"问题"》,新浪科技,2019年5月16日,https://tech.sina.com.cn/i/2019-05-16/doc-ihvhiqax9030361.shtml。
② 《"变味"的知乎:商业化之手强插广告》,《中国经营报》,2018年4月28日,http://tech.sina.com.cn/i/2018-04-28/doc-ifztkpip5643218.shtml。
③ 《知乎CEO周源:用户数达1700万,将试水商业化》,DoNews,2015年3月20日,http://www.donews.com/net/201503/2885050.shtm。
④ https://www.zhihu.com/question/35518784。
⑤ https://www.zhihu.com/question/31034164。

本领域或行业的知识和经验总结出来，是一种专业知识的普及化过程，由此实现专业知识的传递。

其次，来看知乎中高赞同答案的内容特征。有人曾用数据抓取的方式对知乎中的高赞同回答进行了研究，研究结果显示，知乎中回答的赞同数与字数具有明显的正相关关系。统计数据表明，100字以上的答案占有赞同回答总数的80%；而1000字以上的答案虽然总数不到4%，所有人点下的赞同却有40%落在其头上。[①]虽然高赞同短答案也不容忽视，但具备"干货"性质的热门答案往往引经据典、论证充足，不少长篇幅文章采用学术论文的写作方式，逻辑清晰，参考文献丰富。由此可见，知乎的内容具备很强的理性。

调查数据显示，在2015年第一季度末，微信每月活跃用户已达到5.49亿，绝大部分用户是企业职员、自由职业者、学生、事业单位员工这四类。微信最主要的社会影响力有这几个方面：社交、资讯、娱乐、生活服务，[②]核心为社交，生产信息和知识的公众平台为其扩展层。虽然用户可以通过订阅号获取丰富的资讯信息，但这些订阅号名目繁多，良莠不齐。

从新浪微博用户分析数据来看，微博月活跃用户2.22亿，认证用户占总体的1%，达人用户占3%，而普通用户数量则占到96%。[③]微博用户关注度最高的两类话题为社会和明星。从2015年12月热门微博榜来看，获赞最多的前10条微博中，有8条都是来自TFboys、邓超、林志颖、谢娜等明星，微博内容为自拍和秀恩爱。由于受到字数限制，微博的长文

[①] 苏莉安：《民间版知乎分析报告第二期——赞同背后的秘密》，知乎专栏，2018年3月7日，http://zhuanlan.zhihu.com/sulian/19907234。
[②] 《企鹅智酷 | 解密微信：微信平台首份数据研究报告》，腾讯科技，2015年1月27日，http://tech.qq.com/a/20150127/018482.htm#p=3。
[③] 新浪微博：《2015微博用户发展报告》，2015年12月21日，https://data.weibo.com/report/reportDetail?id=297。

章只能通过长微博等方式实现，经常刷微博的人可以发现，目前微博中具有"干货"性质的长文章越来越多地来自知乎。

2015年2月的纪录片《柴静雾霾调查：穹顶之下　同呼吸　共命运》在社会中掀起轩然大波，知乎答主们针对这个事件的讨论让我们看到了中国互联网公共讨论中的观点碰撞和理性之光。在问题"如何评价雾霾调查《穹顶之下》"[①]下面，赞同数最高的前五个答案分别来自：一线环保监察工作者、气象学博士后、环保学者、建筑节能领域从业者、环境工程领域科研人员，他们的答案图文并茂、篇幅较长，一些答案中还附有相关知识的链接。就内容而言，这些答案均为答主结合多年相关科研结果或从业经验进行的相对专业化的分析，对一些公众认知盲点进行科普，对相关谣言进行证伪。这些具有专业性的分析往往还根据其他用户的评论和指正进行修改和完善，这种理性的公共讨论无疑提高了中国网络讨论的质量。

知识精英与理性讨论

总体而言，社交媒体赋予草根阶层话语权，让他们可以在网络上平等表达，解构了传统的权力体系。在这个过程中，精英的话语权也被消解。如果说传统媒体是代表精英发声的单向传播，那么新的社交媒体更像是草根的众声喧哗。也正因如此，微博等平台往往更易沦为网络谣言、恶意攻击等问题的泛滥之所。知乎却非常不同：作为一个相对精英化的问答社区，知乎聚集了大量高学历和拥有各种专业背景的知识精英，用户倾向于就自己的专业知识进行深入分析和回答。知乎的产品设计没有刻意强调和鼓励类似于微博和微信那种作为产品特征的依据兴趣的过滤。虽然社交媒体的过滤机制能够聚合气味相投的用户，给他们提供同质化

---

① https://www.zhihu.com/question/28422616.

的讨论和分享空间，但网络讨论十分需要多元的观点和意见，缺少异质性往往会造成群体极化。从这些方面来看，知乎一定程度上代表了当今中国互联网中崇尚理性的一种力量。

微博、微信和知乎同属于社交媒体，它们具有许多相同的特征：公开性、交互性、依托于人际关系、开放的言论平台等等。在中国的政治和社会语境中，这些平台或多或少都起到营造公共讨论空间的作用。例如，微博中的"话题"和知乎中的"问答"异曲同工地搭建了线上的讨论和交流平台，不同的观点和意见得以在同一个话语场域表达和交锋，一定程度上形成了"虚拟的公共领域"。然而，基于用户群体的差异和功能的区别，微博与知乎体现出了不同的讨论模式和风格，知乎似乎代表着一种相对理性和更加精英化的讨论模式。

通过对比可以发现，微博与知乎在社区结构、开放程度、内容特征、社交关系等产品设计和功能特征上存在显著差异，这些差异影响着两个平台的权利结构和话语特征，也使得分属于二者的公共讨论具有明显不同的模式。

微博诞生后，在促进网络民主乃至社会民主层面上被很多人寄予厚望。作为Web 2.0时代的代表，微博也许是最能体现网络赋权的媒介平台，它的注册申请门槛很低，几乎对所有人开放，不同性别、年龄、学历、文化程度的人都可以在微博这个场域"畅所欲言"。加拿大传播学者哈罗德·伊尼斯（Harold A. Innis）认为，不同媒介对控制力有着不同的潜力。不能广泛传播或者需要特殊编码和解码技术的媒介，很可能会被上流阶层所利用，因为他们有时间和来源获得这些媒介。相反，如果一种媒介很容易被普通人接触到，它就会被民主化。①正是由于低门槛的特征，"很

---

① 约书亚·梅罗维茨：《消失的地域：电子媒介对社会行为的影响》，肖志军译，北京：清华大学出版社，2002年［1985年］，第13页。

容易被普通人接触到",因此在微博中草根成为一股重要的力量。研究表明,微博具有明显的同质性,草根之间的相互关注、转发机制的乘数效应、临时性热节点等都使草根的话语权和传播力得到放大。①有学者认为,微博的传播方式"打破了传统媒介的垄断,使多元性、小规模性、双向互动性、平等性的自主传播行为得以实现,这对于新的社会舆论环境的形成和发展无疑具有重大影响"。②

微博的到来,第一次打破了此前网络对于传统媒体在影响力上的依附,第一次在话语权方面走向相对独立,并且,它直接参与对一些公共事件的建构,从而成为替代性公共领域。③然而,微博只是因其特有的功能,以符合社会需求的方式,为公众提供了一个可以自由参与的虚拟讨论空间,与完善的网络公共领域还相去甚远。微博中存在的一些诸如群体极化、谣言、水军等现象,消解着为公共领域所必需的平等协商和理性讨论。

微博通过名人大V吸引用户,而要成为微博上的意见领袖,必须具备以下三个条件之一:第一是博主处于信息源的上端,是注意力信息的权威发布者;第二是博主的社会身份富于权力;第三是博主的发言能引起大家的共鸣。④从这三个条件来看,微博中能够成为意见领袖的大V用户,往往是通过把线下社会身份向线上转移,实名认证制更加强化了这一过程。

在中国众多的网络社区里,知乎可以算是构成了一群精英引领的文化前沿。有学者对知乎中关注者排名前60的用户的职业构成、居住地、

---

① 张治中:《微博时代的草根话语权保障》,《新闻知识》,2011年第6期。
② 陈建:《社会化媒体舆论表达的民粹主义隐忧——以微博客的舆论表达为例》,《东南传播》,2010年第11期。
③ 尹连根:《结构·再现·互动:微博的公共领域表征》,《新闻大学》,2013年第2期。
④ 杨晓茹:《传播学视域中的微博研究》,《当代传播》,2010年第2期。

受教育水平进行了统计分析，得到以下结果：超过1/3的用户都居住在北京，且职业集中于互联网、传媒、金融投资、咨询等领域。[1]北京作为IT和传媒等行业的中心，集中了大量的精英，这些精英依靠自己的专业背景和纵深分析在知乎中做出高质量的回答。与微博的名人大V机制不同，知乎通过知识和信息进行权力赋予，掌握知识、文化、文凭的人拥有这个社区中最核心的文化资本，该资本可以直接转化为话语权和影响力。知乎靠知识类信息吸引其他用户的关注，在信息生产的金字塔底端有大批文化资本匮乏而又嗷嗷待哺的普罗受众。如果一位用户同时具备知识和幽默细胞，作答严谨又懂得如何"抖机灵"，更容易成为知乎上的意见领袖。

作为一个较为封闭的社交问答社区，知乎在一定程度上重构了影响力体系，催生了新的意见领袖。微博上的意见领袖更接近于传统社区中的意见领袖，身份因素在其中起着重要作用。而在知乎社区，身份因素不再发挥决定性的作用，认真负责的态度、货真价实的分享、积极主动的交流、默默无私的奉献更能赢得声望和影响力。[2]因认真严谨的信息内容而生成的意见领袖在社区讨论中更客观理性，往往能博引相关材料，对问题进行较深入的剖析，引导其他用户从多方面多角度发表尽量理性的见解。

知乎中的问答没有严格的学科界限，问题对所有人开放，支持用户各抒己见。学科范式的消解带来的是阅读压力的降低，这就可以使不同的人根据自己的想法做出不同角度和不同方式的回答，也因此更加鲜活真实。虽然知乎与微博都倾向于获取和传播碎片信息，但知乎有着更严

---

[1] 陈思：《知乎意见领袖的形成机制》，《新闻研究导刊》，2015年第8期。
[2] 王秀丽：《网络社区意见领袖影响机制研究——以社会化问答社区"知乎"为例》，《国际新闻界》，2014年第9期。

格和谨慎的筛选机制，比如赞同和反对的投票系统、折叠答案、友善度积分系统等，这些措施可以在一定程度上达到良币驱逐劣币的效果。比如，友善度积分系统对站内不友善行为进行明确定义，用户在个人主页即可查看自己的友善度分值。另外，用户可随时举报他人的不友善行为，知乎将通过"系统判定＋人工审核"的多重方式进行核实处理。当友善度低于一定值时，用户会被限制使用一些评论、私信等功能。知乎还允许用户通过点击"没有帮助"来参与维护一个更高质量、更有价值的问答氛围。当一个回答被多次点击"没有帮助"并满足一定条件后，就会被折叠。通过对无用答案折叠隐藏、公开自由投票等方式，知乎的公共讨论空间得以有所净化。

以知乎中关于艾滋病的一个问题为例，提问者根据百度搜索得来的"艾滋病数据报告"提出这样一个敏感的社会问题：2015年我国学生患艾滋病病例数相比2008年增长270%是怎么造成的？[①] 截至2015年12月2日，问题下的回答共有184个。其中，有12个回答因出现事实性错误和过于偏激的主观判断等原因被折叠。排名第一的回答共516字，从国家调查投入、大学生群体的特殊性与来自基层相关工作者的口述等几个方面说明了原因所在，在回答之后还鼓励读者通过浏览艾滋病贴吧等途径亲自了解更多的相关信息。其他的高票回答还通过普及预防艾滋病的知识、数据分析、疾病传播途径分析等方式做出了不同角度的分析，这些回答共同构成围绕这个话题的讨论。

过滤时代与网络自由

美国法学家凯斯·桑斯坦在《网络共和国》（*Republic.com*, 2001）书中写道："一个共同的架构和经验，对异质的社会来说是很有价值的。而

---

① https://www.zhihu.com/question/38070229.

且当我们有无数的选项可以选择时,我们常会放弃某些重要的社会价值。"①在今天的传播环境中,随着个人媒介参与度的提高和媒介的细分发展,我们的信息越来越局限于自己感兴趣的领域,这固然有很多不可忽视的好处,然而,在认知盈余时代,我们不能仅仅把碎片化的时间用于自己所关心的那些话题。如果社会缺乏全体成员共同的认知和经验,那么一个良好的公共领域就难以建立,也无助于推动公民社会的发展。

社交媒体成为信息的主流载体,但其在协同过滤的层面上正将我们抽离于公共的讨论空间。信息超载与过滤需求是相伴而生的,在信息泛滥的时候,过滤成为必要手段。在微博上,我们关注自己感兴趣的人和感兴趣的话题,获取的信息多基于我们事先选择好的类别。在微信里,我们建立起许多基于亲缘和地缘的强关系链接,关注自己感兴趣的公众号,获取的信息多来自这些公众号的推送或朋友圈的转发,这些内容多为我们自身兴趣所在。这种方式无形中屏蔽了那些不属于我们兴趣范畴的内容,对这些信源的过滤导致一些公共议题无法抵达更多网民,由此窄化了网络公共空间。

更典型的如基于算法推送的"今日头条"等新闻资讯平台。用户可使用微信、微博、QQ账号或注册今日头条账号登录,而今日头条根据用户的社交行为、阅读行为、地理位置、职业、年龄等进行数据挖掘。通过社交行为分析,5秒钟计算出用户兴趣;通过行为分析,用户每次动作后,10秒内更新用户模型。②从"你关心的,才是头条"这一口号足以看出今日头条的产品宗旨。这种高度个性化的服务虽然迎合了用户的使用需求和兴趣爱好,但也会使受众细分成小圈子和同质化群体,不利于用

---

① 凯斯·桑斯坦:《网络共和国:网络社会中的民主问题》,黄维明译,上海:上海人民出版社,2003年,第70—71页。
②《今日头条张一鸣:机器学习能带来更有趣的世界吗?》,腾讯科技,2015年1月17日,http://tech.qq.com/a/20150117/028871.htm。

户对多元信息的接收。

当科技能轻易让人自绝于他人的意见时，对个人和社会都是极度危险的，这时科技的进步将成为通往自由之路的阻碍。桑斯坦认为，自由建立在充分的信息和广泛的选择之上，一个表达自由的完善机制必须符合两个不同的要件：第一，人们应该置身于任何信息下，信息不应事先被筛选；第二，大部分公民应该拥有一定程度的共同经验。共同经验，特别是由媒体所塑造的共同经验，提供了某种社会黏性。[1]然而，在当下，技术正在赋予人们力量去过滤其不想要的信息，个人对内容的掌控激增，协同过滤使信息消费者的眼界窄小，沉溺于固有的品位。共同经验的缺乏以及个人化的过滤系统将使网络赋权大打折扣。

桑斯坦对自由做出这样的诠释：自由不是只为满足特定喜好而存在，自由更是让人们有机会去追求自己的喜好与信仰，而且是置身于充分的信息以及广泛的、不同面向的选择中。自由必须仰赖某些先决条件，除了确保能尊重选择和满足喜好外，也必须确保欲望与信仰的形成是自由的。如果人们在公共议题上被剥夺接触反对意见的机会，而且若因此对这些意见缺乏评断的能力，那就是没有自由，不管他们的喜好和选择是什么。窄化自己关心和感兴趣的领域，是在限制自己的公民权和自由。[2]从这个角度来看，技术赋权在一定程度上反而限制了我们在网络中参与广泛公共议题的自由。

知乎的一个有价值之处即在于，在每一个问题下，它都几乎保留了全部的讨论内容，不因预设的用户兴趣标签和个人喜好屏蔽用户可能不感兴趣的回答。当然，知乎中也存在过滤机制：首页基于关注关

---

[1] 凯斯·桑斯坦：《网络共和国：网络社会中的民主问题》，黄维明译，上海：上海人民出版社，2003年，第5页。
[2] 同上，第71—78页。

系显示经过个人选择过滤的信息，话题页则根据用户关注的话题显示最新问题，这二者都采用了过滤模式。但与之并列的发现页则会显示不经个人过滤的信息，另外，知乎圆桌和热门话题等栏目都鼓励用户参与关注度最高的讨论，而这些讨论不一定是用户兴趣所在。在评论区，大量评论都不来自已有的关注关系，陌生人和陌生的观点往往更能带动讨论的进程。就这个层面来说，相对于微博等其他网络讨论空间，知乎更能彰显网络自由。这种自由正是桑斯坦所说的对信息拥有广泛选择和导向共同经验的自由，就互联网的社会和政治作用而言，这种自由相对于其他高度过滤的平台和小圈子化的微信，是非常难能可贵的。

另外，知乎生产的知识很容易通过搜索引擎获取，比如搜索"知乎 美食"，排名靠前的搜索结果大都来自知乎中的各个话题和回答。知乎中的信息内容也容易链接，每一个答案都有相应的网址，这样就提高了搜索的可得性，进而丰富了公共领域的优质知识。相对而言，微信和微博的搜索可得性不高，微信公众号等平台和微博平台生产的内容很难直接通过搜索引擎获取。比如，还是搜索关于"美食"的内容，针对微信的搜索结果中大多不是直接来自微信公众号，而针对微博的搜索结果多数都为带有"美食"二字的个人账号，其内容并不一定与美食有关。因此，知乎平台的信息易得性能让人更方便快捷地找到知识内容，获取准确链接，对于公共领域知识的丰盈起到了积极作用。

问题与展望

值得注意的问题是，知乎门槛的降低也带来一些不可避免的问题。众所周知，微博的低门槛导致大量无意义的私人话题流入公共空间，一些值得关注的社会问题常常被一些明星八卦、心灵鸡汤、奇闻逸事边缘化。随着大量用户的涌入，知乎不免也存在类似的问题，这种无意义的问题往往会成为用户关注和讨论的焦点。比如"长得帅是怎样一种体验?""女朋友长得漂亮是怎样一种体验?",这种问题很容易因为关注度高和回答数量多而成为知乎热门问题,经常可以看到几百甚至上千的用户对这种问题做出回答,回答方式基本为爆照、抖机灵、秀恩爱等等。在这些问题下的评论多为简单的夸赞或讥讽,甚至还会出现人身攻击。以"长得好看,但没有男朋友是怎样的体验?"[1]这个问题为例。截至2015年12月2日,共有回答2340条,被折叠回答38条。其中获赞最多(3776次)的回答来自一名年轻女性,她在答案中贴出多张个人照片,文字均为对照片拍摄时间、地点的说明。回答下方共有评论922条,多为夸赞该女性美丽的简短言论。其他高票答案基本为爆照和恶搞两种类型。

门槛的下放和过滤的消减虽然导致了知乎公共空间里无意义的讨论话题增多,但我们同时可以看到知乎中很多用户都能够自觉意识到这个问题。在知乎中有很多相关话题的讨论,比如"知乎最近涌入了很多在校大学生,这会对知乎产生什么影响?"(261个回答)[2]、"如何看待知乎涌入越来越多高中生?"(158个回答)[3]、"为什么近来感觉知乎用户水平急剧下降?"(222个回答)[4]等等,也有许多用户针对这些问题在答案中或评论区发表了各自的看法。有许多人担心开放注册后的知乎会流失大批优质答题人士,而涌入越来越多劣质答主,但笔者认为,就目前来看,知乎社区并没有因为开放注册和门槛降低而从一个相对精英化的传播平台彻底沦陷为草根的舆论场,某种程度上,知乎社区仍具有自我净化能力,在中国目前的所有社交媒体中,知乎依然是一个能够代表理性和自由的平台。就这点来说,它也许是一块更接近"网络公共领域"的试验田。

---

[1] https://www.zhihu.com/question/37709992.
[2] https://www.zhihu.com/question/20269772.
[3] https://www.zhihu.com/question/21720678.
[4] https://www.zhihu.com/question/36292949.

分裂的微信：产品哲学向左，十亿用户向右

听完张小龙讲话后的当晚，我在微信朋友圈里写下一句评论："深切感受到张小龙作为一个产品哲学家和一个用户行将突破10亿的流行应用的主导人之间无法弥合的矛盾。"次日深夜1：21，Pony马化腾留言说："总能慢慢找到一条最佳路径的，尽管慢，但必须合理才做。"

在两个极端间游走的产品经理

2018年1月15日，"2018微信公开课"在广州开幕，当被誉为"微信之父"的张小龙登上讲台，用并不标准的湖南普通话，为这个用户数量即将突破10亿的手机程序勾勒前景时，台下满是拥趸的笑声、掌声与赞叹。

然而不知为什么，在公开课现场听张小龙若断若续的阐释，我脑子里却总是回旋着一句话：测试智力是否一流，就要看头脑在同时容纳两种相反意见的情况下，是否仍能运转。这句话是了不起的小说家斯科特·菲茨杰拉德（Scott K. Fitzgerald）说的。

张小龙讨论到微信所谓的"克制"时，微妙地承认自己身上的矛盾性。他否认微信是有情怀的，因为问题的关键并不在于克制什么，而是要判断该做什么样的事情和不该做什么样的事情，也即什么是对的、什么是错的，这一系列的判断是非常理性的过程，"而不是靠一个感觉——我这样很有情怀——就好了"。在上一次微信公开课上，他说："合理性才是最重要的因素。"

然而，作为"产品大神"的张小龙广为流传的一句话却是："产品经理永远都应该是文艺青年，而非理性青年。"坊间有很多张小龙的文艺段子，譬如他强调代码是有灵魂的，而产品是创作者向用户传递价值观的载体；譬如他在饭否上写过："面试产品经理，所有技能合格后，要问，你喜欢摇滚吗？回答否的，就算了。"又譬如，你用QQ邮箱会看到海子的诗、马丁·路德·金（Martin Luther King Jr.）的引语，上微信开机页面会与迈克尔·杰克逊（Michael Jackson）相遇——"你说我是错的，那你最好证明你是对的"。当然，他还用乡间小路的照片"Stay hungry. Stay foolish"向乔布斯致敬（微信3.1版新功能介绍页）。

究其实，张小龙乃是一个有着文艺青年表象的理性青年，不仅如此，他对自己的理性有着强大的自信，强大到他会把产品经理等同于上帝：可以俯瞰芸芸众生，洞察他们的欲望，然后依照人性制定规则，让用户按照自己的规则来运转。用张小龙的话来说就是："首先你要了解人们的欲望，然后通过你的产品去满足，并且他们使用的过程是按照你的预期来的。"这里的预期，当然是理性预期。喜欢读《失控》（*Out of Control: The New Biology of Machines, Social Systems, and the Economic World*, 1994）[①]的张小龙看重的却是控制，用户必须在被掌控的状态下生活在他所打造的产品世界中，他甚至要控制用户每一步所要走的方向。

我这样说，并不是指责张小龙是个"控制狂"。看看微信7年的增长：2017年第三季度，微信及其国际版WeChat的合并月活跃账户数达到9.8亿，突破10亿大关指日可待。而微信的月活计算比其他APP要苛刻得多，它不以登录计算，而以发一条消息或者朋友圈计算。手握如此庞大的用户基数群，张小龙行使控制权事出必然。依靠多年来设计优雅软件的专

[①] 凯文·凯利：《失控：全人类的最终命运和结局》，张行舟等译，北京：电子工业出版社，2016年。

业能力、围绕"群体效应"开发产品的研发思维,以及腾讯的强大营销能力,张小龙创建了所有移动消费者都可以尽情使用的简单工具,打造了对中国乃至世界的移动服务影响至为深远的产品。在这个过程中,张小龙秉持的原则是,"我们从来不为风口做事情"——当然在对风口的判断中,他认为自己远远比绝大多数人都来得高明。

我并不认为微信是开放的,如果非要说它开放,那它也是苹果的那种开放:苹果公司几乎在所有事情上都拥有完全的专有权,大家对苹果放任,是因为苹果始终能够保持推出伟大的产品。换言之,专有而不开放也是可以大获成功的,前提是你每一次都踏对了节拍。其实,相对于开放,专有的玩法更需要艺高人胆大。

在此意义上,张小龙是一个菲茨杰拉德式的人物,他是分裂的,并且自己清楚认识到这种分裂。他说:"一个成功的产品经理,需要在极端现实主义和极端理想主义之间取得平衡,把它们作为整体一并接受下来,彻底去除其中的相对性,丝毫不觉得其中的矛盾和冲突之处。"

微信之道

在详解张小龙的分裂(顺便说,我并不认为"分裂"是一个贬义词)之前,让我们先来看看他成就了什么。

> 微信证明了对话和简单的消息传递是一个强大的接口

就像和朋友聊天一样,我们和我们的工具交谈,以此来完成几乎任何事情。技术和应用应该从连接开始,并从那里开枝散叶。

明乎此,我们才能明白,为什么张小龙坚持说微信是一个工具,而不是平台,尽管他不得不承认微信是一个具有平台属性的工具。

明乎此,我们才能明白,为什么小程序构成了微信发展的下一步,因为小程序无须安装和卸载,简单到任何人都可以使用,但又无所不能，每个人都可以选取某些自己喜欢的来使用。现在，微信通过线下扫描二维码、线上搜一搜来触达小程序，将来，按照张小龙的预测，可能通过打开一个眼镜，真正实现所见即所得，但其实，它们的本质都是连接即所得。

明乎此，我们才能明白，为什么马化腾说，"腾讯的优势是在通讯、社交大平台上，现在整个战略是回归本质，做互联网的连接器，不仅把人连接起来，还要把服务和设备连接起来"，没有微信，恐怕他没有说这话的底气。

明乎此，我们才能明白，为什么微信的口号是"微信，是一个生活方式"。通过提供"连接一切"的能力，微信正在形成"微信+"智慧型生活方式，变得像水和电一样渗入人们日常生活的方方面面。

腾讯打通社交+支付的尝试在全球领先

2014年微信红包横空出世，通过熟人社交、小圈子社交，顺应移动支付的新潮流，短短几天就做到支付宝花费几年工夫做到的，顺利切入移动支付市场，抢了支付宝一大块蛋糕。有了移动支付，微信就可以用来打车、订购食品、购买电影票、支付水电费、挂号等，而这些都处于同一个集成的应用程序中。一旦形成体验过移动支付的海量用户群，后面让其继续体验更多的移动支付业务就顺理成章了。

2012年5月23日，张小龙曾在朋友圈里发过这样一条消息："PC互联网的入口在搜索栏，移动互联网的入口在二维码。"基于这个判断，微信很早就开始大力推动二维码在中国的普及。二维码是微信的基础入口，张小龙寄予厚望的小程序，其线下启动也是来自扫二维码。不仅如此，扫一扫甚至变成了微信去触达周边的一个最基本的方式。

其实，二维码是技术领域"差的反而更好"（worse is better）现象的典型例证。此一现象来自软件开发领域，用以描述软件接受度的一个悖论：质量不一定随着功能增多而提高。就可行性和易用性而言，更少的功能（"更差"）构成更可取的选择。那些功能有限但易于使用的软件，可能会对用户和市场产生更大的吸引力，而不是相反。

二维码之所以战胜NFC（近场支付），就是因为其功能单一而易上手，上至五星级酒店，下至烤红薯摊贩，都可以快速接入微信支付体系。它完美地符合张小龙的产品哲学，他是坚决反对产品多功能的，其名言是：一个产品，要加多少的功能，才能成为一个垃圾产品啊！

微信真正的发明在于，它构建了移动时代的交互方式，简单而直接地打通了通信、社交、信息和商业。二维码、扫一扫、微信支付、小程序，都是按照用户的条件来工作的技术，存在于用户开始寻求它们的地方，而并不会强迫用户记住它们的特殊习性和捷径。

微信公众平台使"人人都是自媒体"的时代到来

内容创业热潮的源泉，始自微信公众号。这并非偶然，微信团队做对了关键的几步。

首先，微信的订阅号，可以说是目前中国最大一家专注于订阅获取内容的平台，它不是信息流产品，而是以内容生产者为中心的。订阅号功能让几乎任何人都可以发表内容，订阅权也在用户手中。公众号的原创内容让内容生产者与受众直接联系在一起，最终促成了公众号远比其他平台更高的商业价值。

账号运营者和粉丝之间前所未有的紧密联系，驱使许多人选择创建自己的微信官方账号。而名人微信公众号的成功，导致可以把此项功能向品牌和商家进行扩展。微信的引力如此强劲，以至于各个产业内的公司成建制地作为微信的"官方账户"而存在。这解决了APP的推广成本问题，例如，越来越多的创业公司做的第一个产品是基于微信的公众号来做的，而不是去开发一个APP。

其次，虽然微信的流量越来越多被"大号"掌控，但微信并没有人工或通过算法干涉内容的流向。微信未走机器分发之路，而是强调用户对信息获取的选择权。

再次，微信平台遵循"浮现"原则，就是不去影响各个服务的存在，而是让更有价值的服务能够自己浮现出来被用户找到。所以，新的用户来到微信，系统不会推荐他去订阅某一个公众号，微信里也没有订阅号入口，对公众号加以分类和排序等。

通过这些步骤，微信为内容供应者和服务供应者打造了一个全新的生态。用张小龙的比喻，微信的做法是森林导向而不是宫殿导向的。

连接即所得；打通社交+支付；引发内容创业大潮。以上的成就，如果仅实现其中之一，张小龙都足以名留青史。可他竟然全都做到了，所以他成了神。

信息宇宙的中心

然而，普通人只见神的崇高，不知神的烦恼。

张小龙并不是神，他和你我一样，也有贪嗔痴，这体现在他对产品的独特追求上；也可能犯错误，所以他才并非开玩笑地说"我所说的，都是错的"。而且，无论他自己的初心是什么，只要10亿用户的需求在那里，他就可能无法鱼与熊掌兼得。

听完张小龙讲话后的当晚，我在微信朋友圈里写下一句评论："深切感受到张小龙作为一个产品哲学家和一个用户行将突破10亿的流行应用的主导人之间无法弥合的矛盾。"次日深夜1：21，Pony马化腾留言说："总能慢慢找到一条最佳路径的，尽管慢，但必须合理才做。"

显然，对于这个矛盾，马化腾也承认其存在。从很多方面来讲，张小龙堪称一个矛盾综合体：

他崇尚简单，认为简单就是美，少即是多，然而微信日益复杂和沉重

微信现在容量之大，已经不是一款通信工具，而是一款意图连接一切的移动互联网产品，中国人的"the everything APP"。

马化腾曾经评价说，"张小龙（到腾讯后）最大的（收获）是学会了互联网思维：从做重，到做轻"。开始可能的确如此，但减法慢慢变成了加法，因为微信需要通过附加的各种增值服务来实现盈利。

他主张好的工具应该让用户用完即走，但他令我们在微信上耗费的时间却越来越长

张小龙不愿意大家把微信理解为一个平台，坚持说它是一个工具。在他的眼里，好的工具应该有一个很强的属性，就是提高效率、用完即走。然而在现实中，微信是用户的时间杀手，用户一天之内进入朋友圈的次数越来越多，微信成为大家最花时间的APP。

时长增加的原因很简单，因为工具的本质是帮助用户完成任务，而现在微信里的任务日益增多，所以用户在其中永远都有处理不完的事情。张小龙自己也承认，有了微信，每个人的工作强度都加大了。小程序、小游戏的出现还在加剧这个趋势。

他对互联网的去中心化坚信不疑，然而微信自己却几乎成了整个社会和整个世界

张小龙为微信公众平台提出了一个脍炙人口的口号：再小的个体，也有自己的品牌。他认定，在一个"去中心化"的世界里，每个独立的个体都有自己的思考，都有自己的大脑，而这样一种系统的健壮度，会远远超过只有一个大脑来驱动的系统。

然而，坦白地说，在微信系统中，再小的个体，也都没有权力——

因为它是个系统运行的中心化世界。人们用它来与朋友和同事以及遍及世界各地的陌生人交谈；用它来预订火车票、洗衣服、订购晚餐、挑选商品、玩电子游戏；它遥控你的智能家居、移动银行，以及新的缴税途径。事实上，它几乎能满足你的所有意图和目的，包括你的社交、情感和自我实现，你大可以在微信中度过你的一生。我们需要一部充满了各式各样应用程序的手机，才能复制微信的整个功能。

不仅如此，微信世界还在扩张。张小龙把小程序提升到"万事万物的表达语言"的高度，因为在未来万事万物可能都包含信息，所有的信息都需要用某一种方式被人触达，而这个组织信息、沟通信息的使命非小程序莫属。他描绘说："小程序最终的目的不光是在线上可以玩一个游戏或者获取一个服务的信息，对于线下，对更多的场景，它代表了我们所能接触到的、所能见到的任何事物背后的信息，以及对于这个信息访问的方式。"他甚至用迟缓的语调坚定地表示，微信拥有最好的时间和机会，来实现一种跨平台的信息组织和信息获取，让信息无处不在，随时可以访问到。

也是在这个意义上，张小龙提出微信下一步要探索线下，不是把更多的生活搬到线上，而是去走一条相反的道路。

1月15日，在广州的这个上午，我瞥见这位网名为Allen Zhang的产品经理的勃勃野心，这个野心甚至大过库克，大过扎克伯格，大过马化腾。微信要成为整个信息宇宙的中心。

我想起科幻小说家威廉·吉布森曾说过，经过合适的发展，"我们漫游其中的世界将无处不是通道"。我把这样的通道称为一种"经注解的环境"，它会用其所映射的东西占据我们的空间和时间，也占据我们的感知。

这就是张小龙想象的全新世界。当我们所见和所触的一切都需要我们的微信账号的时候，我们就是微信，微信就是我们。

无关利益，而是对错

微信月活跃用户趋向10亿量级，用腾讯创始人之一张志东的话来说，已接近全社会阶层的复杂度，张小龙的每一步选择也因此变得空前复杂。

放眼世界，他所面临的局面并非孤例。互联网已经稳步发展为一个由大型公司控制的超大平台所构成的生态系统，我们所有人的交流只有经过这些平台才成为可能。这在很多方面不啻积极的发展：这些平台的易用性越来越好，并使数十亿的人们无须成为网络专家就可以发布和发现内容。

然而在其他方面，这种平台化的发展又十分令人担忧。只有少数几个大平台驱动大部分流量，对于人们每天消费什么信息和如何消费信息存在巨大的影响力。这种综合全面的控制让人感到深切的不安。少数利益相关者对公众可以创造和消费的内容具备超出比例的影响，各国政府因此提出管制要求，而平台的内容管理也被公众所诟病，其未经审计的、不透明的管理算法招致很多微妙的偏见。而且，这些网络化公共领域赖以依托的平台，既非民主选出，也不对用户负责，更缺乏制衡与监督。

这将是张小龙面临的终极悖论：一方面，他强调微信的价值观——一切以用户价值为依归，平等对待用户，而不是把他们当作一个听从驱使的群体；另一方面，微信却无法做到赋予个人权力和自给自足的价值。

当然，关于在线内容管理和公民话语，目前并不存在一个完备的方案。研究表明，用户倾向于在社交媒体上沿着意识形态的界限自我隔离，这主要是由于用户喜欢看到与他们原有的信仰和世界观相一致的内容。事实上，如果我们给予用户更多的决策权，那么就会冒进一步加大错误信息传播、过滤泡沫和偏见报道的风险。

有人站在用户一边，认为更多的问题出在平台上。乔纳森·齐特林（Jonathan Zittrain）主张提高平台的透明度和伦理标准，尤其针对主要的社交媒体所设计和广泛实施的算法。他说："最重要的安全保障是大量用户在被公司的背信弃义所激怒之后采用替代服务的威胁，它会有效地打击责任公司的收入和声誉。"①

这种对竞争的强调，与技术主义者彼得·泰尔（Peter Thiel）所提出的"开明垄断"范式形成鲜明的对照。泰尔认为，没有重大竞争对手的大公司可以更有创造性和实效性地为用户开发新的有价值的服务。②

事实上，这两种范式并非完全互斥。我们可以把这些开明的垄断者看成某种被托付了用户数据与偏好的"信息受托人"。"信息受托人"的概念可能是有用的，能够约束超大型平台不至公然滥用其巨大的内容管理力量。另一方面，竞争可能构成一个更健康的途径，帮助形成促进用户选择的生态系统。

最终，保护网络化的公共领域的未来，不仅涉及各种分散化的雄心勃勃的实验，而且涉及一个由彼此竞争的信息发布平台构成的生态系统的培育，这些发布平台既保持多元化，又可以互联与互操作。

2018年1月21日，是微信的七周岁生日。张小龙说，微信每天会面临很多选择，但这种选择无关利益，而是对错。他还说，大人只讲利益，小孩才谈对错。他说得再准确不过了。微信虽不再是"学龄前儿童"，但它在达到10亿用户之后的选择，将越来越多地和对错相关，而不是和利益相关。

---

① Zittrain, Jonathan (Jun 1, 2014). "Why Facebook Could Decide an Election Without Anyone Ever Finding Out." *The New Republic*, https://newrepublic.com/article/117878/information-fiduciary-solution-facebook-digital-gerrymandering.
② Thiel, Peter (Sep 12, 2014). "Competition Is for Losers." *The Wall Street Journal*, http://www.wsj.com/articles/peter-thiel-competition-is-for-losers-1410535536.

我们缘何进入由平台控制的世界？

在平台的时代，未来仍然是开放的。关键问题的答案目前还不可知，但答案将取决于我们的选择，而不仅仅是技术。

理解一个时代，往往可以通过观察该时代的流行词汇来进行。如果穿越到13世纪的欧洲，会发现彼时的流行词汇基本上是上帝、地狱、天堂、神的恩典等宗教概念。到18世纪，人们开始讨论理性、启蒙、情感、自然法等。19世纪，经过工业革命，物质、事实、进化、进步等词汇充斥于报章和言谈中。20世纪的"画风"又变了，风险、不确定性、复杂系统等，进入了人们的日常语汇。

具体到管理学领域，今天我们使用的管理词汇和以往有一个很大的不同。过去工业时代分析经济核心的单元叫工厂，而现在分析的基本词汇叫平台。我们正处于经济重组的过程中，平台所有者似乎正在发展权力，这种权力可能比早期工业革命中的工厂主的权力更加强大。

平台领导力

所谓的"平台领导力"（platform leadership）是指公司力图构建一种基础，令其他公司可以在此基础上推出产品或提供服务。平台领导者的宏愿是促进整个产业的控制、整合或者创新，但它清楚地认识到，在工具和知识广为传播的今天，凭借一己之力很难做到这一点，所以，它需要同其他创新型的公司紧密合作，创造出最初的应用，然后再不断提供更多的互补性产品。平台领导者和互补性的创新者有着很强的合作动力，因为它们的协同工作会把整个蛋糕做大。

从平台领导者的角度来看，互补者是一把双刃剑。当平台领导者依赖于外部开发的互补性产品，却又无法及时得到这种产品，或是产品的质量和数量都难以满足公司要求的时候，它的业务会受到很大的打击；而另一方面，互补性产品往往会带来新的客户，促使他们购买平台领导者的核心产品。

以平台为中心的产业中，平台的价值随着互补者的增多而增加。使用互补性产品的用户越多，互补者就越有动力开发更多的产品，这又会促使更多的人使用平台公司的核心产品和服务，创新就这样进入了良性循环。所以，促进和扩散互补性产品的不断创新，是平台领导者的利益所系。

这种游戏不是没有风险的，因为平台公司也许无力做到掌控互补性公司的合作与创新，这会导致平台所有参与者的利益受损。平台领导者必须把握好四个要素：

公司范围。即决定哪些事情由公司自己做，哪些事情鼓励外部力量去做，两者之间有没有合适的均衡点？

框架、界面和知识产权。即决定平台的架构体系，平台由哪些模块构成，平台界面的开放度，有关平台及其界面的信息在多大程度上披露给互补者，等等。

与外部互补者的关系。即决定自身同互补者关系的合作度和竞争度，怎样同合作伙伴达成共识，如何处理潜在的利益冲突，例如，当平台公司决定直接进入互补性产品市场的时候，这种冲突就会浮现。

内部组织。即利用内部的组织结构更有效地管理内外的利益冲突，它也牵涉到文化和流程的问题。例如如何在内部鼓励自由探讨，以便战略需要重构的时候能够加快这一进程；如何保持内部沟通的顺畅，使上面一旦做出战略决策，下面就能够迅速行动。

平台领导者的实质是胸怀这样一种愿景，坚信在自己强有力的领导和众多富于创新性的互补性公司的倾力合作之下，生态系统的整体将远远大于部分之和。平台领导者的远见和决策不仅会影响身边的竞争环境，也会影响技术和整个产业的演进。换句话说，他们做或不做什么的决定，会极大地导引他们背后的产业的创新方向。平台领导和互补性创新都不会自发产生，是企业的管理者们使之成为现实——如果他们知道做什么和怎么做的话。

平台领导力是高科技产业的圣杯。高科技网络中的每个参与者都容易受到其合作伙伴和竞争对手的创新行动的影响。在高科技产业，一家公司必须通过内部创新才能成功——但它的成功同样可能取决于外部公司的相应创新。

平台商决定互联网方向

平台型企业成为互联网发展的一大趋势。目前在信息产业中，产业链向上下游延伸，呈现更大规模的垂直整合，往往形成生态系统。无论是从流量还是从市值上看，排名靠前的互联网企业已经都脱离了单一功能或单一产品的阶段，而是依靠庞大的用户规模形成了平台化商业模式，并从平台中获取企业升级动力。在全球范围内处在第一集团位置的是亚马逊、苹果、谷歌、微软和脸书，它们决定互联网发展速度，引领互联网产业走向。随着传统互联网和移动互联网及相关产业的融合，社会化网络和智能终端开启的平台移动化和智能化将加速这个生态系统竞争的激烈性和复杂程度。互联网企业营收多元化、各产品和业务的交融，会使生态系统内竞争个体的界限越来越模糊。

由信息产业链整合带来的平台模式必然形成具有强烈排他性的竞争

模式。在信息技术发展的早期,大型机时代的IBM和BUNCH集团[①]的硬件兼容性之争,以及PC时代的操作系统大战,都可以看作平台统一战的早期模式。而当下,进入移动互联网时代,竞争焦点则转移到应用、服务和生态系统的全方位竞争上。

随着智能手机市场的成熟,更广义的智能设备的竞争刚刚开始。智能眼镜、智能手表甚至无人机等一系列新品类产品让苹果、谷歌、亚马逊和微软这四家重量级的公司提前进入大平台战争的战场——它们各自拥有硬件和软件数以亿计的用户,将业务扩张于原有核心业务领域之外,并对其他公司的核心业务造成威胁。它们互相博弈的方向惊人地一致:争夺移动互联网和智能设备的入口,尽可能整合系统、平台和服务,嵌入用户的日常生活。

脸书的平台力量则来自它对人类社交联系的掌握:全世界各个地方、各个年龄层的人都在这个平台上花费大量的时间。脸书拥有追踪用户身份的能力,同时也成功诱使品牌商投资建立脸书社区,然后收取入口费。在移动互联网时代,它成功地把Instagram和WhatsApp这样的大型移动应用纳入旗下,并致力于用VR技术打造下一代社交平台。今天,由脸书更名而来的Meta平台公司的应用程序系列的月度用户总数在全球范围内达到37.1亿。

这将是一场在设备、服务和平台上互相入侵、互相对抗的残酷斗争,但赢家是谁却无人知晓。竞争者们在各自擅长的领域扩张的同时,提升了用户体验和服务整合,有望真正实现沉浸式体验的场景:未来每个用户都可随身携带设备——无论是手机、平板还是智能手表、眼镜——来

[①] BUNCH 是 20 世纪 70 年代与 IBM 竞争的大型计算机厂商的合称,来自五个公司的名称缩写:Burroughs、UNIVAC、NCR、Control Data Corporation(CDC)和 Honeywell。这些公司被归为一类,是因为 IBM 的市场份额远高于其所有竞争对手的总和。

获取信息，用户感兴趣的物品则交给平台系统的大数据予以查验，再由合适的服务商完成服务，并可进行社交分享。

而在中国，平台的竞争则展现出另外一种面目。由于缺乏操作系统，国内互联网企业通常起家于一个具体应用和功能产品，因此在平台之争中，在产业链消费端争夺更多的用户是国内企业的焦点。以腾讯、阿里、百度、字节跳动、京东、美团、滴滴等为首的互联网企业，在海量用户数据资源的基础上，尝试将多种途径重构本地服务，带动网上流量向线下消费行为转变，形成了近年来具有中国特色的O2O（线上到线下）产业模式。

自2014年以来，中国互联网巨头就在投资并购领域不断加码，各大平台进入焦灼状态，互相侵入对方的领地。在一些高价值的潜力地带，比如互联网金融、零售、O2O、医药、汽车、智能硬件等领域，几家平台商的争夺日趋激烈。

以腾讯和阿里为例，两家公司在不断提升平台竞争力的同时，积极拓展平台边界，以抢占未来制高点，和构筑竞争防线。腾讯的绝技是社交+泛娱乐，更加贴近消费者；阿里的绝技是电子商务+金融科技，对于B端和C端两头兼顾。

无论中外，这些数字平台在功能和结构上都是多样化的。谷歌和脸书是提供搜索和社交媒体的数字平台，但它们也各自提供了基础设施，在此基础上可以建立其他平台。亚马逊网络服务（AWS, Amazon Web Services）更是基础设施和工具的提供者，起因是亚马逊希望通过允许其他商家在自己的平台上建立电子商务来扩大业务。Netflix、Airbnb和Uber等创新者则利用这些新的云计算工具，迫使多种多样的现有业务发生深刻变化。

在中国，小程序近几年已经形成了完整的生态系统。其上游主要是支付宝、微信等超级APP，这些APP为小程序提供载体。中游主要是小程序开发商以及其他第三方服务平台，该环节以专业小程序开发为主，为各行业及商户提供定制服务；同时，超级APP也可基于自身庞大的B端＋C端用户建立云服务、金融、大数据等一系列服务。下游即应用层，主要是面向C端各项服务的互联网公司和传统企业、小程序创业者等主体推出的解决用户各项服务的应用。

如上所述，许多这样的平台吸引了无数的贡献者，当足够丰富时，可以形成一个生态系统。而所有的数字平台，正在一起挑起各种市场和工作安排的重组，并最终创造和收获价值。

平台起源于"泛在网络"

是什么导致这个世界从企业控制发展到平台控制？平台的崛起是由三股力量推动的，它们分别是无处不在的网络、信誉体系，以及低成本共享基础设施。

软件工程和计算机科学中有一个专有词汇叫"泛在计算"（ubiquitous computing），亦称普遍计算，指随时随地出现的计算。与桌面计算相反，无处不在的计算可以使用任何设备、在任何位置和用任何格式进行。用户与计算机发生交互，既可以以笔记本电脑、平板电脑的形式出现，也可以以诸如冰箱或眼镜等日常物品中的许多不同终端形式存在。支持普遍计算的基础技术包括互联网、高级中间件、操作系统、移动代码、传感器、微处理器、新的I/O和用户界面、位置和定位以及新材料等。泛在计算最典型的体现是手机，移动互联网使得人们无时无处不可以上网。

早在20世纪90年代初，施乐公司（Xerox）首席科学家马克·维瑟（Mark Weiser）就提出了泛在计算四原则：

＊计算机的目的是帮助你做其他事情。
＊最好的电脑是一个安静的、看不见的仆人。

*你凭直觉能做的越多,你就越聪明;电脑应该延伸你的无意识。
*技术应该创造宁静。[1]

马克·维瑟说:"所有真正重要的技术一定都是会消失的技术。"[2]这是泛在技术的精髓。他所谓的"消失"不是物理的消失,而是心理的消失、感觉的消失。真正高端的技术要无痕织入日常生活的所有结构中,这是未来的发展方向。

实现了这样的愿景,用户其实不需要做太多的技术选择,其需要的只是让技术能为自己完成事情。日本厂商过去经常犯的一个错误就是不断地在产品中加入太多的功能,说明书越来越厚,用户无所适从。而真正好的产品是拿到手以后三五分钟后就会使用了,不需要什么高深的学习,因为所有的界面同人们的需求极其贴合。

"会消失"的技术就是所谓"宁静的技术"(calm technology),换言之,技术应该创造宁静,它让人们不知不觉、在没有任何噪声的情况下就开始自己对技术的使用。比如汽车的防抱死系统,平时驾驶员并不需要了解该系统,遭遇特定情况,系统会自动启用。

马克·维瑟可谓目光如炬。更有意思的是,在20世纪90年代施乐公司研究中心(Xerox PARC)设想未来人们可能使用的设备时,他天才地提出泛在体系有三种基本的设备形式。最小的设备叫Tabs,以厘米来计算,可以翻译成"签",今天已经完美实现,如手机、手表和各式各样的可穿戴设备。接下来维瑟预见会出现一个东西叫作"本",英文是Pads,即是用手能拿住的东西,分米尺寸。果然,后来苹果搞了全球轰动的

---

[1] Weiser, Mark (Nov 1, 1996). "Computer Science Challenges for the Next 10 Years." YouTube, Feb 5, 2010. Uploaded by Rutgers University. https://www.youtube.com/watch?v=7jwLWosmmjE.

[2] Weiser, Mark (Sep 1991). "The Computer for the 21st Century." *Scientific American Special Issue on Communications, Computers, and Networks.*

iPad。最后一个就是"板",英文Boards,米尺寸,常见的就是大电视屏。

泛在设备的问世,构成今天平台兴起的第一条核心理由,也就是说,平台必须拥有能够到达个人手中设备的途径,设备要联网,同时分发到每个人手中。中国这几年很火的O2O,本质就是在家里下载一个移动应用程序,足不出户就可以干很多事情。设想一下,如果没有移动互联网和移动设备,哪来的移动应用?没有移动应用,哪来的O2O?

信任是平台存在的根据

信誉体系本质上是商业中最底层的东西。在传统的商务活动中,交易双方通过面对面接触、推荐、暗示等方式形成初始信任,并利用法律、法规等机制保障和维护彼此间的交易信任关系。这些一直都是存在的,但有了互联网以后,我们产生了一种新的网络信誉体系,这个信誉体系本身构成平台兴起的第二个理由。

什么叫网络信誉体系?它指的是允许用户在网络社区内彼此评价,以便通过声誉建立信任的程序。供应方和需求方都害怕对方是骗子,这就需要平台体系让他们互相打分。一旦把人们的活动变成数据,接下来就是让人们能够评价这些数据。

网络信誉体系的出现,是互联网商业的一个关键演变。在许多方面,在过去的二十年里,网络已经慢慢地训练了所有的人,使我们能够自如地与他人互动和交易,而且往往是与陌生人互动和交易。

现如今,去电影院看最新的电影,要先看看豆瓣底下的评论;出行打车,司机和乘客可以在滴滴上互评;吃饭用大众点评,能够评价一家餐馆甚至这家餐馆里的每一道菜好不好。信誉体系中的用户反馈,无论是评论、评分还是推荐,全部都被价值化了。

目前,我们在每一次网络服务中都会借助于信任体系,但这些体系彼此还没有联通。随着日常活动的互联网化,将来一定会出现能够把所有信誉体系打通的系统，可以很方便地查到所有机构和人的信誉分数。

信誉体系的背后是信任，这是人类合作的基石。英国著名社会学家安东尼·吉登斯（Anthony Giddens）认为，信任是个人对于一个人或一个系统之可依赖性所持有的信心。信任的对象有二，一是人际信任，即人对人的信任；二是系统信任或者制度信任。

人际信任是建立在对他人的"道德品质"（良好动机）信赖的基础之上的，指的是在一系列给定的事件或后果中，个人对他人的诚实或爱这些可信赖的东西的信心。而就系统信任或者制度信任而言，我们相信系统或制度抽象的原则是正确的、向善的，具体的知识是正确的。[1]

吉登斯指出，在现代社会当中，人际信任会越来越多地被人对系统的信任所取代，被动的信任会逐渐被积极或者主动的信任所取代，这是一个不可遏制的趋势。原因何在？因为现代生活本质上是风险重重的，传统的熟人社区的信任，建立在彼此知根知底之上，并且有一种评价标准来评价某个人是不是可靠。而到了现代社会以后，人们把对人的信任从熟人让渡给陌生人，只能信任某个人背后的制度。

如吉登斯所说："在一个快速变化的世界中，传统的社会形式趋于瓦解。在过去，对他人的信任建立在当地团体的基础上。然而，生活在一个更全球化的社会里，我们的生活受到从未谋面的生活在远离我们的世界的另一端的人们的影响。信任意味着对'抽象系统'的信赖，例如，我们不得不监管食物、纯化水质或信赖银行系统的有效性。信任和风险紧紧地相互捆绑在一起。面对环绕在四周的风险，我们需要对这种权威给予信赖，并以有效的方式对它们做出反应。"[2]

---

[1] 安东尼·吉登斯：《现代性的后果》，田禾译，南京：译林出版社，2000年，第30页。
[2] 安东尼·吉登斯：《社会学》（第四版），赵旭东等译，北京：北京大学出版社，2004年，第866页。

而今天，由于互联网的出现，我们来到一个崭新的信任阶段，可以称之为"分布式信任"。我们将看到信任的轨迹发生巨大转变：从精英到"像你我他这样的人"；从中央机构系统到分布式技术系统。而分布式信任最新的体现就是区块链。

为什么会从制度性信任到达分布式信任？这里面存在极其深刻的现实原因。爱德曼公关公司（Edelman）每年一次的全球信任调查表会调查四种类型的组织信任度，分别是政府、企业、非政府组织、媒体。2016年，四种机构的信任度在全球范围内第一次跌破50%。[1] 此后，各类组织的信任度虽有不同程度的回升，但人们整体而言依旧深陷于愤世嫉俗中而不能自拔。

爱德曼认为，这一切都开始于2008年的大衰退，但正像海啸的第二波和第三波，全球化和技术变革进一步削弱了全球制度的信任度。后果是极为有害的民粹主义和民族主义，大众开始夺取精英的控制力。[2]

一个很突出的例证是，华尔街资本过于贪婪，为追求超额利润而发明了衍生品交易，最后导致美国次贷危机，普通人生活质量直线下降，很多人还不起房贷，正是这群人最后把特朗普投上了台。在欧美很久没有出现的街头运动，也重新出现了。在2011年的"占领华尔街"运动中，出现了一个非常有力的口号"99%对1%"，从中可以直观感受到美国社会巨大的撕裂程度，人们觉得这个社会如此不公。

人类的平等写在美国《独立宣言》上，但人类社会本质上是不平等的。最直接的体现是财富不平等、社会地位不平等、社会上升空间不平等，然而今天，最引起人们愤怒的是问责的不平等。社会的无权无势者

---

[1] Edelman (Jan 21, 2017). "2017 Edelman Trust Barometer." https://www.edelman.com/trust/2017-trust-barometer.

[2] Edelman (Jan 15, 2017). "2017 Edelman Trust Barometer Reveals Global Implosion of Trust." https://www.edelman.com/news-awards/2017-edelman-trust-barometer-reveals-global-implosion.

承担了更多的责任，相反，权势阶层虽然腐败，却能够轻而易举逃脱惩罚。这种最为令人痛心的不公，导致大众对精英持高度怀疑态度，推动全球社会进入"精英的黄昏"。在"精英的黄昏"时代，人们反感制度，知道制度是为了保护精英而存在。

由此，我们可以知道，保存在少数人手中并且密室操作的制度信任并不是为数字时代而设计的，一种新的范式正在兴起，那就是分布式信任，或人与人之间乃至人与智能机器之间的直接信任。

分布式信任一个很明显的影响就是共享经济。共享经济的本质，就是把供应者和需求者在一个平台上聚集到一起。它有两个基本维度，第一是效率。效率来自哪里？来自把空闲的资源重新盘活，这是共享经济的精髓。第二就是信任，这是产生效率和价值的核心原因。在中国，人们对共享经济有一个认识误区，没有使用空闲资源，而是制造并滥用新资源。这是完全错误的，曾经满大街的"共享单车"和共享经济毫无关系。没有信任，共享经济完全不存在。信任是共享经济的硬通货。而滴滴一度的困局，即在于它辜负了用户的信任。

平台降低了基础设施的共享成本

缺少低成本的共享基础设施，人与人的互动成本就会过高。平台之所以出现并且替代企业，是因为它在相当大的程度上降低了基础设施的共享成本。计算资源、信息与通信技术工具的成本都出现了难以置信的下降；云计算及其所促进的应用程序和平台，现在可作为运营支出而不是资本支出；充裕的网络连接使得用户可以随时按需请求IT服务，并且仅需为所使用的服务付费。

数字平台是软件、硬件、操作和网络的复杂混合体。云能够为广泛的用户提供一套共享的技术和接口，他们可以在稳定的基底上构建他们想要的东西。像安卓（Android）和iOS这样的移动操作系统都是平台。

尽管它们在某种程度上限制了人们可以建立或销售的应用程序，但总的来说，它们对应用程序构建者是开放的。安卓甚至也是一个面向手机和其他设备制造商的硬件平台，因为代码是开放的，而不仅仅是接口。

事实上，平台可以在平台上成长。例如，在应用程序商店中，互补的业务正在出现。AppAnnie是一家对应用程序产生的收入进行排名的公司；有专门分析YouTube广告购买的广告公司；TubeMogul对YouTube"明星"进行分类并衡量他们的影响力；培养新的YouTubers的机构也大量出现。这些互补者是建立和维持平台锁定的强大盟友。

云计算的基础是计算过程的虚拟化和抽象化。对于云服务的提供者来说，规模是非常重要的。为什么阿里和腾讯的投资导向中，企业服务占阿里第一位、腾讯第三位？[1]因为云服务已经在今天的企业运营中占据基础设施的地位，不论做什么行业都无法或缺。对于用户（个人、中小型企业、初创公司）来说，其结果是计算资源和信息通信技术工具的使用障碍大幅减少。

强大的信息技术对服务的改造最初是随着互联网的出现而出现的，而由信息技术促成的服务转型，本质上是基于一系列可计算算法在无数活动中的应用，从消费和休闲到服务和制造。这些算法被转移到云端，在那里它们可以很容易地被访问，这就创造了一个基础设施，整个基于平台的市场和生态系统就是在这个基础上运作的。

什么是好的基础设施？华为云的广告对企业做了非常吸引人的展示。第一幅广告叫"什么云，真正读懂你的焦虑"。这很扎心，因为每个企业都焦虑。第二幅，"什么云，真正敬畏你的数据"。把数据提升到

---

[1]《企业布局生态圈：阿里向左，腾讯向右》，新浪网，2020年9月18日，https://k.sina.cn/article_7395349859_1b8cc156301900u2lh.html?from=tech&kdurlshow=1&cre=wappage&mod=r&loc=2&r=0&rfunc=49&tj=wap_news_relate。

敬畏的程度了，先吓唬你一下，再让你放心。第三幅，"什么云，真正关心你的未来"。云是万能的，不仅能帮助客户现有的业务，还能指导他们的未来。

可是，我们如何能够将我们的信仰置于虚无缥缈的云中？作为一个比喻，云似乎很容易掌握：我们的数据在以太中浮动、漂移，随时随地可供我们使用。这个词听上去浪漫有味，因为它与插头和电缆、磁盘驱动器和信息高速公路所构成的硬物质世界截然相反。不过，当我们垂手利用遥远的服务器的力量，或在天空中的某个地方托管我们的数字生活时，我们有没有想过，每个人是怎样悄无声息地就接受了一桩可能并不平等的交易？

云，如此多孔和分散，能够带来什么样的思维？我们所热衷参与的云计算，是否要求我们放弃了太多？

算法革命和云计算是平台经济的基础。但计算能力仅仅是故事的开始。这种计算能力通过在数据原材料上运行的算法被转化为经济工具。贯穿并与经济交织在一起的软件层是一种算法的结构。这个软件层，也即这个算法结构，依靠传感器网络，正在覆盖制造业，催生了物联网、万有网或工业互联网。毫不夸张地说，软件以前是嵌入事物当中的，但现在事物——服务以及物理对象——都被编织成基于软件的网络结构。这个软件层扩展了数字工具和传统工具的可用性，并降低了通过数字过程访问和控制的成本。

随着互联网连接扩展到越来越多的设备，一个强大的物联网基础设施将不断扩大。这种扩张将由获取更多个人和集体数据的愿望所推动。无处不在的算法作用于集成和聚合的大数据，人类的智能生活将变得更难与其脱钩。在这样一个世界里，人们将在哪里找到受保护的空间，思考自身是否已被编程，目的是减少其主动性和能力，从而确定不可动摇的、增强的智能系统？这样的智能系统，又真正是在为谁的利益服务？

平台与工作机会

平台兴起之后，有人提出了"平台经济"、[①]平台资本主义[②]甚至"平台化社会"[③]的说法。这些命名反映了这样一种认识，即平台已经对社会、市场和企业产生了强大的影响，而我们对其动态和方向还并不完全清楚。无论我们如何称呼这种转变，其后果都是巨大的。但是，我们所贴的标签很重要，因为标签会影响我们如何研究、使用和监管这些数字平台。平台的倡导者更愿意称平台经济为"创意经济"（creative economy）或"共享经济"（sharing economy），比较中性的称呼是"按需经济"（on-demand economy）或"自由职业者经济"（freelance economy），而那些不太相信它的好处的人则将其称为零工经济（gig economy），甚至是不稳定无产者（precariat）的经济，重点强调它对工人的影响和他们的报酬方式的变化。

在美国，平台经济又被叫作"1099经济"（1099 economy），代表了使用独立承包商工作的组织的增长。当组织每年向非雇员支付600美元或以上时，它们需要向该工人发送IRS 1099-MISC表格。1099工人可以灵活地选择他们工作的组织，并且通常在他们想要的时间和地点工作。例如，Uber司机可以选择自己的时间表，使用Uber平台寻找客户并获得报酬。

[①] Parker, Geoffrey G., van Alstyne, Marshall W. & Choudary, Sangeet Paul (2016). *Platform Revolution: How Networked Markets Are Transforming the Economy - And How to Make Them Work for You*. New York: W. W. Norton; Evans, David S.& Schmalensee, Richard L. (2016). *Matchmakers: The New Economics of Multisided Platforms*. Boston, MA: Harvard Business Review Press.

[②] Srnicek, Nick (2016). *Platform Capitalism. Cambridge*, UK: Polity.

[③] van Dijck, José, Poell, Thomas & de Waal, Martijn (2018). *The Platform Society: Public Values in a Connective World*. Oxford University Press.

尽管1099经济在过去几年中一直在增长，但它尚未改变美国的劳动力格局——不过社会也许正处于零工经济转型的早期阶段。据彭博社报道，接受1099的工人比例"从20世纪90年代末占劳动力的12%上升到2013年的16%……因此，1099-MISC的这种崛起似乎确实表明了美国劳动力市场的真正转型——尽管还没有完全实现"。①

对就业和工作性质的影响当然是评估平台对社会到底是好还是坏的一个重要因素。乐观主义者仍然比比皆是，投资者、企业家和数据科学家都在疯狂地创造"颠覆性"的新业务，把焦点对准如何建立平台，吸引用户，然后获取从新兴生态系统中产生的价值。然而无论哪种平台，都是以调动人类的贡献为基础。无论是谷歌以我们的搜索营利，脸书用我们的社交网络营利，LinkedIn靠我们的职业网络营利，还是Uber干脆凭私家车营利，它们都依赖于将创造价值的人类活动予以数字化。

新兴技术经济体系的乐观版本表明，社会可以重组，把生产者变成创业者，以灵活的时间工作，并从这些平台中受益。平台经济的倡导者也相信，共享服务平台如Uber和Airbnb，可以释放未充分使用的个人资产的商业价值。所有这些都可以为更大的社会利益发声，而不会产生负面影响。但我们果真能预见这些新经济安排的所有反响吗？例如，匹配工人和任务的平台企业可能会使劳动力市场更有效率，但如果它们变得普遍，并组织了很大一部分工作，它们可能会产生零散的工作时间表和越来越多的兼职工作，而不会分配与就业有关的福利，而这在从前是许多雇主雇佣工人全职工作的特点。

问题实际上等于：当数字浪潮在我们的经济和社会中流动时，所创造的工作机会将如何平衡，哪些工人会被取代？当然，就现有的工作，

---

① Fox, Justin (Dec 12, 2015). "The Rise of the 1099 Economy." Bloomberg, https://www.bloomberg.com/opinion/articles/2015-12-11/the-gig-economy-is-showing-up-in-irs-s-1099-forms.

特别是常规的工作，列出可能被数字工具取代或重新配置的清单是可以做到的；或者，如一些人所尝试的那样，可以估算将被数字化化为乌有的现有工作的数量。相比之下，现在正在创造的新工作种类以及未来将被重新定义和重组的工作则更难预测，我们往好了做也只是猜测。算法和数据库正在使某些类型的工作自动化，但即使在这种情况下，创造价值的其他机会也在出现。将会有新的产品和服务，以及新的生产和服务流程，都可能是设计和创意密集型的，也是由算法支持的。

我们已知的是，一些现有工作的部分特点将被数字技术重塑，但不一定会被淘汰。Uber、Airbnb、TaskRabbit、Handy和其他平台公司正在通过以新的方式连接"生产者"和客户来改变行业。在某些情况下，这正在取代或威胁着现有的、通常是受监管的服务提供商，如出租车和酒店。在其他情况下，平台正在使以前不太有组织的或只是地方组织的工作正规化。还有其他平台，如应用程序商店和YouTube与TikTok，正在创造全新的价值活动，这些活动现在变成某种不稳定的职业，如YouTube制作人或智能手机应用程序开发人员。最后，现有的组织也在创建新的数字营销和社交媒体营销的部门和工作。面对这些情况，问题在于会浮现出什么样的控制和价值获取系统。

总体的判断是，工作不一定会减少，但越来越多的工作与雇主的关系将比以往更加脆弱。一种可能性是，在这个社会中，工作和价值创造的主导权比以往任何时候都更加分散，即使平台所有者集中交易并在其中获取价值。

许多人现在担心，我们不是在创造一个新的生产力来源，而是在使一种新的自由放任形式合法化。Uber司机能否在1099经济中成为自食其力的承包商，而不再是就业经济中的稳定工人，或者他们其实只是极其脆弱的临时工？而且，更广泛地说，劳动力市场的这种转型，对大众政治和社会结构会有什么后果？到底是在产生劳动力市场的灵活性，还是在造就一个不稳定无产者阶级，最后发展出一个网络化的"唐顿庄园"，一面是平台所有者组成的小规模精英阶层，另一面是新的、庞大的下层社会？

也许最有先见之明的是库尔特·冯内古特（Kurt Vonnegut）1952年的小说《自动钢琴》（*Player Piano*），其中甚至给伟大的数学家诺伯特·韦纳（Norbert Weiner）安排了一个小角色。冯内古特设想了一个物质丰富的数字未来——尽管是一个用电子管而不是半导体制造的机器的数字未来——在高学历和高创意的工作精英与下层社会之间出现了激烈的社会分化。[①] 他的歇斯底里的预言，现在在算法、人工智能、机器人等等将取代大部分人的工作的恐惧中得到了充分体现。

尽管技术可能不会决定我们的未来，但它们会框定要做出的选择和要回答的问题。平台经济及其预示的社会重组，是否会在新一代企业家的推动下，促进经济增长和生产力激增？或者算法驱动的重组，是否导致将所有收益集中在构建平台的人手中？它会引发一波创业的浪潮，释放出难以想象的创造力，让工人从繁重的工作日程中解放出来，还是会批量产生大量试图靠零工和临时合同谋生的被剥夺财产的工人？如果我们不审视这些技术轨迹，就有可能在不知情的情况下成为其结果的受害者。在此情况下，我们应该问什么问题？

向平台提出的关键问题

抛开猜测，虽然有丰富的新兴文献，但目前还没有关于不同平台对整体经济影响的真正理论。为了感知松散的平台经济的市场及监管影响

[①]《自动钢琴》是美国作家小库尔特·冯内古特的第一部小说，发表于1952年。小说描绘了一个自动化的二元世界，部分灵感来自作者在通用电气的工作经历，描述了技术可能对生活质量产生的负面影响。Vonnegut Jr., Kurt (1952). *Player Piano*. New York: Charles Scribner's Sons.

的范围，让我们考虑一些最突出的数字平台类型。

平台的平台。从某种意义上说，互联网本身就是基础性的平台，谷歌是它的目录提供商。如前所述，苹果的iOS和谷歌的安卓是智能手机操作系统平台，在两者的基础上建立了大规模的生态系统。此外，还有一些企业为其他需求提供基础设施和工具。例如，亚马逊网络服务、微软的Azure和谷歌云平台促进了云服务的建设，其他平台就是利用这些工具建立起来的。在某种意义上，此种平台类型好比俄罗斯套娃，大平台套着小平台。

另一类是在网上提供数字工具的平台，目的也是支持其他平台和市场的创建。例如，GitHub正在成为各类开放源代码软件程序的储存库。这极大地降低了软件工具和模块构建的成本。此外，以前由甲骨文（Oracle）和ADP（美国一家人力资源管理软件服务商）等公司销售或出租的工具和软件，如销售支持、人力资源和会计，现在可以从Zenefits、Job Rooster和Wonolo等公司获得云服务。

工作中介平台。平台以各种方式展开工作中介。一些平台改变了以前独立的专业人士的工作。例如，LinkedIn进入了猎头公司的领域，并通过出售对会员自由提供的信息的访问权，增强了企业人力资源部门的力量。其他平台，如亚马逊Mechanical Turk，使公司能够众包执行需要人类判断的特定任务，是一种现代形式的外加工制（putting-out system）。如UpWork和Innocentives这样的网站，也创造了类似的全球虚拟劳动交流。重要的是，目前还不能确定这些平台是否会影响合同工或临时工的数量，或者只是改变中介机制和劳动力市场的运作。

社交平台。多数社交网络会提供多种让使用者互动起来的方式，不论是一对一聊天还是群组交流，是信息流还是文档分享，是文本方式还是音视频方式等。社交网络为前所未有的信息分享与人际交往提供了崭新的途径，一般会拥有数以百万乃至亿计的注册用户，使用其服务已成为人们每天的生活。社交服务当前在世界上有许多家，知名的包括Facebook、YouTube、WhatsApp、Messenger、Instagram、iMessage、Skype、Viber、VKontakte、Telegram、Twitter、Reddit、Snapchat、Pinterest、Line、Tumblr等。在中国的流行服务有微信、抖音、QQ、QQ空间、新浪微博、百度贴吧、快手、知乎等。

电子商务平台。它们是最早的也是最广为人知的在线平台，也是令平台经济的概念得到广泛讨论的地方。如美国的亚马逊、eBay和Etsy，中国的淘宝、拼多多与京东。像小红书这样的服务则把社交媒体与电子商务结合在一起。

提供服务的平台。Airbnb和Lyft是典型的例子。在中国，有美团和盒马这样的本地生活平台。还有数不胜数的金融平台，从Kickstarter或Indiegogo等项目筹资网站，到打算取代传统金融机构的平台，如用于风险投资的AngelsList和用于点对点借贷的Zopa和Rate Setter。

在所有这些例子中，在线活动的算法基础是最明显的。例如，Lyft通过算法将司机和客户联系起来。这些算法整合了地图软件、实时路况和司机的可用性，来提供一个价格估计。司机通过在线检查进行审核，当然，这只在他们拥有的数据中发挥作用。付款是通过存档的信用卡信息进行的。

以上平台在许多情况下通过重新设置进入壁垒、改变价值创造和价值获取的逻辑、进行监管套利、重新包装工作或重新定位经济体系中的权力，破坏了经济活动的现有组织。作为讨论的起点，我们可以对每个平台或平台类型追问以下问题。

价值是如何创造的？

平台经济包括一套明显的新的经济关系，它依赖于网络、计算和数据。每个平台所创造的生态系统都是价值的来源，并设定了用户可以参与的条件。

基本上,平台通过促进消费者和生产者之间的交流来创造价值。价值的实现,主要依靠降低搜索和交易成本,以及促动第三方生产商的外部化创新。为了实现交流,平台利用并创建了大型的、可扩展的用户和资源网络,可以按需访问。

每个平台都有一些关键功能,它需要一一执行这些功能为创造价值铺路。第一是建立受众群。为了使一个平台发挥作用,需要有足够活跃的消费者和生产者来促进频繁的交流。如果你的平台上没有足够的用户群,那只是一个"鬼城"而已。这就是为什么平台努力发展其生态系统的两边,以确保双方有足够的流动性,从而使交流能够发生。

第二,平台必须能够将正确的消费者与正确的生产者相匹配。想想在大海里如何捞针。你可以拥有世界上最大的生产者生态系统,但如果你的消费者找不到他们正在寻找的东西,多大规模对他们来讲都没用。牵线搭桥(matchmaking)和策管(curation)是连接正确的消费者和生产者的关键,这样他们才能交换价值。

第三是通过提供关键功能实现外部化创新。这通常包括提供开放的API或SDK,使开发者能够很容易地在你的平台上构建应用。它也包括营销协助或为你平台上的生产者提供管理支持,就像Airbnb所做的那样。这种支持使个人有能力成为生产者,而以前则需要整个组织才能成功。

最后,平台建立规则和标准来管理它们所促成的互动。这种规则和标准包罗万象,如Twitter的140个字符限制,Uber的司机评级系统,微博超话社区的话题管理规定等,目标是促进价值交换的具体行为。它可以确保用户能够享受一致的体验,并信任平台和与自己互动的其他用户。如果没有这些规则和标准,随着社区的发展,信任和质量将迅速恶化。这将赶走用户,导致生态系统崩溃。

谁掌握了价值？

平台用户的风险和回报的分配是什么？有各种各样的机制，对收益分配有不同的影响。一些平台允许所有者对所有交易"征税"（如苹果），而另一些平台则通过广告使其服务营利（如谷歌和Meta）。平台可以将以前由传统雇员完成的工作转变为由承包商、委托人或替工完成的任务，或者创造全新的工作类别。平台自己则出产许多"风险劳工"（venture laborer），也就是在平台公司工作的人。他们获得高薪，如果公司成功，平台的价值就会在股票市场上被资本化，从而为公司的直接雇员和企业家带来巨大的财富。如果公司摇摆不定或失败，这些人必须找到新的工作。

也有越来越多的人被称为"小企业家"，或从事"委托工作"（consignment work），他们为应用商店、YouTube或亚马逊自助出版等平台提供商品——通常是"虚拟"的。尽管他们中的绝大多数人都不成功或只是略有盈利，但有些人可以获得巨大的成功。虽然这一现象尚未被衡量，但它显然正在为创业创造许多新的机会。在某些情况下，特别是在应用程序中，委托经济有时会发展得如此之大，以至于风险资本家会对企业家/公司进行投资，而员工则成为风险劳工。其中一些应用程序还可以成为平台本身。换句话说，委托模式对参与者而言有很大的上升空间，但也伴随着高风险。

可以说，迄今为止，平台未能解决在线活动中存在的收益幂律问题，少数大赢家通过广告、产品植入费、个人出场费甚至众筹活动获得报酬，而长尾的生产者则创造了大量没有金钱回报的委托内容。

谁拥有或控制平台？

答案因平台而异，差异也很重要。在不同的平台上，利益的分配有很大的不同。维基百科的贡献者网络由一套共识规则管理；而大多数情况下，平台由一小群企业家和他们的风险资本家拥有，其价值通过收购或以发行股票的方式出售控股权而被资本化。

在这方面，社会的目光始终关注着那些控制了数十亿人的数据和信息的大科技公司的垄断性增长。权力如此集中于如此少数的平台手中，不仅对政治，也对生活的其他层面构成了危险。连白宫都如此声称："科技平台的崛起带来了新的和困难的挑战，从与充满毒素的网络文化相关的悲剧性暴力行为，到不断恶化的心理健康和福祉，到美国人和世界各地的社区因大大小小的科技平台兴盛而遭受的基本权利的侵蚀。"[1]

问题的一个主要部分是，长期以来，许多数字公司像黑箱一样运作，缺乏真正有意义的审查或问责。其中一些企业的大部分利润来自将用户的数据商品化——这被称作"监控资本主义"——并将其卖给出价最高的人。例如，2019年，谷歌和脸书及其子公司分别从广告销售中获得了83%[2]和99%[3]的收入。可它们使用的复杂算法是如此神秘，我们甚至不知道算法是根据什么来向我们显示信息的，以及我们又是如何被算法描述的。

一切的关键在于，如何让平台负责。在全球范围内，立法者正在迟缓地采取行动，对运行互联网的公司进行监管。这些努力在意图和机制上都有很大的不同。反垄断努力的目的是限制巨头公司的权力和改善竞争。针对特定类型的有害内容——儿童色情、恐怖主义宣传、仇恨言论、选举干扰等的法规，旨在限制严重的危险和暴力的煽动。隐私法规旨在保护信息时代的个人，免受有意的和无意的数字监控。

---

[1] Shepardson, David & Bose, Nandita (Sep 9, 2022). "White House Unveils Principles for Big Tech Reform." Reuters, https://www.reuters.com/technology/white-house-holding-roundtable-big-tech-concerns-2022-09-08/.

[2] https://abc.xyz/investor/static/pdf/20200204_alphabet_10K.pdf?cache=cdd6dbf.

[3] "Facebook Reports Fourth Quarter and Full Year 2019." Jan 29, 2020. Results, https://investor.fb.com/investor-news/press-release-details/2020/Facebook-Reports-Fourth-Quarter-and-Full-Year-2019-Results/default.aspx.

在推进监管的过程中，用心良苦的政策制定者应牢记以下原则。第一，数字伤害是一个固有的邪恶问题，即便在一个设计良好的监管环境中也不会得到完美的解决。这意味着监管者必须决定多少数字伤害是可以承受的，哪怕这是一个艰难的决定。第二，监管的三个核心目标——竞争和反垄断、减轻伤害和保护隐私——在某种程度上相互矛盾。监管的核心目的，不是假装监管会不计成本地取得最大成效，而是主张民主政府拥有平衡冲突价值的特权，而不是仅仅把这种判断留给企业。第三，监管应该是建设性的，而不是惩罚性的，这意味着必须有办法来衡量进展，而不仅仅是一罚了事。

照这些原则行事意味着，很难提出一个完备的监管框架，而只会把监管者带入一个异常困难且可能令人不满的旅程。真正的价值必须相互平衡。好的政策制定意味着要做出困难的权衡。

长期以来，企业不得不独自面对保护隐私、减少伤害和维持竞争力之间的权衡。社会上的批评意见认为，平台未能在解决严重危害方面进行充分的投资，显然辜负了社会的期望。但批评本身并不意味着这些问题会很容易解决，即使监管起到了激励人们更加关注的作用。对于政府来说，监管是一个解决企业失败和改善企业努力的机会。但政府监管者也很可能发现，用自己的判断取代企业的错位激励，并不意味着好的解决方案会立即显现出来。

创造什么样的经济和社会

从信息产业的角度来看，术语"平台"只是指一套在线数字安排，其算法用于组织和构建经济和社会活动。而随着平台影响力的扩大，这个术语渐渐指向一套用于社会和市场互动的数字框架。

这就迫使我们不得不思考：在向数字平台过渡并伴随着全球经济重组的过程中，我们希望创造什么样的经济和社会？重要的是，我们将有哪些选择的可能性？

作为一个社会，我们将不得不对如何部署新技术做出选择，而选择又主要取决于企业家的主动性、公司战略和公共政策。

问题众多，答案复杂，但在寻求解答之前，有两点需要特别考虑。首先，拉里·莱西格（Larry Lessig）有个著名的论断：代码就是法律（Code Is Law）；[1]也就是说，代码代表了对行为的约束性限制。算法和平台结构和约束行为；平台企业家们越来越相信，如果他们拥有先发优势，实际上可以通过在平台上创造新的做法来重塑现有的法律，从而在本质上建立起新的行为规范。这就是为什么在硅谷，人们常说："不要请求允许；要请求原谅。"政府规则将影响新技术的部署方式及其后果，但在平台经济中，政府决策可能会受到软件中的"事实"限制。

其次，虽说公共政策显然很重要，但企业战略也具有深远的影响。因应监管，企业战略趋向于在四个方向上做出重大调整：专注于何处以获得最大利润；如何保证竞争规范；隐私、市场进入和可扩展性如何运作；以及公司如何创造范围经济，即通过在一个市场上的活跃为其他市场带来好处。

认识到代码的限制和公司选择在塑造结果中的核心地位，我们的平台未来、市场特征和建立的社会将取决于一系列政策选择。什么样的市场和社会规则适合于平台经济和社会？

所有关于技术采用的研究都表明，那些认为自己会成为受害者的人将会抵制技术；如果他们认为自己会成为受益者，则可能会帮助促进转变。当然，最大的群体包括那些处于中间的人，他们加入平台经济是因为他们别无选择，不觉得自己有能力抵抗。

为了缓冲重大社会经济转型的后果，我们应该把重点放在社会政策

---

[1] Lessig, Lawrence (1999). *Code and Other Laws of Cyberspace*. New York: Basic Books.

上，而不仅仅关心市场政策。社会政策，有时被称为福利，塑造了工人和企业家所承担的风险，以及他们对支持或抵制变革的评价。

关于政策的辩论不会是直截了当或简单的。就像所有的经济转型一样，破坏将产生赢家和输家。市场中的赢家和输家取决于谁能参与，以何种条件参与。没有规则就没有市场，也就没有平台，但如果重要的市场规则是由平台所有者制定的，必定会引发多方质疑。而如果规则都由政府来决定，又可能违背市场规律。预计许多斗争将围绕规则制定而展开，将爆发关于保护社区、用户和工人的政治博弈。

政策能否鼓励劳动力市场的安排，以促进创新；同时为工人提供保护，以促进公民的体面和可持续生活？在平台世界中，是否有一个亨利·福特（Henry Ford）认识到，生态系统中的每个人都需要合理的收入才能购买其产品？这注定不会是一个简单的过程。围绕平台进行的经济重组将不可避免地改变试图影响法律或塑造代码的利益集团本身。很多常常相互孤立的战斗将交织在一起，重新塑造我们的社区和社会生活，以及市场和市场竞争的特征。

在平台的时代，未来仍然是开放的。关键问题的答案目前还不可知。但答案将取决于我们的选择，而不仅仅是技术。值得再三强调的是：技术——云、大数据、算法和平台——将不会决定我们的未来。我们如何部署和使用这些技术，才会决定我们的未来。

我们将在一个固有的流动和不断变化的环境中做出选择，这一环境在某种程度上由不可预测的技术变革和社会对这些变革的反应所形成。最终，结果将取决于我们认为市场应该如何结构——谁能获益，谁在竞争；我们如何创新；我们在社会中重视什么；我们如何保护我们的社区、我们的工人、所有技术的客户和用户；以及我们如何引导这些社会—技术变革所创造的巨大机会。我们不需要创造乌托邦，而是需要创造一个为社区和公民带来更多利益的世界。

后真相与政治的未来

牛津词典把"后真相"(post-truth)评选为2016年度词汇,用来描述"客观事实在形成舆论方面影响较小,而诉诸情感和个人信仰会产生更大影响"的情形。造成后真相时代来临的原因众多,如技术与媒体的演进、经济与社会的不确定性,以及后现代主义和相对主义的全面兴起,但事实的土崩瓦解是最大的原因。事实的坍塌带来一系列后果:真相和客观性的终结、阴谋论的盛行、政治辩论乃至民主的危机。为此,我们需要重建一种基于事实的政治,以发挥"反思和选择"的力量,而摒弃"机遇和暴力"的恶性循环。

英国脱欧是2016年具有标志性的事件。主张脱欧的人设计了一个简单然而十分有效的口号:"夺回控制权"。英国人不分阶层和代际差异被打动,因为每个人都喜欢把钱从布鲁塞尔拿回来并投入国民健康系统的想法。为了在全民公决中获胜,脱欧阵营不惜谎称英国每周要向欧盟支付3.5亿英镑(合5.1亿美元)。虽然众多事实核查者指出该数字为虚构,依然不妨碍它被刷在活动的大巴上,四处揽票。

英国统计局(Office for National Statistics)局长安德鲁·迪尔诺特爵士(Sir Andrew Dilnot)表示,这是在误导且破坏对官方统计数据的信任。财政研究所(Institude of Fiscal Studies)把该数据称为"荒谬的"。但脱欧派丝毫不为所动,继续高喊口号:"我们每周向欧盟送去3.5亿英镑。让我们为我们的国民健康系统提供资金。投票离开欧盟。"在赢得全民公投之后,如此耸人听闻的承诺被一位脱欧领导人轻描淡写地当作一个

"错误"而打发，而另一位则把它解释成"一个愿望"。①

在英国全民公决结束之际，很少有人能够预测到美国人会愚鲁到选举唐纳德·特朗普为总统。这个前真人秀明星过于耸人听闻，过于种族主义与性别主义，过于无视真相，难以想象美国人民会把他送进白宫。然而在自我标榜为"脱欧先生"之后，②这位喜欢发推特的商业大亨没有令人失望：所有人，请向特朗普总统脱帽致敬！

牛津词典把"后真相"（post-truth）评选为2016年度词汇，抓住了时代精神。所谓后真相被用来描述"客观事实在形成舆论方面影响较小，而诉诸情感和个人信仰会产生更大影响"的情形。③在后真相政治（也称为后事实政治）中，辩论主要被情感诉求所左右，与政策细节相脱离。后真相赋予真相"次要"的重要性，在这一点上，它和传统政治有很大的不同，后者虽然始终争论何为真相乃至伪造真相，至少还承认真相的重要性。然而，2016年，在大西洋的两岸，人们似乎都受够了"事实"，这一年将因真相成为滑动概念而为后世所铭记。真相已经变得如此贬值，以前它是政治辩论的黄金标准，现在只不过是一种毫无价值的残币。

由于24小时新闻周期的出现、新闻报道的虚假平衡，以及社交媒体

---

① "Nigel Farage: £350 Million Pledge to Fund the NHS Was 'a Mistake'." *The Telegraph*, Jun 24, 2016, http://www.telegraph.co.uk/news/2016/06/24/nigel-farage-350-million-pledge-to-fund-the-nhs-was-a-mistake/; "Brexit: £350 Million a Week Extra for the NHS Only 'an Aspiration' - Says Vote Leave Campaigner Chris Grayling." *The Independent*, Jun 27, 2016, http://www.independent.co.uk/news/uk/politics/brexit-350-million-a-week-extra-for-the-nhs-only-an-aspiration-says-vote-leave-campaigner-chris-a7105246.html.

② Hassan, Jennifer & Bearak, Max (Aug 18, 2016). "Donald Trump Just Called Himself 'Mr. Brexit,' and Nobody Really Knows Why." *The Washington Post*, https://www.washingtonpost.com/news/worldviews/wp/2016/08/18/donald-trump-just-called-himself-mr-brexit-and-nobody-really-knows-why/?utm_term=.71d7bd780294.

③ "Word of the Year 2016 Is... ." https://en.oxforddictionaries.com/word-of-the-year/word-of-the-year-2016.

的无孔不入，后真相被描述为一个当代问题，但存在一种可能性：它实际上长期以来一直是政治生活的一部分，虽然在互联网出现之前并不那么引人注目。有关后真相的最好陈述，可能是乔治·奥威尔做出的。在政治寓言小说《一九八四》中，他建构了一个意识状态被大规模改变的反乌托邦世界，政府宣称自己拥有真相的垄断权，"党叫你不相信你耳闻目睹的东西。这是他们最后的最根本的命令"。①

毫不意外，1949年出版的这本书，于2017年1月冲到亚马逊美国畅销榜单首位。在美国以外，对《一九八四》的兴趣也在重新点燃。出版商企鹅公司称，该书在英国和澳大利亚的销售额比2016年同期增长了五分之一。②特朗普就任以来，他的政府及盟友宣告总统是真相唯一可靠的来源；③将很容易被证伪的假象当作真相来售卖；④并且，把谎言冠以"另一种事实"（alternative fact）的"美丽"称呼。⑤得州众议员拉玛·史密斯（Lamar Smith）说："最好从总统那里直接获得新闻；事实上，这可能是获得未经污染的真相的唯一方法。"⑥特朗普本人向媒体全面宣战，而媒体则回应

---

① 乔治·奥威尔：《一九八四》，董乐山译，沈阳：辽宁教育出版社，1998年，第70页。
② Freytas-Tamura, Kimiko de (Jan 25, 2017). "George Orwell's '1984' Is Suddenly a Best-Seller." *The New York Times*, https://www.nytimes.com/2017/01/25/books/1984-george-orwell-donald-trump.html.
③ "Donald Trump Is the Sole Reliable Source of Truth, Says Chair of House Science Committee." *Vox*, Jan 17, 2017, http://www.vox.com/science-and-health/2017/1/27/14395978/donald-trump-lamar-smith.
④ "Trump's Real War Isn't with the Media. It's with Facts." *Vox*, Jan 21, 2017, http://www.vox.com/policy-and-politics/2017/1/21/14347952/trump-spicer-press-conference-crowd-size-inauguration.
⑤ "I Was a White House Fact-Checker. Don't Accept Trump's Attitude Toward the Truth." *Vox*, Jan 27, 2017, http://www.vox.com/first-person/2017/1/27/14398320/trump-spicer-facts-truth.
⑥ "Donald Trump Is the Sole Reliable Source of Truth, Says Chair of House Science Committee." *Vox*, Jan 17, 2017, http://www.vox.com/science-and-health/2017/1/27/14395978/donald-trump-lamar-smith.

说，特朗普的媒体之战实则为事实之战，他消除媒体合法性的手段在于，首先消除事实的合法性。在这种情况下，《一九八四》想不畅销也难。

事实以及事实背后的真相，究竟发生了什么？讨论后真相，首先要回顾事实的近代历史。

事实的近代史

在《知识的边界》(*Too Big to Know: Rethinking Knowledge Now That the Facts Aren't the Facts, Experts Are Everywhere, and the Smartest Person in the Room Is the Room,* 2012)一书中，戴维·温伯格（David Weinberger）根据事实基本形式的变化，将事实的近代历史区分为三个阶段。[①]

第一阶段是经典事实时期（age of classic facts），事实相对稀缺，需要付出较大努力才能发现，并且用于证明理论。历史学家将此追溯到17世纪，当英国哲学家和政治家弗兰西斯·培根想要将知识置于更为明确的基础之上时，他发明了一个科学的方法。就像亚里士多德一样，他寻找普遍性的知识。但是，他主张通过一系列个别事物的试验来得出知识。从培根之后，理论不再是从对重大原则的逻辑推理中得出，而是由事实构建，正如房子是由砖所构建的一样。

事实成为知识的一般基础，及解决争论的最终方法。这带来了新的证据原则和新的调查方式，并导致了历史学家芭芭拉·夏皮罗（Barbara J. Shapiro）所谓的"事实文化"（the culture of fact）：观察或目击到的行为或事物——也就是事实——可以导出真相，事实不断扩张自己的领域，从法律到科学，从历史到新闻。[②]

[①] 戴维·温伯格：《知识的边界》，胡泳、高美译，太原：山西人民出版社，2014年，第60页。
[②] Shapiro, Barbara J. (2003). *A Culture of Fact: England, 1550-1720*. Ithaca, NY: Cornell University Press.

之后，在20世纪50年代，我们进入了基于数据的事实时期（age of databased facts）。"事实"一度占据的地位被"数据"所取代，这造成了很多的认知混乱，不仅是因为收集和权衡事实需要调查、辨别和判断，而且也因为对数据的收集和分析被外包给机器了。在这一阶段，我们很少发现事实；相反，我们下载事实；当然，我们也会上传它们。

因为数据堆积如山，所以，我们很快就发明了一系列技术来帮助我们。这些技术主要可分为两类：算法机制和社交机制，尽管大部分工具其实结合了两者。新的过滤技术是毁灭性的，尤其是在知识的权威性这一点上更是如此。一些旧式的知识机制，比如报纸、百科全书、教材等，其权威性来自它们为其他人过滤信息这一事实。而如果我们的社交网络是我们新的过滤器，那么这种权威就从遥远的专家那里，转移到了我们所熟悉、所喜欢、所尊重的人所构成的网络上。

由此我们进入了事实发展史的第三阶段：网络化事实（networked facts）的阶段。如果经典事实和数据事实被看作从根本上孤立的知识单元，那么网络化的事实则被认为是网络的一部分。网络化事实的一大特点，用温伯格的话讲，是"大到不可知"（too big to know）。有太多的知识，是我们不可能全部知道的。

"大到不可知"造成了一系列后果：第一，可用事实的数量大增，本身就会使人们对真相产生愤世嫉俗的态度。我们可以随手获得如此多的事实，以至于失去了得出结论的能力，因为总是有其他事实支持其他的说法。第二，网络更加强化了我们本来的立场。所有人都更有可能相信确认他们已有意见的"事实"，并驳回那些做不到这一点的"事实"。也就是说，事实与观点之间不再泾渭分明了。第三，有鉴于此，可以看到，不论何种观点，网上都有人不赞成。就算有很多人同意，我们也永远不可能达到所有人都同意，除非是在一些最无趣的事实上。

如果我们真的生活在一个"后事实世界"，几乎所有权威信息来源都受到质量和出处皆十分可疑的相反事实的挑战，那么骗子将没有任何理由感到羞耻。在缺乏知识守门人的时代，谁能说好的信息会注定战胜坏的信息？最终，"我们看见事实被人们捡起来，摔到墙上，它们自相矛盾，分崩离析，被夸大被模仿。我们正在见证牛顿第二定律的事实版本：在网络上，每个事实都有一个大小相等、方向相反的反作用"。①

事实的土崩瓦解，正是造成后真相时代来临的最大原因。事实本来给我们提供了一个解决分歧的方式。然而，网络化事实却开启了一个充满分歧的网络。已故美国参议员丹尼尔·帕特里克·莫伊尼汉（Daniel Patrick Moynihan）曾经说过一句著名的话："每个人都可以有他自己的观点，但不可以有他自己的事实。"②然而在网络化事实阶段，每个人都开始拥有自己的"事实"。

现实永远可塑？

摆脱事实的重力给人们带来一些十几岁孩子感受到的喜悦——那些教育和权威的重要象征终于可以被抛弃了，没有人希望不断地被提醒自己的地位和局限。然而还是存在一个问题：为什么这场对事实的叛乱发生在现在？

许多人把原因怪罪在技术身上。信息时代并不像人们所想的那样，带领我们进入了一个说真话的新时代，反而让谎言如野火一般蔓延开来。事实核查者捕捉谎言的速度赶不上谎言被制造出来的速度。而且，谎言发现了进入人们头脑和心灵的途径：只需契合人们现有的偏见。相当多互联网公司开发的算法基于用户以前的搜索和点击，因此，每次搜索和每次点击都会发现自己的偏见得到确认。所谓算法过滤，意味着使用个性化算法，

---

① 戴维·温伯格：《知识的边界》，胡泳、高美译，太原：山西人民出版社，2014年，第62页。温伯格类比的应该是牛顿第三定律，此处作者有误。
② 同上，第56页。

预测用户想要的内容，从而呈现与用户已建立的偏好相一致的东西。

媒体的进化也为后真相增添了助力。社交媒体现在是许多人的主要新闻来源，导致人们进入相似想法的回声室，只给人带来令其感觉更好的东西，无论这些东西是否真实。而且，还出现了一个悖论：那些积极寻求信息的人往往是占有信息比较多的人，而信息闭塞的人则满足于已有的信息。事实核查尽管构成了最好的解决方案之一，但是，它只能为那些想要其工作的人而工作，而这样的人的数量正逐渐缩小。

此外，经济和社会的不确定性加大了人们对事实的怀疑。如果所有的事实都说你不存在经济未来，那你为什么要听事实的呢？在一个不乏蝴蝶效应的世界里，一个印度的小事件会导致有人在马德里失去生计，政府似乎无法控制发生的事态，在此情况下，信任旧的权威机构——政治家、企业家、学者、媒体——听上去像是一场玩笑。英国脱欧派领导人迈克尔·戈夫（Michael Gove）直言不讳地说，英国人"已经受够了专家"。[1]爱德曼公关公司在一系列国家发布有关人们对政府、企业、媒体和非政府组织信任度的调查。2015年的调查显示，"拥有受信任机构的国家数量在知情公众中已经达到历史最低点"。[2]

矛盾的是，根据美国东北大学的一项研究，不信任"主流"媒体（被特朗普攻击为"跛脚媒体"）的人更有可能接受虚假信息。"令人惊讶的是，另类新闻的消费者，即试图避免主流媒体'大规模操纵'的消费者，对于虚假主张的注入最易产生感应。"[3]这项研究显示出阴谋论出现的一种

---

[1] "Britain Has Had Enough of Experts, Says Gove." *Financial Times*, Jun 4, 2016, https://www.ft.com/content/3be49734-29cb-11e6-83e4-abc22d5d108c.

[2] Edelman (Jan 15, 2015). "2015 Edelman Trust Barometer." https://www.edelman.com/trust/2015-trust-barometer.

[3] Delia Mocanu et al. (Mar 13, 2014). "Collective Attention in the Age of (Mis)information." http://arxiv.org/abs/1403.3344.

有趣机制。阴谋论似乎来自普通的讽刺评论或明显的虚假内容,以某种方式诱使人们轻信。而这似乎主要是经由那些主动寻求另类新闻来源的群体实现的。无论如何,到处都可以看到,健康的怀疑已经被狂热的阴谋论所取代。例如,克里姆林宫控制的电视台发现美国的一切都是阴谋,而在英国部分脱欧派眼里,英国在遭受德国—法国—欧洲阴谋的攻击。

最后,令真相和虚假混为一炉的,还有后现代主义和相对主义的全面深入,它们在过去30年中从学术界传播到媒体,然后出现在所有地方。这样的思想流派采纳了尼采的格言:没有事实,只有诠释。[1]事件因叙事版本的不同而不同,谎言可以巧辩为"另一种观点"或"意见",因为"一切都是相对的""每个人都有自己的真理"。

意大利学者毛里齐奥·法拉利斯(Maurizio Ferraris)是后现代主义最有说服力的批评者之一,他认为我们看到的是两个多世纪以来的思想高潮。启蒙运动的原始动机是把界定现实的权力从神的权威那里掠走,转移到理性的个体手里。笛卡尔"我思故我在"已经把知识的位置移到人的大脑中,康德进一步认为整个现实只能依赖大脑而存在,然而,如果你唯一可以知道的就是你自己的想法,那么正如叔本华所说的那样,"世界是我的再现"。[2]在20世纪后期,后现代主义者进一步说"文本之外并无其他"[3],我们对世界的所有知识都是从强加给我们的权力模式中

---

[1] Nietzsche, Friedrich (1977). *The Portable Nietzsche*. Edited and translated by Walter Kaufmann. New York: Penguin, 458.

[2] Ferraris, Maurizio (2016). "New Realism and New Media: From Documentality to Normativity." In Floyd, Juliet & Katz, James E. (Eds.) *Philosophy of Emerging Media: Understanding, Appreciation, Application*. New York: Oxford University Press, 60.

[3] 雅克·德里达说过,"there is no outside-text"(il n'y a pas de hors-texte),即"没有外在的文本"。这句话被误译为"there is nothing outside of the text",即"文本之外并无其他",经常被用来表明德里达认为除了言语之外没有任何东西存在,例如米歇尔·福柯的看法就是如此。实际上德里达只是想表示,区分何为"内"、何为"外"简直是不可能的,不可避免的上下文(context)是延异的核心,不存在意义整全的那一刻。

推断出来的。① 这导致了法拉利斯总结的三段论："所有的现实都是由知识构建的，而知识是由权力构建的，因此所有的现实都是由权力构建的……现实被证明是一种权力的建构物，这使得它既可憎（权力主导我们），又可塑（我们拥有权力）。"②

后现代主义认定自己具有解放性，构成使人们免遭压迫性叙述的一种方式。但是，正如法拉利斯所指出的那样，"媒体民粹主义的到来提供了一种对现实的告别，可它远远不是解放性的"。③ 如果现实永远是可塑的，那么贝卢斯科尼就可以辩解说："你难道不知道电视上不存在的东西就不曾存在——不论是一个想法、一个政客还是一个产品？"④ 而布什政府就可以使基于错误信息的战争合法化。"当我们采取行动时，我们创造自己的现实，"布什的一位高级顾问卡尔·罗夫（Karl Rove）告诉《纽约时报杂志》（New York Times Magazine），"当你正在明智地研究这个现实时，我们会再次采取行动，创造其他新的现实。"⑤

更糟的是，通过认定所有的知识都是压迫性的权力，后现代主义实际上剥夺了反对权力的基础理由。相反，它认为理性和智力是宰制的形式，必须通过感情和身体来寻求革命性的解放。宁要情感也不要以事实

---

① 福柯将知识作为权力的历史表现而进行的考察，参见 Foucault, Michel (1980). *Power/Knowledge*: *Selected Interviews and Other Writings, 1972-1977*. Colin Gordon (Ed.). New York: Pantheon。
② Ferraris, Maurizio (2016). "New Realism and New Media: From Documentality to Normativity." In Floyd, Juliet & Katz, James E. (Eds.) *Philosophy of Emerging Media*: *Understanding, Appreciation, Application*. New York: Oxford University Press, 62.
③ Ferraris, Maurizio (2015). *Introduction to New Realism*. Trans. Sarah De Sanctis. London: Bloomsbury, 21.
④ Stille, Alexander (Mar 11, 2010). "The Corrupt Reign of Emperor Silvio." http://alexanderstille.net/the-corrupt-reign-of-emperor-silvio/.
⑤ Suskind, Ron (Oct 17, 2014). "Faith, Certainty and the Presidency of George W. Bush." *New York Times Magazine*, https://www.nytimes.com/2004/10/17/magazine/faith-certainty-and-the-presidency-of-george-w-bush.html.

为基础的论证，由此获得了正当性。我们可以听到脱欧运动最大的资助者阿伦·班克斯（Arron Banks）对此的回响："留欧派不停地唠叨事实，事实，事实，事实，事实。那一点用也没有。你必须在情感上与大家形成联系。"①

放弃事实即放弃自由

2016年后真相政治的出现，对民主造成巨大挑战。在特朗普到来之前，政治辩论就充斥着各式各样的虚假信息：粗疏的夸张、精心算计的无前提推论、有意的遗漏、无法证实的指控、蓄意的模糊、彻头彻尾的谎言。只将特朗普与这个据称是不真实的新时代联系起来似乎是错误的，成千上万的人在他之前做了他们的那部分。

令特朗普凸现的是他对真相的蔑视态度。他如此公开地、兴奋地表现出这种蔑视，好似他发现，让所有人都战战兢兢的神话不过是个虚伪的赝品。民主世界第一次遭遇这种"后真相政客"。

即使在一种宽容和道德多元化的文化中，"诚实"和"诚信"也仍然是政治话语中最重要的术语。几乎每一场活动演讲和政治广告都会以某种方式诉诸诚实；候选人的话必须符合他或她的行为，修辞必与行为一致。

然而，特朗普正确地发现，美国的政治言辞已经变得空洞无物，充斥着陈词滥调和虚伪说法，与真相毫无关联。每个人都假装以为他们说过的话是真的，特朗普只是放弃了伪装。特朗普及其追随者不是使用言辞作为表达思想和论据的手段，而是作为武器——用以打击对手，或是在对手不知所措的情况下浑水摸鱼。

---

① "Leave Donor Plans New Party to Replace Ukip-possibly without Farage in Charge." *The Guardian*, Jun 29, 2016, https://www.theguardian.com/politics/2016/jun/29/leave-donor-plans-new-party-to-replace-ukip-without-farage.

良好的政治辩论与民主的关系是显而易见的。路易斯·布兰迪斯（Louis Brandeis）大法官在1927年的"惠特尼诉加利福尼亚案"中写下的协同意见中，描述言论自由和集会自由是"有效民主所必需的功能"。他向"勇敢而自力更生的人"提出吁求，"相信作用于民主政府过程的那种自由而无畏的推理的力量"。布兰迪斯坚持说，"如果有时间通过讨论揭露虚假和谬误，通过教育过程来避免邪恶"，对言论造成的伤害所应用的补救办法是更多的言论，而不是强制的沉默。①

使布兰迪斯在言论自由史上占据里程碑地位的是，他认为言论自由是民主政体中公民积极行使政治参与权的根本保障，"那些为我们争得独立的先辈们相信……幸福源于自由，自由来自勇气。他们确信思想自由和言论自由是发现和传播政治真理不可缺少的手段"；"对自由的最大威胁是那些懒惰的人"。②在1919年的"艾布拉姆斯诉美国案"中，奥利佛·霍姆斯（Oliver Holmes）大法官在异议意见中表示，即使是不受公众欢迎的思想，也应该有机会在"观念市场"的竞争中接受检验。③霍姆斯大法官对言论自由的捍卫建立在抽象基础上，而布兰迪斯大法官对言论自由的理解更进一步，将言论自由与民主进程联系在一起。他写到，公民有义务参与统治国家的活动，而且仅当他们能够充分并毫无畏惧地议论和批评政府的政策时，他们的上述义务才得以实现。如果政府可以惩罚某些不受欢迎的观点，那么就会束缚自由，长此以往，民主进程就会被扼杀。因此，言论自由不仅是一项抽象的价值，而且是民主社会最为核心的要素之一。

---

① Whitney v. California, Legal Information Institute, Cornell University Law School, https://www.law.cornell.edu/supremecourt/text/274/357.
② 同上。
③ Abrams v. United States, Legal Information Institute, Cornell University Law School, https://www.law.cornell.edu/supremecourt/text/250/616.

这里我们可以看到布兰迪斯对政治辩论的重视建立在古希腊的古典共和主义原则之上，相信人们能够拥有集体美德，而政治慎议的目标是共同善。今天，人们是否还能够对"自由而无畏的推理"的力量抱有那么大的信心？特别是相信它是通过民主政府的过程来应用的？这两者实际上都已被证明为艰难之事。而且，布兰迪斯认定"更多的言论，而不是强制的沉默"能够对"虚假和谬误"做出补救的看法，似乎也正在变得幼稚起来。

"后真相政客"因为具有认识论的缺陷而无法认识真相：他们不再相信证据，甚至是客观的现实。而没有了事实，新的政治大师就会变成政治化妆师和政治技术专家。如此的后真相政治，会对民主政治造成巨大打击，甚至导致暴政卷土重来。耶鲁大学历史学教授蒂莫西·斯奈德（Timothy Snyder）在特朗普当选后出版了《论暴政：20世纪的20个教训》（*On Tyranny: Twenty Lessons from the Twentieth Century*, 2017）一书，其中指出，当你放弃你想要听到的事情和实际情况之间的区别，你就是在承认暴政。[1]

斯奈德也提到了美国的建国先哲。他说，先哲们试图保护美国人免受他们所知道的威胁，即那种摧毁了古代民主的暴政。然而，美国的政治秩序所面临的新的威胁，与20世纪的极权主义并无不同。美国人并不比看到民主屈服于各种极权主义的欧洲人更聪明。如果在暴政中有一个反复出现的主题，那就是，接受不真实构成了暴政的先决条件。我们仿佛回到奥威尔所描述的真切场景：过去被抹掉，而"抹掉过去"这件事本身又被遗忘，谎言由此成了真话。所以斯奈德斩钉截铁地断言：后真相就是前法西斯主义。他警告说："放弃事实就是放弃自由。"

---

[1] Snyder, Timothy (2017). *On Tyranny: Twenty Lessons from the Twentieth Century*. New York: Tim Duggan Books.

然而，正像我们会逃避自由一样，我们有太多的动力放弃事实。在21世纪，无论我们有多"大"的数据，多广的网络，多自由的言论，都无法确定人们是从信仰还是从事实知其所知，并且，可能也没有几个人相信，对任何事情还能够加以充分的证明。

没有统一的背景标准，无以衡量什么是可靠的信息来源或可靠的调查方式，因而我们无法就事实达成一致，更不用说价值观。我们不再为真相承担责任，而且缺乏将具体事实纳入一个更大整体的能力。基本上，我们放弃了理性，连同我们的公民身份一起。

因此，我们迫切需要首先来确定一个事实：事实是好的。事实可能令人不舒服乃至于令人绝望，但只有采用理性的、以事实为基础的解决方案，我们才能期望一个社会的繁荣。人类需要以一套共同的事实为基础进行讨论，而当我们不这样做时，有用的民主辩论也就消失了。但这套共同的事实基础已然很难建立在经验主义之上，我们要么需要找到每个人都同意的除经验主义之外的一些认识论原则，要么需要找到一些方法，不再用理性捍卫经验主义。哲学家迈克尔·林奇（Michael P. Lynch）怀疑，第一条途径是不可能的，但第二条途径则不无可能。他认为最佳的辩护是共同的实践和道德承诺。①

这不禁让人想起200多年前，美国立宪者亚历山大·汉密尔顿（Alexander Hamilton）向当时的民众提出的一个令人纠结的问题："人的社会，是否真能通过反思和选择，建立良好政府？还是命中注定，要依赖机遇和暴力，建立政治制度？"②时至今日，我们并未回答好这一问题。无论是在实践还是在道德层面，社会的反思都越来越缺少意义，选择也越来越

---

① Lynch, Michael P. (2017). *The Internet of US: Knowing More and Understanding Less in the Age of Big Data*. New York: Liverigh.
② 亚历山大·汉密尔顿、詹姆斯·麦迪逊、约翰·杰伊：《联邦论：美国宪法述评》，尹宣译，南京：译林出版社，2016年，第1页。

少；人们被赶入专断权力的统治下，把自己的命运交给机遇和暴力。

为了实现良好的政治共同体，不妨重读《联邦论》，并相应地思考今天的政治。《联邦论》第一篇说得很清楚：①你被要求选择；②你的根本选择是，要一个（罕见的）好政府还是（常见的）坏政府；③你的选择会为你和你的后代以及整个世界带来改变；④人性的缺陷使好的选择变得困难，但并不是不可能的。

这样一个政治填海工程，要求的是愿意提出论据（也就是事实）的领导人，以及愿意考虑论据并有权做出选择的公民。对于此种基于事实的政治的回报将是"反思和选择"的力量的复兴，以及这种力量可以造就的和平、繁荣和人类共处。